Bettina Völter
Bettina Dausien
Helma Lutz
Gabriele Rosenthal (Hrsg.)

Biographie-
forschung
im Diskurs

2. Auflage

D1727996

VS VERLAG FÜR SOZIALWISSENSCHAFTEN

Bibliografische Information der Deutschen Nationalbibliothek
Die Deutsche Nationalbibliothek verzeichnet diese Publikation in der
Deutschen Nationalbibliografie; detaillierte bibliografische Daten sind im Internet über
<http://dnb.d-nb.de> abrufbar.

2. Auflage 2009

Alle Rechte vorbehalten
© VS Verlag für Sozialwissenschaften | GWV Fachverlage GmbH, Wiesbaden 2009

Lektorat: Frank Engelhardt

VS Verlag für Sozialwissenschaften ist Teil der Fachverlagsgruppe
Springer Science+Business Media.
www.vs-verlag.de

Umschlaggestaltung: KünkelLopka Medienentwicklung, Heidelberg
Druck und buchbinderische Verarbeitung: Krips b.v., Meppel
Gedruckt auf säurefreiem und chlorfrei gebleichtem Papier
Printed in the Netherlands

ISBN 978-3-531-16177-8

Bettina Völter · Bettina Dausien · Helma Lutz
Gabriele Rosenthal (Hrsg.)

Biographieforschung im Diskurs

Inhaltsverzeichnis

Einleitung

Ansätze der Biographieforschung werden in unterschiedlichen Disziplinen genutzt: in der Soziologie und Psychologie, in der Geschichtswissenschaft, besonders der Oral History, in Medizin und Gesundheitswissenschaften, in der Religionswissenschaft, in der Schul- und Bildungsforschung, in der Sozialarbeitswissenschaft, der Geschlechter- und Migrationsforschung und in etlichen anderen wissenschaftlichen Feldern. Hintergrund dieses breiten Interesses an biographischen Forschungsansätzen sind häufig empirisch orientierte Problemstellungen, die danach fragen, wie Individuen angesichts eines forcierten und immer schwerer überschaubaren sozialen Wandels historische und institutionelle Umbrüche verarbeiten und wie sie historische Prozesse aktiv mitgestalten – etwa die „Wende" in Deutschland 1989, Prozesse kollektiver Um- und Aussiedlung oder die Umstrukturierung von Arbeitsprozessen durch neue Technologien. Andere Forschungsprojekte interessieren sich stärker dafür, wie und unter welchen Bedingungen es Subjekten gelingt, individuell bedeutsame Erlebnisse und Krisen wie eine Krankheit, ein religiöses Konversionserlebnis oder den Verlust einer nahestehenden Person im Kontext ihrer je besonderen Lebensgeschichte zu bewältigen. Beide Richtungen – die eher an historisch-sozialen Strukturbildungen interessierte Perspektive und die eher nach Erfahrungsstrukturen und Bildungsprozessen auf der Einzelfallebene fragende Perspektive – sind theoretisch voraussetzungsvoll. Sie unterstellen, wenn auch nicht immer systematisch expliziert, einen signifikanten Zusammenhang zwischen gesellschaftlichen und individuellen Strukturbildungsprozessen, zwischen der Formation sozialer Lebenswelten und der Erfahrungsbildung von Individuen.

Diskussionen, die jenes Verhältnis und damit die Frage nach dem theoretischen Gehalt des Konzeptes „Biographie" betreffen, werden am ausgeprägtesten in den Erziehungswissenschaften und der Soziologie geführt, wo sie in der Tradition der disziplinären Diskurse ebenso verankert sind wie in den fachwissenschaftlichen Organisationsstrukturen[1]. „Biographie" wird in diesen Fachwelten – anders als in alltagsweltlichen Kontexten – nicht als individuell-psychologische Kategorie, sondern als soziales Konstrukt verstanden, das Muster der individuellen Strukturierung und Verarbeitung von Erlebnissen in sozialen Kontexten hervorbringt, aber dabei immer auf gesellschaftliche Regeln, Diskurse und soziale Bedingungen verweist, die ihrerseits u.a. mit Hilfe biographischer Einzelfallanalysen strukturell beschrieben und re-konstruiert werden können. Individuelles und Gesellschaftliches wird in der Biographieforschung gleichermaßen in den Blick genommen. Wie diese Dialektik im Einzelnen ausformuliert wird, ist abhängig von den jeweils gewählten Bezugstheorien, von wissenschaftstheoretischen Prämissen und methodologischen Konzepten. Auch die bevorzugten methodischen Mittel variieren. Sie reichen von durch Linguistik und Hermeneutik inspirierten Verfahren methodisch kontrollierter Textanalyse, wozu die historische Rekonstruktion ebenso gehört wie psychologisch, erziehungswissenschaftlich und soziologisch geschultes Kontextwissen, bis zu ethnographischen Beobachtungsmethoden und Ansätzen der Diskursanalyse. Die Diskussionen im Umfeld der Sektion Biographieforschung in der Deutschen Gesellschaft für Soziologie, aus der heraus der vorliegende Band entstanden ist[2], dokumentieren eine beachtliche Vielfalt unterschiedlicher Ansätze und zeigen, dass in den letzten Jahren vor allem junge Wissenschaftlerinnen und Wissenschaftler über die Biographieforschung Zugang zu Themen der Allgemeinen Soziologie finden. Dies deutet darauf hin, dass die Sektion Biographieforschung als ein Forum genutzt wird, wo interdisziplinär, mit vielfältigen Methoden, theoretischen und auch praxisbezogenen Interessen zu aktuellen gesellschaftlichen Themen geforscht und diskutiert wird. Hier finden sich WissenschaftlerInnen, die an der Analyse von Alltagsphänomenen orientiert sind und dabei oft neue Forschungsfelder erschließen. Dadurch werden häufig bislang nicht gestellte Fragen aufgeworfen. Innovative theoretische, methodische und disziplinäre Verknüpfungen entstehen. Die Weiterentwicklung von Konzepten und Methoden gehört zu den selbstverständlichen Herausforderungen der Forschungspraxis. Der vorliegende Band dokumentiert Debatten und Entwicklungen, die in diesem Sinne in den letzten Jahren innerhalb der deutschen und internationalen Biographieforschung stattgefunden haben, und will weitere Diskussionen anstoßen.

Die Biographieforschung entwickelte sich seit den Anfängen ihrer wissenschaftlichen Etablierung in den 1920er Jahren im internationalen Austausch. Wichtige Bezugstheoretiker wie William Isaac Thomas, Florian Znaniecki oder Alfred Schütz waren ihrem Studium in mehreren akademischen und nationalen Kontexten nachgegangen und hatten, gezwungen oder freiwillig, mehrfach ihren Lebensort gewechselt. In ihrem jeweiligen wissenschaftlichen Umfeld trugen sie zur Theorieentwicklung bei, so wie sie auch von der jeweiligen Umgebung beeinflusst wurden. Die Chicago School gilt bis heute als ein frühes Beispiel multi-nationaler Zusammenarbeit. Internationaler Austausch ist auch heute noch ein wesentliches Element sozialwissenschaftlicher Biographieforschung. So war die institutionelle Verortung der Biographieforschung in Deutschland eng mit der Entwicklung im Research Committee 38 „Biography and Society" der ISA verknüpft. Fast alle

AutorInnen des vorliegenden Bandes sind in der nationalen oder internationalen Sektion aktiv (gewesen).

Die internationale Beteiligung an diesem Band sowie die Mitarbeit von AutorInnen, deren Arbeitsschwerpunkt nicht in der soziologischen Biographieforschung liegt, die aber interessante Impulse geben und kritische Anfragen zum aktuellen Diskurs in der Biographieforschung stellen, sind – neben einer ohnehin gepflegten Pluralität von Zugängen der Biographieforschung – mit ein Grund dafür, dass die hier repräsentierten Auffassungen von Biographie(forschung) stark variieren. Als Herausgeberinnen wollten wir gerade diese Vielfalt produktiv machen und haben deshalb die AutorInnen gebeten, ihre eigenen Ansätze und Erfahrungen mit Biographieforschung als Ausgangspunkt ihrer Reflexion zu nehmen. Besonders erfreulich ist es, dass die jeweiligen theoretischen Überlegungen in den meisten Artikeln auch an Fallbeispielen konkretisiert und nachvollziehbar gemacht werden.

Andererseits ist ein derartiges Publikationskonzept nahezu zwangsläufig selektiv. Die Vielfalt der Themen und (Teil-)Disziplinen, die in der Biographieforschung vertreten sind, kann im vorliegenden Band nur fragmentarisch dokumentiert werden. So beschäftigt sich etwa eine Reihe von Texten mit Familienbiographien (Alheit, Rosenthal, Wohlrab-Sahr und Schäfer/Völter), die auch in einen zeitgeschichtlichen Zusammenhang gestellt, d.h. in Gesellschaftsgeschichte eingebettet werden. In allen aufgeführten Beispielen sind weitreichende gesellschaftliche Umbrüche Bezugspunkt für die interviewten BiographInnen – ob es sich um einen Systemwechsel im eigenen Land handelt oder um einen Krieg, der zur Flucht in ein anderes Land veranlasste. In den Analysen zeigt sich, dass bei der Erklärung der jeweiligen biographischen Verarbeitung sozialer Umbrüche durch die BiographieforscherInnen sehr unterschiedliche Wege und methodische Instrumentarien genutzt werden, die dennoch jeweils zu überzeugenden Interpretationsergebnissen führen. Auch darin kommt die Polyphonie der Biographieforschung zum Ausdruck.

Ähnliches gilt für drei Artikel (Köttig, Roberts und Miethe/Roth), die sich mit der Generierung und Fortschreibung kollektiver Identitäten befassen. Sie verdeutlichen, dass Prozesse kollektiver Erfahrungsbildung mit Blick auf unterschiedliche empirische Aggregationen und theoretische Konstrukte untersucht werden können: im Hinblick auf konkrete soziale Gruppen, auf lokale Communities und Kulturen oder auf politische Bewegungen. Die Beiträge machen darüber hinaus anschaulich, dass mit den jeweils gewählten Perspektiven auch unterschiedliche disziplinäre Einstellungen und Herangehensweisen verbunden sind.

Zwei weiteren Artikeln (Dausien/Kelle und Lutz/Davis) liegen Fragen der Gender-Forschung zugrunde. Ihnen geht es darum nachzuvollziehen, wie „Geschlecht" in gesellschaftliche Strukturen eingelassen ist und in biographischen Erzählungen (re-)produziert, aber auch variiert wird – und welche methodologischen Konsequenzen sich daraus für die Biographieforschung ergeben. Während Dausien und Kelle an einem Fallbeispiel diskutieren, wie ein ethnographischer Zugang die Stärken, aber auch Grenzen eines biographischen Erklärungsansatzes herausfordert, verdeutlichen Lutz und Davis, dass mit Hilfe biographischer Analysen der Gender-Aspekt im Text rekonstruiert werden kann, ohne jedoch einer einseitigen Fokussierung auf Geschlecht Vorschub zu leisten und den Blick auf andere soziale Ex- bzw. Inklusionsfaktoren zu verstellen.

Schon diese wenigen Hinweise lassen erkennen, dass im Zusammenspiel von Fragestellung, Theorie und Methode jeweils eigenständige, und womöglich auch konträre Verständnisse von Biographieforschung entfaltet werden. Ihre gemeinsame Präsentation in einem Band ist mit der Erwartung verbunden, dass ein Vergleich der Ansätze zu einer wechselseitigen Schärfung und Weiterentwicklung theoretischer und methodischer Zugänge beiträgt. Dabei können auch gemeinsame Potenziale biographischer Forschungsansätze deutlich werden oder ein kritisches Selbstverständnis darüber, welche Probleme mit den Mitteln der Biographieforschung nicht bearbeitet oder nur ungenügend beantwortet werden können.

Bei allen Unterschieden in der konkreten Forschungsweise und Themenwahl gibt es auch gemeinsam geteilte Theorietraditionen. Vertreterinnen und Vertreter der **soziologischen Biographieforschung** beziehen sich meist auf Theorien aus dem Bereich der verstehenden Soziologie, auf die phänomenologische Wissenssoziologie, auf den Symbolischen Interaktionismus bzw. den Pragmatismus und die Klassiker der Chicago School. Ihnen gemeinsam ist u.a. der ausdrückliche Anspruch einer nicht-dualistischen Theoriebildung, der sich für die Biographieforschung vor allem in zwei Hinsichten als fruchtbar erwiesen hat: Zum einen knüpft das Verständnis von Biographie als sozialem Konstrukt explizit an die diesen Ansätzen gemeinsame dialektische Konzeption des Verhältnisses von Individuum und Gesellschaft an. Meads theoretische Idee der Sozialität des Subjektiven entwirft ein Identitätsmodell, das mit dem Konzept der Biographie als temporalisierter Identitätskonstruktion sowohl kritisiert als auch weitergeführt werden kann. Zum anderen hat die nicht-dualistische Konzeption des Verhältnisses von Theorie und Empirie schon in den frühen Studien der Chicago School eine Forschungsweise ermöglicht, die der Analyse empirischer Erfahrungen und insbesondere der Interpretation biographischer Materialien einen hohen Stellenwert für die soziologische Theorieentwicklung zumisst. Die heute als rekonstruktiv, „empirically grounded" und theoriebildend bezeichneten Methodologien qualitativer Forschung haben hier eine wesentliche Grundlage.

Über diese in der Biographieforschung vielfach explizierten Theoriebezüge hinaus werden im vorliegenden Band Verknüpfungen zu Theorietraditionen vorgenommen, die bislang weniger Aufmerksamkeit gefunden haben oder nicht nahezuliegen schienen. Diese Verbindungen reichen von Georg Simmel und Norbert Elias zu Niklas Luhmann und Michel Foucault.

Die bisher in der Biographieforschung eher seltene Bezugnahme auf Georg Simmel hat wohl eher mit der vergleichsweise geringen Beachtung dieses Klassikers in der soziologischen Rezeption allgemein zu tun als mit den Eigenschaften seiner Theorie. Insbesondere der Gesellschaftsbegriff Simmels und seine methodologischen Implikationen sind ausgesprochen anschlussfähig an die interpretative Sozialforschung und im Besonderen an einen biographietheoretischen Ansatz. Georg Simmel entwickelte eine relativ weitgefasste Konzeption von Gesellschaft als ein durch die Wechselwirkung der Individuen erzeugtes Gebilde. In seinem Aufsatz von 1908 „Das Problem der Soziologie" betont er, dass nicht schon die Tatsache des „räumlichen Nebeneinander" oder „zeitlichen Nacheinander" von Individuen eine Gesellschaft begründe, sondern dass diese erst durch die „gegenseitige Beeinflussung", durch eine „Wirkung von einem auf das andere" konstituiert werde (vgl. Simmel 1992: 19). Gesellschaft wird in dieser Konzeption als ein durch Prozesse der Interaktion hervorgebrachtes Produkt verstanden und nicht als ein statisches Gebilde. Simmel liefert damit, hierin den Arbeiten des pragmatistischen Interaktionismus vergleichbar, wichtige grundlagentheoretische Vorarbeiten für ein mikrosoziologisches und sequenziell rekonstruktives Vorgehen der interpretativen Sozialforschung (vgl. Bude 1988; Hettlage 1991). Die Konzeption Simmels ist auch für die Biographieforschung und eine weitere theoretische Fundierung des Verständnisses von Biographie als soziales Produkt der Interaktion zwischen Individuen äußerst fruchtbar, sie bedarf über die Anregungen von Jan Coetzee und Geoffrey Wood (in diesem Band) hinaus in Zukunft sicher noch weiterer Überlegungen.

Ebenso gewinnbringend verspricht der Ansatz zu sein – in diesem Band von Peter Alheit vorgestellt –, die Figurationssoziologie von Norbert Elias für die Biographieforschung nutzbar zu machen. Ähnlich wie in Simmels Konzeption besteht die Gesellschaft für Elias aus der Wechselwirkung, der Interdependenz der Individuen, präziser aus Individuen und ihren Beziehungen, wobei die „Teile" (also die Individuen) ebenso sehr durch die Wechselwirkungen konstituiert werden wie das „Ganze". Beide sind in Elias' Ansatz gleichursprünglich und implizieren sich wechselseitig. Zudem ist Elias' dezidiert prozessorientierter („historischer") Ansatz, d.h. sein Anliegen, soziale Wirklichkeiten in ihrer historischen Genese zu rekonstruieren und zu erklären, kompatibel mit dem Grundsatz der interpretativen

Biographieforschung, soziale Phänomene in ihrer Entstehung, Reproduktion und Veränderung in der Lebensgeschichte zu rekonstruieren.

Eine neuere Perspektive wird auch in dem von Monika Wohlrab-Sahr vorgelegten Beitrag aufgegriffen, der sich mit Niklas Luhmanns funktionaler Analyse beschäftigt. In der biographietheoretischen Diskussion wird die Verbindung zu Luhmanns Theorien seit längerem gesucht (vgl. etwa die Arbeiten von Alheit, Fischer-Rosenthal und Nassehi). Dabei wurde insbesondere die Eigenlogik biographischer Kommunikation, begriffen als selbstreferenzielles System, hervorgehoben. In dieser Perspektive folgt eine biographische Erzählung, wie sie beispielsweise in einem narrativen Interview produziert wird, in erster Linie Anschlussoptionen, die sich aus den Regeln des kommunikativen Systems ergeben, und nicht einem vorgelagerten – „systemexternen" – historischen Geschehen. Diesen Gedanken nimmt Wohlrab-Sahr in ihrem Beitrag auf und führt ihn an einem empirischen Beispiel methodologisch und methodisch weiter.

Unter dem Buchtitel „Biographieforschung im Diskurs" war es uns schließlich auch ein Anliegen, theoretische und methodische Ansätze der Biographieforschung mit kritischen Anfragen aus anderen soziologischen Forschungsrichtungen zu konfrontieren. In diesem Sinne verstehen wir die Beiträge, die Biographieforschung aus der Perspektive Foucaults (Schäfer/Völter), des Radikalen Konstruktivismus (Jost) oder der Ethnographie (Dausien/Kelle) betrachten.

Auf den ersten Blick mag es wenig plausibel erscheinen, einen Autor wie Foucault, dem vielfach die These vom Tod des Subjekts zugeschrieben wurde, in Beziehung zu einem dezidiert subjektorientierten Paradigma zu setzen – insbesondere, da Foucault immer wieder den (hermeneutischen) Versuch problematisiert hat, biographische Kontexte zur Erklärung subjektiven Handelns heranzuziehen. Gerade in dieser scheinbar widersinnigen Vermittlung aber liegt der Reiz. Denn es kann beispielsweise gezeigt werden, dass Foucaults Denken wichtige Aufschlüsse über die Verwobenheit von Biographie, Diskurs und Subjektivität bietet und damit zur Selbstreflexion der Biographieforschung anregt: sowohl was theoretische und methodische Prämissen und Begrifflichkeiten als auch was die Forschungspraxis angeht.

Ähnliches gilt für den Versuch, Grundideen des Radikalen Konstruktivismus auf die Biographieforschung zu beziehen. Während grundlagentheoretische Diskussionen in der Biographieforschung seit vielen Jahren selbstverständlich sozialkonstruktivistische Ideen nutzen, bietet der Radikale Konstruktivismus – so der Beitrag von Gerhard Jost in diesem Band – ein kritisches Irritationspotenzial, mit dem einige zentrale Unvereinbarkeiten mit biographischer Forschung herausgearbeitet und insbesondere sozialphänomenologische und sozialkonstruktivistische Ansätze reflektiert werden können.

Auch die ethnographische Sicht auf alltagskulturelle Praktiken kann als Irritation gewohnter Analysehaltungen der Biographieforschung begriffen werden. Biographische Deutungen und Erzählungen in alltäglichen Interaktionen könnten, so die These, mehr mit der Vollzuglogik situierter Interaktionspraktiken zu tun haben als mit der Lebensgeschichte und den in ihr aufgeschichteten subjektiven Erfahrungen. Gerade diese Art „externer" Anfragen – sei es auf theoretischer oder methodischer Ebene – können jedoch als Chance für eine produktive Selbst-Klärung und differenzierte Weiterentwicklung der Biographieforschung genutzt werden.

Zum Aufbau des Buches

Die Beiträge des ersten Teils setzen sich aus der Perspektive der Biographieforschung mit der klassischen soziologischen Frage auseinander, wie Spuren des gesellschaftlichen Allgemeinen in einzelnen Biographien rekonstruiert werden können. Sie erörtern dabei mögliche Verbindungen mit Konzepten oder Terminologien aus anderen Wissenschaftstraditionen, setzen sich – im Lichte aktueller Diskussionen und empirischer Entwicklungen – mit methodischen und theoretischen Problemen auseinander oder zeigen die Anwendungsmöglichkeiten der Biographieforschung in Disziplinen auf, die kollektive Erfahrungsmuster und – strukturen in den Mittelpunkt ihres Interesses stellen.

Peter Alheit zeigt in seinem Beitrag „Biographie und Mentalität. Spuren des Kollektiven im Individuellen" wie das Konzept der „Mentalität" und der in Anlehnung an Norbert Elias formulierte Begriff der „Mentalitätsfiguration" für empirische Biographieforschung produktiv gemacht werden kann. Damit könne die Beziehung zwischen den historisch-gesellschaftlichen Rahmenbedingungen sozialen Lebens in einer nationalen (Teil-)Kultur und individuellen Verarbeitungsformen dieses Lebens im Kontext biographischer Erfahrungsaufschichtung erfasst werden. In diesem Zusammenhang nutzt Alheit das Elias'sche Konzept einer historisch variablen Formalitäts-Informalitäts-Spanne als Kriterium für den Vergleich zwischen verschiedenen Mentalitätsfigurationen. Entscheidend für die methodischen Implikationen seiner Überlegungen ist, neben den historischen und biographischen auch die interaktiven Dimensionen der Reproduktionen und Wandlungen von Mentalitäten zu erfassen. Dies verdeutlicht Alheit anhand biographischer Interviews mit Großeltern und ihren Enkeln, die im Kontext eines internationalen Projekts zum Vergleich dreier postsozialistischer Gesellschaften in Mitteleuropa durchgeführt wurden.

Der Frage nach dem Allgemeinen im einzelnen Fall geht auch Gabriele Rosenthal in ihrem Beitrag „Die Biographie im Kontext der Familien- und Gesellschaftsgeschichte" nach. Mit Bezug auf die frühen Arbeiten der Chicago School verdeutlicht sie den Anspruch der soziologischen Biographieforschung, den Einzelfall konsequent im historisch-sozialen Kontext des Erlebens, aber auch in den unterschiedlichen Kontexten des Thematischwerdens – wie dem der Interviewsituation – in den Blick zu nehmen. Dazu ist nach ihrer Ansicht neben dem in der Biographieforschung mittlerweile klassischen Instrument des biographisch-narrativen Interviews die Einbeziehung von weiteren Quellen unverzichtbar. Für die Rekonstruktion der jeweiligen Kontexte des Sprechens über biographische Erfahrungen bedient sich Rosenthal des Diskurskonzepts. Sie argumentiert, dass biographische Fallrekonstruktionen es erforderlich machen, die in der Vergangenheit und Gegenwart wirksamen Regeln der (sowohl zu unterschiedlichen Zeitpunkten als auch in unterschiedlichen historisch-sozialen Kontexten) erlebten, geführten und ggf. aktiv gestalteten Diskurse in den Lebenserzählungen aufzuspüren.

Michaela Köttig erörtert im darauf folgenden Beitrag die methodischen Probleme einer „Triangulation von Fallrekonstruktionen". Zum einen diskutiert sie die Einbeziehung unterschiedlichen Datenmaterials in biographische Fallrekonstruktionen, das der Erweiterung des Fallwissens dient, und plädiert dafür, dass dieses zunächst in seiner eigenen Entstehungs- und Bedeutungsstruktur zu erschließen sei. Zum anderen beschäftigt sie sich mit den Möglichkeiten des Vergleichs von Fallrekonstruktionen (in der Tradition der objektiven Hermeneutik), die sich auf unterschiedliche soziale Einheiten – wie eine Person, eine Familie, eine Gruppe oder eine Institution – beziehen. Am Beispiel biographischer Interviews (Fall: Individuum) und der teilnehmenden Beobachtung einer Gruppe (Fall: Gruppe) zeigt die Autorin, wie mit dieser Form der Triangulation Ergebnisse überprüft und differenziert werden können.

Die beiden folgenden Beiträge diskutieren die Anwendungsmöglichkeiten der Biographieforschung in Disziplinen, die kollektive Identitäten untersuchen. Brian Roberts beschäftigt sich in seinem Beitrag „Biographical Formation and Communal Identities" mit der Beziehung zwischen individuellen Biographien und kollektiven, in diesem Fall lokalen Identitäten. Seine Anfang der 1990er Jahre durchgeführte Untersuchung in der Bergarbeiterregion Süd Wales bildet die empirische Basis für seine Überlegungen. Roberts kommt zu dem Ergebnis, dass innerhalb der Walisischen Kollektividentität zahlreiche partikulare lokale Identitäten unterschieden werden müssen. Er betont, dass die in individuellen Interviews zur Sprache gebrachte Zeitperspektive in der Regel einen Rückbezug auf kommunale Diskurse aufweist. Dabei bediene sich das Referenzsystem der Befragten unterschiedlicher Quellen, so etwa literarischer, journalistischer und wissenschaftlicher Ausdrucksformen walisischer Identität. Auf diese Weise werden Vorstellungen von Mitgliedschaft und Zugehörigkeit, die ihrerseits soziale Schließungen bewirken, etabliert und reifiziert. Auch translokale Bezüge würden hergestellt. Roberts gelangt zu dem Schluss, dass die Erforschung kollektiver Identitäten differenziert erfolgen müsse, und zwar auf lokaler, translokaler und transnationaler Ebene. Methodisch plädiert er für eine Kombination biographischer und ethnographischer Ansätzen, die er als „Bio-Ethnographie" bezeichnet. Mit diesem Konzept könne – so sein Argument – ein komplexes Bild der Vergangenheit, Gegenwart und Zukunft einer Gruppe entworfen werden.

Ingrid Miethe und Silke Roth loten in ihrem Beitrag das „Verhältnis von Biographie- und Bewegungsforschung" aus. Beginnend mit der Feststellung, dass biographische Ansätze in der Bewegungsforschung bislang eher vernachlässigt worden seien, finden sie Gründe für diese Distanz gegenüber individuell-biographischen, aber auch kollektiven Identitätsfragen in historischen Traditionen und theoretischen Prämissen der Bewegungsforschung. Dem setzen die Autorinnen ein Plädoyer für die stärkere Nutzung theoretischer und methodischer Ansätze der Biographieforschung entgegen. In einer Durchsicht der wichtigsten Paradigmen gegenwärtiger Bewegungsforschung zeigen sie Anknüpfungspunkte auf und verweisen exemplarisch auf Studien, in denen Biographisches thematisiert wird. Neuere Entwicklungen vor allem in der US-amerikanischen Bewegungsforschung verfolgen komplexe mehrdimensionale und multimethodische Forschungsansätze, in die individuelles Handeln, Emotionen und andere Subjektkategorien einbezogen werden. Sie eröffnen damit, so das Fazit des Beitrags, Möglichkeiten für eine verstärkte Nutzung der Potenziale biographischer Forschung in der Bewegungsforschung.

Jan Coetzee und Geoffrey Woods plädieren in „The Fragmentary Method in Biographical Research" für die Relektüre und Applikation von zwei soziologischen Klassikern, Georg Simmel und Walter Benjamin, die beide mit der „fragmentarischen Methode" gearbeitet haben. Die Autoren gehen auf Unterschiede und Gemeinsamkeiten in der Theoriebildung von Simmel und Benjamin ein. Simmel und Benjamin unterscheiden sich zwar in ihrem jeweiligen Naturalismus-Verständnis, beide Theoretiker haben aber positivistische und lineare Erklärungsmodelle verworfen und die Unmöglichkeit der Antizipation von Konsequenzen gesellschaftlichen Handelns betont. Als zentralen Bezugspunkt ihres Denkens betrachteten beide die Subjektivität eines individuellen Lebens, in der sie ihre als „situationell" oder „mikro-molekular" (zwischen Mikro und Makro) bezeichnete Methode verorten. Sowohl Simmel als auch Benjamin benutzen die Metapher vom Soziologen als Wanderer oder Flaneur, der über die Kollektion und Rekonstruktion von Fragmenten aus Lebensgeschichten faszinierende Aspekte sozialer Realität zu einem Mosaik zusammenfügen könne. Dabei geht es ihnen keineswegs um die Rekonstruktion von Wahrheit oder sozialer Ordnung, sondern um die Rekonstruktion menschlicher Erfahrung als Kaleidoskop von Diskontinuitäten und Konflikten. Diese „fragmentarische Methode" ermögliche Forscher(inne)n die Arbeit an einer „Montage sozialer Dramen" und damit das Verstehen des Zusammenhangs zwischen scheinbar insignifikanten oder verloren gegangenen Alltagsphänomenen.

Einen ganz anderen Ansatz verfolgt Monika Wohlrab-Sahr, die in ihrem Beitrag unter dem Titel „Verfallsdisgnosen und Gemeinschaftsmythen" eine ostdeutsche Familie im Hinblick auf intergenerationell tradierte Erfahrungsmuster im Rahmen des gesellschaftlichen Transformationsprozesses untersucht. Neu ist dabei weniger das methodische Vorgehen, das den Prinzipien der Oevermann'schen Fallrekonstruktion folgt, als vielmehr dessen methodologische Begründung. Die Autorin verbindet dabei zwei Ansätze, die eher selten miteinander in Beziehung gebracht werden: die schon erwähnte objektive Hermeneutik und die funktionale Analyse in den Versionen von Robert Merton und Niklas Luhmann, wobei sie deren nicht-kausalen Funktionsbegriff und die Idee funktionaler Äquivalenz in den Vordergrund rückt. Ihr Ziel ist es, die „multidisziplinär anschließbare" Biographieforschung enger an soziologische Theorien und Begrifflichkeiten zu binden. Eine mögliche Anschlussfähigkeit sieht die Autorin in den Kategorien „Bezugsproblem" und „Problemlösungen". Mit diesen Leitkategorien werde der „latente Sinn" in biographischen Äußerungen als nicht-intentionale Verweisungsstruktur einer System-Umwelt-Referenz gefasst. Dieser Vorschlag stützt Oevermanns Konzept der Fallstruktur durch die Postulate der funktionalen Analyse: Das durch die Forscherin rekonstruierte „objektive" oder „funktionale" Bezugsproblem und seine Lösungen werden gewissermaßen hinter dem subjektiv „gemeinten Sinn" und den Intentionen der biographischen Subjekte freigelegt.

Im zweiten Teil des Buches sind vier Beiträge versammelt, die sich zentral mit der Frage der Konstruktivität beschäftigen, die biographischen Selbst- und Fremddeutungen innewohnt. Dabei begreifen die AutorInnen diese Einsicht nicht als Problem oder Manko der Biographieforschung, sie zeigen vielmehr, inwiefern BiographieforscherInnen sich in theoretischer, methodologischer und forschungspraktischer Hinsicht bereits produktiv mit dem Problem der Konstruktivität auseinandergesetzt haben, wo Denkachsen konsequent weiterverfolgt werden können und wo neue Fragen zu stellen sind.

Thomas Schäfer und Bettina Völter setzen in ihrem Beitrag „Subjekt-Positionen" Michel Foucaults Arbeiten in Beziehung zur Biographieforschung. Dabei werden neben grundlagentheoretischen Differenzen und Reibungspunkten vor allem die Fruchtbarkeit und die korrektive Funktion deutlich, die beide Forschungsansätze füreinander besitzen. Der Text setzt mit der Foucaultschen Kritik an der modernen Kultur der Selbstthematisierungen und Identitätsfixierungen ein, an der auch die Biographieforschung ihren Anteil hat. Die Autoren machen im Verlaufe ihrer Überlegungen jedoch deutlich, dass eine sozialkonstruktivistisch fundierte, rekonstruktive Biographieforschung Foucaults zentrale Gedanken in ihre Erhebungs- und Auswertungspraxis integrieren könnte und dies insbesondere dann auch tun sollte, wenn sie einen Beitrag zur De-Konstruktion der modernen Bekenntniskultur leisten will. Schäfer und Völter sehen hier drei Diskussionsfelder und formulieren daraus Fragen an die Theorie und Praxis der Biographieforschung: Sie konkretisieren die These, dass es sich auch beim narrativ-biographischen Interview um einen „Biographiegenerator" (Alois Hahn) handelt, diskutieren Widersprüchlichkeiten der innerhalb der Biographieforschung kursierenden Subjektkonzeption und zeigen schließlich mögliche Verknüpfungen der Biographieforschung mit der Foucaultschen Diskursanalyse in der Forschungspraxis auf. Vor dem Hintergrund empirischer Beispiele aus der Biographieforschung vertreten die AutorInnen dabei eine Lesart des Foucaultschen Diskursbegriffs, der das Subjekt sowohl als Träger wie auch als Produzenten von Diskursen sichtbar macht.

Auch Bettina Dausien und Helga Kelle diskutieren in ihrem Beitrag „Biographie und kulturelle Praxis" die Konstruktion biographischer Subjekte. Ausgangspunkt ist hier die Kontrastierung zweier methodologischer Traditionen, die von den Autorinnen vor allem im Feld der Geschlechterforschung genutzt werden: Biographieforschung und Ethnographie. Im gemeinsamen Rahmen des interpretativen Paradigmas und einer dezidiert sozialkonstruktivistischen Prämisse empirischer Forschung unterscheiden sich die beiden Zugänge dennoch in der Art ihrer Gegenstandskonstruktion. Dausien und Kelle verdeutlichen dies am jeweils bevorzugten empirischen Material – hier autobiographische Erzählungen, wie sie z.B. im narrativen Interview hervorgebracht werden, dort Protokolle von Interaktionsszenen, die mit der Methode der teilnehmenden Beobachtung entstehen. Die Frage, wie Biographisches im ethnographischen Material repräsentiert ist, wird am Beispiel eines Protokollauszugs genauer untersucht. Diese Perspektive bewirkt eine Dezentrierung der in der Biographieforschung fokussierten Lebensgeschichten, die in diachronen Erfahrungsaufschichtungen konkreter Subjekte entstehen, und rückt statt dessen die interaktive Bezugnahme auf „Biographie" und biographisch konnotierte Zuschreibungspraktiken in den Mittelpunkt. Die Sinnkonstruktion „Biographie", so die These, wird interaktiv erzeugt und folgt in ihrer Logik den je aktuell verhandelten Interaktionsproblemen. Für Prozesse dieser Art schlagen die Autorinnen den Begriff „doing biography" vor. Im zweiten Teil des Beitrags wird diese für die Biographieforschung provokative Anfrage aufgenommen und kritisch kommentiert. Die Autorinnen kommen zu dem Schluss, dass Ethnographie und Biographieforschung unterschiedliche Perspektiven auf die so-

ziale Konstruktion von Biographie eröffnen, sich wechselseitig konturieren, ergänzen und theoretische Klärungen vorantreiben können.

Gerhard Jost eröffnet mit seinem Beitrag „Radikaler Konstruktivismus – ein
Potenzial für die Biographieforschung?" ebenfalls eine kritische Reflexionspers-
pektive. Am Beispiel des „sozialphänomenologisch-gestalttheoretischen Ansatzes", wie der Autor die biographietheoretische Forschungskonzeption bezeichnet,
die Rosenthal (1987; 1995) mit Bezug auf die Arbeiten u.a. von Fischer entwickelt
hat, diskutiert er Nähe und Distanz zum Radikalen Konstruktivismus. Während
beide Ansätze von der Annahme ausgehen, dass (biographisches) Wissen ein Konstrukt ist, zeichnen sich bei genauem Hinsehen Differenzen ab. Jost sieht diese
zum einen in der Frage, ob Lebensgeschichten als intentionale Aktivität innerhalb
der Systemreferenz einer Person betrachtet werden können oder ob deren Gestalt
als durch thematische Felder strukturiert gedacht wird, die bereits (durch vorgängige Erfahrungen oder Milieus) vor-organisiert sind. Die zweite Differenz markiert er bei der jeweiligen Konzeption des Subjekt-Objekt-Verhältnisses. Während
man aus der Perspektive des Radikalen Konstruktivismus davon ausgehen müsse,
dass die Struktur der erlebten Lebensgeschichte prinzipiell nicht zugänglich sei,
nähme der sozialphänomenologisch-gestalttheoretische Ansatz auf den Lebenslauf Bezug, als ob es sich um eine ontologische Ebene handele. Einen Ausweg sieht
der Autor darin, radikalkonstruktivistische Prämissen als irritierendes Potenzial
für sozialphänomenologische Ansätze zu nutzen und dabei auf zusätzliche Theoriebestände system- und strukturierungstheoretischer Art zurückzugreifen, um
zum einen die Koppelung von biographischen und anderen sozialen Strukturen
beschreiben, zum andern um zu zeigen, wie biographische Konstruktionen selbst
zur sozialen, Orientierung schaffenden Realität werden.

Helma Lutz und Kathy Davis beschäftigen sich mit dem Verhältnis von Geschlechterforschung und Biographieforschung. Sie stellen fest, dass die Biographieforschung in die Geschlechterforschung Eingang gefunden habe, weil mit ihrer Hilfe sowohl die geschlechtsspezifische subjektive Aneignung von Gesellschaft
als auch die gesellschaftliche Konstitution vergeschlechtlichter Subjektivität erschlossen werden könne. Beide Komponenten sind für das Verstehen der Herstellung und Reifizierung des sozialen Geschlechts (Gender) konstitutiv. Allerdings
kritisieren Lutz und Davis Ansätze, die die Untersuchung von Gender auf die Differenzlinie Geschlecht reduzieren und damit riskieren, andere sozial relevante Differenzlinien wie Ethnizität, Klasse, Nationalität etc. zu ignorieren. Die Autorinnen
führen stattdessen einen erweiterten Genderbegriff ein, der das soziale Geschlecht
als Handlungskategorie versteht und Doing Gender als intersektionelle Aktivität
auffasst. Der Intersektionalitätsansatz (damit ist die Überkreuzung von Differenzlinien gemeint) als Theorie und als methodisches Instrument bietet, so Lutz und

Davis, die Möglichkeit, einer Vielfalt von Identität konstruierenden Differenzen Rechnung zu tragen. Die Autorinnen demonstrieren ihre These an dem Interview mit einer „besonderen Frau", der südafrikanischen Anti-Apartheidsaktivistin Mamphela Ramphele. Sie entwickeln ein drei Ebenen umfassendes Analysemodell und plädieren schließlich dafür, Intersektionalität als Ressource der Erzählenden und der Forschenden zu untersuchen.

Der dritte Teil des Buches eröffnet einen Ausblick auf Verknüpfungen mit Feldern beruflicher und gesellschaftlicher Praxis. Dieser Bezug ist bekanntlich seit den Anfängen der Biographieforschung ein stetes Anliegen gewesen; daran anknüpfend wird in jüngster Zeit der Versuch unternommen, die Biographieanalyse und andere rekonstruktive Forschungsverfahren als Teil der Qualifizierung und des Selbstverständnisses für professionelles Handeln nicht nur theoretisch, methodisch und didaktisch, sondern auch institutionell in der Aus- und Weiterbildung sozialer Berufe zu verankern.[3] Diese Initiativen zur Professionalisierung sollten mit dem Ziel der Bekämpfung „der vorherrschenden und oft defätistisch hingenommenen Formen der ‚Qualitätssicherung', der damit verbundenen Rhetorik und ihrer einschneidenden Konsequenzen für die Zu- bzw. Aberkennung von professioneller Wertschätzung" (vgl. Riemann in diesem Band) nicht nur im Bereich der Hochschulen, sondern auch für berufserfahrene PraktikerInnen grundlegend und richtungsweisend sein.

Welchen Nutzen hat die Biographieforschung für professionelles Handeln? Und genauer: Wie können angehende Professionelle zu SozialforscherInnen in eigener Sache ausgebildet werden? Mit diesen Fragen beschäftigt sich Gerhard Riemann in seinem Beitrag „Zur Bedeutung ethnographischer und erzählanalytischer Arbeitsweisen für die (Selbst-)Reflexion professioneller Arbeit". Der Autor berichtet aus seiner Praxis als Lehrender an Fachbereichen der Sozialen Arbeit und zeigt Methoden des forschenden Lernens mit Studierenden auf. Er plädiert dafür, die biographischen Erfahrungen von Studierenden als Ressource ernst zu nehmen. Am Beispiel von ethnographischen Feldprotokollen, die von Studierenden im Verlauf von Praktika angefertigt und in Begleitseminaren methodisch kontrolliert ausgewertet wurden, sowie von im Gruppenprozess analysierten Stegreiferzählungen über eine zurückliegende Berufspraxis zeigt der Autor, wie mit Hilfe erzählanalytischer Methoden unbewusst unterlaufende Typisierungen oder Kategorisierungen der Akteure im Berufsfeld aufgedeckt und damit auch korrigiert werden können. Durch solche Interpretationsarbeit werden sozialwissenschaftlich fundierte fallanalytische Kompetenzen entwickelt, die zur Selbstaufklärung professionellen Handelns sowie zur Gestaltung und Weiterentwicklung von Interventionsformen beitragen können. Der Autor argumentiert, dass die mit Hilfe erprobter Forschungsverfahren unterstützte Selbstreflexion in Zukunft auch einen positiven Effekt auf die Entwicklung selbstkritischer professioneller Fehlerdiskurse haben kann.

Auch wir als Herausgeberinnen hoffen, mit den hier vorgelegten Diskussionsbeiträgen eine professionelle Selbstbefragung anzuregen: bewährte Ansätze der Biographieforschung als auch Annahmen über Biographieforschung, die in unterschiedlichen fachwissenschaftlichen Kontexten gepflegt werden, sollten reflektiert und Irritationen fruchtbar gewendet werden. Wenn die vorgestellten Verknüpfungen insbesondere im soziologischen Diskurs zu neuen Debatten und Fragestellungen führen, hat das Buch seinen Zweck erfüllt.

Berlin/Göttingen/Münster im Dezember 2004
Bettina Dausien, Helma Lutz, Gabriele Rosenthal, Bettina Völter

Anmerkungen

1. In der Deutschen Gesellschaft für Soziologie wie in der Deutschen Gesellschaft für Erziehungswissenschaft wurden Ende der 1970er Jahre eigenständige Fachgruppierungen gegründet, die mittlerweile als Sektion bzw. Kommission der Fachorganisation etabliert sind (Sektion Biographieforschung in der DGS seit 1986; Kommission Erziehungswissenschaftliche Biographieforschung als Teil der Sektion Allgemeine Erziehungswissenschaft seit 1998).
2. Anlass für die Herausgabe dieses Bandes war eine Initiative des Sprecherinnenkreises 1999-2003 (Gabriele Rosenthal, Bettina Dausien und Helma Lutz), eben jene theoretische und empirische Vielfalt zu dokumentieren und einer kritischen Diskussion innerhalb des Faches zugänglich zu machen.
3. Vgl. hierzu etwa die Jahrestagung der Sektion Biographieforschung in Bamberg 2002 oder die erste bundesweite Tagung des „Netzwerks für rekonstruktive Sozialarbeitsforschung und Biografie" an der FH Bielefeld im November 2004.

Literatur

Bude, Heinz (1988): Auflösung des Sozialen? Die Verflüssigung des soziologischen „Gegenstands" im Fortgang der sozialen Theorie. In: Soziale Welt 39, 4-17.

Hettlage, Robert (1991): Rahmenanalyse – oder die innere Organisation unseres Wissens um die Ordnung der Wirklichkeit. In: Hettlage, R./Lenz, K. (Hrsg.): Erving Goffman – ein soziologischer Klassiker der zweiten Generation. Bern/Stuttgart: Haupt, 95-156.

Rosenthal (1987): "Wenn alles in Scherben fällt..." Von Leben und Sinnwelt der Kriegsgeneration. Opladen: Leske & Budrich.

Rosenthal (1995): Erlebte und erzählte Lebensgeschichte. Frankfurt a.M./N.Y.: Campus.

Simmel, Georg (1992): Das Problem der Soziologie. In: ders.: Soziologie. Frankfurt/M.: Suhrkamp, 13-62.

Peter Alheit

Biographie und Mentalität:
Spuren des Kollektiven im Individuellen

Einleitung

Es ist offensichtlich nicht nur ein methodisches Problem der aktuellen sozialwissenschaftlichen Biographieforschung, plausibel über kollektive Erfahrungsmuster zu reden. Es scheint auch ein theoretisches Problem zu sein. Selbst die überzeugendste Fallrekonstruktion, die ganz gewiss das Allgemeine im Besonderen zum Ausdruck bringt, heilt nicht den Vorwurf, dass es sich um ein sehr spezifisches „Allgemeines" handelt, das pauschale Generalisierungen verbietet. Natürlich zielen biographische Datensettings nicht auf statistische Repräsentativität. Aber Biographien sind immer nur performative Ausdrucksformen von „Semantiken", die ihnen zugrunde liegen. Das mag „Geschlecht"[1] sein, „Klasse"[2] oder „Ethnie"[3], auch eine interessante Melange aus allem (vgl. Lutz/Davis in diesem Band). In jedem Fall ist es ein Konstrukt, das über die Partikularität des Einzelfalls hinausweist. Die folgenden Überlegungen arbeiten mit dem Konzept der „Mentalität" und beziehen sich auf Ergebnisse eines internationalen Vergleichsprojekts dreier postsozialistischer (Teil-)Gesellschaften in Mitteleuropa, nämlich Ostdeutschland, Polen und Tschechien, deren Entwicklung nach 1989 von besonderem Interesse ist.[4]

Es wäre wohl kaum eine Region in Zentraleuropa geeigneter als diese Region, um empirisch dem ebenso anspruchsvollen wie diffusen Phänomen der „Mentalität" auf die Spur zu kommen und es in biographischem Datenmaterial aufzufinden. Nur wenige Gebiete Europas sind – als Resultat des Zweiten Weltkriegs – „künstlicher" entstanden: Die beinahe vollständige Aussiedlung der schlesischen Bevölkerung und die Umsiedlung von Millionen Polen aus den sowjetisch annektierten polnischen Ostgebieten in den neuen Westteil des Landes[5], auch bemerkenswerte demographische Umschichtungsprozesse im ehemaligen Siedlungsgebiet der so genannten Sudetendeutschen[6] sowie eine demographische Umstrukturierung des sächsischen und des brandenburgischen Oder-Grenzraums auf deutscher Seite[7] schaffen drastisch veränderte Bedingungen politisch-kultureller Nachbarschaft.

Millionen von Menschen geraten also innerhalb nachträglich festgelegter nationaler Grenzen in neue Lebensräume. Die Beobachtung der „Trägheit" ihrer mentalitären Zuordnungsmuster ist in solchen historischen Situationen besonders aussichtsreich. Und unser methodisches Setting sieht eine zusätzliche Prüfung vor: Wir haben die Großeltern- und die Enkelgeneration jeweils einer Familie biographisch befragt. Die Analyse ist – vielleicht – eine der ersten systematischen Untersuchungen mit qualitativen Massendaten. Wir haben insgesamt mehr als 300 biographisch-narrative Interviews geführt. Und das theoretische Sampling[8] basiert auf einer Doppelstrategie: Es bildet einmal historisch identifizierbare kulturelle „Milieus" ab. Und es arbeitet außerdem mit systematischen Vergleichen innerhalb dieser „Milieus".[9] Das Ergebnis ist natürlich nicht „repräsentativ" für die untersuchten Regionen. Aber es konzentriert sich auf mehrdimensionale Kontrastierungen[10] – eine Strategie, die gelegentlich ein schärferes Bild der Wirklichkeit erzeugt als statistische Durchschnittswerte.

Die biographischen „Erfahrungslandschaften", die sich dabei abbilden, sind vielschichtig. Und doch lassen sich Hintergrundorientierungen identifizieren, die über Einzelschicksale hinausweisen und ein spezifisch „deutsches", „polnisches" oder „tschechisches" Profil erkennbar machen. Wir haben solche, den Menschen selbst durchaus nicht bewusste Orientierungen mit dem Begriff der „Mentalität" versehen. Aber was bedeutet Mentalität – und wie lässt sich ein empirischer Zugriff auf dieses Phänomen begründen und operationalisieren? Im Folgenden wird zunächst diese Frage ausführlicher diskutiert und das Konzept der „Mentalitätsfiguration" vorgestellt (1). Dann soll knapp das Ergebnis des internationalen Vergleichs präsentiert (2) und in einem exponierten Abschnitt noch ein wenig intensiver auf die überraschend provokanten deutschen Befunde eingegangen werden (3). Abschließend werden die theoretisch gewonnenen Einsichten noch einmal pointiert zusammenfasst (4).

1. „Mentalitätsfigurationen"

Die Art und Weise, wie Menschen bestimmte historische Situationen wahrnehmen, wie sie Krisen und Brüche bewältigen, darin ihre individuelle und kollektive Identität ausbilden und weiter entwickeln, kann nicht als mechanischer Reflex auf bestimmte „objektive" Bedingungen beschrieben werden. Es scheint vielmehr ein komplizierter Verarbeitungsprozess zu sein, in dem eine Fülle von Faktoren eine Rolle spielt: historische Erfahrungen der vorangegangenen Generationen, langfristige kulturelle Traditionen eines spezifischen sozialen oder regionalen Zusammenhangs, die konkrete Position in der Gesellschaft und selbstverständlich sehr individuelle biographische Erlebnisse. Die Rede von einer „Mentalität" der Menschen, von Einzelnen oder sozialen Gruppen, ist deshalb zunächst eher der metaphorische Ausdruck einer vage beobachteten Ähnlichkeit als die präzise empirische Beschreibung eines abgrenzbaren sozialen Phänomens. Solche kollekti-ven Orientierungen sind hochkomplexe Beziehungen verschiedener Einflüsse. Sie sind deshalb selbstverständlich veränderbar, aber ihr Wandel scheint von eigenwilligen Trägheitseffekten begleitet zu sein.

Die „Mentalität", die wir – um ein Beispiel zu geben – besonders eindrucksvoll in der tschechischen Tradition beobachten können, jenes Muster einer zugleich selbstironisch-defensiven und doch widerspenstig-autonomen Sicht der Dinge, wie sie Jaroslav Hašek in seiner Figur des „braven Soldaten Schwejk" idealtypisch verdichtet hat, verknüpft verschiedene Ebenen: die tiefe historische Erfahrung der Abhängigkeit eines Volkes, das dabei jedoch seine Identität gerade nicht verliert, die praktische Phantasie der einfachen Leute, für die „Schwejk" steht und die in spezifischen Kooperationen mit anderen Schichten des Volkes dem defensiven Widerstand Ausdruck verleihen, schließlich den individuellen Witz des „braven Soldaten", der seine eigenen Erfahrungen gemacht hat. „Mentalität" ist also nichts Homogenes, auch kein planmäßiges Verhalten, sondern eine komplexe Haltung zur sozialen Welt, die aus verschiedenen Quellen gespeist wird und uns in der Regel nicht bewusst ist. Der deutsche Soziologe Theodor Geiger hat Mentalität mit der „Haut" verglichen, die wir eben nicht wie ein „Gewand" ablegen können und die unser soziales Verhalten bestimmt.[11]

Gewiss ist eine solche (beinahe biologistisch-naturalistisch klingende) Definition soziologisch nicht befriedigend. Sie garantiert keineswegs selbstverständlich den empirischen Zugang zu dem Phänomen, das wir „Mentalität" nennen. Und doch erscheint es hilfreich, die am Beispiel „Schwejk" unterschiedenen Ebenen genauer zu betrachten. Dieses Vorgehen erschließt tatsächlich methodisch kontrollierbare empirische Zugänge:

- „Mentalitäten" haben zweifellos eine historische Dimension. Sie verweisen auf etwas, was die Historiker „longue durée", also eine Erfahrung von langer Dauer, zu nennen pflegen.[12] Nicht nur die tschechische Gesellschaft macht die über Jahrhunderte währende Erfahrung, eine besetzte und kolonialisierte Gemeinschaft zu sein. Auch die Polen müssen über wiederkehrende Phasen mit der Dominanz der übermächtigen Nachbarn im Westen und im Osten, vor allem Preußens und Russlands, zu leben lernen. Diese erzwungene Subalternität prägt die Mentalität aller Schichten der Bevölkerung. Aber sie führt erstaunlicherweise in beiden Fällen nicht zu jener „Untertanenmentalität", die zumindest das wilhelminische Deutschland kennzeichnet. In Tschechien und in Polen bildet sie dagegen den Kern einer widerspenstigen „nationalen Identität" – einer eher heroisch-traditionalen in Polen, gestützt durch Adel und Kirche,[13] einer eher frühbürgerlich-zivilen (ohne Herausbildung einer Feudalkaste) in Tschechien[14]. Die deutsche „Figuration" ist widersprüchlicher. Und der Begriff Figuration stammt von Norbert Elias, der in einer genauen Rekonstruktion europäischer Gesellschaften aus verschiedenen Perspektiven den „Prozess der Zivilisation"[15] beschrieben hat. Deutschland kann einerseits – und dies berührt die tschechische und die polnische Geschichte – immer wieder als jene Hegemonialmacht auftreten, als die es sich seit dem mittelalterlichen „Heiligen Römischen Reich Deutscher Nation" versteht. Es zerfällt andererseits jedoch nach dessen Niedergang in eine Vielzahl unbedeutender Kleinstaaten, die erst mit dem allmählichen Aufstieg Preußens seit dem 17. Jahrhundert wieder hegemoniale Ansprüche erheben können. Dabei entsteht „figurationssoziologisch" eine Dynamik, die den jeweils herrschenden Feudalschichten eine im Vergleich zu den europäischen Nachbarstaaten überrepräsentativ wichtige Rolle zuweist und den Einfluss der neu entstehenden sozialen Klassen, vor allem des Bürgertums, lange erfolgreich zurückdrängt. Die deutsche Gesellschaft ist bis ins 20. Jahrhundert hinein eine „formierte" Gesellschaft, in der die sozialen Unterschiede symbolisch besonders deutlich hervortreten. Der Hang zur „Untertanenmentalität" breiter Bevölkerungsschichten hat hier seine Ursache.

- „Mentalitäten" haben aber auch eine interaktive Dimension. D.h. sie basieren auf einer Art unausgesprochenem Aushandlungsprozess der verschiedenen Gruppen einer sozialen Gemeinschaft. Der sprichwörtliche „Geiz" der Schotten, der vorgebliche „Stolz" der Spanier, der „Charme" und das „savoir vivre" der Franzosen sind – wie die unterstellte genussfeindliche Arbeitsmoral der Deutschen – nicht nur Klischees, sondern interaktiv konstruierte Selbst- und Fremdbilder, die Unterschiede innerhalb der etikettierten Gemeinschaften ausgleichen und „künstliche" Identitäten aufzubauen helfen. Auch dieser ununterbrochen stattfindende Prozess gehört zur „Mentalität".

- Schließlich hat „Mentalität" eine biographische Dimension. Ich selbst verorte mich in einem kollektiven kulturellen Zusammenhang. Meine „deutsche", „polnische", „tschechische" Zugehörigkeit ist Teil meiner Entwicklung.[16] So wie ich Mann oder Frau bin nur durch die spezifischen Erfahrungen meines sehr individuellen Mann- oder Frau-Werdens, so bin ich Deutscher, Pole oder Tscheche im Kontext meiner ganz persönlichen Erfahrungen. „Deutschsein", „Polnischsein" oder „Tschechischsein" ist Teil meiner selbst. Es ist, wie die jüngere Biographieforschung formulieren würde, eine „biographische Konstruktion".[17]

Diese Überlegungen machen den empirischen Zugang zu unserem Forschungsfeld plausibler. Wir wissen, wir haben es mit Menschen zu tun, deren Aussagen über sich selbst von historischen „Tiefenerfahrungen" geprägt sind. Wir wissen außerdem, dass ihre eigene Sicht der Welt mit konkurrierenden Perspektiven anderer in ihrer eigenen Gesellschaft in Beziehung steht. Und wir wissen, dass sie selbst sich im Rahmen eines „kollektiven" Prozesses verorten und das Besondere ihrer eigenen Erfahrungen immer schon in den Zusammenhang von Gemeinschaften und historischen Kontinuitäten stellen.[18]

„Mentalität" ist gleichsam ein kollektiver „Habitus", dessen Einfluss sich die Individuen nicht entziehen können und auf den sie in ihren Selbstkonstruktionen intuitiv Bezug nehmen. Das bedeutet keineswegs, dass wir es mit einem uniformen Phänomen zu tun haben. Der spezifisch proletarische Habitus eines Yorkshire-Proleten während seines Mallorcaurlaubs unterscheidet sich drastisch von dem extrem distinguierten Verhalten eines englischen Lords bei einem Louvre-Besuch in Paris. Und doch lassen sich beide Ausdrucksweisen offensichtlich als „typisch englisch" dechiffrieren. Evident ist aber, dass der empirische Zugang in dem gewählten Beispiel eben nicht plakativ die „englische Mentalität" sein kann, sondern zwei komplementäre Varianten eines „Verhaltenscodes" (z.B. einer spezifischen Präsentation nationalen Selbstbewusstseins), der sowohl dem Proleten wie dem Lord, über die Grenzen ihres jeweiligen Klassenhabitus hinweg, gemeinsam ist, d.h. es handelt sich dabei um die von beiden – wenn auch auf unterschiedliche Weise – geteilte Erfahrung und Verarbeitung der englischen Sozialwelt und ihrer Relation zu anderen Kulturen.

Dieses schlichte Beispiel macht zugleich die Affinität, aber auch die Distanz etwa zum Bourdieuschen Habituskonzept[19] transparenter: Vergleichbar ist der Modus der „Inkorporierung". „Mentalitäten" werden wie ein Klassen- oder Geschlechterhabitus in sozialisatorischen Interaktionsprozessen erworben. Unterschiedlich ist dagegen der Bezugsrahmen. Der mentaläre Habitualisierungsprozess hat seine Basis nicht in sozialen Positionierungen und den mit ihnen verknüpften Ressourcen[20]; seine Referenzbezüge sind tiefer liegende historische Figurationen, die mit der Stellung und Veränderung der eigenen Kultur im Kontext anderer Kulturen zu tun haben: Der melancholische Unterton der portugiesischen „Mentalität" beispielsweise, der sich in Literatur und Folklore niederschlägt und quer zu unterscheidbarem Klassen- oder Geschlechterverhalten steht, ist ein nachhaltiger Effekt des historischen Bedeutungsverlusts jenes Weltreichs der frühen Moderne, das Portugal einmal darstellte. Auch die historisch immer wiederkehrende depressive Färbung der deutschen „Mentalität" hat eine lange Geschichte. Norbert Elias führt sie, wie bereits erwähnt, auf den Zusammenbruch jenes hegemonialen „Römischen Reiches Deutscher Nation" im späten Mittelalter zurück[21], der – etwa nach dem 30jährigen Krieg oder aktueller nach dem Verlust der beiden Weltkriege im 20. Jahrhundert – zu tiefen kollektiven Kränkungen führte. Es erscheint nicht ausgeschlossen, dass auch die „Wiedervereinigung" für viele Menschen in Ostdeutschland mit vergleichbaren Erfahrungen verbunden ist.

Solche idealtypischen Mentalitätskonstruktionen sollen nun keineswegs davon ab-
lenken, dass es in modernisierten modernen Gesellschaften (die ja in der Regel Ein-
wanderungsgesellschaften sind) selbstverständlich neue Mentalitätsformationen,
möglicherweise auch „Hybrid-Mentalitäten" geben kann. Auch die an der Nahtstelle zwischen ehemaligen staatssozialistischen und den kapitalistischen Nachkriegs-
gesellschaften entstehenden „transnationalen Migrationsräume" mögen Auswirkungen auf die Bildung und Veränderung von „Mentalitäten" haben. Freilich, genau
diese erwartbaren Abweichungen und Mischungen sind nur identifizierbar, wenn
wir zunächst von historisch und empirisch fundierten Idealtypen ausgehen.

Wir sprechen in unserer Studie deshalb auch nicht von „Mentalitäten", sondern
im Anschluss an Elias von Mentalitätsfigurationen. Uns interessiert die Beziehung
zwischen den historisch-gesellschaftlichen Rahmenbedingungen sozialen Lebens
in einer nationalen (Teil-)Kultur („Formalität") und den individuellen Verarbeitungsformen dieses Lebens im Kontext biographischer Erfahrungsaufschichtung
(„Informalität"). Norbert Elias hat in seinen „Studien über die Deutschen" ein
ebenso einfaches wie geniales „Messinstrument" vorgeschlagen, das er die „Formalitäts-Informalitäts-Spanne"[22] nennt und das auf eine überraschend plausible
Weise „Mentalitätsfigurationen" identifizierbar macht.

Elias verdeutlicht das Nebeneinander von Formalität und Informalität an einem reizvollen historischen Beispiel: 1778 schreibt Mozarts Vater an seinen Lan-
desherrn einen Bittbrief um Beförderung, der nicht nur extrem förmlich gehalten ist, sondern zugleich von einer Unterwürfigkeit ohnegleichen zeugt („meines Gnadigsten LandesFürsten (sic!) und Herrn Herrn (sic!) unterthänigster und
gehorsamster Leopold Mozart"). Umgekehrt ist allgemein bekannt, dass gerade
die Familie Mozart – und insbesondere Wolfgang Amadeus – in privaten Kontexten sich informelle Freiheiten heraus nahm, die heute nur schwer nachzuvollziehen sind. „Die Gesellschaft Mozarts", so Elias, „war also charakterisiert durch die
Gleichzeitigkeit einer Formalität im Verkehr von sozial über- und untergeordne-
ten Menschen, die an zeremonieller Härte jede entsprechende Formalität unserer
Tage weit übertrifft, und einer Informalität innerhalb der eigenen Gruppe, die
ebenfalls weit über das hinausgeht, was gegenwärtig im geselligen Verkehr von relativ gleichgestellten Menschen möglich ist."[23]

Dieses Muster einer weiten Formalitäts-Informalitäts-Spanne ist charakteristisch für vormoderne Gesellschaften. Im Prozess der Moderne verringert sich diese Spanne drastisch, und namentlich das 20. Jahrhundert ist zumal in den meisten
westeuropäischen und nordamerikanischen Gesellschaften gekennzeichnet durch
einen bemerkenswerten Informalisierungsprozess. Zu seinen Merkmalen gehören erhöhte Prosperität und Einkommenszuwächse aller gesellschaftlichen Gruppen, eine Veränderung der Machtbalance zwischen „Etablierten" und „Außensei-

tern", die Verringerung spezifischer „Machtdifferenziale" (zwischen Männern und Frauen, Eltern und Kindern, zwischen Regierenden und Regierten), aber auch die Verunsicherungen, die das Einebnen der konventionellen Hierarchien mit sich bringt.[24]

Symptomatisch ist, dass die deutsche Gesellschaft diese Entwicklung, im Vergleich zu England oder vollends den USA, mit deutlicher Verzögerung und mit immer neuen Rückfällen vollzieht. Erst 1918 erzwingt die vorhersehbare Niederlage in einem verheerenden Krieg die Abdankung jener autokratischen Führungsschicht, die über viele Jahrhunderte massive soziale Ungleichheiten fest geschrieben und die Formalitäts-Informalitäts-Spanne im Vergleich zu den Nachbarnationen unzeitgemäß weit gedehnt hatte. Die veränderte Machtbalance und der plötzliche Einfluss der Arbeiterbewegung nach 1918 erzeugen nun aber keineswegs nur Demokratisierungs- und Zivilisierungseffekte, sondern eher kollektive Verunsicherungen, die in extremen parteipolitischen und ideologischen Polarisierungen ihren Ausdruck finden. Pragmatische Bargainingprozesse zwischen den Kontrahenten haben keine Tradition. So ist die Spaltung der Arbeiterbewegung in sozialdemokratische und kommunistische Lager ebenso folgerichtig und „deutsch" wie die fatale Liaison des abgehalfterten preußischen Militäradels und eines Teils der kriegsinteressierten Besitzbourgeoisie mit den Nationalsozialisten.[25]

Pointiert könnte man sagen: Deutschland bleibt eine „formierte" Gesellschaft bis tief ins 20. Jahrhundert hinein, im Osten bis in die 1980er Jahre. Die weite Spanne zwischen Formalität und Informalität wird auch während des Nationalsozialismus nicht verkleinert. Gleichschaltung der Institutionen, schleichende Militarisierung der Gesellschaft und die Ubiquität sozialer Kontrolle dehnen die Spanne eher, als dass sie sie verringern. Und diese Formierung setzt sich ungebrochen fort in der SBZ und späteren DDR. Auch hier ist der soziale Raum umstellt von fremd bestimmten Organisationen und Institutionen der sozialen Platzierung und Kontrolle, denen man sich nur im engsten Privatbereich entziehen kann.[26] Das Gaussche Etikett der „Nischengesellschaft"[27] signalisiert auf überzeugende Weise das Auseinanderdriften von Formalität und Informalität.

Anders in Polen und Tschechien. Hier ist seit Jahrhunderten die Formierungserfahrung gleichsam „extern". Sie ist gerade nicht Bestandteil der kollektiven Mentalität. Oder genauer: Der Widerstand gegen die externe Formierung gehört zur Mentalitätsfiguration. In Polen führt dies etwa zur nationalen Integration der vorbürgerlichen Eliten, also des polnischen Adels, der eben nicht der Protagonist jener aufgezwungenen Formalitäten, sondern Träger des subtilen Widerstands ist.[28] Der Katholizismus wird zur Nationalreligion, weil er zur symbolischen Unterscheidung vom preußischen Protestantismus und von der russisch-orthodoxen Kirche, also den Glaubensformen der Besetzer, außerordentlich brauchbar ist.[29]

In Tschechien entsteht – auch vor dem Hintergrund der hussitischen Reformen des 16. Jahrhunderts – eine erstaunlich entwickelte frühbürgerliche Gesellschaft, in der der Adel zunehmend an Einfluss verliert.[30] Wenn wir die ungewöhnlich demokratischen Bildungsideen des Jan Amos Komenský im frühen 17. Jahrhundert verstehen wollen, kommen wir um das reizvolle Konstrukt einer protestantisch grundgelegten „Proto-Zivilgesellschaft" nicht herum.[31]

Diese erstaunlichen historischen Konfigurationen machen auch das Verhalten der beiden Gesellschaften während der staatssozialistischen Periode verständlicher. Figurationssoziologisch wiederholt sich im Grunde für beide Nationen nach 1945 eine historisch vertraute Konstellation: die „Besetzung". Und es ist deshalb keineswegs zufällig, dass sich in beiden Gesellschaften – völlig anders als in der DDR – ein bemerkenswerter ziviler Widerstand entwickelt. Der „Prager Frühling" 1968 in der Tschechoslowakei und der Widerstand der „Solidarność" 1981 in Polen sowie eine Reihe früherer und nachfolgender Dissidentenaktivitäten verweisen auf ein Mentalitätsprofil, das von der deutschen Figuration deutlich abweicht.

2. Intergenerationale Konstellationen

Interessant ist nun allerdings, ob und wie sich die beschriebenen Mentalitätsfigurationen in unserem Datenmaterial abbilden. Die Hypothese, dass „Mentalität" auch und gerade biographisch konstruiert wird, reichte uns dabei nicht aus. Wir wollten auch die interaktiven Dimensionen der Reproduktion von Mentalitäten erfassen und gegebenenfalls markante Wandlungsprozesse festhalten. Dazu bot sich das Großeltern-Enkel-Setting[32] schon deshalb an, weil es Hinweise auf eine Modernisierung der „Mentalitäten"[33] versprach: War die eine Generation doch durch den Übergang zum Sozialismus, die andere durch eine vergleichbar einschneidende Statuspassage zum globalisierten Kapitalismus geprägt.

Die Nahtstelle zwischen dem biographischen Einzelfall und nachhaltigen kollektiven Hintergrundorientierungen war also die Generationsbeziehung. Uns interessierte, welche Veränderungen im Bereich der „Informalität" zwischen den Generationen festzustellen waren, wie sich Selbstpläne, Selbstzwänge und biographische Reflexionsmuster zwischen den beiden Generationen gewandelt hatten. Erstaunlicherweise bot das biographische Datenmaterial eine ziemlich einfache Typologie[34] von intergenerationalen Konstellationen an, die allerdings in den drei untersuchten Regionen ein je unterschiedliches Profil bildete:

- eine Konstellation, die wir „Persistenz-Typus" genannt haben,
- eine Generationsbeziehung, für die sich das Etikett „Modernisierungs-Typus" anbot, und
- eine Großeltern-Enkel-Konstellation, die wir als „Bruch-Typus" bezeichnen wollen.

Persistenz-Typus. An diesem Typus entdeckten wir den überraschenden Tatbestand, dass die charakteristische Art, mit der Sozialwelt umzugehen, sich von der Großelterngeneration gleichsam auf die Enkelgeneration „vererbte". Damit war nicht allein der Basishabitus gemeint, der auch in einer neuen historisch-individuellen Formation, in der sich die Merkmalsausprägungen verändert haben, noch erkennbar sein kann: etwa der Lehrer, der aus bäuerlichem Hause stammt und sich auch in seiner neuen Position noch wie ein „Bauer" benimmt. „Persistenz" bedeutete hier die Wiederholung praktischer Verhaltensweisen in alltäglicher und biographischer Perspektive auf dem gleichen Niveau: eine Berufstradition, bestimmte Familienrituale, ein spezifisches Rollenverständnis, eine politische Einstellung, die Vorliebe für religiöse Glaubensformen, die Inszenierung einer ethnischen Besonderheit. Die Großeltern-Enkel-Konstellation verwies hier auf eine erstaunliche Stabilität intergenerationaler Tradierung.

Modernisierungs-Typus. Dieser Typus zeigte demgegenüber deutliche Veränderungen zwischen der Großeltern- und Enkelgeneration. Der Großvater war beispielsweise Zimmermann, der Enkel ist Ingenieur, die Großmutter hat Krankenschwester gelernt, die Enkelin promoviert gerade in Soziologie, der Großvater war kommunistischer Vorsitzender einer Betriebsgewerkschaftsleitung, der Enkel ist Jurist und sitzt für die GRÜNEN im Stadtparlament. In der Regel hatte in der Modernisierungskonstellation ein sozialer Aufstieg stattgefunden. Das bedeutete nicht, dass der Basishabitus zwischen Großvater und Enkel sich drastisch gewandelt hatte – beide mochten sozial engagiert, aufstiegsorientiert oder musisch interessiert sein –, aber die Position im sozialen Raum hatte sich doch spürbar verändert; die Art, mit der Sozialwelt umzugehen, war „modernisiert" worden.

Bruch-Typus. Diese intergenerationale Konstellation deutete zumeist auf eine soziale Abwärtsbewegung, auch auf einen inszenierten oder tatsächlichen Habitus-Bruch: Die Großelterngeneration beispielsweise hatte ein gewisses Sozialprestige, die Enkelgeneration ist an Prestige nicht im Mindesten interessiert und verpflichtet sich einer zeitgenössischen „Bohème"; oder der Großvater war SED-Funktionär, der Enkel ist in die rechtsextreme Szene abgerutscht – übrigens eine im deutschen Sample mehrfach auftauchende Konstellation. Generationsbrüche sind in der untersuchten historischen Phase gewiss keine Überraschung. Sie sind durchaus erwartbar.

Bei der empirischen Rekonstruktion dieser „Typen" spielten sozialstrukturelle Zuordnungen schon deshalb keine primäre Rolle, weil in einem Drei-Generationen-Gefüge sozialräumliche Bewegungen eher wahrscheinlich sind. Die Enkelgeneration befindet sich beispielsweise an einem anderen Ort im „sozialen Raum" als die Großelterngeneration. Im Übrigen ist etwa das Vorkommen von Persistenz- oder Bruch-Konstellationen in jedem sozialen Milieu denkbar.

Abbildung 1: Intergenerationale Konfigurationen

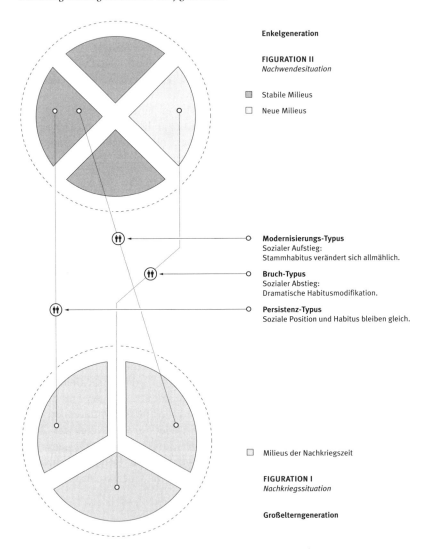

Enkelgeneration

FIGURATION II
Nachwendesituation

Stabile Milieus

Neue Milieus

Modernisierungs-Typus
Sozialer Aufstieg:
Stammhabitus verändert sich allmählich.

Bruch-Typus
Sozialer Abstieg:
Dramatische Habitusmodifikation.

Persistenz-Typus
Soziale Position und Habitus bleiben gleich.

Milieus der Nachkriegszeit

FIGURATION I
Nachkriegssituation

Großelterngeneration

Um nun die zentralen Ergebnisse unserer Vergleichsstudie knapp und übersichtlich zu präsentieren, soll es ausreichen, die Relationen der drei Konstellationstypen in den untersuchten Regionen pointiert zu kommentieren. Wir können bei unseren nationalen Samples sehr klar drei Mentalitätsprofile unterscheiden, die sich – wie wir sehen werden – mit den diskutierten historischen „Mentalitätsfigurationen" durchaus überlappen:

Abbildung 2: Nationale Mentalitätsprofile

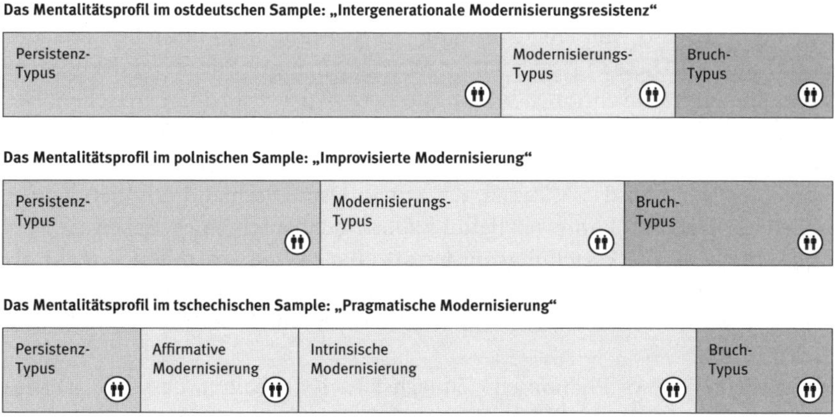

Das Mentalitätsprofil im ostdeutschen Sample: „Intergenerationale Modernisierungsresistenz"

Persistenz-Typus		Modernisierungs-Typus	Bruch-Typus
	(ǂǂ)	(ǂǂ)	(ǂǂ)

Das Mentalitätsprofil im polnischen Sample: „Improvisierte Modernisierung"

Persistenz-Typus		Modernisierungs-Typus	Bruch-Typus
	(ǂǂ)	(ǂǂ)	(ǂǂ)

Das Mentalitätsprofil im tschechischen Sample: „Pragmatische Modernisierung"

Persistenz-Typus	Affirmative Modernisierung	Intrinsische Modernisierung	Bruch-Typus
(ǂǂ)	(ǂǂ)	(ǂǂ)	(ǂǂ)

Die Unterschiede sind, wie die Abbildungen zeigen, nicht unbeträchtlich. Was bedeuten sie tatsächlich?

2.1 Zur Dominanz des „Persistenz-Typus" im deutschen Sample

Würde man in der alten Bundesrepublik eine vergleichbare Generationenbefragung unternehmen, wie wir dies in der Oberlausitz getan haben, müsste vermutlich die große Mehrzahl der Interviewtandems dem „Modernisierungs-Typus" zugeordnet werden. Die Sozialstruktur der westlichen Bundesrepublik hat sich nämlich seit dem Zweiten Weltkrieg dramatisch verändert. Und die interessanteste Beobachtung dabei ist, dass sich nicht eigentlich die quantitativen Relationen der großen Straten – Oberschichten, Mittelschichten und Unterschichten – nennenswert verschieben, sondern dass gleichsam innerhalb der Straten erstaunliche

Ausdifferenzierungsprozesse zu beobachten sind.[35] So nehmen die klassischen Milieus, etwa das konservative gehobene Milieu, das kleinbürgerliche Milieu oder das traditionelle Arbeitermilieu allein zwischen 1980 und 1990 um durchschnittlich 25% ab.[36] Zugleich aber entstehen seit Ende der 1960er Jahre und beschleunigt seit Beginn der 1980er Jahre große neue Milieus wie das aufstiegsorientierte Milieu in den Siebzigern oder das der postmodernen Hedonisten in den 1990er Jahren. Auch interessante kleinere Milieus – wie das alternative Milieu, das traditionslose und das neue Arbeitermilieu – bestätigen diesen Trend. Gemeinsam ist diesen neuen Milieus, dass sie nicht die großen Ungleichheitsrelationen verändern, sondern eine horizontale Bewegung im Bourdieuschen Sozialraum in Gang setzen, wenn man so will: eine „Öffnung" in Richtung des kulturellen Pols des sozialen Raums.[37] Diese Öffnung hat im Wesentlichen mit Bildungsaufstiegen zu tun, die nun auch konventionell bildungsfernere soziale Schichten erreichen. Die Gesamtentwicklung hat eine Modernisierung des sozialen Raums zur Folge, die individuelle Modernisierungsprozesse[38] voraussetzt.

Betrachten wir nun das Material, das wir in Ostdeutschland erhoben haben, zeigt sich ein geradezu konträrer Befund. Ohne den Anschein erwecken zu wollen, quantitativ exakte Verteilungsmuster anzubieten, müssen deutlich mehr als die Hälfte unserer Interviewtandems relativ eindeutig dem „Persistenz"-Typus subsumiert werden, je gut ein Zehntel verteilen sich auf „Modernisierungs"- und „Bruch"-Typus.

Was bedeutet dieses Phänomen? Zunächst ist festzuhalten, dass der „Persistenz"-Typus kein Milieuprofil hat. Er verteilt sich auf alle von uns untersuchten Milieus. Die Beobachtung, dass zwischen Großeltern- und Enkelgeneration in Ostdeutschland eine überraschende Habituspersistenz besteht, bezieht sich – was das untersuchte Feld angeht – auf alle Gesellschaftsschichten. Wenn dieses Phänomen, wie wir begründet vermuten, nun nicht nur breit gestreut ist, sondern außerdem auch noch als Massenerscheinung betrachtet werden muss, dann heißt dies, dass sich der soziale Raum eben nicht „modernisiert" hat, wie in der westlichen Bundesrepublik, sondern in seiner inneren Dynamik blockiert war (und ist). Wir sprechen deshalb – und das ist die „Kernkategorie" unserer Entdeckungen für das deutsche Sample – von einer intergenerationalen Modernisierungsresistenz.

Man muss diesen „Soziologismus" näher erläutern, um deutlich zu machen, welche lebenspraktischen Dimensionen er berührt. „Resistenz" ist zweifellos eine bestimmte Aktivität, die gesellschaftliche Energien bindet. Wenn große Gruppen der Bevölkerung moderner Gesellschaften sich gleichsam aktiv weigern, ihre soziale Situation zu verändern, und diese „Botschaft" auch an die Folgegeneration weiter vermitteln, muss es dafür einsichtige Gründe geben. Plausibel ist die Persistenzkonstellation zweifellos bei gesellschaftlichen Eliten. Sie geben sinnvollerweise die Routinen und Strategien des Prestigegewinns bzw. der Prestigesicherung an nachfolgende Generationen weiter und stabilisieren dabei ihre Position. Verständlich mag er noch bei marginalisierten Gruppen sein, die mit einer gewissen Trägheit der eigenen Ambitionen und der Genügsamkeit der Erwartungen einen Schutz vor häufig erlebten Enttäuschungen und der Erfahrung weiterer Deklassierung aufbauen. Auch diese Haltung hat sozial nachvollziehbare Persistenzeffekte. Wenn dagegen selbst die breite Mitte der Bevölkerung vergleichbare intergenerationale Reproduktionsstrategien wählt, entsteht ein Sonderfall, der erklärungsbedürftig ist.

Mit genau diesem Sonderfall haben wir es in der ehemaligen DDR-Gesellschaft zu tun. Und das Erstaunliche bleibt, dass dieses für den Persistenztypus charakteristische Trägheitsverhalten offensichtlich nicht mit dem Zusammenbruch der DDR abrupt beendet ist, sondern auch mehr als eine Dekade nach der „Wende" noch beobachtet werden kann. Rein analytisch betrachtet entsteht dabei eine Art „Ständegesellschaft" ohne Stände.[39] Denn die Reproduktionsbasis des Persistenzphänomens ist zumeist schmaler als in vormodernen Gesellschaften: kleine Traditionsrahmen, ethnische oder religiöse Gemeinschaften, Betriebskollektive, gewöhnlich aber nur der mehr oder minder große familiale Kontext. Diese gleichsam „moderne" ständische Mentalität, die die Grenzen zwischen den „Ständen" unsichtbarer macht als in vormodernen Gesellschaften, setzt – wie alle Ständegesellschaften – auf Statuspersistenz. Dabei geht es keineswegs nur um ökonomische Besitzstände, vielmehr um bescheidene soziale und kulturelle Privilegien, die durch die gesellschaftlichen Rahmenbedingungen der DDR-Gesellschaft auch halbwegs gesichert erschienen. Wandel und Modernisierung waren dabei eher riskant, als dass sie günstigere Reproduktionsbedingungen versprachen. Deshalb schien die Erhaltung der z.T. mit großer Anstrengung gesicherten sozialen Nahbereiche strategisch sinnvoller als die Suche nach neuen Horizonten. Solche Strebungen lassen sich für die Arbeiterfamilien so gut nachweisen[40] wie für die Mitglieder der Mittelschichten oder die Angehörigen der sorbischen Minderheit.[41]

Moderne „Stände" freilich entstehen, wo die Formalitäts-Informalitäts-Spanne künstlich ausgedehnt wird. Dann werden kleine soziale Einheiten, deren Bestand bedroht ist, gezwungen, ihre Reproduktionsstrategien zu konzentrieren, ihre innere Kohärenz zu stärken und Energien nicht auf Veränderung und Modernisierung zu verschwenden. Diese Mentalität ist offensichtlich langlebiger, als man erwarten konnte. Sie hat sich noch keineswegs den neuen Bedingungen angepasst. Und die den „quasi-ständischen" Überlebensstrategien komplementären „quasi-feudalen" Rahmenbedingungen mögen angesichts der täglich neu erfahrenen „Überschichtung" durch westliche Eliten heute der Enkelgeneration nicht wesentlich anders vorkommen als damals den Großeltern die staatssozialistische Willkür.[42] Intergenerationale Modernisierungsresistenz hat also durchaus plausible historische und soziale Gründe. Dass die Majorität der von uns Befragten diesem Typus zuneigt, bestätigt die figurationssoziologischen Vorüberlegungen.

2.2 Die „improvisierte Modernisierung" in Polen

Eine ähnlich interessante Parallele liefert auch das polnische Ergebnis. Auch hier ist die Verbreitung des „Persistenz-Typus" nach der Wende noch überraschend groß und durchaus erklärungsbedürftig. Allerdings ist das sozialstrukturelle Profil dieser traditionellen Generationenkonstellation deutlich abweichend vom deutschen Sample: Die intergenerationale Trägheit ist auf soziale Unterschichten konzentriert.[43]

Das hat zwei Ursachen: Einmal besteht die „Migrationsgesellschaft" Westpolens nach 1945 deutlich überrepräsentativ aus Arbeitern und Landarbeitern. Zum anderen ist das erzwungene Verlassen der ostpolnischen Herkunftsregion häufig mit einer Art „Überidentifikation" mit der neuen Heimat verknüpft, die massiv und gelegentlich sogar repressiv den Folgegenerationen vermittelt wird. Die starke Familienorientierung und die Fortexistenz eines „nationalen Katholizismus", der diese Orientierung rahmt und stützt, schaffen ein „Persistenzgefüge", das soziale Mobilität erschwert.[44]

Zugleich entsteht in den aufsteigenden Mittelschichten – absurderweise gerade auf der Basis intakter Familienökonomien – nach 1989 eine Art „wilder Ökonomisierung". Der freie Markt wird als Chance begriffen und öffnet den sozialen Raum. Private Risiken, gegründet auf Familienökonomien, werden spontan übernommen und führen einerseits zu interessanten intergenerationalen Aufstiegen, andererseits aber auch zu Brüchen, die u.U. die extrem hohen Ressourcen an Verwandtschaftsloyalität verletzen und zur Erosion des konventionellen Familiensystems führen.

Auch die Bruch-Konstellation ist in Polen deshalb stärker repräsentiert als in Deutschland oder in Tschechien. Der Modernisierer als „Hasardeur" wiederholt den Mythos des traditionellen polnischen Widerstandskämpfers, des Helden, der scheitern kann, aber auch dabei noch eindrucksvoller bleibt als der, der das Risiko niemals gewagt hat. Die „improvisierte Modernisierung" der Polen schließt an eine lange Tradition polnischer Mentalität an.

2.3 Die „pragmatische Modernisierung" in Tschechien

Die tschechische Variante ist pragmatischer. Der „Persistenz-Typus" ist ohne Bedeutung und wird schon während der sozialistischen Periode vom „Modernisierungs-Typus" verdrängt.[45] Bildungsaufstiege, die ja auch in der DDR und in Polen zu erwarten gewesen wären, sind hier die Regel. Deshalb ist das aktuelle Profil durch den Modernisierungstypus dominiert. Allerdings ist dieser Typus „gespalten": Die bereits vor der „samtenen Revolution" Engagierten – und das bedeutet zumeist die mittleren und oberen Mittelschichten – gehören zu den „intrinsischen Modernisierern"[46], jenen also, die seit Mitte der 1960er Jahre darauf gewartet haben, an der Gestaltung der Gesellschaft zu partizipieren. Sie sind kulturell und z.T. professionell auf die neue Situation vorbereitet und nützen sie. Viele andere gehören zu den „affirmativen Modernisierern". Sie sehen den Zwang zur Veränderung und stellen sich darauf ein. Aber sie haben auch berechtigte Skepsis: die ansteigende Arbeitslosigkeit, den Drogenkonsum der Jugendlichen, die zunehmende Abhängigkeit von den Großinvestoren aus dem westlichen Ausland.[47] Freilich, die Basismentalität bleibt optimistisch. Die Chancen erscheinen größer als die Risiken. Und es kommt darauf an, die eigenen Möglichkeiten – abwägend – zu nutzen. Auch dieses Verhalten passt zur „Mentalitätsfiguration" der Tschechen.

3. Das „(ost)deutsche Dilemma"

Der tschechische „Pragmatismus" provoziert natürlich noch einmal das ostdeutsche Ergebnis. Deshalb soll abschließend pointiert zusammengefasst werden, worin eigentlich die markanten Herausforderungen bestehen, die wir hier gefunden haben. Und es erscheint eher so, dass wir einem „deutschen" Phänomen begegnen, nicht nur einem „ostdeutschen".

Wolfgang Engler hat in seiner lesenswerten Analyse über die „Ostdeutschen" im Anschluss an einen Vorschlag von Norbert Elias von einer „arbeiterlichen Gesellschaft" gesprochen, wenn er von der DDR redet.[48] Und er bezieht diesen Begriff auf eine kollektive Befindlichkeit der Ostdeutschen nach dem Zusammenbruch des Faschismus – eine doppelte Scham gleichsam: wie die Westdeutschen einer Nation von Verlierern anzugehören und, als Ostdeutsche, in eine neue Nation von Verlierern einzumünden. „Diese Schmach", so Engler, „galt es zu tilgen. Arbeiten, um auch moralisch zu gesunden, hieß die Devise."[49]

Tatsächlich wurde die DDR eine „Arbeitsgesellschaft" fast im metaphysischen Sinn. Über Arbeit definierte sich der Alltag. Die heroische Arbeit prägte das politische Leitbild. Und Arbeit war auch Gegenstand der bildenden Kunst, der Literatur und des Theaters.[50] Freilich, die konkreten Arbeitserfahrungen sahen anders aus: überall Fehlplanungen, immer wieder Desorganisation, lächerliche Wettbewerbe, ermüdende und widersinnige Verhandlungen um Löhne und Normen.[51] Engler resümiert ganz treffend: „Da die Rationalisierung der heroisch überspannten Arbeitspraxis jedoch auf Dauer nicht gelang, die Metaphysik der Arbeit andererseits nicht wiederzubeleben war, endete das Unternehmen in der Auszehrung jeglicher Arbeitsmotivation.“[52] Freilich, ein mentalitäres Grundmuster dieser entmythologisierten Arbeitsgesellschaft setzt sich fest und wird zur kollektiven Identität der DDR-Bürger: die Standardisierung des Lebens, die Egalität der sozialen Reproduktion. Die „arbeiterliche“ Gesellschaft, wie immer unproduktiv sie vor sich hin wirtschaftet, ist eine Gesellschaft der Gleichen. Und Gleichheit war keineswegs nur eine Ideologie der Herrschenden. Die Herstellung egalitärer Strukturen im Alltag, der Kleidung, des Auftretens, des Gesprächs war ein interaktiver Prozess. Dieser Prozess ließ Exposition nicht zu, verpönte das Besondere, Außergewöhnliche, stieß auch das Fremde ab, wenn es sich dem Egalitätssog widersetzte. Der sympathische Zug dieses egalitären Habitus, die Akzeptanz des „anderen Gleichen“, hat eine dunkle Seite: die kollektive Ausgrenzung des Anderen, Widerspenstigen, Eigensinnigen. Selbst die privaten „Nischen“ können sich der Egalitätsnorm nicht entziehen.

Die DDR-Gesellschaft hat einen Aspekt der systemischen Formierung verinnerlicht und zur eigenen Sache gemacht: die Konformität – keineswegs als ideologische Konformität, sondern als eine Egalisierung des kollektiven Habitus. Und auch diese mentale Disposition ist „modernisierungsresistent“ und sorgt für das Überdauern der „ostdeutschen“ Haltung, selbst nach der Wiedervereinigung. Denn nun machen alle nicht nur die Erfahrung der Überschichtung durch eine westdeutsche Pseudo-Elite, sondern zusätzlich noch die erzwungene Bekanntschaft mit Habituszumutungen, die den verinnerlichten egalitären Habitus notorisch entwerten. Dieses Gefühl führt nicht nur zu kollektiven Kränkungen, es fördert auch das Bedürfnis nach kollektiven Abgrenzungen gegen alles Fremde, von dem „das Westdeutsche“ nur einen Aspekt darstellt.

Diese mentalitäre Disposition wird nun ergänzt durch einen in den biographischen Erzählungen der Großeltern nachweisbaren Fundus an fremdenfeindlichen, ja subtil rassistischen Einstellungen, der keineswegs selbstverständlich ist und offensichtlich nichts mit den Erfahrungen der Wiedervereinigung zu tun hat. Quer zu den sozialen Milieus und auch unabhängig von den entdeckten intergenerationalen Konstellationen beobachten wir in vielen biographischen Erzählungen der Kriegsgeneration eine erstaunlich ungebrochene Reproduktion von Erfahrungen und Einstellungen aus der Zeit des Nationalsozialismus.[53]

Diese Entdeckung ist ein hochbrisantes „Nebenprodukt" unserer Untersuchungen und war völlig unerwartet. Das Entscheidende waren dabei nicht einmal die Inhalte selbst (Erfahrungen aus Hitlerjugend und Bund Deutscher Mädel, aus Waffen-SS und Wehrmacht), viel bemerkenswerter war die Art der narrativen Präsentation dieser Inhalte: In nur wenigen Fällen wurden die eigenen Erfahrungen mit dem Nationalsozialismus ansatzweise kritisch reflektiert.

Die mangelnde Distanz, in gewissem Sinn sogar „Schamlosigkeit", mit der von der großen Mehrzahl der ErzählerInnen an – oft genug positiv konnotierte – Erlebnisse aus der Nazizeit oder aus dem Krieg angeknüpft wurde, ist zweifellos erklärungsbedürftig. Angehörige der Kriegsgeneration in Ostdeutschland verwenden offensichtlich bei der narrativen Rekonstruktion ihrer Biographie ein anderes „Format" als etwa westdeutsche ErzählerInnen, wenn sie sich an die Zeit vor 1945 erinnern. Während in der alten Bundesrepublik diese Phase in aller Regel – übrigens gerade auch von Erzählern, die persönlich oder familiär in den Nationalsozialismus verstrickt waren – durch reflexive oder distanzierende Markierungen „gerahmt" wird („der normale Mensch hat das ja nicht gewusst" oder „als Kind merkst du ja nicht, was sie da mit dir anstellen"), kann in ostdeutschen Erzählungen distanzlos auf Erlebnisse aus der Nazizeit wie auf liebenswerte Erinnerungen aus Kindheit und Jugend Bezug genommen werden. Offensichtlich gibt es keine gesellschaftliche Konvention, die eine Auseinandersetzung mit dieser historischen Phase persönlich sinnvoll oder vollends moralisch notwendig macht. D.h. wir haben einigen Grund zu der Vermutung, dass die ostdeutsche Gesellschaft – nicht zuletzt wegen des bewusst antifaschistischen Gründungsszenarios des DDR-Staates[54] – über einen nicht thematisierten und schon gar nicht diskreditierten Wissensfundus an rechtsextremen und rassistischen Vorurteilen verfügt, die in den familialen Tradierungsprozess eingegangen sind. Die biographischen Erzählungen vieler Angehöriger der Großelterngeneration sind ein erschreckender Beleg. Verknüpft man diese Beobachtung mit der Entdeckung der weit verbreiteten Persistenzkonstellation, liegt der Schluss nahe, dass auch in der Enkelgeneration ein Teil dieses Fundus präsent ist – zumindest aber, dass bei den gerade in unserem Forschungsfeld häufig auftretenden rechtsextremen Ausschreitungen auf Bagatellisierungs-, wenn nicht sogar Akzeptanzbereitschaft im sozialen Umfeld gezählt werden kann. Dies ist zweifellos nicht der zentrale Untersuchungsaspekt unserer Forschungen. Aber die in der bisherigen Diskussion um die Ursachen des Rechtsextremismus zumal in Ostdeutschland wenig beachtete Hypothese, dass der Verbreitungs- und der Intensitätsgrad rechtsextremer Aktivitäten in unserem Untersuchungsfeld eine entscheidende Ursache in der Langlebigkeit bestimmter affiner Einstellungen und in der Geradlinigkeit ihrer Tradierungen habe, kann durchaus Plausibilität für sich beanspruchen.

Die „deutschen" Befunde verdichten sich zu dem Eindruck einer Mentalitätsfiguration von erstaunlicher historischer Wandlungsresistenz. Da die markanten Veränderungen der sozialen und ökonomischen Rahmenbedingungen seit der Wiedervereinigung eine eher konträre Situation hätten erwarten lassen, erscheint abschließend noch einmal die pointierte Rekonstruktion der Mentalitätslagen sinnvoll. Denn historische Veränderungen sind offensichtlich nicht identisch mit der mentalen Disposition der Menschen zu diesen Veränderungen. Sie können zu interessanten Ungleichzeitigkeiten führen, die wir in der untersuchten Region zweifellos entdeckt haben:

• Die drastischen ökonomischen Modernisierungsprozesse, die vor allem mit einer „Entkernung" der traditionellen Industrien zu tun haben, führen zunächst nicht zu einer Modernisierung des sozialen Raums, sondern zu einem kollektiven Abwehrverhalten, das in seinen Grundzügen den defensiven Reproduktionsstrategien während der DDR-Zeit ähnelt. Sieht man von der erhöhten Migrationsbereitschaft der jüngeren Generation einmal ab, so scheinen intergenerationale Modernisierungsprozesse die Ausnahme zu sein. Sehr viel deutlicher zeigt sich das Muster persistenter Verhaltensweisen über Generationsgrenzen hinweg. Das bedeutet allerdings, dass die „gesellschaftliche Mitte" sehr verzögert auf die Herausforderungen der Transformation reagiert. Die Veränderungen werden nicht aktiv bewältigt, sondern mehr oder minder passiv ertragen. Die politischen Institutionen werden von einer großen Mehrheit nicht als gestalt- und veränderbare Rahmenbedingungen des Gemeinwesens, sondern – wie in der DDR-Zeit – als ungeliebte Minimalgaranten sozialen Überlebens betrachtet – Symptome einer „verspäteten Gesellschaft".
• Die Datenauswertung rechtfertigt darüber hinaus die These, dass wir es mit einem spezifisch deutschen Mentalitätsprofil zu tun haben: Die historische Konfiguration der ostdeutschen Nachkriegsgesellschaft schließt an den dramatischen Dezivilisierungsprozess unter den Nationalsozialisten an. Eine entfaltete zivile Tradition – wie in Frankreich, England, den Niederlanden und Skandinavien – existiert in Deutschland freilich auch vor dem Faschismus nicht. Und während in der westlichen Bundesrepublik in den 1950er Jahren, vor allem jedoch in den Sechzigern Informalisierungs- und Zivilisierungsprozesse unübersehbar sind[55], verringert in Ostdeutschland die neue – sozialistische – Formierung der Gesellschaft die Formalitäts-Informalitäts-Spanne (Elias) keineswegs. Sie führt vielmehr zur Bildung eines „sozialen Subraums"[56], der auch in der Oberlausitz eindeutig zu beobachten ist. Dieser eingeschränkte Raum der sozialen Nischen verhindert Bewegungen im sozialen Feld und erzeugt Modernisierungswiderstände – auch dies ein Symptom der „verspäteten Gesellschaft".

- Die Einrichtung der Menschen in diesem „Subraum" während der DDR-Periode hat wesentlich zwei Effekte: Sie bilden in ihrer Mehrheit traditionale, also modernisierungsresistente Familientraditionen aus, und sie adaptieren einen egalitären Habitus, der gegen das „Nicht-Gleiche" immunisiert. Das schafft durchaus ein Klima der kleinräumigen Zugehörigkeit. Es erhöht die Kohärenz des Familienverbandes und die Kommunarität in sozialen Nahbereichen, in Brigaden, Betrieben und Wohnblocks. Aber es dichtet auch ab gegen das Fremde, Andere.[57] Es verschließt Horizonte der Interkulturalität und lähmt Entwicklungsprozesse – zweifellos ein weiteres Symptom der „verspäteten Gesellschaft".

- Diese Konfiguration, die viele Elemente einer spezifisch „deutschen" Figuration der vergangenen beiden Jahrhunderte fortschreibt, wird in gewisser Weise nach der Wiedervereinigung nur variiert. In jedem Fall etabliert sich ein vergleichbarer „sozialer Subraum". Dies verlangsamt die dringend erforderte soziale Modernisierungsdynamik und führt – angesichts von objektiven Deklassierungserfahrungen und kollektiven Kränkungen – zu verschärften Abgrenzungen nach außen (nach Westdeutschland, aber auch gegenüber fremden Mitbürgern). Ein Teil der Akzeptanzbereitschaft für rechtsextreme Ausschreitungen in der breiten Bevölkerung hat mit diesem Mentalitätsmuster zu tun. Aber auch dieses Muster trägt das Signum einer gleichsam „geschlossenen", also „verspäteten Gesellschaft".

- Eine weitere Erklärung für den erschreckend fruchtbaren Boden für rechtsextreme Bewegungen, besonders die unsäglichen „national befreiten Zonen" in der untersuchten Region, könnte die erstaunliche Beobachtung sein, dass Vorurteile, Meinungen und mentale Dispositionen fast ungebrochen aus dem Nationalsozialismus haben übernommen und in intergenerationalen Tradierungsprozessen auch weitergegeben werden können.[58] Das eigenwillige „Reflexivitätslag", das viele Mitglieder der Kriegsgeneration gegenüber ihrer persönlichen Verstrickung in den Nationalsozialismus, seine Organisationen, seine Ziele und seine Ideologien in ihren biographischen Erzählungen an den Tag legen, ist zweifellos ein Beleg für die fehlende Diskurskultur, was die jüngere deutsche Geschichte angeht – auch dies erneut ein Symptom der „verspäteten Gesellschaft".

Wir identifizieren also das Mentalitätsprofil einer modernisierungsgehemmten, in ihren mikrosozialen Reproduktionsstrategien strukturkonservativen und mental sich abdichtenden Teilgesellschaft. Wahrscheinlich ist dieses Profil in der untersuchten ostsächsischen Region im Vergleich zu großstädtischen Regionen wie Berlin oder Leipzig besonders ausgeprägt. Wir vermuten allerdings, dass die beobachteten Grunddynamiken keineswegs für die Oberlausitz allein gelten, son-

dern mit gewissen Modifikationen in allen Bereichen der ehemaligen DDR-Gesellschaft identifiziert werden können.

4. Mentalität und Biographie

Das Gesamtergebnis der vorgestellten Studie ist deshalb so interessant, weil es
deutlich macht, dass biographische Dispositionen von mentalitären „Großlagen"
von erstaunlicher Nachhaltigkeit beeinflusst werden. „Mentalität" ist mehr als der
folkloristische Ausdruck eines „Nationalcharakters". Wir können sie mit einer
„kulturellen Grammatik" vergleichen, die eine unüberschaubare Vielzahl perfor-
mativer Ausdrucksformen erzeugt und doch bestimmte, für den Beobachter identifizierbare Grenzen hat. „Mentalität" ist – dem Bourdieuschen Habituskonzept[59]
vergleichbar – ein inkorporiertes generatives Prinzip, das Strukturen von langer
Dauer reproduziert und zugleich durch ihre Träger auch sukzessive verändert.
Mentalitäre Grundmuster sind deshalb ein wesentlicher Bestandteil unseres Sozi-
alisationsprozesses. Wir nehmen sie mit unseren biographischen Erfahrungen auf
und bauen sie in die je individuelle Konstruktion unseres biographischen Wissens
ein. Und während der „Habitus" – metaphorisch gesprochen – eine Art „soziales
Binnenklima" herstellt, weil das habituelle Dispositionssystem zunächst geprägt
ist durch die spezifische Position, die ein Akteur oder eine Gruppe von Akteuren
innerhalb der Sozialstruktur einnehmen, sorgt die Mentalität gleichsam für ein
kulturelles „Großklima".
  Auch dafür ist ein Bezugsrahmen verantwortlich, aber der Raum, in dem seine
Parameter wirken und bestimmte „Mentalitätsfigurationen" ausbilden, ist weiter
als der soziale Raum einer nationalen Gesellschaft und hat vor allem eine „historische Tiefe". Eine „Mentalität" formt sich also im Zuge der Verinnerlichung nicht
allein der unmittelbaren gesellschaftlichen (materiellen und kulturellen) Bedingungen des Lebens und der spezifischen Stellung, die ein Akteur und seine soziale
Klasse im sozialen Raum innehaben, sondern in größeren Bezugsdimensionen:
in der Beziehung zu anderen nationalen Kulturen und in der intuitiven Zuschreibung einer bestimmten Stellung in der Welt.[60] Solche durchaus unbewussten Zuschreibungen haben mit dem Bedeutungswandel des eigenen Landes und der
Selbst- und Fremdeinschätzung der eigenen Kultur zu tun. Sie basieren auf langen
historischen Erfahrungen, und sie variieren mit jenem Phänomen, das Norbert
Elias den „Prozess der Zivilisation" genannt hat. Der analytische Blick auf diese
relationale Dimension der „Mentalitäten" erschließt womöglich auf mittlere Sicht
ein komparatives methodisches Instrumentarium für eine Soziologie, deren Gegenstand die „Weltgesellschaft" wäre.

Freilich, es würde bereits eine anspruchsvolle eigene Untersuchung bedeuten, die fragilen Wandlungsprozesse europäischer „Mentalitäten" in den vergangenen Jahrhunderten genauer zu rekonstruieren und ihre Unterschiede an Differenzen alltäglicher Äußerungsformen, der Hygienepraxis, der Ess- und Trinkgewohnheiten, bevorzugter religiöser Rituale, der Liedkultur, der Kommunikation auf öffentlichen Plätzen, der Art zu feiern oder zu trauern, plausibel zu erklären.[61]

Im Mittelpunkt des vorliegenden Essays standen „Trägheitseffekte" einer Mentalitätsfiguration, die wir vor allem in unserem ostdeutschen Sample gefunden haben. Auch sie verweisen offensichtlich nicht nur auf ostdeutsche Spezifika, sondern auf länger wirkende Muster der deutschen Mentalitätsgeschichte. In gewisser Weise deuten die ostdeutschen Befunde auf eine künstliche „Retardierung" jener von Elias besonders für das 20. Jahrhundert als charakteristisch beschriebenen Informalisierungsprozesse[62], der Verflüssigung quasi-ständischer „Mentalitäten" und der zunehmend aktiven und selbstverantwortlichen gesellschaftlichen Partizipation aller Bevölkerungsschichten. Diese eigenwillig deutsche „Verspätung" bildet sich in den Biographien der Menschen ab. Sie begrenzt offensichtlich individuelle und intergenerationale Entwicklungen. Der Einfluss jenes kollektiven „Habitus", den wir als „Mentalität" beschrieben haben, ist dabei unverkennbar.

Anmerkungen

1. Vgl. dazu die grundlegende Arbeit von Bettina Dausien (1996).
2. Vgl. etwa Alheit/Haack/Hofschen/Meyer-Braun 1999.
3. Vgl. stellvertretend Apitzsch/Jansen 2003.
4. Das Projekt wurde von der Volkswagenstiftung gefördert und in enger Kooperation mit dem Soziologischen Institut der Universität Wrocław und der Tschechischen Akademie der Wissenschaften, Prag, durchgeführt (vgl. dazu Alheit/Szlachcicowa/Zich (Hrsg.) 2004; Alheit/Bast-Haider/Drauschke 2004). Ich bin, was die hier von mir verantwortete Darstellung der Ergebnisse angeht, vor allem Kerstin Bast-Haider, Petra Drauschke, Irena Szlachcic und František Zich zu Dank verpflichtet.
5. Vgl. Białkowska/Kociubiński/Kurcz 1998. Dass diese „Umsiedlung" von beträchtlichen Grausamkeiten vor allem ukrainischer und belorussischer Partisanen flankiert wurde, ist ein wesentliches Motiv der biographischen Erinnerungen der polnischen „Großelterngeneration" (vgl. Szlachcicowa/Domecka/Mrozowicki 2004).
6. Vgl. Houžvička/Zich/Jeřábek 1997.
7. Vgl. Alheit/Bast-Haider/Drauschke 2004.
8. Wir orientieren uns methodologisch am Konzept der Grounded Theory (vgl. Glaser/Strauss 1967; Strauss 1991; Strauss/Corbin 1990).
9. Die Konstruktion der „Milieus" (in allen drei Teilgesellschaften zunächst heuristisch: „Arbeitermilieu", „Funktionärsmilieu", „klassisch-bürgerliches Milieu", „kleinbürgerlich/bäuerliche Restmilieus", „ethnische Minderheiten") lehnt sich an Untersuchungen des Heidelberger SINUS-Instituts (vgl. Becker/Becker/Ruhland 1992) und Nachfolgestudien der Forschungsgruppe um Michael Vester (Vester/Hofmann/Zierke (Hrsg.) 1995) in Ostdeutschland an, deren auf einer Clusteranalyse beruhende Differenzierung auch für die internationalen Vergleichssamples hilfreich war, jedoch

in allen Fällen im Samplingprozess selbst modifiziert werden musste. Dafür waren in den drei Vergleichsregionen sorgfältige Sekundäranalysen der verfügbaren Sozialstatistiken die Grundlage. Ausgangspunkt für das vorläufige Sampling war die sozialräumliche Position der „Großelterngeneration". Trotz dieser theoretischen Sensibilität für demographische Differenzierungen war die Samplingstrategie nicht „verteilungslogisch" konzipiert, sondern richtete ihre Aufmerksamkeit auf charakteristische Handlungsumwelten und „konjunktive Erfahrungsräume" (Mannheim 1980). Und hier kam es bei der Auswahl der „Generationen-Tandems" nicht auf repräsentative Häufigkeitsverteilung in den jeweiligen Milieus, sondern auf aussagekräftige kontrastive Binnenvergleiche an.

10. Systematisch gegenübergestellt wurden also zum einen die durch spezifische Milieus repräsentierten Handlungsumwelten, zum anderen die in solchen „konjunktiven Erfahrungsräumen" durchaus identifizierbaren Gegensätze.

11. Vgl. Geiger 1932: bes. 77f.

12. Vgl. dazu das Vorwort zu der von Ulrich Raulff herausgegebenen Anthologie „Mentalitäten-Geschichte" (1989: bes. 9ff.).

13. Vgl. dazu ausführlicher Meyer 1990; hochinteressant auch Sikorski 1999.

14. Vgl. ausführlicher Hoensch 1997.

15. Vgl. Elias 1969; 1989.

16. Es ist für die Argumentation wichtig, dass die nationalen Zugehörigkeiten „in Anführungszeichen" gesetzt sind. Ganz sicher ist der Variationsspielraum der Individuen, sich als „Deutsche(r)", „Pole/in" oder Tscheche/in" zu verstehen, außergewöhnlich groß. Dennoch besteht eine gewisse Notwendigkeit, diese Zuordnung biographisch zu ratifizieren. Auch das bei Deutschen nicht seltene Bedürfnis, sich „anti-deutsch" zu geben, hat unübersehbar „deutsche" Züge.

17. Vgl. stellvertretend Alheit 1997.

18. Vgl. dazu auch die Habermasschen Ausführungen in seiner „Theorie des kommunikativen Handelns" (1981, Bd. 2: bes. 206ff.).

19. Vgl. stellvertretend Bourdieu 1987.

20. Gemeint ist hier die Zusammensetzung der von Bourdieu differenzierten „Kapitalsorten" des „ökonomischen", „kulturellen" und „sozialen Kapitals" (vgl. Bourdieu 1983).

21. Vgl. Elias 1989: 7ff. Elias spricht im Übrigen von einem „nationalen Habitus" und verwendet diesen Begriff synonym mit dem Begriff der „Mentalität" (ebd.: 8).

22. Vgl. ebd.: 41.

23. Ebd.

24. Vgl. ebd.

25. In diesem Kontext bieten Elias' Analysen in seinen „Studien über die Deutschen" umfangreiches und außerordentlich überzeugendes Anschauungsmaterial (vgl. 1989: bes. 159f., 391ff.).

26. Vgl. dazu ausführlich Alheit/Bast-Haider/Drauschke 2004.

27. Vgl. Gaus 1983: 156ff.

28. Vgl. dazu ausführlicher Meyer 1990.

29. Vgl. ebd.

30. Vgl. Hoensch 1997.

31. Vgl. Günther et al. 1971: 119ff.

32. Diese Einschätzung knüpft an Mannheims Generationskonzept an, bei dem das „Zeitfenster" der nachhaltigen Prägung in der späten Adoleszenz eine zentrale Rolle spielt (vgl. Mannheim 1964). Die Beschränkung auf Großeltern und Enkel einer Familie kann mit den beiden Daten 1945 und 1989 legitimiert werden. Befragt wurden in der Großelterngeneration Mitglieder der Jahrgänge 1920-1930, bei der Enkelgeneration Angehörige der Kohorten 1975-1985. Auf die Befragung der Zwischengeneration, über die sowohl in den Interviews der Großeltern wie auch der Enkel eine Fülle von Informationen vorliegt, musste aus forschungsökonomischen Gründen verzichtet werden.

33. Das in der Studie verwendete, gleichsam implizite Modernisierungskonzept orientiert sich vor allem an dem „Zivilisierungsparadigma" der Eliasschen Figurationssoziologie.

34. Es handelt sich methodisch also um eine „ex-post-Typologie", die das Datenmaterial in allen drei Regionen gleichsam „aufdrängte" (vgl. dazu ausführlicher Alheit/Szlachcicowa/Zich (Hrsg.) 2004). Beim methodischen Problem der Typenbildung orientieren wir uns relativ locker an Ralf Bohnsacks mehrfach erprobtem Konzept (vgl. stellvertretend Bohnsack 1993), das seinerseits an Webers Idealtypuskonstrukt und an Mannheims Konzept des „konjunktiven Erfahrungsraums" anschließt. Es geht im Prinzip darum, bei den Fallrekonstruktionen Kategorien zu identifizieren, die den Generationenvergleich ermöglichen und dabei eine Vergleichsebene oberhalb der „Generationen-Tandems" erschließen, die analytische Abstraktionen auf dem nächst höheren Niveau rechtfertigt (vgl. dazu Alheit/Bast-Haider/Drauschke 2004: 133ff.).

35. Vgl. dazu stellvertretend Vester et al. 1993; Alheit 1994.

36. Vgl. Vester et al. 1993 : 16.

37. Vgl. Alheit 1994: 237ff.

38. Vgl. Alheit 1997.

39. Vgl. ausführlicher Alheit/Bast-Haider/Drauschke 2004: 27ff.

40. Vgl. dazu Alheit/Haack 2004; vor allem jedoch die darauf aufbauende Studie von Heidrun Herzberg (2004).

41. Vgl. ausführlicher Alheit/Bast-Haider/Drauschke 2004: bes. 205ff.

42. Tatsächlich reproduziert der Transformationsprozess einen „Kolonisierungseffekt", der – mit völlig anderen Vorzeichen – auch die Nachkriegssituation kennzeichnet: Die ostdeutsche Gesellschaft wird nicht nur mit einem völlig anderen wirtschaftlichen System konfrontiert. Sie wird erneut kulturell „penetriert", ohne dass sie selbst – mit der in den 40 DDR-Jahren gewachsenen eigenen Alltagskultur – beteiligt würde. Der implementierende Effekt von außen erzeugt konsequent Resistenz und „Starre" von innen. Veränderungs- und Lernprozesse verlaufen zäh und schleppend.

43. Vgl. dazu ausführlich Alheit/Szlachcicowa/Zich (Hrsg.) 2004.

44. Vgl. dazu Szlachcicowa/Domecka/Mrozowicki 2004.

45. Vgl. Zich 2004.

46. Vgl. dazu Spalová 2004.

47. Vgl. dazu Roubal 2004.

48. Vgl. Engler 1999: 173ff.

49. Ebd.: 27/28.

50. Vgl. dazu ausführlich Alheit/Bast-Haider/Drauschke 2004: 27ff.

51. Vgl. dazu exemplarisch Alheit/Haack 2004.

52. Engler 1999: 28.

53. Vgl. dazu Alheit/Bast-Haider/Drauschke 2004: 333ff.

54. Vgl. ausführlicher ebd.: 334ff.

55. Vgl. dazu Alheit 1994: bes. 200ff.

56. Vgl. Alheit 1993.

57. Vgl. dazu stellvertretend etwa auch die Befunde von Krüger-Potratz 1997.

58. Vgl. noch einmal Alheit/Bast-Haider/Drauschke 2004: 333ff.

59. Vgl. stellvertretend Bourdieu 1979.

60. Vgl. dazu die anregende „Einleitung" in Elias' „Studien über die Deutschen" (1989: 7ff.).

61. Keine Frage, dass Norbert Elias hier eindrucksvolle Vorarbeiten geliefert hat, die längst zu soziologischen „Klassikern" geworden sind. Sein Forschungsprogramm freilich fortzuführen, würde erhebliche Anstrengungen kosten und ist natürlich durch Anmerkungen im vorliegenden Rahmen nicht zu ersetzen. Eine größer angelegte „cross-national study" bliebe allerdings ein reizvolles Forschungsdesiderat.

62. Vgl. noch einmal Elias 1989: 31ff.; vgl. auch die Arbeiten des niederländischen Elias-Schülers Cas Wouters (stellvertretend Wouters 1999).

Literatur

ALHEIT, PETER (1993): Le «syndrome allemand». Problemes structurels de la «réunification culturel-le». In: Revue Suisse de Sociologie, Vol. 19, 365-387.

ALHEIT, PETER (1994): Zivile Kultur: Verlust und Wiederaneignung der Moderne. Frankfurt a.m./ New York: Campus.

ALHEIT, PETER (1997): „Individuelle Modernisierung" – Zur Logik biographischer Konstruktion in modernisierten modernen Gesellschaften. In: Stefan Hradil (Hrsg.): Differenz und Integration. Die Zukunft moderner Gesellschaften. Verhandlungen des 28. Kongresses für Soziologie 1996 in Dresden. Frankfurt a.m./New York: Campus, 941-951.

ALHEIT, PETER/HAACK, HANNA/HOFSCHEN, HEINZ-GERD/MEYER-BRAUN, RENATE (1999): Gebro-chene Modernisierung – Der langsame Wandel proletarischer Milieus. Eine empirische Vergleichs-studie ost- und westdeutscher Arbeitermilieus in den 1950er Jahren, 2 Bände. Bremen: Donat.

ALHEIT, PETER/BAST-HAIDER, KERSTIN/DRAUSCHKE, PETRA (2004): Die zögernde Ankunft im Wes-ten. Biographien und Mentalitäten in Ostdeutschland. Frankfurt a.M./New York: Campus.

ALHEIT, PETER/HAACK, HANNA (2004): Die vergessene „Autonomie" der Arbeiter. Eine Studie zum frühen Scheitern der DDR am Beispiel der Neptunwerft. Berlin: Dietz.

ALHEIT, PETER/SZLACHCICOWA, IRENA/ZICH, FRANTIŠEK (Hrsg.) (2004): Biographien im Grenz-raum. Internationale Vergleichsstudie zur Mentalitätsentwicklung in der Euroregion Neiße. Görlitz: Neisse Verlag.

APITZSCH, URSULA/JANSEN, MECHTHILD M. (2003): Migration, Biographie und Geschlechterver-hältnisse. Münster: Westfälisches Dampfboot.

BECKER, ULRICH/ BECKER, HEINZ/RUHLAND, WALTER (1992): Zwischen Angst und Aufbruch. Das Lebensgefühl der Deutschen in Ost und West nach der Wiedervereinigung. Düsseldorf/Wien/New York/Moskau: Econ.

BIAŁKOWSKA, BARBARA/KOCIUBINSKI, KRZYSZTOF/KURCZ, ZBIGNIEW (1998): Die Analyse der Be-völkerung und des Arbeitsmarktes in dem polnischen Teil der Euroregion Neiße, Wrocław (unver-öffentlichtes Manuskript).

BOURDIEU, PIERRE (1979): Entwurf einer Theorie der Praxis. Frankfurt a.m.: Suhrkamp.

BOURDIEU, PIERRE (1987): Die feinen Unterschiede. Kritik der gesellschaftlichen Urteilskraft. Frankfurt a.m.: Suhrkamp.

DAUSIEN, BETTINA (1996): Biographie und Geschlecht. Zur biographischen Konstruktion sozialer Wirklichkeit in Frauenlebensgeschichten. Bremen: Donat.

ELIAS, NORBERT (1969): Über den Prozeß der Zivilisation, 2 Bände. Frankfurt a.m.: Suhrkamp.

ELIAS, NORBERT (1989): Studien über die Deutschen: Machtkämpfe und Habitusentwicklung im 19. und 20. Jahrhundert. Frankfurt a.M.: Suhrkamp.

ENGLER, WOLFGANG (1999): Die Ostdeutschen. Kunde von einem verlorenen Land. Berlin: Aufbau Verlag.

GAUS, GÜNTER (1983): Nischengesellschaft. In: ders.: Wo Deutschland liegt. Eine Ortsbestimmung. Hamburg: Hoffmann & Campe, 156-233.

GEIGER, THEODOR (1932): Die soziale Schichtung des deutschen Volkes. Stuttgart: Enke.

GLASER, BARNEY G./STRAUSS, ANSELM L. (1967): The Discovery of Grounded Theory. Strategies for Qualitative Research. Chicago: Aldine.

GÜNTHER, KARL-HEINZ/HOFMANN, FRANZ/HOHENDORF, GERD/KÖNIG, HELMUT/SCHUFFENHAU-ER, HEINZ (1971): Geschichte der Erziehung. Berlin: Volk und Wissen.

HABERMAS, JÜRGEN (1981): Theorie des kommunikativen Handelns, 2 Bände. Frankfurt a.m.: Suhr-kamp.

HERZBERG, HEIDRUN (2004): Biographie und Lernhabitus. Eine Studie im Rostocker Werftarbeiter-milieu. Frankfurt a.M./New York: Campus.

HOUŽVICKA, VÁCLAV (1997): Die sozialen Folgen des Austausches der Bevölkerung in den tschechischen Grenzgebieten. In: Plaschka, R.G./Haselsteiner, H./Suppan, A./Drabek, A.M., Nationale Frage und Vertreibung in der Tschechoslowakei und Ungarn 1938-1948 (Sonderdruck). Wien: Österreichische Akademie der Wissenschaften, 193-197.

HOUŽVICKA, VÁCLAV/ZICH, FRANTIŠEK/JERÁBEK, MILAN (1997): Die Betrachtung der Sudentendeutschen Frage und die Haltung der Bevölkerung im tschechischen Grenzgebiet gegenüber Deutschland. Usti n.L. (unveröff. Manuskript).

KRÜGER-POTRATZ, MARIANNE (1997): Ausländer in der ehemaligen DDR. In: Ethnische Minderheiten in Deutschland. Arbeitsmigranten, Asylbewerber, Ausländer, Flüchtlinge, Regionale und religiöse Minderheiten, Vertriebene, Zwangsarbeiter. Hrsg. vom Berliner Institut für Vergleichende Sozialforschung. 5. Lieferung. Redaktion: Frank Gesemann. Berlin: Parabolis, 2.5-1 bis 2.5-25.

MANNHEIM, KARL (1964): Wissenssoziologie. Auswahl aus dem Werk. Neuwied/Berlin: Luchterhand.

MANNHEIM, KARL (1980): Strukturen des Denkens, hrsg. von David Kettler, Volker Meja und Nico Stehr. Frankfurt a.M.: Suhrkamp.

MEYER, ENNO (1990): Grundzüge der Geschichte Polens. Darmstadt: Wissenschaftliche Buchgesellschaft.

RAULFF, ULRICH (Hrsg.) (1989): Mentalitäten-Geschichte: Zur historischen Rekonstruktion geistiger Prozesse. Berlin: Wagenbach.

ROUBAL, ODREJ (2004): Der Typus der „affirmativen Modernisierung". In: Alheit/Szlachcicowa/Zich (Hrsg.), 572-583.

SCHÜTZE, FRITZ (1984): Kognitive Figuren des autobiographischen Stegreiferzählens. In: Kohli, M./Robert, G. (Hrsg.): Biographie und soziale Wirklichkeit. Neue Beiträge und Forschungsperspektiven. Stuttgart: Metzler, 78-117.

SIKORSKI, RADEK (1999): Das polnische Haus. Die Geschichte meines Landes. Hamburg: EVA.

SZLACHCICOWA, IRENA/DOMECKA, MARKIETA/MROZOWICKI, ADAM (2004): Zwischen Tradition und Postmoderne: Die „improvisierte Modernisierung" in Westpolen. In: Alheit/Szlachcicowa/Zich (Hrsg.), 265-444.

SPALOVÁ, BARBORA (2004): Der Typus der „intrinsischen Modernisierung". In: Alheit/Szlachcicowa/Zich (Hrsg.), 545-572.

STRAUSS, ANSELM L./CORBIN, JULIET (1990): Grounded Theory Research. Procedures, Canons and Evaluative Criteria. In: Zeitschrift für Soziologie, Jg. 19, 418-427.

STRAUSS, ANSELM L. (1991): Grundlagen qualitativer Sozialforschung. Datenanalyse und Theoriebildung in der empirischen soziologischen Forschung. München: Fink.

VESTER, MICHAEL et al. (1993): Soziale Milieus im gesellschaftlichen Strukturwandel: zwischen Integration und Ausgrenzung. Köln: Bund.

VESTER, MICHAEL et al. (Hrsg.) (1995): Soziale Milieus in Ostdeutschland. Köln: Bund.

WOUTERS, CAS (1999): Informalisierung. Opladen: Westdeutscher Verlag.

ZICH, FRANTIŠEK (Hrsg.) (2002): Biographies in the Borderland. Preliminary Results of the Research on the Biographical Identity of the Borderland Population. Institute of Sociology, Academy of Sciences of the Czech Republic, Borderland Team. Prague: Czech Academy of Sciences.

ZICH, FRANTIŠEK (2004): Generationskonstellationen. In: Alheit/Szlachcicowa/Zich (Hrsg.), 515-545.

GABRIELE ROSENTHAL

Die Biographie im Kontext
der Familien- und Gesellschaftsgeschichte

1. Der einzelne Fall und das Allgemeine

1.1 Der einzelne Fall in seiner sozialen Einbettung

‚Biographieforschung beschäftigt sich ja nur mit einzelnen Fällen, bleibt beschränkt auf einzelne Individuen, ihre Ergebnisse sind nicht verallgemeinerbar,
dieser Ansatz gehört in das Gebiet der Psychologie oder gar der Psychoanalyse,
die zudem ihr Handwerk besser versteht; also da fehlt das Soziologische, das All-
gemein-Gesellschaftliche ...' – so, oder so ähnlich lauten die immer wieder zu hö-
renden kritischen Einwände gegenüber dieser Forschungsrichtung. Bereits in den
20er Jahren des letzten Jahrhunderts argumentierten William I. Thomas und Florian Znaniecki in ihrer klassischen Studie über polnische Einwanderer in die USA
gegen derartige Vorbehalte. Sie schreiben u.a.:

> „Indem wir die Erfahrungen und Einstellungen eines einzelnen Menschen analysieren, erhalten
> wir immer Daten und elementare Fakten, die nicht ausschließlich auf dieses Individuum begrenzt
> sind, sondern die als mehr oder weniger allgemeine Klassen von Daten und Fakten behandelt wer-
> den und so für die Bestimmung von Gesetzmäßigkeiten des sozialen Prozesses genutzt werden
> können" (Thomas/Znaniecki 1958, II: 1831f.).

Obwohl heutzutage die biographietheoretischen Konzeptionen und deren Methodologie weit über die noch positivistisch angehauchte dualistische Konzeption
von „Erfahrungen und Fakten" dieser beiden Klassiker hinausgehen, sind soziologische BiographieforscherInnen immer noch diesen Einwänden ausgesetzt und
sehen sich immer wieder genötigt, sowohl die theoretische Verallgemeinerbarkeit
der am Einzelfall gewonnenen Erkenntnisse als auch das Soziologische an der Biographie zu legitimieren. Seit den 1970er Jahren stellten in der Bundesrepublik
soziologische BiograpieforscherInnen zunehmend ausgefeilte theoretische Überlegungen zum sozialen Konstrukt ‚Biographie' vor, das sowohl soziale Wirklichkeit als auch die Erfahrungs- und Erlebniswelten der Subjekte konstituiert[1]. Auch
können wir mit Recht den Anspruch vertreten, dass fundierte soziologische Biographieanalyse auf der methodischen Ebene immer auch die Einbeziehung der
Gesellschaftsgeschichte bzw. die Rekonstruktion des Zusammenhangs zwischen
individuellen lebensgeschichtlichen und kollektivgeschichtlichen Prozessen be-

deutet. Dennoch bleibt die kritische Frage weiterhin berechtigt, wie diese Ansprüche methodisch umgesetzt werden.

Ich möchte in diesem Zusammenhang zwei zunächst als einander widersprechend erscheinende Beobachtungen verfolgen. Zum einen fehlt es etlichen biographietheoretischen Arbeiten an einer konsequenten Betrachtung des Einzelfalls in seinem historischen und gesellschaftlichen Kontext und damit auch an soziologisch relevanten theoretischen Verallgemeinerungen über das ‚Allgemeine‘ im besonderen Einzelfall. Zum anderen sind BiograpieforscherInnen nicht selten in ihrem Handwerkzeug, d.h. in ihrem konkreten Vorgehen viel differenzierter und anspruchsvoller als in ihren methodischen Ausführungen. So wird nicht allzu selten die methodische Arbeit, die neben der Betrachtung des konkreten Textes eines biographischen Interviews stattfindet, als selbstverständlich angesehen, nicht näher ausgeführt und teilweise auch explizit kaum reflektiert. Oft geht sie als implizites Wissen bzw. Vorgehen in das methodische Design ein und wird damit bei der Präsentation und Publikation der empirischen Arbeit nicht explizit. Dadurch entsteht der Eindruck der ausschließlichen Analyse eines individuellen Einzelfalles. Darüber hinaus wird dieses teilweise implizite Wissen und Vorgehen – einmal abgesehen von der gemeinsamen Interpretationsarbeit in den zunehmend in der Bundesrepublik an verschiedenen Universitäten und Fachhochschulen etablierten Forschungswerkstätten – auch nicht an andere SozialforscherInnen tradiert.

Zu diesem ‚selbstverständlichen‘ Vorgehen gehören für diejenigen, für die der biographische Text nicht die einzige und letzte Instanz der Interpretation ist, nicht zuletzt all die zusätzlichen Recherchen, die bei der Auswertung von Interviews erforderlich werden, vor allem dann, wenn es zu Stockungen im Fremdverstehen kommt. Dies sind: historische Recherchen, gezieltes historisches Quellenstudium, die Verwendung von anderen Dokumenten (Briefen, Photographien, Tagebüchern, ärztlichen Berichten, Gerichtsakten etc.) oder auch weitere Erhebungen, die neben den Interviews stattfinden, ob die Anfertigung und Auswertung von Feldnotizen oder auch gezielte teilnehmende Beobachtungen im sozialen Milieu der befragten Personen oder auch weitere Interviews mit signifikanten Anderen aus dem Umfeld der interviewten Person. Nicht selten führen Zufälligkeiten oder Schwierigkeiten bei der Interpretation von biographischen Interviews zu solchen diversen weiteren methodischen Zugängen. So beschreibt Bettina Völter (2003: 191ff.) etwa, wie sie während ihrer Untersuchung über Drei-Generationen-Familien am Beispiel von Familien jüdischer Kommunisten in Ostdeutschland von einer Familie zur Beerdigung der von ihr interviewten Großmutter eingeladen wurde und wie hilfreich ihre Beobachtungen und vor allem die ihr zugewiesene Rolle in dieser Situation für die Interpretation der Familiendynamik wurden. Bei der Studie zu Mädchen und Frauen im rechtsextremistischen Milieu von Michaela Köttig (2004) führten unauflösliche Widersprüche in einem Interview zu detaillierten Archivrecherchen und zu Interviews mit weiteren Familienmitgliedern. Dadurch wurde für die Forscherin der Gewinn zusätzlicher Interviews in der Familie für die Absicherung von Interpretationen und die Klärung offener Fragen sowie die Relevanz der Familiengeschichte für die politischen Handlungsmuster der EnkelInnen deutlich erfahrbar. Es ist diese sich in den letzten 15 Jahren vollziehende Wende in der fallrekonstruktiven Biographieforschung hin zur Befragung von mehreren Familienmitgliedern und zu Mehrgenerationenanalysen[2], durch die das methodische Postulat einer konsequenten Einbettung der einzelnen Biographie in ihren geschichtlichen und gesellschaftlichen Kontext zunehmend umgesetzt wird. Mit der systematischen Betrachtung der einzelnen Lebensgeschichte im Kontext der über Generationen zurückreichenden Familiengeschichte und damit auch der intergenerationellen Tradierungsprozesse etabliert sich, aufgrund der für den Verstehensprozess erforderlichen sozialgeschichtlichen Recherchen, zunehmend eine historische Herangehensweise. Da es SoziologInnen meist an detailliertem historischen Wissen zu weiter zurückliegenden historischen Epochen fehlt, sind wir hier auch ohne bewusste Absicht in der Position des Fremden und betrachten, wie schon im Kontext der Chicago School u.a. von Park (1925) gefordert, das zu untersuchende Milieu wie der Ethnologe als eine fremde Lebenswelt. Es bedarf dann nicht der besonderen Mühe, wie beim vertraut Erscheinenden, dies zu befremden. Dieses Bemühen um ein ,methodisches Befremden' der eigenen Kultur (vgl. Hirschauer/Amann 1997: 12) oder einen ,quasi-ethnologischen Blick auf die eigene Kultur' (vgl. Hitzler/Honer 1997: 13) – wie es in der gegenwärtigen Methodendiskussion wieder gefordert wird – gilt es jedoch umso mehr bei der Untersuchung von Biographien aus uns (scheinbar) vertrauten Lebenswelten und Epochen systematisch zu berücksichtigen.

Im Folgenden möchte ich – zunächst allgemein und dann am konkreten Fall – den Anspruch diskutieren, individuelles Erleben sowie die Erzählung darüber im Interview konsequent im historisch-sozialen Kontext des Erlebens und in den unterschiedlichen historisch-sozialen Kontexten des Thematischwerdens, einschließlich des historisch-sozialen Kontextes des Interviews, in den Blick zu nehmen und – soweit wie möglich – nach diesen Kontexten zu differenzieren. Dies erfordert, wie bereits erwähnt, neben der Erhebung von biographischen Interviews weitere methodische Zugänge, die zur Auswertung von Biographien herangezogen werden. Dies war bereits für Thomas und Znaniecki eine Selbstverständlichkeit. Methodisch durchdachter wies Clifford Shaw (1930: 2) in seiner Einzelfallstudie zu einem jugendlichen Straftäter auf die Fragwürdigkeit einer Interpretation von Lebensgeschichten ohne weiteres Fallmaterial hin und forderte im Sinne einer ,total case history' das persönliche biographische Dokument im Lichte zusätzlicher

Materialien zu interpretieren.[3] Dies bedarf jedoch einer weiteren konsequenten und vor allem reflektierten methodischen Umsetzung, bei der die erzählte Lebensgeschichte nicht einfach als ‚subjektive‘ Wirklichkeit betrachtet wird, die mit ‚objektiven‘ Fakten aus Quellen kontrastiert und überprüft wird, die ungeprüft als zuverlässiger betrachtet werden. Shaw ist durchaus zuzustimmen, dass weitere Dokumente eine zuverlässige Interpretation erhöhen, jedoch nicht in der Weise, dass sie umstandslos zur Überprüfung der Authentizität des biographischen Dokuments dienen könnten – wie dies manche seiner Formulierungen nahe legen (ebd.). Ebenso wie das biographische Dokument, das nach Thomas und Znaniecki oder Shaw den Vorteil hat, dass es die subjektiven Interpretationen des Biographen oder der Biographin verdeutlicht, ist ein sozialhistorisches Dokument, z.B. ein Polizeibericht über ein Delikt, das der Biograph oder die Biographin begangen hat, Produkt der im historisch-sozialen Entstehungskontext der Institution Polizei geltenden Regeln und steht in diesem Rahmen in Wechselwirkung mit der lebensgeschichtlich sich entwickelnden Perspektive des Autors oder der Autorin. Der Polizeibericht ist nicht weniger ‚subjektiv‘ als eine biographische Erzählung; eine biographische Erzählung ist nicht weniger ‚objektiv‘ als ein Polizeibericht. Auch die biographische Erzählung ist ein Produkt der im sozialen Kontext ihrer Entstehung wirksamen institutionellen Regeln.

Es gilt also, die unterschiedlichen Quellen – und dazu gehört die erzählte Lebensgeschichte ebenso wie jedes andere Dokument (vgl. Rosenthal 1993) – auf den historisch-sozialen Kontext ihrer Entstehung und ihre Perspektivität hin zu befragen und rekonstruktiv und sequentiell auszuwerten. Zusätzliche Dokumente sind ebenso wie biographische Dokumente quellenkritisch zu beleuchten (vgl. Völter 2003: 53ff.). Dazu können – wie in anderen Beiträgen dieses Sammelbandes deutlich wird – biographische Methoden mit passungsfähigen sequentiell und rekonstruktiv vorgehenden Verfahren verknüpft werden, z.B. mit historischen Quellenanalysen, Diskursanalysen, ethnographischen Verfahren, Gruppendiskussionen oder Familiengesprächen[4].

1.2 Das Allgemeine im einzelnen Fall

Vergegenwärtigen wir uns zunächst eines der zentralen Anliegen der soziologischen und fallrekonstruktiven Biographieforschung, dass nämlich bei sozialwissenschaftlichen oder historischen Fragestellungen, die sich auf soziale Phänomene beziehen, die an Erfahrungen von Menschen gebunden sind und für diese eine biographische Bedeutung haben, die Bedeutung dieser Phänomene sowohl im Gesamtzusammenhang der erlebten Lebensgeschichte als auch im Gesamtzusammenhang der gegenwärtigen biographischen Konstruktion interpretiert werden muss. Das bedeutet, dass man sich bei biographischen Analysen auf die Rekonstruktion der Bedeutung von einzelnen Phänomenen sowohl in ihrem Entstehungs- als auch in ihrem Reproduktions- und Transformationszusammenhang konzentriert. Die fallrekonstruktive Biographieforschung konzentriert sich dabei notwendigerweise zunächst auf das Verstehen und Erklären einzelner Biographien. Die Rekonstruktion des Einzelfalls in seiner Einbettung in soziale Kontexte ermöglicht es, die Wechselbeziehung zwischen Individuellem und Allgemeinem, zwischen Individuum und Gesellschaft aufspüren zu können. Die am interpretativen Paradigma orientierte BiographieforscherIn strebt dabei keine numerischen Verallgemeinerungen, sondern basierend auf einzelnen Fallrekonstruktionen theoretische Verallgemeinerungen an. Gefordert wird hier die Verallgemeinerung am Einzelfall und auf der Grundlage von kontrastiven Vergleichen mehrerer Fälle (vgl. Hildenbrand 1991; Rosenthal 1995: 208ff.). Dabei wird vom Einzelfall nicht auf alle Fälle geschlossen, sondern auf „gleichartige Fälle", wie Kurt Lewin bereits 1927 formulierte und den folgenden Gesetzesbegriff in Anlehnung an die Galileische Denkweise vertrat: „Das Gesetz ist eine Aussage über einen Typus, der durch sein Sosein charakterisiert ist" (1927/1967: 18), und ein Typus umfasst die gleichartigen Fälle. Für die Bestimmung des Typischen eines Falles – im hier gemeinten Sinne – ist die Häufigkeit seines Auftretens in keiner Weise von Bedeutung. Bestimmend für die Typik eines Falls sind hingegen die Regeln, die ihn erzeugen und die die Mannigfaltigkeit seiner Teile organisieren. Die Wirksamkeit dieser Regeln ist ganz unabhängig davon, wie häufig wir ähnliche Regelsysteme in der sozialen Wirklichkeit finden.

Was bedeutet dies nun für die empirische Analyse, d.h. hier für die Rekonstruktion des gesamtbiographischen Prozesses des Werdens, der Aufrechterhaltung und der Transformation bestimmter Phänomene? Spielen wir es an dem Beispiel von Migrationsprozessen durch und knüpfen damit am Forschungsthema von Thomas und Znaniecki an. Neben der Rekonstruktion des Migrationsverlaufs sind wir hier aufgefordert, die Lebensphase und -erfahrung der Migration im gesamtbiographischen und damit zugleich auch im kollektivgeschichtlichen Zusammenhang zu begreifen. Dazu ist es erforderlich, sowohl die Erfahrungen vor der Migration als auch nach der Migration sowie das Thematischwerden der Migration und die damit zusammenhängenden Reinterpretationen dieser Erfahrungen zu unterschiedlichen Zeitpunkten der Lebensgeschichte bis in die Gegenwart hinein zu rekonstruieren. Die Erfahrungen der Migration und die Reflexionen über diese Erfahrungen sind zu unterschiedlichen Zeitpunkten eingebettet in jeweils unterschiedliche soziale Kontexte, Gesellschaftssysteme und Diskurse. Mit der Rekonstruktion der biographischen Erfahrungen geht einher, dass wir Kenntnisse über diese Kontexte und deren interaktiv erzeugte Rahmungen[5] benötigen. Es gilt zu berücksichtigen, dass biographische Erlebnisse ebenso wie die Kommunikationen über diese Erlebnisse in unterschiedliche soziale Rahmungen eingebettet sind. Welche Bedeutung biographischen Erlebnissen seinerzeit zugeschrieben wurde, wie sie in den Erfahrungsvorrat eingeordnet wurden, ist ebenso wie deren Präsentation in der Gegenwart des Erzählens von solchen sozialen Rahmungen und den damit zusammenhängenden kulturellen Regeln abhängig. Bei der Analyse sozialwissenschaftlicher Interviews gilt es zu berücksichtigen, dass die jeweiligen Rahmungen Regeln für die Artikulation biographischer Erlebnisse vorgeben und dass dieser Umstand, vermittelt über die je subjektiven Definitionen der Situation, das Thematisierte wie das Nichtthematisierte in einem Interview mitbestimmt. Die Definition der Situation des Interviews kann sich von Interviewtem zu Interviewtem erheblich unterscheiden. Definieren die einen das Interview in erster Linie im wissenschaftlichen Kontext, so rahmen es andere als ein therapeutisches Gespräch und wieder andere erleben es in der Rahmung eines Bleibe- oder Asylverfahrens, also ähnlich einer Anhörung oder einem Verhör. Gesellschaftliche, institutionelle und familiale Regeln bzw. die Regeln unterschiedlicher Diskurse[6] geben vor, was, wie, wann und in welchen Kontexten thematisiert werden darf und was nicht. So haben z.B. auf die Lebenserzählung eines in Deutschland Asyl suchenden Flüchtlings, der spezifische Diskurs im Zusammenhang seines Bleibe- oder Asylverfahrens ebenso wie der in der Bundesrepublik dominant geführte Diskurs über MigrantInnen und Asylsuchende und die Diskurse in seinen Wir-Gruppen (vgl. Elias 1987: 296ff.) ganz wesentlichen Einfluss. Die Regeln dieser gegenwärtigen Diskurse und die aus ihnen resultierenden Rahmungen in der Situation des Interviews interagieren jedoch auch mit den jeweiligen Rahmungen in der Vergangenheit des biographischen Erlebens so wie mit den Situationen, in denen zuvor schon darüber nachgedacht und gesprochen wurde. Die Art und Weise des Rückblicks auf die Vergangenheit und die Art und Weise des Sprechens über die in der Vergangenheit erlebten Situationen konstituiert sich also über die meist hinter dem Rücken der Akteure wirksamen, sowohl in der Vergangenheit internalisierten als auch in der Gegenwart geltenden Regeln. So lässt sich z.B. bei in der Vergangenheit geltenden Schweigegeboten zu bestimmten lebensgeschichtlichen Erfahrungen immer wieder beobachten, wie schwer es fällt, diese Gebote selbst in einer Gegenwart aufzuheben, in der das Sprechen darüber sozial erwartet wird. Insbesondere im Erzählvorgang werden die in der Vergangenheit wirksamen Regeln wieder virulent, da Erzählungen von selbsterlebten Situationen im Gegensatz zu Argumentationen – und teilweise auch zu Beschreibungen[7] – den Erzähler oder die Erzählerin viel leichter in einen Erinnerungsvorgang und damit in eine größere Nähe zu den vergangenen Situationen bringen können. Dies ist nun nicht einfach so zu verstehen, dass damit nur eine Annäherung an die faktischen Handlungsabläufe erfolgt – wie es Ausführungen von Fritz Schütze[8] teilweise nahe legen -, sondern vielmehr auch an die in den damaligen Situationen geltenden Regeln der Interaktion und der Diskurse, die das Erleben der damaligen Ereignisse konstituierten. Die in der Vergangenheit und in der Gegenwart wirksamen Regeln der sowohl zu unterschiedlichen Zeitpunkten als auch in unterschiedlichen historisch-sozialen Kontexten erlebten und geführten Diskurse gilt es in den Lebenserzählungen aufzuspüren; ansonsten stehen wir in der Gefahr, den sich immer noch in der Diskussion befindlichen Vorwurf zu bestätigen, bei biographischen Fallrekonstruktionen gehe man von einer Homologie zwischen Erfahrung und Erzählung aus, – wie er z.B. neuerdings von Armin Nassehi und Irmhild Saake (2002) wieder formuliert wird. Dazu bedarf es vor allem bei der Auswertung biographischer Interviews einer Vorgehensweise, bei der a) zwischen der Rekonstruktion der erzählten und der erlebten Lebensgeschichte analytisch strikt getrennt wird, und daher b) mit einer sequentiellen Analyse der in die Kollektivgeschichte eingebetteten biographischen Daten zunächst ein Einlassen auf die gegenwärtige Selbstdarstellung des Biographen vermieden wird und darüber hinaus c) versucht wird, die in der Zeit zwischen der Situation und dem historischen Kontext des Erlebens sozialer Ereignisse und dem gegenwärtigen Diskurs darüber erfolgten Reinterpretationen dieses biographischen Erlebnisses zu rekonstruieren. Dies ist ein Anliegen, das für mich mit biographischen Fallrekonstruktionen immer zentral verbunden war und ist (vgl. Rosenthal 1987; 1995; 2002b).

Auf das Verfahren einer biographischen Fallrekonstruktion kann ich an dieser Stelle nicht weiter eingehen. Es sei nur darauf verwiesen, dass die sequenzielle Analyse der biographischen Daten ein wesentlicher Auswertungsschritt für die Einbettung biographischer Erlebnisse in ihren sozial-historischen Kontext ist. Es ist besonders dieser Schritt einer biographischen Fallrekonstruktion (Rosenthal 1995; 2002b), der sich an dem von Ulrich Oevermann u.a. (1980) vorgestellten Verfahren orientiert, bei dem zum konkret vorliegenden Fall ein recht aufwendiges historisches Quellenstudium, manchmal auch Archivrecherchen zur Person des Interviewten oder auch ein Studium einschlägiger Fachliteratur zu bestimmten Daten stattfindet – wie z.B. zu einer bestimmten psychischen oder somatischen Erkrankung oder einem schwierigen Lebensereignis, wie dem Tod der Mutter in der frühen Kindheit. Neben den lebensgeschichtlichen Daten der vorliegenden Biographie, die nicht nur aus dem geführten Interview entnommen werden, sondern aus allen zugänglichen Quellen, werden auch für den Fall relevante historische Daten in die sequenzielle Analyse mit einbezogen. Mit dieser vom Interviewtext zunächst unabhängigen Generierung von möglichen Hypothesen werden, methodisch kontrolliert, auch jene lebens- und kollektivgeschichtlich relevanten Ereignisse bei der Rekonstruktion berücksichtigt, die von den Biographen selbst nicht oder nur am Rande erwähnt wurden. Unabhängig von den Selbstdeutungen und -darstellungen der Interviewten, werden hier zunächst Hypothesen über die möglichen Bedeutungen formuliert, die dann in einem späteren Schritt an den Aussagen im Interview überprüft und gegebenenfalls erweitert, verändert, verfeinert oder widerlegt werden. An dieser Stelle wird auch nach der Bedeutung dessen gefragt, was nicht thematisiert wurde.

Neben der Hinzuziehung weiterer, gerade auch in der Vergangenheit erzeugter Dokumente verhilft insbesondere der kontrastive Vergleich von Lebenserzählungen zu einer historisch-sozialen Einbettung der einzelnen Lebenserzählung. Vor allem der maximal kontrastive Vergleich[9] von Angehörigen unterschiedlicher Milieus und unterschiedlicher Generationen kann die unterschiedlichen Erfahrungen und spezifischen Diskurse in der befragten Gruppe von Personen deutlich machen und aufzeigen, über welche Themen früher und heute gesprochen werden darf, über welche Erfahrungen man berichten kann und über welche nicht, wie man seine Erfahrungen heute und in anderen Phasen zu interpretieren hat und welche Argumentationsfiguren sich etabliert haben. Hilfreich für die Aufschlüsselung der Perspektivität der Darstellungen von vergangenen und gegenwärtigen sozialen Lebenswelten sind vor allem auch die ‚seltenen Fälle‘. Der seltene Fall ermöglicht es, dass wir die gegenwärtige Mehrheitsperspektive nicht einfach reproduzieren, sondern sie vielmehr infrage stellen und versuchen, ihren Entstehungskontext aufzufinden. Damit wird es möglich, sich wiederholende Perspektiven oder Deutungsmuster als typisch für eine bestimmte Gruppe – in der Sprache Kurt Lewins für „gleichartige" Fälle – identifizieren zu können, und nicht als die generell sozial geteilte Deutung von Wirklichkeit oder gar als die Wirklichkeit an sich zu interpretieren.

2. Soziale Konstruktionen der Zugehörigkeit: Zwischen Selbstdefinition und Fremddefinition

2.1 Biographische Selbstdarstellungen von Flüchtlingen aus dem Gebiet des ehemaligen Jugoslawien

Zur Vorbereitung eines Forschungsprojekts über „Biographische Wandlungen von (ethnischen) Zugehörigkeitskonstruktionen bei in Deutschland lebenden Flüchtlingen aus Kriegs- und Krisengebieten", insbesondere aus dem Gebiet des ehemaligen Jugoslawien, habe ich in den letzten zwei Jahren eine Voruntersuchung durchgeführt. Da ich noch recht wenig Wissen über die Geschichte und die soziale Wirklichkeit Jugoslawiens und über die einzelnen Bevölkerungsgruppen dort habe, ist mir die Gefahr von Fehlinterpretationen gegenwärtig besonders bewusst, insbesondere die Tendenz, allgemeine Phänomene als fallspezifische Besonderheiten oder umgekehrt biographische Besonderheiten als kollektive Phänomene zu interpretieren. Leicht zu übersehen ist auch der institutionelle Entstehungszusammenhang bestimmter Darstellungen und Erzählungen in der Gegenwart. So müssen in diesem Forschungsfeld insbesondere die Bedingungen der Bleibe- oder Asylverfahren gekannt und berücksichtigt werden, die zum Teil zu regelrecht dramatischen Umschreibungen der Biographie führen. Genau genommen bräuchten wir InterpretInnen von Interviews mit Flüchtlingen eine Schulung, die uns lehrt, wie wir uns als Bosnierin oder als Albanerin oder als Kurdin aus der Türkei im Anhörungsverfahren präsentieren müssen, um aufgrund unserer Traumatisierungen ein zeitweiliges Bleiberecht oder politisches Asyl zu erhalten. Für die Interpretation von Biographien aus dem ehemaligen Jugoslawien benötigen wir des Weiteren z.B. Kenntnisse über die konkreten Lebensbedingungen und die damit zusammenhängenden sozialen Diskurse vor dem Krieg, während des Krieges und dann in Deutschland in den ethnischen Kommunitäten und in der Mehrheitsgesellschaft, also über die wechselseitige Konstitution von Diskursen und sozialer Handlungsrealität. Im Falle Jugoslawiens ging ich zunächst davon aus, dass historische Kenntnisse zumindest seit der ersten Staatsgründung nach dem Ersten Weltkrieg vonnöten seien. Doch zunehmend wird mir deutlich, wie entscheidend die sozialen Wirklichkeiten und damit auch die Familiengeschichten nach 1918 durch zeitlich weit zurückreichende ethnische und religiöse Konflikte und Diskurse geprägt sind, die bereits auf die Besetzung des serbischen Gebietes durch die Türken im 14. Jahrhundert zurückgehen und die vor allem mit dem Krieg 1991 wieder reaktiviert wurden.[10] 1918 wurde hier ein Gebiet zu einem Staat – zunächst unter dem Namen „Königreich der Serben, Kroaten und Slowenen" – zusammengefügt, das noch die weiteren Volksgruppen der bosnischen Muslime, Montenegriner, Makedonier und weitere nichtslawische Minoritäten umfasste, und das aus den so unterschiedlichen Regionen der unabhängigen Königreiche Serbien und Montenegro sowie Gebieten der österreichisch-ungarischen Monarchie und des Osmanischen Reiches bestand (vgl. Calic: 1996: 13).

Hilfreich für eine Sensibilisierung in Bezug auf die unterschiedlichen, und vor allem sich wandelnden Lebenswelten und die jeweiligen sozialen Diskurse vor dem Krieg 1991 sind neben biographischen Dokumenten aus unterschiedlichen historischen Phasen vor allem Interviews mit älteren Frauen und Männern. Erhebliches Wissen stellt sich von Interview zu Interview ein. So erfährt man nicht nur mehr und mehr historische Details, vor allem jene, die von der Geschichtsschreibung tabuiert wurden und werden, sondern lernt auch unterschiedliche Perspektiven auf die gleichen historischen Ereignisse kennen. Auch werden von Interview zu Interview die Veränderungen der Darstellungsweise je nach den interaktiv konstituierten Rahmungen des Interviews deutlich – ob die Interviewsitation z.b. assoziiert wird mit den Anhörungsverfahren oder eher als therapeutisches Gespräch interpretiert wird. Vollzieht sich während eines oder mehrerer Gespräche eine Veränderung dieser Rahmung, dann wird dies besonders manifest, wie z.b. in einem von Michaela Köttig und mir geführten Familiengespräch mit einer Familie aus dem Kosovo.[11] In diesem Gespräch war die Darstellung, d.h. was und wie etwas präsentiert wurde, zunächst bestimmt durch eine Rahmung, die an den in Deutschland erlebten Anhörungsverfahren und Kommunikationen auf deutschen Behörden orientiert war. Dies zeigte sich u.a. darin, dass uns Interviewerinnen wiederholt versichert wurde, man wolle in Deutschland nicht auf Dauer bleiben. Des weiteren wurden die im Anerkennungsverfahren relevanten Symptome einer posttraumatischen Belastungsstörung der Mutter und eines dringend in Deutschland ärztlich zu versorgenden Nierenleidens der Schwiegertochter stärker betont als die psychischen Folgen der Traumatisierung für die anderen Familienmitglieder oder das Leiden der Familie an der gegenwärtigen Situation in Deutschland. Dies ist dem Umstand geschuldet, dass die Familie unter einer Beweispflicht für ihre Traumatisierung und ihre Bedrohung im Kosovo steht, um den legalen Status der Duldung in Deutschland zu bewahren. Sie ist damit ständig in der Situation, dass ihre Glaubwürdigkeit prinzipiell angezweifelt wird. Durch unser wiederholtes Eingehen auf ihre Ängste im Verlauf des Gesprächs (entsprechend der Methode des aktiven Zuhörens aus der klientenzentrierten Gesprächsführung) – insbesondere auf die Angst, eventuell bald zurückkehren zu müssen – veränderte sich die Wahrnehmung uns gegenüber. Es wurde spürbar, wie die Familienangehörigen darunter leiden, dass in Deutschland niemand an ihrem Schmerz interessiert ist, geschweige denn an ihren traumatischen Erlebnissen und vor allem den massiven Ängsten vor einer Abschiebung in den Kosovo.[12] Die allmähliche Veränderung der Rahmung dieses Gespräches wurde vor allem an der Stelle im Gespräch deutlich, als die Familie begann, über die für sie so quälenden Befragungen auf der Ausländerbehörde zu erzählen, deren Mitarbeiter nicht an ihren Gefühlen und auch nicht an dem erlebten Leid interessiert seien.

Je mehr wir nun Kenntnisse über die Geschichte und die ethnischen Konflikte eines Landes erwerben, umso mehr bedarf es dann wiederum des Bemühens, die sich zunehmend einstellende Tendenz zu vermeiden, die Informationen aus den einzelnen Interviews zu schnell unter unsere bisher gewonnenen Kenntnisse zu subsumieren und dabei die fallspezifischen Besonderheiten zu übersehen. Es gilt also einerseits, das für das Fallverstehen nötige historische Wissen zu erwerben und sich andererseits auf die Besonderheiten des Falles einzulassen. Zur sorgfältigen Rekonstruktion der Besonderheiten eines Falles und seiner Einbettung in die je spezifischen sozialen Kontexte sowie zur Vermeidung der vorschnellen Identifizierung eines Falles als Exemplar bereits bestehender Konzepte verhilft – wie bereits erwähnt – insbesondere die sequenzielle und abduktive Auswertung der biographischen Daten und in einem späteren Auswertungsschritt, mit der Hinzuziehung der Aussagen der Interviewten, die Rekonstruktion der Fallgeschichte. Dabei geht es um die Analyse der für jedes Individuum unterschiedlichen und charakteristischen Abfolge biographischer Erlebnisse, die seine Individualität ausmacht.[13]

2.2 Zwei Frauen aus Bosnien definieren sich noch heute als Jugoslawinnen

Im Folgenden möchte ich noch auf einen Fall eingehen, der hinsichtlich der gegenwärtigen Selbstdefinition der ethnischen, nationalen und religiösen Zugehörigkeit eher zu den selten Fällen gehört. Es handelt sich um ein Interview mit einer muslimischen Bosnierin (Jahrgang 1952) und ihrer Tochter (Jahrgang 1981), das ich im Frühjahr 2002 geführt habe. Die Tochter stammt aus der 1985 geschiedenen Ehe mit einem katholischen Bosnier bzw. einem bosnischen Kroaten.[14]

Helen und Susa, wie ich Mutter und Tochter nenne, leben seit 1995 mit befristeter Aufenthaltsgenehmigung in Deutschland. Sie wurden im August 1995 nach drei Jahren der ethnischen Verfolgung aus Bosnien, d.h. aus Banja Luka, vertrieben. Banja Luka wurde im Oktober 1991 die Hauptstadt der von den Serben gegründeten Serbischen Republik Bosnien Herzegowina.[15] 1992 begannen in Banja Luka die sogenannten ethnischen Säuberungen, bei denen Nicht-Serben ermordet, verfolgt und vertrieben wurden, ihr Eigentum konfisziert, Moscheen und Kirchen zerstört, muslimische und kroatische Männer in Arbeitslager geschleppt und viele Frauen vergewaltigt wurden.[16] Helen verlor mit Kriegsbeginn ihre Arbeitsstelle. Ihre Wohnung, in der sie mit ihrer Tochter Susa lebte, wurde ab April 1992 etwa wöchentlich von orthodoxen Soldaten, die in einem gegenüberliegenden Haus stationiert waren, nach fahnenflüchtigen Männern und nach Waffen durchsucht. Dabei kam es auch immer wieder zu Vergewaltigungen. Nur in einem Nebensatz erwähnt Helen, dass ihre Mutter 1992 gestorben sei. Leider entgeht mir die mögliche Bedeutung dieser Mitteilung im Kontext der genannten Jahreszahl, und ich frage nicht nach den Todesumständen. Nach drei Jahren der ethnischen Verfolgung wurden dann zwischen August und Oktober 1995 allein aus Banja Luka und Umgebung mehr als 25 000 „Nicht-Serben" vertrieben.[17] Helen, Susa, Helens Schwester und ihr Vater wurden im August 1995 von orthodoxen bzw. serbischen Soldaten aus ihrer Wohnung vertrieben und in einem offenen Lager auf einer Wiese vor Banja Luka inhaftiert. Nach einigen Tagen konnten sie entkommen und mit einem Hilfstransport gelang ihnen die Flucht nach Berlin. Kennt man den Kriegsverlauf und die Details der Verfolgung der „nicht-serbischen" Bevölkerung nicht, würde man das von Susa und Helen Erlittene unterschätzen. Vieles von dem deutet sich in dem gemeinsamen Gespräch mit den beiden Frauen nur an, einige der erlittenen Verfolgungserlebnisse werden von ihnen bagatellisiert und darüber hinaus sind sie auch bemüht, positive Erlebnisse mit Orthodoxen bzw. Serben in den Vordergrund zu stellen. Die Fallrekonstruktion verdeutlicht, dass diese Dethematisierung traumatischer Erlebnisse zum einen als eine Folge ihrer Traumatisierungen gesehen werden muss; zum anderen ist sie der Dynamik zwischen Tochter und Mutter geschuldet, die sich wechselseitig vor qualvollen Erinnerungen zu schützen suchen.

Ich möchte hier auf die Aussagen der beiden Frauen zu ihrer ethnischen oder nationalen und religiösen Zugehörigkeit eingehen. Die Frage der Zugehörigkeit ist im Verlauf der Geschichte Jugoslawiens hoch komplex. Sie war je nach historischer Situation, nach wechselnden Fremd- und Selbstzuschreibungen mehr oder weniger relevant, hing entscheidend mit den politischen Konflikten zusammen und orientierte sich je nach Standpunkt eher an der religiösen oder der ethnischen bzw. nationalen Zugehörigkeit. Ob die Religions- oder die ethnische Zugehörigkeit im Vordergrund stand und wann sie in der Familien- und Lebensgeschichte in Interrelation zur Gesellschaftsgeschichte thematisch wurde und wann nicht, bedarf bei der Interviewauswertung der besonderen Berücksichtigung. Im Falle der muslimischen Bosnier muss berücksichtigt werden, dass sie aus der Sicht der Serben und Kroaten als islamisierte Kroaten oder Serben betrachtet werden, und sie erst im sozialistischen Jugoslawien als staatstragendes Volk anerkannt wurden. 1961 erhielten sie dann die Möglichkeit, sich bei der Volkszählung als „Muslim im ethnischen Sinne" zu bekennen[18]. Vor dem Krieg definierten sich fast zwei Drittel der muslimischen Bosnier oder bosnischen Muslime säkular, und nach Volkan (1999: 90) nahmen nicht einmal drei Prozent an den Gebeten in einer Moschee teil.

Im Unterschied zu vielen von den Serben vertriebenen muslimischen Bosniern, die sich nach der ethnischen Verfolgung und Vertreibung zunehmend als Muslime definieren, ist bei Helen und Susa auffallend, dass sie sich explizit als Jugoslawinnen positionieren. Außerdem sprechen sie betont positiv über Serben bzw. orthodoxe Bosnier, die ihnen geholfen haben. Damit grenzen sie sich in ihrer Selbstdefinition nicht nur von ihren Bekannten aus Bosnien ab, sondern auch von der im Dialog mit Deutschen eher fraglosen und im Bleibeverfahren eher nützlichen Definition als muslimischen Bosnierinnen, die von Serben verfolgt wurden. Diese Differenz zwischen Selbst- und Fremddefinition wird von Helen und Susa auch mehrmals im Interview thematisiert. Die beiden Frauen erzählen z.B., dass sie nach langer Zeit wieder Bekannte aus Bosnien hier in Deutschland trafen. Die-

se hätten sie erst einmal nicht danach gefragt, wie es ihnen gehe oder gar, was sie
durchlitten hätten, sondern hätten sie gleich belehrt, dass sie nach den Regeln des
islamischen Glaubens zu leben hätten und wie wichtig die religiöse Zugehörigkeit sei. Während sie sich selbst von einer religiösen Zugehörigkeit distanzieren,
führen sie jedoch in ihren Erzählungen die nicht-muslimischen Bosnier mit ihrer
jeweiligen Religionszugehörigkeit ein und geben jeweils an, ob es sich um Katholiken oder um Orthodoxe handelt.

Die Interviewauswertung verdeutlicht, dass diese Kategorisierung, insbesondere bei Susa, erst seit 1992 – also mit Beginn der ethnischen Verfolgungen relevant
wurde. Susa war damals elf Jahre alt, und die ihr sozial aufgezwungene Frage nach
der Zugehörigkeit steht im Zusammenhang einer für sie massiv verletzenden Erfahrung. Die Klassenlehrerin führte in der mittlerweile fast nur noch von orthodoxen Kindern besuchten Klasse (32 von 35 Kindern) eine Befragung nach der
ethnischen bzw. religiösen Zugehörigkeit durch. Sie wollte von Susa wissen, „was
sie sei" (also muslimisch, katholisch oder orthodox). Susa verstand diese Frage
nicht und suchte die Antwort im Gespräch mit ihrer Mutter, die daraufhin die
Lehrerin aufsuchte. Die durch die Orthodoxen bzw. Serben sozial auferlegte Definition in der Schule war dann „Kind aus einer Mischehe". Bis dahin – darauf
verweist ihre detaillierte Erzählung – hatte Susa keine dementsprechende explizite
Selbstdefinition, und vermutlich war die ethnische oder religiöse Zugehörigkeit
bis dahin auch kaum eine Kategorie in ihrer Fremdwahrnehmung. Heute im Interview betont sie:

> „...ich bin immer noch neutral und ich will auch so bleiben, ich sag, ich respektiere jede Religion (1)
> es ist nicht so dass ich sage, diese Religion ist so und diese Religion ist so, ich respektiere jede und
> ich will auch neutral bleiben, also ich fühl mich so wohl (2) dass ich nicht auf dieser Seite bin oder
> auf dieser Seite ..."

Mit dem „immer" verweist Susa auf die Aufrechterhaltung einer Neutralität, die
für sie vor diesem Erlebnis selbstverständlich war, mit diesem Erlebnis jedoch frag-
würdig wurde und seitdem – da sie nicht mehr fraglos ist – explizit betont werden
muss. Damals wie heute distanziert sie sich von der erwähnten Zuschreibung, sie
sei Kind einer „Mischehe", durch die „Orthodoxen". Des Weiteren meint sie dann
auch explizit, sie verstehe sich immer noch als Jugoslawin. Diese Selbstdefinition
als Jugoslawin können wir zunächst auf die biographische Konstellation der Tochter einer Muslima und eines Katholiken zurückführen. Susa will sich nicht auf
eine Seite hin positionieren und dabei hilft ihr dann – so könnte man annehmen
– die Selbstdefinition vermittels des verbindenden Kollektivs der ‚Jugoslawen'. Das
Interview zeigt jedoch, dass ihre bis heute aufrechterhaltene Selbstdefinition als
„neutrale" Jugoslawin einer Loyalität weniger gegenüber dem Vater als vielmehr

gegenüber der Mutter geschuldet ist. Die Tochter, die seit ihrem vierten Lebensjahr keinerlei Kontakt zum Vater hatte, ist aufgrund der gemeinsam erlebten Verfolgung und Traumatisierung ganz eng an die Mutter gebunden. Sie orientiert sich, wie die folgende Passage zeigt, an der Selbstdefinition ihrer Mutter:

> „Und heutzutage ist es noch immer bei meine Mutter, also bei mir auch, (1) dass wir Jugoslawien nicht geteilt also das Ganze noch immer in Herz haben, also als ein Land, und nicht als sechs Länder ...“

Auch ihre Mutter Helen positioniert nicht nur sich selbst vehement als Jugoslawin, sondern schließt ihre Tochter in diese emotionale Bindung an „Jugoslawien" mit ein:

> „Im Herz sind wir beide immer noch Jugoslawinnen, wird leben immer noch in diesem Traum Tito und es ging uns alle gut in dieser Zeit .. doch vor Leuten wenn wir sagen,wir sind Jugoslawinnen', die verstehen das falsch, weil sie denken wir sind Serben ((erläutert diesen Umstand)) ... aber vom Gefühl her sind wir Jugoslawinnen ...“

Hätten wir nur die Aussagen von Susa, könnten wir nur schwer Annahmen über die Bedeutung dieses Zugehörigkeitsgefühls entwickeln. Wie die Aussagen und Erzählungen von Helen verdeutlichen, ist ihre Selbstdefinition dem Bestreben nach Herstellung von Kontinuität sowohl in ihrer Familiengeschichte als auch in der eigenen Lebensgeschichte geschuldet. Bereits Helens Eltern hatten sich mit dem kommunistischen Jugoslawien identifiziert.[19] Helen selbst war überzeugte Tito-Anhängerin, wie auch ihr geschiedener Mann, den sie 1969 geheiratet hatte und mit dem sie ein „internationales und interreligiöses" Erziehungskonzept – wie sie es bezeichnet – für ihre Kinder (die ältere Tochter ist 1971 geboren) verfolgte. An der Trennung im Jahr 1985, die aufgrund der Beziehung ihres Mannes zu einer anderen Frau erfolgte, leidet sie noch heute, und sie ist noch heute an die verlorene Ehewirklichkeit gebunden. Die glücklichste Zeit ihres Lebens war die gemeinsame Zeit mit ihrem Mann, meint Helen, und seit der Scheidung sei sie nie mehr „glücklich im Herzen" gewesen. Im Herzen bleibt sie an ihr Leben vor 1985 gebunden und damit an jene Zeit, bevor die positiven Konnotationen des politischen Jugoslawismus aus dem öffentlichen Diskurs in Jugoslawien zunehmend verschwanden. M.a.W.: Aufgrund der Loyalität gegenüber ihren Eltern und der Bindung an die gelebte Ehewirklichkeit in der Zeit des realisierten „Traums Tito", hält sie an der damals von ihr selbst gewählten Selbstdefinition fest und stellt damit in diesem Bereich eine Kontinuität zu ihrem Leben von damals her. Das Gespräch mit Helen deutet auch darauf hin, dass die explizite und pointierte Selbstdefinition als Jugoslawin sich durch die insbesondere ab 1992 auferlegte Fremddefinition und die daraus folgende ethnische Verfolgung verstärkte und heute, vor

allem in Folge der Traumatisierung, einem starken Bedürfnis nach Wiederherstellung von Kontinuität dient.

2.3 Resümee

Anhand dieses Einzelfalls lässt sich u.a. folgende verallgemeinernde Annahme formulieren: Das Erleben einer solch traumatischen Durchbrechung gelebter Kontinuitäten und die mit Traumatisierungen einhergehende Erschütterung der Ge-
wissheit der Zugehörigkeit zur Menschheit führt zum Versuch, dies durch ein Gefühl der Zugehörigkeit zu einem Kollektiv oder einer Wir-Gruppe und durch die
Wiederherstellung von Kontinuitäten zu „heilen". Der kontrastive Vergleich mit
anderen Biographien von verfolgten und traumatisierten Menschen (vgl. Rosenthal 1999) zeigt, dass das Bemühen, Kontinuitäten herzustellen, sowohl im beruflichen, familialen oder sprachlichen Bereich oder in dem einer nationalen, ethnischen oder religiösen Zugehörigkeitsdefinition erfolgen kann. Der vorliegende
Fall repräsentiert einen Typus der Kontinuitätsherstellung im Bereich nationaler
Zugehörigkeit.

Dieser Fall zeichnet sich damit interessanterweise nicht durch sich wandeln-
de Selbstdefinitionen aufgrund der völlig veränderten politischen oder staatsge-
sellschaftlichen Verhältnisse aus, sondern vielmehr durch das Bemühen, die vor
dem Krieg selbstverständliche Selbstdefinition als Jugoslawin aufrechtzuerhal-
ten. Hätten wir die Chance, auch Angehörige der Generation der Großeltern in
dieser Familie zu interviewen, würden wir weitere Einblicke in die biographische
und familiengeschichtliche Relevanz und Funktion dieser Zugehörigkeitsdefinition erhalten. Wir könnten so sowohl mehr über fallspezifische Besonderheiten als
auch über allgemeine Entstehungsbedingungen dieser Zugehörigkeitskonstrukti-
on und dieses Typus der Kontinuitätsherstellung erfahren. Dabei ist z.B. daran zu
denken, dass in vielen Familien des ehemaligen Jugoslawien Familiengeheimnisse
im Zusammenhang mit früheren ethnischen Konflikten und damit verbundene
Gewalterlebnisse gehütet werden, die eventuell mit einer betont nicht-ethnischen
Zugehörigkeitsdefinition verhüllt werden.

Mit diesem Beispiel wollte ich schließlich auch verdeutlichen, dass biographische Analysen es ermöglichen, die Verschränkung von Fremddefinition und
Selbstdefinition und die Auswirkungen dieser Beziehung in den unterschiedlichen
Kontexten und zu den unterschiedlichen Zeitpunkten im Verlauf sowohl der Le-
bens- als auch der Familiengeschichte aufzuzeigen. Biographische Fallrekonstruktionen verdeutlichen damit nicht nur die Besonderheit eines Falles, sondern zeigen vielmehr Gesellschaftliches in seiner Entstehung und Veränderung im Hand-

lungsvollzug und im Erleben auf. Mittels der erzählten Lebensgeschichte wird es möglich, die Verschränkung zwischen Individuum und Gesellschaft sowie die gegenwärtige Signifikanz kollektiver und besonders familialer Vergangenheiten aufzuzeigen. Dabei ist zu betonen, dass sich sowohl die individuelle Geschichte eines Menschen als auch der deutende Rückblick auf die Vergangenheit und die Art und Weise der gegenwärtigen Präsentation der Vergangenheit aus der Dialektik zwischen Individuellem und Sozialem konstituiert. Die Lebensgeschichte ist sowohl in ihrer Entwicklung als auch im gegenwärtigen deutenden Rückblick der BiographInnen immer beides zugleich: individuelles und soziales Produkt. Biographische Forschung ermöglicht es damit, die Interrelation zwischen individuellem Erleben und kollektiven „Rahmenbedingungen" aufzuzeigen. Mit der Rekonstruktion jedes einzelnen Falles zielen wir also immer zugleich Aussagen über dessen historisch-sozialen Kontext an.

Anmerkungen

1. Siehe dazu u.a. Alheit/Dausien 2000; Dausien 1996: 572ff; Fischer/Kohli 1987 oder Rosenthal 1995; 2002b. Zum gegenwärtigen Diskussionsstand in der Biographieforschung in Deutschland siehe den Artikel von Ursula Apitzsch 2003.
2. Vgl. die Beiträge zu Mehrgenerationenstudien in Rosenthal 2002b oder die Studie von Peter Alheit 2003; 2004.
3. Zu beiden Studien findet sich bei Fuchs-Heinritz (2000: 86ff.) eine ausführliche und kritische Darstellung.
4. Vgl. Hildenbrand 1999; Rosenthal 1997.
5. Ich lehne mich mit dem Begriff der Rahmung – trotz Hans-Georg Soeffners (1989: 151) wichtigen Einwänden gegen diesen – an Erving Goffman an. Das Wechselverhältnis zwischen dem Vorgegebenem und dem interaktiv immer wieder Neuhergestellten mit seiner Unterscheidung von Rahmen und Rahmung („frame" und „framing") m.E. gerecht wird: „Während Rahmen als sozial vorgegebene Sinnstrukturen definiert sind, die sich durch Objektivität, Autonomie und Immunität gegenüber der faktischen (Inter-)Aktion auszeichnen" (Willems 1996: 444), ist die Rahmung der Prozess der Inszenierung dieser immer wieder subjektiv interpretierten und immer wieder aktiv neu gestalteten Vorgaben im prozesshaften Geschehen der Interaktion.
6. Diskurs sei hier verstanden im Sinne Michel Foucaults (1969/1988: 156), der darunter „Praktiken" des Sprechens und Schreibens versteht, „die systematisch die Gegenstände bilden, von denen sie sprechen". Zur Verknüpfung von Diskurs- und Biographieanalyse vgl. Völter 2003 sowie Schäfer/Völter in diesem Band.
7. Auch das Einlassen auf detaillierte Beschreibungen des Ortes, an dem in der Vergangenheit etwas Entscheidendes oder gar Traumatisches geschah, kann einen Erinnerungsprozess auslösen.
8. Vgl. Schütze 1977: 1.
9. Beim maximal kontrastiven Vergleich werden im Unterschied zum minimal kontrastiven Vergleich Fälle zum Vergleich herangezogen, die hinsichtlich des zu untersuchenden Phänomens auf der Oberfläche zunächst maximale Verschiedenheit aufweisen (vgl. Glaser/Strauss 1967; Schütze 1983: 287).
10. Vamik D. Volkan diskutiert aus psychoanalytischer Perspektive die „Reaktivierung des serbischen gewählten Traumas" und in diesem Zusammenhang auch die serbische Propaganda, die sich noch bevor die ethnischen Säuberungen und die systematischen Vergewaltigungen bosnischer muslimi-

scher Frauen begannen, darauf konzentrierte „in den Köpfen der Serben die Idee zu entzünden, die Osmanen, die jetzt durch die bosnischen Muslime symbolisiert wurden, würden wiederkommen" (1999: 95).

11. Zur Analyse dieses Gesprächs vgl. Rosenthal 2002a.

12. Hier gilt es, sich klar vor Augen zu führen, dass die Angst vor Abschiebung in der Gegenwart ständig Todesängste und die Furcht vor ähnlichen Gewalterfahrungen wie den bereits erlebten reaktiviert.

13. Es ist gerade diese einzigartige Kombination von Daten der Lebensgeschichte, die die persönliche Identität eines Menschen ausmacht, wie es z.b. von Erving Goffman prägnant formuliert wurde: „Während die meisten einzelnen Fakten über ein Individuum auch auf andere zutreffen werden, kann der ganze Satz von Fakten, die über einen Vertrauten bekannt sind, als Kombination für keine andere Person in der Welt als gültig befunden werden, wodurch ein zusätzliches Mittel vorhanden ist, durch das er positiv von jedermann sonst unterschieden werden kann „(Goffman 1967: 74).

14. Vor dem Krieg waren in Bosnien-Herzegowina ein Viertel aller geschlossenen Ehen „Mischehen" (vgl. Volkan 1999: 90).

15. Von den ca. 1,3 Millionen Menschen, die vor dem Krieg in der Region Banja Luka lebten, waren 356 000 Muslime und 180 000 Kroaten (nach dem UNHCR-Bericht vom Juni 1994). Insgesamt lebten in Bosnien vor dem Krieg ca. 44 % Muslime, 31% Serben und 17% Kroaten (vgl. Calic 1996: 19).

16. Die Angaben über die Anzahl der Vergewaltigungen in Bosnien gehen erheblich auseinander. Auch wenn nach den Recherchen der EG (rund 20 000 Fälle) und der UNO (rund 12 000 Fälle) die Angaben von kroatischen und muslimischen Regierungsstellen (60 0000 vergewaltigte Frauen) relativiert werden können, muss dennoch von einer hohen Dunkelziffer ausgegangen werden (Calic 1996: 136ff.).

17. Vgl. Commission Juni 1996: 10. In diesem Bericht wird weiterhin darauf verwiesen, dass von der fast 60 000 umfassenden „nicht-serbischen" Bevölkerung Banja Lukas 1996 nur noch einige Tausende leben.

18. „Vorher hatten sie lediglich die Wahl zwischen den Kategorien ‚muslimischer Serbe', ‚muslimischer Kroate' und ‚national nicht erklärter Muslim' (Calic 1996: 29).

19. Für ein weiteres Fallverstehen wäre es hier sehr hilfreich zu wissen, ob ihre Mutter im Zusammenhang der ethnischen Verfolgung ermordet wurde.

Literatur

ALHEIT, PETER/BAST-HAIDER, KERSTIN/DRAUSCHKE, PETRA (2004): Die zögernde Ankunft im Westen. Biographien und Mentalitäten in Ostdeutschland. Frankfurt a.M/New York.: Campus.

ALHEIT, PETER (2003): Mentalität und Intergenerationalität als Rahmenbedingungen lebenslangen Lernens. Konzeptionelle Konsequenzen aus Ergebnissen einer biografieanalytischen Mehrgenerationenstudie in Ostdeutschland. In: Z.f.Päd., Jg. 49 (3), 362-382.

ALHEIT, PETER/DAUSIEN, BETTINA (2000): Die biographische Konstruktion der Wirklichkeit. Überlegungen zur Biographizität des Sozialen. In: Hoerning, E. (Hrsg.): Biograpische Sozialisation. Stuttgart: Lucius & Lucius, 257-284.

APITZSCH, URSULA (2003): Biographieforschung. In: Orth, B./Schwiertring, Th./Weiß, J. (Hrsg.): Soziologische Forschung: Stand und Perspektiven. Ein Handbuch. Opladen: Leske & Budrich, 96-110.

DAUSIEN, BETTINA (1996): Biographie und Geschlecht. Zur biographischen Konstruktion sozialer Wirklichkeit in Frauenlebensgeschichten. Bremen: Donat.

CALIC, MARIE-JANIE (1996): Krieg und Frieden in Bosnien-Hercegovina. Frankfurt/M.: Suhrkamp.

COMMISSION ON SECURITY AND COOPERATION IN EUROPE (Juni 1996): Banja Luka – Ethnic Cleansing Paradigm or Counterpoint to a Radical Future. Gesprächsprotokoll zur Sitzung am 11. Juni 1995 in Washington, D.C. (http://www.house.gov/csce/blbrf.htm).

ELIAS, NORBERT (1987): Wandlungen der Wir-Ich-Balance. In: ders.: Die Gesellschaft der Individuen. Frankfurt/M.: Suhrkamp, 207-315.

FISCHER, W./KOHLI, M. (1987): Biographieforschung. In: Voges, W. (Hrsg.): Methoden der Biographie- und Lebenslaufforschung. Opladen: Leske & Budrich, 25-50.

FOUCAULT, MICHEL (1969/1988): Archäologie des Wissens. 3. Auflage. Frankfurt/M.: Suhrkamp.

FUCHS-HEINRITZ, WERNER (2000): Biographische Forschung. Opladen: Westdeutscher Verlag.

GLASER, BARNEY G./STRAUSS, ANSELM L. (1967): The Discovery of Grounded Theory. Chicago: Aldine.

GOFFMAN, ERVING (1967): Stigma. Über Techniken der Bewältigung beschädigter Identität. Frankfurt/M.: Suhrkamp.

HILDENBRAND, BRUNO (1991): Fallrekonstruktive Forschung. In: Flick, U./Kardorff, E. v./Keupp, H./ Rosenstiel, L. v./Wolff, St. (Hrsg.): Handbuch für Qualitative Sozialforschung. München: Beltz, 256-259.

HILDENBRAND, BRUNO (1999): Fallrekonstruktive Familienforschung. Opladen: Leske & Budrich.

HIRSCHAUER, STEFAN/AMANN, KLAUS (1997): Die Befremdung der eigenen Kultur. Ein Programm. In: dies. (Hrsg.) Zur ethnographischen Herausforderung soziologischer Empirie. Frankfurt/M.: Suhrkamp, 7-52.

HITZLER, RONALD/HONER, ANNE (1997): Einleitung: Hermeneutik in der deutschsprachigen Soziologie heute. In: dies. (Hrsg.): Sozialwissenschaftliche Hermeneutik. Opladen: Leske & Budrich, 7-30.

KÖTTIG, MICHAELA (2004): Lebensgeschichten rechtsextrem orientierter Mädchen und junger Frauen. Biographische Verläufe im Kontext der Familien- und Gruppendynamik. Gießen: Psychosozial-Verlag.

LEWIN, KURT (1927/1967): Gesetz und Experiment in der Psychologie. Darmstadt: Wissenschaftliche Buchgesellschaft.

NASSEHI, ARMIN/SAAKE, IRMHILD (2002): Kontingenz: Methodisch verhindert oder beobachtet. Ein Beitrag zur Methodologie der qualitativen Sozialforschung. In: Zeitschrift für Soziologie, Jg. 31 (1), 66-86.

PARK, ROBERT EZRA (1925): The City. Suggestions for the Investigation of Human Behavior in the Urban Environment. In: Park, R. E./Burgess, E. W./McKenzie, R. D. (Hrsg.): The City. Chicago: University of Chicago Press, 1-46.

OEVERMANN, ULRICH/ALLERT, TILMANN/KONAU, ELISABETH (1980): Zur Logik der Interpretation von Interviewtexten. In: Heinze, Th./Klusemann, H.W./Soeffner, H.-G. (Hrsg.): Interpretationen einer Bildungsgeschichte. Bensheim: päd extra, 15-69.

ROSENTHAL, GABRIELE (1987): „Wenn alles in Scherben fällt..." Von Leben und Sinnwelt der Kriegsgeneration. Opladen: Leske & Budrich.

ROSENTHAL, GABRIELE (1993): Die erzählte Lebensgeschichte: eine zuverlässige historische Quelle? In: Weber, W. (Hrsg.): Spurensuche. Neue Methoden in der Geschichtswissenschaft. Regensburg: Roderer, 8-17.

ROSENTHAL, GABRIELE (1995): Erlebte und erzählte Lebensgeschichte. Gestalt und Struktur biographischer Selbstbeschreibungen. Frankfurt a.M./New York.: Campus.

ROSENTHAL, GABRIELE (Hrsg.) (1997): Der Holocaust im Leben von drei Generationen. Familien von Überlebenden der Shoah und von Nazi-Tätern. Gießen: Psychosozial-Verlag.

ROSENTHAL, GABRIELE (1999): Migrationen und Leben in multikulturellen Milieus: Nationale Zugehörigkeit zur Herstellung von familien- und lebensgeschichtlicher Kontinuität. In: Apitzsch, U. (Hrsg.): Migration und biographische Traditionsbildung. Opladen: Westdeutscher Verlag, 22-34.

Rosenthal, Gabriele (2002a): Biographisch-narrative Gesprächsführung: Zu den Bedingungen heilsamen Erzählens im Forschungs- und Beratungskontext. In: Psychotherapie und Sozialwissenschaften. Zeitschrift für qualitative Forschung. Göttingen: Vandenhoeck & Ruprecht, 204-227.

Rosenthal, Gabriele (Hrsg.) (2002b): „The History of the Family. An International Quarterly." Special Issue: Family History – Life Story 7.

Rosenthal, Gabriele (2002c): Biographische Forschung. In: Schaeffer, D./Müller-Mundt, G. (Hrsg.): Qualitative Gesundheits- und Pflegeforschung. Bern, Göttingen, Toronto, Seattle: Hans Huber, 133-148.

Schütze, Fritz (1977): Die Technik des narrativen Interviews in Interaktionsfeldstudien. Arbeitsberichte und Forschungsmaterialien Nr. 1 der Universität Bielefeld, Fakultät für Soziologie.

Schütze, Fritz (1983): Biographieforschung und narratives Interview. In: Neue Praxis 3, 283-293.

Shaw, Clifford R. (1930): The Jack-Roller. A Delinquent Boy´s Own Story. Chicago: University of Chicago Press.

Soeffner, Hans-Georg (1989): Auslegung des Alltags – Der Alltag der Auslegung. Frankfurt/M.: Suhrkamp.

Thomas, William I./Znaniecki, Florian (1958): The Polish Peasant in Europe and America. 2 Vol., 2. Aufl. New York (Neuausgabe der 2. Auflage von 1928, Orig.:1918-1920).

Völter, Bettina (2003): Judentum und Kommunismus. Deutsche Familiengeschichten in drei Generationen. Opladen: Leske & Budrich.

Volkan, Vamik D. (1999): Das Versagen der Diplomatie. Zur Psychoanalyse nationaler, ethnischer und religiöser Konflikte. Giessen: Psychosozial-Verlag.

Willems, Herbert (1996): Goffmans qualitative Sozialforschung. Ein Vergleich mit Konversationsanalyse und Strukturaler Hermeneutik. In: Zeitschrift für Soziologie, Jg. 25 (6), 438-455.

MICHAELA KÖTTIG

Triangulation von Fallrekonstruktionen: Biographie- und Interaktionsanalysen

1. Einleitende methodologische Überlegungen

Das Vorgehen im Forschungsprozess einer qualitativen Studie beinhaltet häufig die Kombination unterschiedlicher methodischer Zugänge und die Einbeziehung verschiedener Quellen. In der Tradition der ethnographischen Feldforschung findet vor allem die Verknüpfung unterschiedlicher Erhebungsmethoden breite Anwendung (vgl. Hammersley/Atkinson 1983; Hirschauer/Amann 1997; Lüders 2000). Die Integration oder Kombination unterschiedlicher Daten, Methoden und Theorien im Forschungsprozess wird in der methodologischen Diskussion üblicherweise mit dem Begriff ,Triangulation' (vgl. Denzin 1970/1978; 1989; Flick 1992; 1995; 1998; 2000; Fielding/Fielding 1986; Marotzki 1995; Kelle/Erzberger 1999) bezeichnet. Dieser Begriff wurde von Denzin (1970; 1978) in die Diskussion um die Anwendung qualitativer Methoden eingeführt und von ihm zunächst als Strategie zur Validitätsmaximierung diskutiert. Denzin resümiert bezogen auf die Methodentriangulation:

> „Methodical triangulation involves a complex process of playing each method off against the other so as to maximize the validity of field efforts" (Denzin 1978: 304).

Die Verknüpfung von Daten, Methoden und Theorien zur Erhöhung der Validität wurde von unterschiedlicher Seite vor allem dahingehend kritisiert, dass Denzin seinem Verständnis von Triangulation eine objektiv gegebene Realität und ein ebensolches Gegenstandsverständnis zugrunde legt.[1]

Im Zuge der kritischen Bewertung von Denzins Überlegungen wurde Triangulation von Fielding und Fielding (1986) hingegen als Alternative zur Validierungsstrategie diskutiert. Sie sehen den Nutzen der Methoden- und Theorietriangulation darin, die Breite und Tiefe der Analyse zu erhöhen:

> „We should combine theories and methods carefully and purposefully with the intention of adding breadth or depth to our analysis, but not for the purpose of pursuing ,objective' truth" (Fielding/Fielding 1986: 33).

Flick (1995) macht zudem deutlich, dass unter dem Dach ,qualitativer Forschung' eine Vielzahl unterschiedlicher Forschungsperspektiven mit jeweils spezifischen methodischen Zugangsweisen und Gegenstandsverständnissen vereint sind. Triangulation biete die Chance, diese unterschiedlichen Perspektiven zu verbinden. Flick resümiert:

> „Das Potential der Triangulation verschiedener qualitativer methodischer Zugänge kann darin liegen, solche unterschiedlichen Perspektiven zu verbinden und möglichst unterschiedliche Aspekte des untersuchten Gegenstandes zu thematisieren" (Flick 1995: 433).

In der „systematischen Perspektiventriangulation" sieht Flick zudem eine „spezifische Strategie der Geltungsbegründung" qualitativer Forschung (Flick 1992: 11). Er konstatiert:

> „Werden solche Zugänge gezielt und theoretisch begründet miteinander trianguliert, so läßt sich darüber die Intuition, auf die bei jeder Interpretation zurück gegriffen wird, insofern ‚entzaubern', als ihre Resultate im Lichte konkurrierender und v.a. ergänzender Resultate auf einer anderen Ebene betrachtet werden können" (Flick 1992: 48).

Mit dieser Argumentation wird deutlich, dass auch Flick von einer erhöhten Gültigkeit durch den Einsatz unterschiedlicher methodischer Zugänge ausgeht, wenngleich er konkurrierende und ergänzende Befunde einräumt. Auch Kelle und Erzberger (1999) gehen von einer erhöhten Validität durch die Triangulation qualitativer und quantitativer Methoden aus und diskutieren ausführlich, wie mit übereinstimmenden, ergänzenden und zunächst als widersprüchlich anzusehenden Befunden im Rahmen eines Forschungsvorhabens umgegangen werden kann.

Der Gewinn durch den Einsatz von Triangulation wird demnach bisher in zwei Richtungen diskutiert: Zum einen wird darin eine Strategie zur Validitätsmaximierung gesehen und zum anderen eine Möglichkeit, die Breite und Tiefe der Analyse durch die Perspektive auf jeweils unterschiedliche Aspekte eines Phänomens zu erhöhen, mit dem Ziel der umfassenderen Erfassung, Beschreibung und Erklärung eines Gegenstandsbereiches.

Im der Diskussion über Triangulation werden aus meiner Sicht jedoch zwei Aspekte weitgehend vernachlässigt, die bezogen auf ein fallrekonstruktives Vorgehen als zentral für den Einsatz unterschiedlicher Triangulationsstrategien erscheinen: Dies ist zum einen ein Gültigkeitsverständnis auf der Basis der Rekonstruktion eines Einzelfalls und zum anderen die jeweilige Falldefinition, mit der sich die Bedeutung des Datenmaterials für die Fallrekonstruktion verändert.

1.1 Prinzipien fallrekonstruktiven Vorgehens

Oevermann unterscheidet zwischen Fallbeschreibungen und Fallrekonstruktionen. Diese Unterscheidung wird von ihm damit begründet, dass Fallbeschreibungen einem Vorgehen entsprechen, das sich durch „subsumtionslogische Kategorisierung und Klassifikation von primärem Datenmaterial unter vorgefasste theoretische Kategorien" auszeichnet, wohingegen es sich bei Fallrekonstruktionen um ein „erschließendes Nachzeichnen der fallspezifischen Strukturgestalt" handelt (Oevermann 1981: 4). Der von Oevermann verwendete Strukturbegriff ist durch eine autonome prozesshafte Selbsterzeugung gekennzeichnet. Er geht davon aus, dass soziale Gebilde eine jeweils autonom konstruierte Geschichte aufweisen, die sich durch ihre jeweilig spezifische Sequenzialität auszeichnet. Sie bilden damit eine entsprechend eigene Struktur aus, die er als „individuierten Bildungsprozess" (a.a.O.: 25) bezeichnet.

> „Strukturen als Resultate von Bildungs- und Individuierungsprozessen sind selbstverständlich selbst ‚historische Individuen', die zugleich immer einen allgemeinen Strukturtyp konstituieren oder exemplifizieren. Ich schlage vor, soziale Gebilde, die als Träger solcher Strukturen gelten können, als Fälle zu bezeichnen. Unter einem Fall können wir dann einzelne Personen, Familien, historische Institutionen, Lebenswelten, Organisationen eines bestimmten Typs, Kulturkreise, konkrete Gesellschaften oder auch Gesellschaften eines bestimmten Typs verstehen. In Fallrekonstruktionen geht es im Unterschied zu Fallbeschreibungen immer darum, eine soziale Struktur so zu erfassen, daß über die vollständige, sequenzanalytische Rekonstruktion einer Phase ihrer Reproduktion ihre Gesetzlichkeit bestimmt werden kann" (a.a.O.: 40).

Die Rekonstruktion eines Falles bedeutet in diesem Sinne, die strukturbildenden Regeln – die Fallstruktur – der Reproduktion und Transformation herauszufinden.

> „Diese Fassung des Strukturbegriffs, (...), impliziert, daß die Rede von einer sozialen Struktur in der Soziologie (und wahrscheinlich auch in der Psychologie und der Biologie) erst dann sinnvoll ist, wenn die Gesetze ihrer Reproduktion und – wenn möglich – auch ihrer Transformation bekannt sind. Der abstrakte Gebrauch dieses Strukturbegriffs verweist also immer auf die Notwendigkeit, die Reproduktion der Struktur des konkret gemeinten Gebildes angeben können zu müssen" (a.a.O.: 8).

Wird also die Struktur eines Falles rekonstruiert, so ist damit der Validitätsbeweis für diesen Fall erbracht. Die Einbeziehung von Daten aus unterschiedlichen methodischen Zugängen dient aus der Perspektive eines fallrekonstruktiven Verständnisses dazu, die Datenbasis für die Rekonstruktion der Fallstruktur zu erweitern. Die Fallstruktur wird dann auf der Basis aller Datenquellen, die für diesen Fall erhoben wurden, rekonstruiert und muss auch in allen Datenquellen nachweisbar sein. Triangulation dient demnach nicht der „Entzauberung der Intuition", wie Flick (1992) dies formuliert, sondern als Vorgehensweise und Basis, um die jeweilige Fallstruktur zu erschießen. Bei einem fallrekonstruktiven Vorgehen gilt, dass grundsätzlich jedes Datenmaterial in die Fallrekonstruktion einbezogen werden kann, sofern ein inhaltlicher Bezug zum Fall vorliegt. Allerdings ist zu bedenken, auf welche Weise das jeweilige Material einzubeziehen ist und welche

Bedeutung es für die Fallrekonstruktion hat. Wie ich weiter unten aufzeigen werde, ist es häufig erforderlich, Quellen zunächst in ihren eigenen Entstehungs- und Bedeutungsstrukturen zu erschließen, um sie erst dann als zusätzliche Quellen bei der Fallrekonstruktion hinzuzuziehen.

1.2 Falldefinition

Bei der Verknüpfung von Daten aus unterschiedlichen methodischen Zugängen im Rahmen von Fallrekonstruktionen stellt sich die Frage, was als ‚der Fall' definiert wird, d.h. auf welche Falldefinition sich die Daten beziehen. Dies zu berücksichtigen ist insofern von Bedeutung, als dass grundsätzlich das gleiche Datenmaterial für die Rekonstruktion ganz unterschiedlicher Fälle – um mit Oevermann (1981: 42) zu sprechen: „Aggregierungsebenen der Fallstruktur" – verwendet werden kann. So kann die protokollierte Beobachtung eines Interaktionsgeschehens einerseits als Datenquelle herangezogen werden, um die Interaktionsstruktur einer Gruppe zu rekonstruieren. Das protokollierte Interaktionsgeschehen kann andererseits jedoch auch als Datenbasis zur Rekonstruktion der Fallstruktur einer der an der Situation beteiligten Personen dienen. Demnach ist es entscheidend zu definieren, zur Rekonstruktion welchen ‚Falles' das Datenmaterial eingesetzt wird, denn es hat jeweils eine andere Bedeutung, und ihm kommt im Forschungsprozess ein entsprechend anderer Stellenwert zu.

Wie bereits oben festgehalten wurde, kann als ‚Fall' neben einer Person auch eine Gruppe, eine Familie, eine Institution oder eine Gesellschaft angesehen werden; d.h. ein Fall und damit seine Rekonstruktion kann von sehr unterschiedlicher Komplexität sein. Damit sind auch Überlegungen verbunden, welche methodischen Zugänge zur Erfassung des Falles jeweils angemessen sind. Und obwohl sich sowohl die Falldefinition als auch die eingesetzten methodischen Zugänge im Verlauf des Forschungsprozesses noch verändern – in der Regel ausweiten – können, ist es dennoch sinnvoll, den Fall zu Beginn des Forschungsvorhabens zu definieren, um danach zumindest die ersten Schritte ‚ins Feld' ausrichten zu können. Diese methodologischen Überlegungen beinhalten zwei Fragen an den fallrekonstruktiven Forschungsprozess:

1. Wie kann mit unterschiedlichen methodischen Zugängen bei der Rekonstruktion eines Falles umgegangen werden? Und:
2. Auf welche Weise können Fälle verglichen werden, deren Falldefinition jeweils unterschiedlich ist?

Im Folgenden diskutiere und konkretisiere ich diese beiden Fragen anhand einer empirischen Untersuchung (Köttig 2004). Es liegen hierbei folgende methodologische Überlegungen zugrunde:

a) Die Entstehung und die Bedeutung sozialer Phänomene kann sowohl in ihrem individuellen als auch in ihrem sozialen und historischen Kontext rekonstruiert werden. D.h. die Rekonstruktion von Fällen erfordert die Einbeziehung unterschiedlicher Quellen und Erhebungsmethoden. Dieses Vorgehen dient im Rahmen der Rekonstruktion eines Falles als Basis zur Hypothesenbildung sowie zur Erweiterung des Fallwissens.

b) Der Vergleich von Fällen, deren Rekonstruktion sich auf unterschiedliche Falldefinitionen bezieht, kann erst nach der jeweils abgeschlossenen Rekonstruktion und vor dem Hintergrund der Forschungsfrage erfolgen. Ergebnisse können dann erweitert, differenziert und belegt werden.

2. Inhaltliche Rahmung und methodisches Vorgehen der Untersuchung

Ausgangspunkt dieses Beitrags ist das methodische Vorgehen im Rahmen meiner Untersuchung zu Mädchen und jungen Frauen in der rechtsextrem orientierten Szene (vgl. Köttig 2004). Hierbei habe ich einerseits die Biographien einzelner Mädchen und junger Frauen rekonstruiert, die sich selbst als ‚national denkend‘ der rechtsextrem orientierten Szene zurechneten. Zum anderen habe ich die Prozess- und Interaktionsstrukturen einer rechtsextrem orientierten Jugendgruppe rekonstruiert. Die Analyse der Einzelbiographien erfolgte nach dem Verfahren der biographischen Fallrekonstruktion, wie es von Rosenthal (1995) vorgestellt wurde. In dieses Vorgehen fließen Herangehensweisen der strukturalen Hermeneutik von Oevermann (z.B. 1979; 1980), der Erzähl- und Textanalyse von Schütze (z.B. 1976; 1981) und der thematischen Feldanalyse von Fischer (1978) in Anlehnung an Gurwitsch (1959) ein. Prinzipiell unterliegt dieses Verfahren einem sequenziellen und abduktiven Vorgehen, bei dem in der Rekonstruktion eine analytische Unterscheidung zwischen der erlebten Lebensgeschichte und der Präsentation der Lebensgeschichte im Interview vorgenommen wird. Lebensverlauf und Präsentation werden in getrennten Schritten analysiert und später kontrastierend zusammengeführt. Als Fall war hier die einzelne Biographie definiert.

Bei der Rekonstruktion der Prozess- und Interaktionsstrukturen der rechtsextrem orientierten Jugendclique hingegen war die Gruppe als Fall definiert. Das methodische Vorgehen der Auswertung war hier zunächst ebenfalls an einem sequenziellen Vorgehen im Sinne der objektiven Hermeneutik orientiert, wie es von

Schneider (1987) auch auf Beobachtungsprotokolle angewendet wurde. Die Pro-zessstruktur der Gruppe konnte mit diesem Vorgehen rekonstruiert werden. In einem zweiten Schritt erstellte ich eine Gruppenskulptur – ähnlich dem Verfahren in der systemischen Familientherapie (vgl. Papp u.a. 1973; Jefferson 1978) – und analysierte so die Interaktionsmechanismen der Gruppe.

3. Zur Art und Bedeutung von Quellen

Die Grundlage der biographischen Fallrekonstruktionen bildeten zu einem ganz wesentlichen Teil die biographisch-narrativen Interviews, die mit den Biographin-nen geführt wurden. In der Rekonstruktion der Prozess- und Interaktionsmecha-nismen der Gruppe waren Beobachtungsprotokolle und Feldnotizen die wichtigs-te Datengrundlage. Daneben wurde Datenmaterial aus unterschiedlichen metho-dischen Zugängen und Quellen im Rahmen der Rekonstruktion der Fälle inte-griert. Dabei handelte es sich um verschriftlichtes Material (Dokumente, selbst- und fremdverfasste Texte, Archivmaterialien). Darüber hinaus wurden aber auch weitere Beobachtungen und Interviews sowie Ergebnisse anderer Untersuchungen in die Rekonstruktion einbezogen. Im Folgenden werde ich darauf eingehen, wie und an welcher Stelle des Rekonstruktionsprozesses diese Materialien einbezogen werden können und welche Bedeutung sie im Forschungsprozess haben.

Datenbasis bei der Rekonstruktion von Biographien ist zunächst einmal das biographisch-narrative Interview. Das Interview und möglicherweise auch Nach-folgeinterviews dienen als verschriftlichter Text einerseits der Rekonstruktion der Textstrukturen, also der Analyse der Fragen, welches thematische Feld die ein-zelnen Darstellungssegmente verbindet und welches Präsentationsinteresse sich dahinter verbirgt. Zum anderen dient es dazu, der strukturellen Bedeutung ein-zelner Erlebnisse im Lebensverlauf der Biographin/des Biographen näher zu kom-men. Gerade dabei – also bei der Analyse der ‚objektiven biographischen Daten‘ (Oevermann 1980) und der darauf aufbauenden, auf dem Gesamttext basieren-den, Rekonstruktion der Fallgeschichte (Rosenthal 1995) – reicht der Interview-text jedoch nicht aus. Zur Analyse der biographischen Daten werden die Ereig-nisse sowohl in den historisch-gesellschaftlichen Kontext eingebettet, als auch vor dem Hintergrund der Phasen der Persönlichkeitsentwicklung analysiert (vgl. Ro-senthal 1987: 150ff.; vgl. auch Rosenthal in diesem Band). Recherchiert werden in diesem Zusammenhang die historisch-gesellschaftliche Entwicklung, die famili-ale Vergangenheit und familiale Konstellationen sowie die Wirkung spezifischer Lebensereignisse auf die Biographin bzw. den Biographen. Die Recherchen und damit die Einbeziehung weiterer Quellen dienen zur Erweiterung und Kontrastierung des Fallwissens einerseits und als Basis zur weiteren Hypothesenbildung andererseits.

3.1 Zur Rekonstruktion des Lebensumfeldes und der familialen Struktur

Die Analyse der biographischen Daten sowie die darauf aufbauende Rekonstruktion der Fallgeschichte wird mit Kontextwissen angereichert, welches sich auf die jeweilige historische und soziale Situation bezieht. So wird z.b. bei jedem biographischen Datum danach gefragt, welche gesellschaftlichen Ereignisse und welche speziellen Diskurse diese Phase bestimmten. Einblicke ermöglichen neben allgemeinen historischen Recherchen, die Analyse von massenmedialen Diskursen oder Belletristik, die in der jeweiligen Epoche angesiedelt sind. Die dem chronologischen Ablauf der Lebenszeit folgenden biographischen Daten werden durch dieses Kontextwissen erweitert und nacheinander auf Grundlage der Frage analysiert, in welcher Weise sich die Ereignisse und Diskurse auf die Lebenssituation und den weiteren Lebensverlauf der Biographinnen ausgewirkt haben könnten. Es wird danach gefragt, in welches außerfamiliale Milieu Erlebnisse eingebettet sind und welche Wirkung dies auf das Leben der Biographin haben kann. Dazu werden Recherchen zum Lebensumfeld notwendig: In welches Wohnumfeld wird der Biograph/die Biographin hineingeboren und welche Geschichte ist damit verbunden, welche Infrastruktur bspw. welche Institutionen befinden sich im Umfeld und in welche war der Biograph bzw. die Biographin involviert? Die Recherchen können hier mit Hilfe von ethnographischen Zugängen, durch Literatur- und Zeitungsrecherchen, Interviews mit Lehrern/Lehrerinnen oder Sozialarbeitern/Sozialarbeiterinnen, durch Erkenntnisse aus Untersuchungen z.B. zu dem Wohnviertel, Informationsbroschüren der Gemeinde bzw. der Gemeindeämter, Sozialstrukturdatenanalysen und anderes mehr gewonnen werden.

Diese Herangehensweise trug zur Klärung der Bedeutung ungenauer und widersprüchlicher Angaben bei und machte es möglich, zu einer deutlich genaueren Rekonstruktion des Falles zu kommen. Dies möchte ich anhand eines Beispiels aufzeigen: Die Darstellung einer Biographin (Köttig 2004: 194ff.) blieb im ersten Interview, insbesondere im Hinblick auf die zeitliche Einordnung von Ereignissen fragmentarisch. So datierte sie bspw. den Tod ihrer Mutter einmal auf ihr Alter von zehn und an anderer Stelle auf zwölf Jahre. Der Auszug ihres Bruders nach dem Tod der Mutter und der Zeitraum, in dem sie mit ihrem Vater allein zusammen wohnte, wurde jeweils unterschiedlich lang eingeordnet sowie die spätere Unterbringung in einer Mädchenwohngruppe u.v.m.

Die chronologische Abfolge der Ereignisse war durch das Interview allein nicht nachvollziehbar, sondern wurde nach und nach mit Hilfe von Recherchen im außerfamilialen Kontext zum Schuleintritt und -wechsel, durch ein Interview mit einer Sozialarbeiterin und die Einsicht in ihre Jugendamtsakte erschlossen. In der Rekonstruktion der Fallgeschichte konnte dann danach gefragt werden, was die Biographin erinnerte und was nicht sowie welche Bedeutung es hat, dass Erinnerungslücken an dieser Stelle auftraten bzw. ein Ereignis in bestimmter Weise datiert wurde. Diese Analyse ergab, dass Erinnerungslücken vermutlich mit als belastend erlebten Ereignissen verbunden waren. Dies führte im Rekonstruktionsprozess zu einer Sensibilisierung für schwierige Ereignisse im Leben der Biographin. Solche Lebensereignisse waren auf den ersten Blick im Interview nicht zu erkennen, da sie von der Biographin entweder bagatellisiert oder umgedeutet wurden. Durch eine unterstützende Gesprächsführung und sensible Nachfragen zu diesen Lebensbereichen wurde dann im zweiten Interview der Zugang zu der seit ihrer frühen Kindheit andauernden Traumatisierung durch den Vater eröffnet, die durch den Tod der Mutter verstärkt und erst in der mittleren Adoleszenz mit einem Kontaktabbruch zum Vater beendet wurde. Diese anhaltende Traumatisierung führte dazu, dass die Biographin sich nur in Fragmenten erinnern und Ereignisse kaum zeitlich einordnen konnte. Erst mit Hilfe der im außerfamilialen Kontext recherchierten Daten und nach dem zweiten Interview war es möglich, diesen Hintergrund und damit die Bedeutung der fragmentarischen Darstellung zu erschließen.

Mit der Analyse der biographischen Daten und der Rekonstruktion der Fallgeschichte ist – neben o.g. Recherchen zum Lebensumfeld – auch die Öffnung der Perspektive auf die Familienvergangenheit verbunden, d.h. es wird einerseits gefragt, welche Entwicklungsgeschichte die Familie auszeichnet und in welche Familienkonstellation die Biographin hineingeboren wird sowie auf welche Weise sich dies auf das Leben der Biographin auswirken könnte. Hierzu können – neben den außerfamilialen Recherchen zum Lebensumfeld – Interviews mit Familienangehörigen oder Familiengespräche (Rosenthal 1997; vgl. Wohlrab-Sahr in diesem Band) wichtige weitere Quellen sein.

Die Perspektive auf die Familienvergangenheit kann auch durch das gemeinsame Erstellen von Familiengenogrammen (vgl. Hildenbrand 1999; McGoldrick/ Gerson 2000) erhoben werden. Durch die Aufforderung, Familienmitglieder in ein Genogramm einzuzeichnen, alle familiengeschichtlichen Daten zu nennen, die gewusst werden, und Erlebnisse zu den einzelnen Personen zu erzählen, bzw. über Situationen zu erzählen, in denen über die Familienmitglieder gesprochen wurde, können sowohl Daten der Familienmitglieder als auch die Perspektive der Gesprächspartnerinnen auf die einzelnen Familienmitglieder erfasst werden. Die

Interpretation der Genogramme (Rosenthal 1997; Hildenbrand 1999) bildet dann den Anfang der Auswertung der biographischen Daten und dient einerseits dazu, die Familie in ihrer gesamten Dimension wahrzunehmen, und andererseits dazu, einen Eindruck davon zu bekommen, welche aufeinander bezogenen Perspektiven die einzelnen Personen im familialen Gesamtgefüge einnehmen.

Bei der Erstellung von Genogrammen und der Erhebung der Familiengeschichte zeigen sich häufig Lücken in den Wissensbeständen der Biographinnen. Es ist von Vorteil, diese mit Hilfe von Archiv- und Ämteranfragen zu schließen. Die Recherchen sind von Fall zu Fall unterschiedlich und beziehen sich vor allem auf Geburtsdaten, Aufenthaltsorte und Lebensereignisse von Familienmitgliedern aus den vorangegangenen Generationen. Auch hierzu ein Beispiel: In meiner Untersuchung stellte es sich als Problem heraus, die Funktionen der Großväter der Biographinnen während der Zeit des Nationalsozialismus anhand der Aussagen der Biographinnen zu rekonstruieren. Aufgrund der Identifikation der Mädchen/jungen Frauen mit ihren Großvätern beschrieben einige die Funktionen ihrer Großväter im ‚Dritten Reich' so, als seien sie ‚Helden' der damaligen Zeit gewesen. Diese Darstellungen waren verbunden mit einem geringen konkreten Wissen darüber, welche Funktionen ihre Großväter und auch ihre Großmütter ausgeübt und wie sie sich in dieser Zeit verhalten hatten. Einige junge Frauen wurden durch das Interview angeregt, in ihrer Familie nachzufragen, allerdings blieben die Auskünfte der Familienangehörigen gerade im Hinblick auf konkrete Daten (wie Eintritt in die NSDAP oder die Wehrmacht) vage. Um die Angaben der Mädchen und jungen Frauen und die ihrer Familienmitglieder zu präzisieren, habe ich Anfragen beim Bundesarchiv, der Deutschen Dienststelle für die Benachrichtigung der nächsten Angehörigen von Gefallenen der ehemaligen deutschen Wehrmacht (WASt) sowie bei Standes- und Gemeindeämtern durchgeführt. Es konnten so Daten zu Mitgliedschaften und Funktionen der Groß- bzw. Urgroßeltern während der Zeit des Nationalsozialismus genauer bestimmt werden. Dies führte in einigen Fällen zu der Feststellung, dass den Angehörigen – vorwiegend den Großvätern – zur Konstruktion als Helden höhere Funktionen in NS-Organisationen zugeschrieben wurden als sie tatsächlich innehatten. Im Rahmen der Fallrekonstruktionen konnte mit diesem Befund der Frage nachgegangen werden, welche Bedeutungen die Zuschreibungen für die Familie, aber auch für die jeweilige junge Frau haben.

Da sich die Großeltern der jungen Frauen des Samples – sofern sie noch am Leben waren – nicht zu einem Gespräch bereit erklärten, dienten mir andere Studien, die sich auf das Erleben des ‚Dritten Reiches' bezogen, im heuristischen Sinne zur Hypothesenbildung. Besonders hilfreich waren hier die Untersuchungen von Rosenthal (1986; 1987; 1990; 1998), die ausführlich mit Hilfe biographischer Fallrekonstruktionen zum Erleben einzelner Generationen des ‚Dritten Reiches' geforscht hat. Besonders hervorheben möchte ich hierbei, dass diese Untersuchungen von mir nicht im subsumtionslogischen Sinne verwendet wurden. Sie dienten also nicht zur Erklärung von Lebenssituationen, sondern sie wurden zur Unterstützung der Hypothesenformulierung herangezogen, die es dann am vorliegenden Interviewtext zu belegen galt.

3.2 Zur Rekonstruktion der Bedeutung unterschiedlicher Lebensphasen

Zur Rekonstruktion der Bedeutung unterschiedlicher Phasen des Lebens wird umfangreiches Hintergrundwissen und Wissen aus anderen Fachdisziplinen herangezogen. Dies können z.B. entwicklungspsychologische oder psychologische Untersuchungen sein, die spezifische Phänomene erklären wie bspw. das Erleben und die Folgen unterschiedlicher Formen von Traumatisierung. Das Heranziehen dieses Hintergrundwissens dient ebenfalls im heuristischen Sinne der Hypothesengewinnung. Die Analyse ausführlicher Memos/Protokolle über die Kontaktaufnahme, das Interviewsetting und weitere Interaktionen können zudem dazu beitragen, Interaktionsverhalten der Biographinnen und Lebensdarstellung zu verbinden. Die Einbeziehung von selbstverfassten Texten (Tagebuchaufzeichnungen, Liedern, Autobiographien etc.) aus einzelnen Lebensphasen der jungen Frauen helfen bei der Rekonstruktion der Bedeutung von Ereignissen.

Auch das Hinzuziehen von z.B. Ermittlungsakten kann hilfreich sein, um das Fallwissen zu erweitern. Durch die Einbeziehung solcher Akten kann widersprüchlich oder inkonsistent Erscheinendes transparent werden, wie folgendes Beispiel aus meiner Untersuchung zeigt: Es wurde von einer der Biographinnen im Interview dargestellt, dass ihre Zwillingsschwester im Säuglingsalter von vier Monaten umgebracht worden war und ihre Mutter, die ihr gegenüber von Familienangehörigen als Täterin bezeichnet wurde, seitdem verschwunden sei. Die Darstellung der Geschehnisse waren verworren und inkonsistent. Ihre eigenen Zweifel an dem Hergang wurden im Interview verbunden mit dem Bedürfnis nach Eindeutigkeit und Aufklärung. Durch die Einsicht in die Ermittlungsakten zu diesem Fall wurde deutlich, dass vorwiegend gegen den Vater der jungen Frau ermittelt worden war und nicht gegen die Mutter. Der Vergleich zwischen der Darstellung der Biographin im Interview und in den Akten führte zu der Erkenntnis, dass der jungen Frau eine Version der Geschehnisse von ihren Großeltern väterlicherseits vermittelt worden war, die den Vater als ‚unbeteiligt' erscheinen lassen sollte. Die Hintergründe für die Inkonsistenz der Darstellung und die deutlich sichtbaren Zweifel der Biographin, die ihre Gegenwartsperspektive im Interview prägten, wurden vor diesem Hintergrund transparent.

Die Einsicht in die Ermittlungsakten führte zu einer erheblichen Bereicherung des Fallwissens, und es konnten darüber hinaus Hypothesen, die bei der Auswertung des Interviewtextes aufgestellt worden waren, belegt werden.

3.3 Zur Rekonstruktion von Gruppeninteraktionsstrukturen und -prozessen

Ähnlich wie dies für biographische Fallrekonstruktionen bisher aufgezeigt wurde, lassen sich für die Rekonstruktion von Gruppeninteraktionsstrukturen und -prozessen ebenfalls Quellen aufzeigen, die in den Auswertungsprozess einfließen. Neben den Beobachtungsprotokollen spielt auch hier die historische und soziale Einbettung der untersuchten Gruppe eine wesentliche Rolle. Daneben kann sowohl schriftliches Material, welches über die Gruppe verfasst wurde, wie Zeitungsartikel, Dokumente, Akten, Eintragungen in öffentliche Register etc. einbezogen werden, als auch solches Material, das von einzelnen Mitgliedern in die Gruppe eingebracht wurde, also z.b. Flugblätter, Musik bestimmter Gruppen, Tatoos, Aufkleber usw. Ein wesentliches Unterscheidungsmerkmal bei der Rekonstruktion von Gruppenstrukturen und biographischen Strukturen ergibt sich daraus, dass die Datengrundlage bei der Rekonstruktion von Gruppenstrukturen häufig auf Beobachtungsprotokollen basiert. Protokollierte Beobachtungen werden im Gegensatz zu Interviews aus dem Gedächtnis des Beobachters bzw. der Beobachterin aufgezeichnet. Sie unterliegen der begrenzten Wahrnehmungsfähigkeit der Beobachter/innen und erfahren damit bereits eine erste Auswahl. Bergmann (1985: 308) spricht von einer ‚rekonstruierenden Konservierung‘. Es bietet sich deshalb bei einem ethnographischen Zugang an, unterschiedliche methodische Zugänge zu kombinieren (vgl. Lüders 2000). So ermöglichen die Durchführung von Interviews mit einzelnen Teilnehmenden am Gruppengeschehen oder Gruppendiskussionen (vgl. Miethe 1999) die umfassendere Rekonstruktion von Prozessen und Interaktionsstrukturen der untersuchten Gruppen.

4. Zum methodischen Umgang mit Quellen

Diese recht umfangreiche Einbeziehung von Kontextwissen aus unterschiedlichen Quellen und aus verschiedenen Erhebungsmethoden, ist wesentlicher Bestandteil der Fallrekonstruktionen. Wie aufgezeigt werden konnte, ermöglichen unterschiedliche Quellen die Erweiterung des Fallwissens und dienen zur Hypothesengenerierung.

Im Folgenden möchte ich der Frage nachgehen, wie diese Quellen methodisch gehandhabt, genutzt und einbezogen werden. In der bisherigen Darstellung klang bereits an, dass mit unterschiedlichem Hintergrundwissen unterschiedlich verfahren wird und auch werden sollte. Hintergrundwissen wird hier zunächst im Sinne der Hinzuziehung anderer Studien verstanden, die sich auf die Erklärung bestimmter Ereigniskonstellationen beziehen. Dies können z.b. Untersuchungen sein, die sich mit Auswirkungen von Suchtmittelproblemen auf die Familienkonstellation beschäftigen oder mit der Bedeutung des Verlustes naher Familienangehöriger auf Kleinkinder. Die Hinzuziehung von Quellen ist dabei jeweils fallspezifisch und dient im heuristischen Sinn zur Erweiterung des Hypothesenspektrums. Erst in der weiteren Rekonstruktion des Falles wird sich herausstellen, ob sich die aus den Quellen entwickelten Annahmen am Textmaterial verifizieren lassen oder verworfen werden müssen.

Besondere Beachtung wird der Einbeziehung von Angaben in Dokumenten, Gutachten und Akten geschenkt. Wie Wolff (2000) aufzeigt, müssen Dokumente jeglicher Art als ‚standardisierte Artefakte' verstanden werden, bei denen die ‚Adressatenorientierung' berücksichtigt werden muss:

> „Während in Gesprächen die anderen Gesprächsteilnehmer als Adressaten unmittelbar erkennbar sind, gilt dies nicht für Texte, die ja von einer Vielzahl theoretisch denkbarer Leser gelesen werden" (Wolff 1995: 46).

Amtliche Dokumente fungieren nach Wolff (2000: 503) als ‚institutionalisierte Spuren': Aus ihnen können Schlussfolgerungen über Aktivitäten, Absichten und Erwägungen ihrer Verfasser/innen bzw. der von ihnen repräsentierten Organisationen gezogen werden. Sie seien deshalb als eigenständige methodisch und situativ eingebettete Leistungen ihrer Verfasser/innen (bei der Rezeption auch ihrer Leser/innen) anzuerkennen und als solche zum Gegenstand der Untersuchung zu machen. Daraus resultiert, dass der Entstehungskontext und die antizipierte weitere Handhabung zunächst separat rekonstruiert werden müssen, bevor sie als Kontextwissen in die Fallrekonstruktion einbezogen werden können. Dies gilt auch für alle Arten schriftlicher und mündlicher Quellen, z.B. Flugblätter, Zeitungsartikel, Tagebuchaufzeichnungen, Lieder, Interviews mit Familienmitgliedern und weiteren Informant/innen oder Autobiographien. Völter (2003) konstatiert im Hinblick auf selbst geschriebene Autobiographien:

> „Wenn jemand die eigene Biographie niederschreibt und veröffentlicht, geht er/sie davon aus, daß diese etwas Mitteilenswertes in sich birgt. Diese Botschaft kann einem mehr oder weniger bewußt gemachten Diskurs entsprechen" (ebd.: 53).

Die Autorin zieht daraus den Schluss:

> „Es bietet sich (...) an zu vergleichen, wie einzelne Themenbereiche in der Autobiographie und im
> Interview dargestellt werden, um zu prüfen, ob es Unterschiede gibt. Beide Textarten müssen vor
> ihrem jeweiligen zeithistorischen Hintergrund verstanden werden. Anschließend gilt es festzustel-
> len, ob und inwiefern es Strukturgleichheiten von Autobiographie und Interview gibt bzw. wo die
> Differenzen liegen" (a.a.O.: 55f.).

Zusammengefasst bedeutet dies: Erst nachdem die Entstehungs- und Verwen-
dungslogik verschriftlichter Texte rekonstruiert wurde, dienen sie im Rahmen
von Fallrekonstruktionen dazu, das Fallwissen anzureichern und sind damit als
Erweiterung der Datenbasis zur Rekonstruktion der Fallstruktur anzusehen. Die
Einbeziehung unterschiedlicher Quellen wirkt sich im Hinblick auf die Rekonstruktion von Fällen bereichernd in unterschiedlicher Hinsicht aus. Im Umgang
mit dem jeweiligen Material gilt es jedoch, jede Quelle sorgsam, jeweils spezifisch
und quellenkritisch zu handhaben, um so die Ergebnisse erweitern und vertiefen
zu können.

5. Zum Vergleich von Fällen

In den bisherigen Ausführungen war die Aufmerksamkeit auf die Rekonstruktion
von einzelnen Fällen gerichtet. Am Beispiel biographie- und gruppenbezogener
Fallrekonstruktionen habe ich aufgezeigt, auf welche Weise verschiedene Quellen
einbezogen werden können.

Auf dieser Grundlage gehe ich nun der Frage nach, wie das Datenmaterial miteinander verbunden werden kann, das sich auf Fälle bezieht, die unterschiedlich
definiert wurden und deren Erhebung zudem in unterschiedlichen sozialen Kontexten stattfand. Im Rahmen meiner Untersuchung wurde diese Frage virulent, da
die teilnehmenden Beobachtungen der rechtsextrem orientierten Clique und die
biographisch narrativen Interviews im Hinblick auf unterschiedliche Falldefinitionen ausgewertet wurden. Bei der Auswertung der biographischen Interviews
wurde die einzelne Biographie als Fall definiert, bei den teilnehmenden Beobachtungen die Gruppe. Hinzu kam, dass die Daten in voneinander völlig unabhängigen sozialen Kontexten erhoben worden waren, d.h. keines der biographischen Interviews wurde mit einem der Mädchen aus der rechtsextrem orientierten Gruppe
geführt, die ich beobachtet hatte. Für den Rekonstruktionsprozess der Biographi-
en stand mir außer den ausführlichen Memos zur Kontaktaufnahme und dem
Interviewsetting kaum Material zur Verfügung, welches das rechtsextreme Milieu
der Mädchen und jungen Frauen beleuchtete, die ich interviewt hatte. Dies erfor-

derte eine methodisch reflektierte Bezugnahme der getrennt definierten und auf
dieser Basis rekonstruierten Fälle aufeinander. Silverman gibt zu bedenken:

> „What goes on in one setting is not a simple corrective to what happens elsewhere – each must be
> understood in its own terms. (...) This did not mean that comparison of what happened in (the)
> two settings was impossible. (...) It did mean that simple ironies were to be avoided as the stuff of
> theatre but not of critical inquiry" (1985: 21).

So gilt auch hier – wie es für den Umgang mit unterschiedlichem Quellenmaterial
schon dargestellt wurde -, dass sowohl die biographischen Fallrekonstruktionen,
als auch die Rekonstruktion des Gruppenprozesses und der Interaktionsstrukturen der Gruppe zunächst getrennt voneinander durchzuführen sind, bevor sie
sinnvoll aufeinander bezogen werden können.

Nachdem die Fallrekonstruktionen abgeschlossen waren, konnten sie unter der
Hinzunahme der Forschungsfrage einem Vergleich unter dem Gesichtspunkt unterzogen werden, welche strukturellen Gemeinsamkeiten und Unterschiede sich
im Hinblick auf das Forschungsthema ergeben. Der Vergleich der einzelnen Fallrekonstruktionen zeigte dann, dass empirische Befunde, die auf der Basis der biographischen Fallrekonstruktionen nur unzureichend eingeordnet werden konnten, mit den Ergebnissen der Gruppenprozess- und Interaktionsanalyse plausibel
wurden und umgekehrt. Daraus ergibt sich, dass der Vergleich von unterschiedlich definierten Fällen möglich ist, vorausgesetzt sie betreffen den gleichen Gegenstandsbereich – in dieser Untersuchung: die rechtsextrem orientierte Szene.

Anhand von zwei Beispielen möchte ich nun konkretisieren, wie Vergleiche erfolgten und zu welchen Ergebnissen sie jeweils führten. Nachdem ich zunächst die
Struktur des Einzelfalles und dann die Gruppeninteraktionsstruktur vorgestellt
habe, erfolgt ein Vergleich der Fallstrukturen.

5.1 Beispiel: Zur Bedeutung von Zugehörigkeit

a) Falldefinition: einzelne Biographie
Die biographische Rekonstruktion des Falles „Svenja Hart" ergab einen biographischen Verlauf, der durch die Aushandlung von Bündnissen zwischen Familienmitgliedern gekennzeichnet war, die gleichzeitig zur Ausgrenzung von einzelnen Angehörigen führten. Dieser Verlauf hatte für die Biographin eine Ambivalenz der Gefühle von Zugehörigkeit und Nichtzugehörigkeit zur Folge. Die
Fallrekonstruktion verdeutlichte, dass mit der Hinwendung zur rechtsextrem
orientierten Szene einerseits ein Teil der familialen Dynamik von Bündnissen
und Ausgrenzungen ausagiert werden konnte, indem darüber ein Bündnis mit

der Mutter aufrechtzuhalten versucht wurde, aus dem der Vater ausgeschlossen war. Gleichzeitig diente die rechtsextrem orientierte Gruppierung dazu, diese familialen Erfahrungen zu reinszenieren, da die Biographin innerhalb der rechtsextrem orientierten Szene ihre erhebliche Sehbehinderung verheimlichte. Dies hätte bei der Aufdeckung eine Ausgrenzung zu Folge haben können. Die Aushandlung des Themas Zugehörigkeit versus Nichtzugehörigkeit bestimmte somit nicht nur das familiale Erleben, sondern auch die Interaktionen innerhalb der rechtsextrem orientierten Szene (dazu ausführlicher Köttig 2004: 266ff.).

b) Falldefinition: Gruppe
Die Rekonstruktion der Prozess- und Interaktionsstrukturen der rechtsextrem orientierten Gruppe zeigte, dass die Aushandlung von Zugehörigkeit bzw. Nichtzugehörigkeit als strukturbildend für diese Gruppe angesehen werden muss. Die Gruppe entwickelte dazu unterschiedliche Interaktionsmechanismen des Einbeziehens und Ausgrenzens von Mitgliedern. Überspitzt formuliert bedeutete dies, dass die gesamten Gruppeninteraktionen auf das Thema: ‚Wer gehört dazu und wer gehört nicht dazu?' fokussiert waren. Damit ging einher, dass die Zugehörigkeit zu der Gruppe für die Gruppenmitglieder niemals sicher war (dazu ausführlicher Köttig 2004: 89ff.).

c) Vergleich der Fallstrukturen
Beim Vergleich der beiden Fallstrukturen fiel die Strukturähnlichkeit – Zugehörigkeit versus Nichtzugehörigkeit – in der familialen Dynamik und der Gruppendynamik ins Auge. Es konnte daraus die Annahme formuliert werden, dass die von mir befragten Mädchen und jungen Frauen, die problematische bzw. fragwürdige Zugehörigkeitskonstellationen erlebt haben, sich in Gruppen begeben, die es ihnen ermöglichen, diese Lebenserfahrungen zu reinszenieren. Darüber hinaus und vor dem Hintergrund der in der rechtsextremen Szene ideologisch propagierten ‚Gemeinschaft' zeigte sich auf der Interaktionsebene zwischen den Gruppenmitgliedern, dass der Gruppenzusammenhalt kaum oder nur in einer ambivalenten Form realisiert werden kann.

Dies führte nun zu weiterführenden Annahmen:

a) Im rechtsextremen Spektrum könnte der Zusammenhalt der Mitglieder deshalb derart zentral propagiert werden, weil damit offensiv nach innen und außen dem durchaus bekannten Problem der mangelnden Solidarität innerhalb der eigenen Reihen begegnet wird.

b) Durch die permanent gefährdete Zugehörigkeit in rechtsextremen Gruppen könnten Mitglieder emotional an die Gruppe gebunden werden, und

c) Menschen, die in ihrem Leben problematische und ambivalente Beziehungen erlebt haben, werden möglicherweise durch die Propaganda des rechtsextremen Milieus besonders angezogen.

Dieses Beispiel zeigt, dass durch den Vergleich der beiden Fälle weiterführende Annahmen entwickelt werden konnten, die auf der Basis des einzelnen Falles möglicherweise nicht offensichtlich geworden wären. Diese Annahmen können nun einer weiteren empirischen Überprüfung unterzogen werden. An einem weiteren Beispiel möchte ich nun aufzeigen, wie es durch die Fallvergleiche möglich wurde, einem Phänomen auf die Spur zu kommen, welches, beschränkt auf die Basis biographischer Rekonstruktionen, kaum zu deuten gewesen wäre.

5.2 Beispiel: Paarbeziehungen

Bei der Rekonstruktion der Biographien stieß ich wiederholt auf das Phänomen, dass Mädchen häufig durch ihre Partner in die rechtsextrem orientierte Szene eingeführt wurden, aber schon kurz nach ihrem Eintreten die Beziehung aufgaben. Ihren Kontakt zur Gruppe intensivierten sie anschließend und verließen die Gruppe nicht, – wie zu erwarten gewesen wäre. Dieser Verlauf fiel in der Auswertung zwar auf und führte zu verschiedenen Hypothesen, konnte jedoch auf der Basis des Interviewmaterials nicht abschließend rekonstruiert werden, da die Paar- und Gruppeninteraktionen in dieser Hinsicht in den Interviews zu wenig transparent wurden.

Bei der Interaktionsanalyse der Gruppenstruktur wurde als eines der zentralen Ergebnisse deutlich, dass Mädchen und junge Frauen – sofern sie innerhalb der Gruppe eine Partnerschaft eingehen – von Gewalt durch ihren Partner betroffen sind. Es wurde zudem erkennbar, dass einige Mädchen und junge Frauen der Gruppe – vermutlich unbewusst – auf diese Gefährdung reagieren, indem sie Liebesbeziehungen innerhalb der Gruppe, der sie angehören, vermeiden. Daraus kann die Hypothese im Hinblick auf die biographischen Fallrekonstruktionen formuliert werden, dass die Paarbeziehungen nach Eintritt in die Szene aufgegeben wurden, nachdem die potenzielle oder offensichtliche Bedrohung durch Gewalt durch die jeweiligen Partner erkennbar wurde. Bei der Überprüfung dieser Hypothese in den biographischen Einzelfällen zeigte sich zusätzlich, dass viele der Mädchen und jungen Frauen, die eine Paarbeziehung in ihrer Gruppe aufrecht erhalten, von körperlichen Misshandlungen und/oder sexualisierter Gewalt durch ihre Partner betroffen sind. Diese Gewalttätigkeiten wurden zwar von einzelnen Biographinnen durchaus thematisiert, doch erst die Vergleiche von biographischen und gruppenbezogenen Fällen eröffneten die Perspektive auf die strukturierende Dimension dieser Gewaltformen in rechtsextremen Jugendcliquen. D.h. erst der Vergleich der Fälle – deren Falldefinition unterschiedlich ist, die aber den gleichen Gegenstandsbereich betreffen -, ermöglichte im Hinblick auf einzelne Phänomene eine bessere Einordnung dieser Phänomene und es gelang so die Formulierung weiterführender Erklärungsansätze. Dies gelang insbesondere deshalb, weil das jeweils fallspezifische Material zunächst (a) unabhängig voneinander und (b) entsprechend der jeweiligen Erfordernisse der Datenbasis im Fokus auf die Falldefinition rekonstruiert wurde, ohne dass Hypothesen von einem zum anderen Material übertragen wurden. Erst im zweiten Schritt ließen sich die aus den verschiedenen Datenmaterialien gewonnenen Forschungsergebnisse miteinander in Beziehung setzen. Die (fallspezifischen) Ergebnisse konnten auf diese Weise erweitert, differenziert und belegt werden.

6. Resümee

Die Triangulation von unterschiedlichen Erhebungsmethoden ermöglicht auch bei einem fallrekonstruktiven Vorgehen umfassendere Erfassungs- und Erklärungsmöglichkeiten eines Falles, da jeweils unterschiedliche Perspektiven auf den Fall in die Rekonstruktion einfließen. Triangulation ist daher sinnvoll und wird auch häufig angewendet. Für das fallrekonstruktive Vorgehen ist hervorzuheben, dass es von Bedeutung ist, das erhobene Datenmaterial zunächst unabhängig voneinander zu rekonstruieren, um dadurch dessen jeweilige Entstehungs- und Anwendungsstrukturen aufzuschlüsseln. Erst wenn dieser Schritt erfolgt ist, können sie in die Fallrekonstruktion einbezogen und als Erweiterung der Datenbasis zur Erschließung der Fallstruktur verwendet werden. Ebenso können bei einem fallrekonstruktiven Vorgehen Fälle mit unterschiedlicher Falldefinition ‚trianguliert‘ werden. Dies setzt ebenfalls voraus, dass die einzelnen Fälle zunächst rekonstruiert wurden. Nach abgeschlossener Fallrekonstruktion können Fälle dann unter Einbeziehung der Forschungsfrage im Hinblick auf Gemeinsamkeiten und Unterschiede verglichen werden. Es können so Erkenntnisse über den untersuchten Gegenstandsbereich erweitert werden, um der ‚theoretischen Sättigung‘ (vgl. Glaser/Strauss 1967) des Forschungsfeldes näher zu kommen.

Anmerkung

1. Vgl. den Überblick der kritischen Einwände in Flick 1995: 432f.

Literatur

BERGMANN, JÖRG R. (1985): Flüchtigkeit und methodische Fixierung sozialer Wirklichkeit. In: Soziale Welt, Sonderband 3, 299-320.Denzin, Norman K. (1970): Strategies of multiple triangulation. In: Denzin, N. K.: The Research Act. A Theoretical Introduction to Sociolological Methods. New York: McGraw-Hill.

DENZIN, NORMAN K. (1978): Strategies of multiple triangulation. In: Denzin, N. K.: The Research Act. A Theoretical Introduction to Sociolological Methods. New York: McGraw-Hill.

DENZIN, NORMAN K. (1989): The Research Act. A Theoretical Introduction to Sociolological Methods, 3. Aufl.. New York: Englewood Cliffs.

FISCHER, WOLFRAM (1978): Struktur und Funktion erzählter Lebensgeschichten. In: Kohli, M. (Hrsg.): Soziologie des Lebenslaufs. Darmstadt/Neuwied: Luchterhand, 311-336.

FIELDING, NIGEL G./FIELDING, JANE L. (1986): Linking data. Qualitative Research Methods. Series 4, Beverly Hills/London/New Delhi: Sage.

FLICK, UWE (1992): Entzauberung der Intuition. Triangulation von Methoden und Datenquellen als Strategie der Geltungsbegründung und Absicherung von Interpretationen. In: Hoffmeyer-Zlotnik, Jürgen H.P. (Hrsg.): Analyse qualitativer Daten. Opladen: Westdeutscher Verlag, 11-55.

FLICK, UWE (1995): Triangulation. In: Flick, U./Kardorff, E. v./Keupp, H./Rosenstiel, L. v./Wolff, S. (Hrsg.), 423-434.

FLICK, UWE (1998): Triangulation – Geltungsbegründung oder Erkenntniszuwachs. In: Zeitschrift für Soziologie der Erziehung und Sozialisation, Jg. 51 (18), 443-447.

FLICK, UWE (2000): Triangulation in der qualitativen Forschung. In: Flick, U./Kardorff, E./Steinke, I. (Hrsg.), 309-318.

FLICK, UWE/KARDORFF, ERMST v./KEUPP, HEINER/ROSENSTIEL, LUTZ v./WOLFF, STEPHAN (Hrsg.) (1995): Handbuch Qualitative Sozialforschung. München: Psychologie Verlags Union.

FLICK, UWE/KARDORFF, ERNST v./STEINKE, INES (HRSG.) (2000): Qualitative Forschung. Ein Handbuch. Reinbek: Rowohlt.

GLASER, BARNEY G./STRAUSS, ANSELM L. (1967): The Discovery of Grounded Theory. Strategies for Qualitative Research. Chicago: Aldine.

GURWITSCH, ARON (1959): Beitrag zur phänomenologischen Theorie der Wahrnehmung. In: Zeitschrift für Philosophische Forschung 13, 419-437.

HAMMERSLEY, MARTYN/ATKINSON, PAUL (1983): Ethnography – Principles in Practise. London/New York: Longman.

HILDENBRAND, BRUNO (1999): Fallrekonstruktive Familienforschung. Anleitung für die Praxis. Reihe Qualitative Sozialforschung, Bd. 6. Opladen: Leske & Budrich.

HIRSCHAUER, STEFAN/AMANN, KLAUS (1997): Die Befremdung der eigenen Kultur. Ein Programm. In: dies. (Hrsg.): Die Befremdung der eigenen Kultur. Zur Ethnographischen Herausforderung soziologischer Empirie. Frankfurt/M.: Suhrkamp, S. 7-52.

JEFFERSON, CARTER (1978): Some Notes on the Use of Family Sculpture in Therapy. In: Family Process, Vol.17, Issue 1, 68-76.

KELLE, UDO/ERZBERGER CHRISTIAN (1999): Integration qualitativer und quantitativer Methoden: Methodologische Modelle und ihre Bedeutung für die Forschungspraxis. In: Kölner Zeitschrift für Sozialpsychologie Jg. 51 (3), 509-531.

KÖTTIG, MICHAELA (2004): Lebensgeschichten rechtsextrem orientierter Mädchen und junger Frauen – Biographische Verläufe im Kontext der Familien- und Gruppendynamik. Gießen: Psychosozial-Verlag.

LÜDERS, CHRISTIAN (2000): Beobachten im Feld und Ethnographie. In: Flick, U./Kardorff, E. v./Steinke, I. (Hrsg.), 384-401.

MAROTZKI, WINFRIED (1995): Forschungsmethoden der erziehungswissenschaftlichen Biographieforschung. In: Krüger, H.-H./Marotzki, W. (Hrsg.): Erziehungswissenschaftliche Biographieforschung. Opladen: Leske & Budrich, 55-89.

MCGOLDRICK, MONICA/GERSON, RANDY (2000): Genogramme in der Familienberatung. Bern/Göttingen/Toronto/Seattle: Hans Huber.

MIETHE, INGRID (1999): Frauen in der DDR-Opposition. Lebens- und kollektivgeschichtliche Verläufe in einer Frauenfriedensgruppe. Opladen: Leske & Budrich.

OEVERMANN, ULRICH/ALLERT, TILMAN/KONAU, ELISABETH/KRAMBECK, JÜRGEN (1979): Die Methodologie einer ‚objektiven Hermeneutik' und ihre allgemeine forschungslogische Bedeutung in den Sozialwissenschaften. In: Soeffner, H. G. (Hrsg.): Interpretative Verfahren in den Sozial- und Textwissenschaften. Stuttgart: Metzler, 352-434.

OEVERMANN, ULRICH/ALLERT, TILMAN/KONAU, ELISABETH (1980): Zur Logik der Interpretation von Interviewtexten. In: Heinze, Th./Klusemann, H.-W./Soeffner, H.-G. (Hrsg.): Interpretationen einer Bildungsgeschichte: Überlegungen zur sozialwissenschaftlichen Hermeneutik. Bensheim: Päd Extra Buchverlag, 15-69.

OEVERMANN, ULRICH (1981): Fallrekonstruktionen und Strukturgeneralisierung als Beitrag der objektiven Hermeneutik zur soziologisch-strukturtheoretischen Analyse. (http://www.uni-frankfurt. de/~hermeneu/Fallrekonstruktion-1981.PDF).

PAPP, PEGGY/SILVERSTEIN, OLGA/CARTER, BETTY (1973): Family Sculpting in preventive work with ‚well families'. In: Family Process, Vol. 12, Issue 2, 197-212.

ROSENTHAL, GABRIELE (Hrsg.) (1986): Die Hitlerjugend-Generation. Biographische Thematisierung als Vergangenheitsbewältigung. Essen: Die blaue Eule.

ROSENTHAL, GABRIELE (1987): ‚Wenn alles in Scherben fällt ...' Von Leben und Sinnwelt der Kriegsgeneration. Typen biographischer Wandlungen. Opladen: Leske & Budrich.

ROSENTHAL, GABRIELE (Hrsg.) (1990): ‚Als der Krieg kam, hatte ich mit Hitler nichts mehr zu tun'. Zur Gegenwärtigkeit des ‚Dritten Reichs' in Biographien. Opladen: Leske & Budrich.

ROSENTHAL, GABRIELE (1995): Erlebte und erzählte Lebensgeschichte. Gestalt und Struktur biographischer Selbstbeschreibungen. Frankfurt a.M./New York: Campus.

ROSENTHAL, GABRIELE (Hrsg.) (1997): Der Holocaust im Leben von drei Generationen. Familien von Überlebenden der Shoah und von Nazi-Tätern. Gießen: Psychosozial Verlag.

ROSENTHAL, GABRIELE (1998): Die Kinder des ‚Dritten Reiches'. Sozialisiert im familialen Rechtfertigungsdialog. In: Hamburger Institut für Sozialforschung (Hrsg.): Besucher einer Ausstellung. Die Ausstellung ‚Vernichtungskrieg. Verbrechen der Wehrmacht 1941 bis 1944' in Interview und Gespräch. Hamburg: Hamburger Edition.

ROSENTHAL, GABRIELE (2002): Biographische Forschung. In: Schaeffer, D./Müller-Mundt, G. (Hrsg.): Qualitative Gesundheits- und Pflegeforschung. Bern/Göttingen/Toronto/Seattle: Hans Huber Verlag, 133-148.

SCHNEIDER, GERALD (1987): Interaktion auf der Intensivstation. Zum Umgang des Pflegepersonals mit hilflosen Patienten. Berlin: Ernst-Pörksen.

SCHÜTZE, FRITZ (1976): Zur linguistischen und soziologischen Analyse von Erzählungen. In: Internationales Jahrbuch für Wissens- und Religionssoziologie. Opladen: Westdeutscher Verlag, 7-41.

SCHÜTZE, FRITZ (1981): Prozeßstrukturen des Lebenslaufs. In: Matthes, J./Pfeifenberger, A./Stosberg, M. (Hrsg.): Biographie in handlungswissenschaftlicher Perspektive. Nürnberg: Verlag der Nürnberger Forschungsvereinigung, 67-157.

SILVERMAN, DAVID (1985): Qualitative methodology and sociology: describing the social world. Aldershot: Gower.

VÖLTER, BETTINA (2003): Judentum und Kommunismus. Deutsche Familiengeschichten in drei Generationen. Opladen: Leske & Budrich.

WOLFF, STEPHAN (1995): Text und Schuld. Die Rhetorik psychiatrischer Gerichtsgutachten. Berlin/ New York Walter de Gruyter.

WOLFF, STEPHAN (2000): Wege ins Feld und ihre Varianten. In: Flick, U./Kardoff, E. v./Steinke, I. (Hrsg.), 335-349.

Brian Roberts

Biographical Formation and Communal Identities: studying individual and communal experiences of social change

This chapter examines the interrelation between individual biography and communal identities during a period of major social and economic change in a small community. It explores connections between the collection of individual life stories and ethnographic study and suggests an approach which combines biography and ethnography by connecting biographical research with 'translocal' or 'transnational' ethnography. A key issue outlined is the linkage between biographical accounts and social boundaries and time – how individuals and communities compose interpretations of their lives and how these understandings are constructed within communal history-making and translocal and transnational relations. The article draws on research undertaken on generational perceptions and communal change in a former mining valley in south Wales.

During 1990-1991 I undertook research in a former mining valley containing the small towns of Blaina and Nantyglo in south Wales.[1] The research found that local, ethnic and national identities had a degree of ambivalence historically due to the area's marginal status between Wales and England (Roberts 1995). The population grew rapidly in the late 18c and early 19c as the iron and coal industries drew in a large numbers of people from the Welsh hinterland and surrounding areas of England and further afield. However, during 1990-1991 there appeared to be some strengthening of a sense of Welshness, in part, due to the loss of the immediate sources of identity within mining including the industry's cultural and communal connections. The general feeling from interviews gathered in the study was the need for more social renewal and an underlying unease regarding communal and national identities (see Roberts 1995).[2]

The original objective of the research was to examine how the lives of individuals within different generations experienced and interpreted the decline of mining and other employment and the destabilisation of socio-cultural patterns. Interestingly, the area had been studied in 1937 and 1942-1943, so some comparison with earlier research was possible (Massey 1937; Roberts 1992). The aim to study generational responses to the end of mining and possible effects on communal relations, was related to the 'traditional' conception of mining villages as having a strong 'community spirit' – an acute sense of togetherness and a high degree of mutual aid (see Bulmer 1975, Bulmer (ed.) 1975; Crow 2002; Roberts

1995; Lockwood 1966). In south Wales the relative physical and social isolation of the mining communities, the harshness of everyday work and communal life, and bitter industrial relations are often said to have formed the basis of a distinctive 'valleys identity' (see Jones 1985; Francis/Smith 1980). In the valley, as in similar areas in south Wales, a distinctive proletarian culture emerged with the growth of ironworks in the late 18c and the rise of the coal industry in the 19c (see Evans 1993; Francis 1985; McIntyre 1980; Lieven 1994; Light 2000; Francis/Smith 1980; Williams 1996; 1998).[3] The valley retained a clear sense of history, an outlook that appeared to be getting stronger in response to significant contemporary change.

The valley is located in Blaenau Gwent, at the top of the south Wales valleys, near the border with England and about 30 km north of Cardiff. Blaina and Nantyglo, stretch for 5 km between the narrow valley sides and have a combined population of around 10,000. Nantyglo arose with the growth of ironworks at the end of the 18c while Blaina and its collieries was established due to expansion of the coal industry in the 19c. Life in the valley (1990-1991) was affected by the long-standing difficulties of unemployment, poverty and poor health, and was one of the most deprived regions in Wales. Local residents expressed a great deal of concern for the social cohesion and social welfare of the valley and its economic future. The loss of mining and the decline of other large-scale employment had been major blows to the general sense of well-being (as in other valleys across south Wales). The past industrial life of the area was intimately linked with and supported by the cultural patterns of family life, the clubs and pubs, religious involvement and leisure pursuits such as rugby, choirs and bands. Interestingly, by the 1990s a renewed loss of industry after some revival in the 1950s and 1960s and the final demise of the pits had brought a 'greening' of the environment as the slag heaps had been replaced or grassed over. The pace and scale of local physical, economic and social change was producing a reassessment of traditional identity including the meaning of 'place' – local community, the connections with other valleys and even the view of 'Welshness' and nation.

1. Social Images and the Reformation of Identity – Wales and Welshness

The study of social images can reveal how changes in perceptions of boundaries concerning area and group – spatial and social affiliations – take place (Anderson 1983; Roberts 1995; 1999b). The idea of social images, as applied to the research in Blaina and Nantyglo, enabled a view of individual and communal perceptions of relations and surroundings as not simply static reflections of 'social reality' but rather as changing interpretations and guides to action (see Davis 1979). The transmission of values and traditions may vary in 'tempo' from fast ('transient') to slow ('generational') and the 'boundaries' ('lines of demarcation', 'symbolic markers') of place, gender, ethnic group, nation may vary in intensity and exactness. Groups define themselves and their relations with other groups according to images, values and traditions via the construction of social boundaries. In Blaina and Nantyglo the tempo of change appeared to be quickening and the re-formation of social boundaries was moving the relative importance of certain communal identities – the valley, the valleys, south Wales, Wales and relations with south east England. It seemed that an ethnic reformation was occurring due to social and economic shifts in the valley affecting social images of group, perceived spatial boundaries and the time perspectives of past, present and future (Roberts 1995).

Contemporary analyses of communal (e.g. ethnic and national) identification require deeper examination of the processes and mechanisms that provide social images – their nature and association with belief, myth, and social location (see Roberts 1999a). For instance, ethnic and national identities can be fluid and varied even within a particular grouping and area. As Devine argues 'people hold a variety of social identities which influence the way in which they see themselves, the ways in which they interact with other people, and their beliefs, attitudes, hopes and plans, fears and misgivings' (Devine 1992: 248). A number of communal identities may coexist. For instance, Borland et al. found in Ynys Mon (Anglesey) in North Wales that the idea of 'community' was used in political mobilisation (e.g. in elections) through different but coexisting social constructions within the same area. These constructions related to variants of nationalist ideology (the open community; the religious based community; the culturally-closed secular community; and the racially closed community) (Borland et al. 1992). These 'imaginings' had important social and economic effects for local people. Those who perceived themselves of that place, of the community, claimed a greater 'right' to the goods of the community and to 'speak for the locality' than those who were deemed outsiders (Borland et al. 1992: 66). A broad attempt to combine the 'uniqueness of place with general social processes' is provided by Day and Murdoch in their examination of the terms 'locality' and 'community' as applied to a rural area (Day/Murdoch 1993). In seeing local action as within a structured space, they argue,

> "We prefer...to see the local situation as one in which actors operate within a variety of particular social, political and economic networks across a variety of spatial scales. It is where they meet – in particular social practices and institutional sites – that the processes of interaction give rise to specific notions of community and locality" (Day/Murdoch 1993: 109).

There is also an historical development of 'Welshness' with its deep roots originating in the 'physically isolated, non-urban settlement pattern of early Wales' (Cloke/Milbourne 1992: 366). The processes of industrialisation, the arrival of external labour (from England and elsewhere), the replacement of Welsh as the public language and its retreat to the west, and the formation of a Welsh proletarian culture in the valleys all had an impact on the sense of Welshness. Cloke and Milbourne point out that researchers have found 'regional dimensions of Welsh culture' and that the 'historical Welsh-English interaction, together with more recent economic restructuring and population movements' (including English inward migration) have produced a perception of a 'fractured' and 'fragmented' Welsh identity (Cloke/Milbourne 1992: 367). It seems the case of Wales should sensitise us to the differing understandings of nation within a communal or ethnic group. It also draws attention to nationalist movements as 'a process of building up a system of shared identifications' involving the 'formation of social alliances and the articulation of either an alternative hegemony or the maintenance of an existing hegemony' (Day/Suggett 1985: 112).

2. Individual and Communal History-making[4]

The research in the valley of Blaina and Nantyglo was based on over 80 interviews collected by a 'rolling sample' which attempted to have equal numbers of men and women (a 60/40 ratio was achieved); people from different areas in the community and from different age groups. Those interviewed included local politicians, business people, former miners and religious leaders. The methodological approach of the study was initially based on life cohort, life course and generational studies with the assumption that early generational experience will affect later social outlook (see Elder 1981; Giele/Elder 1998; Riley 1998; (ed.) 1998). The interview method was drawn from the oral history interview and the use of 'model questions' as outlined by Thompson and the interpretive assumptions of biographical method as found in Denzin (Thompson 1988: 196-216, 296-306; Denzin 1989: 17-20). Broad questions were asked concerning: family (origins, contacts); leisure pursuits (evening classes, voluntary activities); work (current employment, work history), political involvement (party membership, voting); national/ethnic identity ('Welshness', language); and current views of the valley and its future. A mail questionnaire was sent to every 15th person on the electoral voting lists asking questions, for example, on employment, place of origin and views of the future. The questionnaire was used primarily to judge the representativeness of the interviews, i.e. to check whether a wide spatial and social span of the community was being contacted.

To gain a social, demographic and historical 'portrait' of the valley a range of materials were collected. A short video and photographs of the area were taken. I also received old photographs and a film of the locality from the 1930s. Copies of previous research on the valley completed in 1937 and 1942/3 were obtained (Massey 1937; Roberts 1992). The 1991 National Census provided details on the basic social statistics for Blaina and Nantyglo, for example, numbers in each age group, family size and employment. Local government statistics provided further information on areas such as employment, housing and basic facilities in the area. Local health service reports gave statistics on the local levels of health and poverty compared with information for other areas of south Wales. This very varied information was used to compare with the perceptions of local people on the social cohesion and material conditions and change in the area. The valley was visited on 25 occasions for three days and I stayed at a local sheep farm on the valley side overlooking the villages. During that time I visited all the local pubs and clubs; interviewed the respondents in their homes, and spoke to discussion groups, a political meeting, local history group, to school children and local people in various settings on the research. This 'participant observation' material was used to gain further insights into the conceptions of the community and its future through informal conversation and observation. For example, early in the research in a discussion with unemployed men the issue of the Welsh language featured strongly, so I added questions about 'Welsh identity' and attitude to the Welsh language when interviewing individuals.

3. Social Boundaries and Time

The following sections, based on the voices of local residents, can only touch on part of the research on Blaina and Nantyglo on the formation of individual and communal identities. Among the important areas the research uncovered were the perceptions of 'social boundaries' (group and spatial) and 'time' by respondents.

3.1 Social Boundaries

The perceptions of social boundaries found in the local community ranged from the street, to the villages, the valleys, south Wales, and Wales with comparison also made with the 'advantageous' of south east England. For example, respondents described Welsh 'character' in terms of being 'valley people' with values of sharing and helping. There was recognition in the community of different Welsh identities in various parts of Wales:

> "There is a Valley's character. If you went to west Wales, you'd find the Welshman [sic] is different, it's a land-working Welshman. Here you have the industrial, south Welshman who is totally different to the north" (Male, 60s, manager) (Roberts 1995: 87).

Local people made a distinction between the surrounding Valleys and south Wales (and southern England) based on the local motorway along the coastal lowland of Wales:

> "I divide it by the M4 motorway. Below the M4 tends to be the main economic zone of Britain and a great deal of the wealth and power" (Male 20s, white collar worker) (Roberts 1995: 82).

These and other spatial distinctions were used as a basis of communal affiliation and identity. Such social boundaries were not fixed in terms of content and significance but shifting and overlapping (see Roberts 1995).

3.2 Time

A number of 'time perspectives' on the past were uncovered in the research: History as Progression, Our History and Past in the Future – which indicated broad shifts in local communal identity and differing views on 'what is ours', 'what we were', 'what we are' and 'what we will be'.[5]

3.2.1 History as Progression/Regression

History as Progression/Regression refers to the fact that individual and communal accounts can be partly or in general positive or negative commentaries on the past, the present and the future. One element in such accounts, commonly found in the valley, was a change in expectations:

> "Since the War we've seen hell of a change in people having things. Forty years ago you'd have said there's a Moon up there. Today, they're not going to the Moon, they're going to Mars" (Male A 40s. office worker).

Such a shift often refers to the relative affluence between the generations:

> "Most of the change is down to financial betterment. Years ago most of us, including myself, couldn't be poorer. The majority of people here, they were poor. My son was brought up in a diffe-

rent environment than I was brought up in. The opportunities are there for him. There were never the opportunities for me. We weren't in a position to afford it. The first chance you took to leave school to make a living. Well, that's money on the table!" (Male B. 40s, white collar worker).

Similarly, a woman in her thirties reflected on the expectations held by her son and changes in communal patterns:

"I don't think the pattern will remain the same…The household duties are certainly seen as the woman's task. But I don't think it will be the same. My son's expectations are far higher [but] I can't see them being organised for a start. For example, my generation, very often it was 'keeping up with the Jones's, or 'bettering the Jones's'[6] which wasn't true in my mother's time. It now is! …people are kept a little more to themselves" (Female 30s. student/part-time office worker).

An elderly man, a retired miner, reflected on the Depression:

"In the Thirties they were forced more or less to remain in their own place and they didn't have the money to go away from here" (Male 80s. ex-miner).

A rather despondent overall view of the present was held by a small minority but reflected an underlying anxiety felt by the majority:

"Community spirit is lacking – because they don't see any prospect for the future. The prospects are very poor. It's the certainty of what we're going to attract here in the way of business and that. But you know there's going to be only light industry if it's that" (Male 30s, unemployed).

In history as progressive/regressive there is a sense of a break, or at least a sharp contrast, with past.

3.2.2 Our History

Our history can include a number of elements, which may have direct connections with 'official histories' of a group, organisation or community. It often contains a description of the industrial, cultural or some other uniqueness of the area – some particular 'claim to fame' – as in this example, stressing the particular industrial history of the area.

"Can you imagine a hundred years ago, Nantyglo was the second biggest place for iron production? The birth of Nantyglo was the start of the biggest, next to Merthyr, industrial centre anywhere about'" (Female 40s. office worker).[7]

A claim often made was that the area pioneered a number of health and welfare schemes in the 1930s. A middle aged man prominent in voluntary work made the following comment:

"You had forward looking people in the area. Let's be fair about it. Our National Health Service started in the area. The basis was formed here. We were paying a penny in the pound to the Blaina hospital" (Male 50s. white collar worker).

With Our History there is an attempt to maintain continuities with the past, and preserve certain traditions and values. Even where changes cannot be overlooked and appear socially disruptive there is an effort to incorporate contemporary experience into the historical continuum. This can be described as the Past as in the Present in terms of historical consciousness.

3.2.3 The Past in the Future

Here, the 'past' may be taken as a referent, an indicator, and a provider of lessons for the present and the future. There may also be a description of the formative conditions in the past, which gave rise to certain springs to communal action, organisation and outlook. For many in the valley the path of the future appeared to be set; a pattern had been laid but solutions to present difficulties are perhaps to be found in former times. The pioneering health and welfare efforts in the early 20c to meet the dire needs of the community were often seen locally as guides for current action. In this sense of time a reflection was evident in attempts to link past problems and social intervention with current issues and the search for contemporary solutions. It demonstrated a past in the present or future as a source for new communal action. Sometimes, despite the recognition of past successes there was an expression almost of bewilderment given the contemporary situation, as in this (possibly ironic) view:

"You're all saying now, you got this terrible problem. You're saying there's a decline and you're going to try to put it right. Where would you go? Should we get rid of television? Should we ask people talk to one another?" (Male, 50s skilled worker)

A related view was that something dramatic was needed in economic development, as in the rise of the ironworks and mines had been in the past, to aid the community:

"You'd do what happened in the first place. Somebody got to come along and drill a hole and find oil. Start all over gain!" (Male 40s. white collar worker)

Within the investigation it soon became apparent that the legacies of the past were important in understanding current communal outlook. In addition, the research found that within individual biographies lie communal accounts of social changes, just as individual history-making is enshrined within the group and public representations of the past. These issues concerning the relation between individual and communal accounts of the past led me to a broader exploration of 'public accounts' of the valley.

4. Historical 'sources'

In the construction of individual, family and communal accounts a surprising number of public and private sources were present in the valley. This fact raised a series of important questions, relevant to the study of how individuals and groups construct their 'pasts' – especially the interrelation between private and public accounts of communities?[8] For example: What is the effect of the availability of old and new public sources such as books, newspapers, exhibitions, events, official records and ceremonies on individual and group conceptions? The degree and type of connection between accounts also becomes important: to what extent is an individual's life account the result of other authorship i.e. what was experienced directly or how did other and subsequent accounts affect an individual's retrospection and present outlook? The wide range of accounts of local historical consciousness revealed that each appeared to have its own purpose and character, but, nevertheless, had intricate links with other accounts in a complex field of private and public representations of the history of the valley and its people. The following are some of the main sources for accounts of the community of Blaina and Nantyglo and its history.

Academic and other written sources: A particularly interesting source, known to some in the valley, was academic and other studies. The valley and the immediate vicinity was studied during the 1930s as part of the general concern at the time with the effects of unemployment and also in the middle of WWII, to assess the impact of war on the area and the roots of coal production problems (Jennings 1934; Massey 1937; Roberts 1992; 2002b: 19; Calder and Sheridan (eds.) 1984: 107-111).[9] A rather better known and different source is provided by the historical novels of Alexander Cordell, for instance, in his most famous novel, Rape of the Fair Country (1998) that is set in Blaina and Nantyglo.

Local Councils: Within the previous twenty years local councils had taken an increasingly active part in commemorating past events, new streets and facilities were named in Welsh, and local historical sites have been restored. Interestingly, local people could now choose to have their children taught in Welsh.[10] The celebration of the achievements of local people from the past such as famous boxers and singers was increasingly evident, and even local historical figures as Zephania Williams, the 19c Chartist leader were now being honoured.[11]

Tourism: As the environment of the area had improved and local heavy industry declined, the valley was being promoted as an area for tourism. The Welsh Tourist Board and other bodies were drawing attention to 'all our yesterdays' in featuring local industrial sites and museums.

Local Newspapers: The local press newspapers routinely provided large feature articles on the history of local villages and towns, old clippings from the past, and major reports on celebrations of special days and events (e.g. St. David's Day, March 1st, The National Day in Wales).

Local History Study Groups: At a more private level a surprising number of very active local history groups were flourishing who, sometimes with the aid of official bodies, were publishing very popular books on the history of the area. Often associated with these local groups were amateur artists who depicted scenes from the recent industrial past such as work underground in the local mines. These pictures were exhibited publicly in community centres or displayed as part of the ordinary décor in the pubs and clubs of the towns.

Everyday Conversation: Finally, of course, local people in 'routine' everyday conversation passed on and reconstructed the history of family life and the community. An historical consciousness was also transmitted in participation in traditional group activities such as in churches, clubs and pubs, and leisure associations.

On reflecting now on these various differing public accounts I realised that they may both connect and differ. For example, both the tourist industry and a local authority may both present local history in a 'romantic' manner (see Hewison 1987; Corner and Harvey 1991) or 'public' and 'private' narratives may influence the features of each other (Gergen and Gergen 1984: 184-8). I still feel there is much more to do in this study and other ethnographical and biographical research on the difficult task of showing how public and private conceptions of community relate – and over time.

5. Biographical and Communal Identities

The study of social imagery is a valuable means of uncovering the connections between everyday perceptions of local experience and wider social ideas and action. As Francis observes,

> "Perceptions, symbols, and images may well serve to reduce the complexity of the 'worlds' we live in to a range of discrete and contrasting units, which can then be used for a diversity of social, political and ideological purposes. These units may well exaggerate the sharpness of boundaries, the uniqueness of resident populations, the 'identity' of neighbourhoods, and the like, but as representations they are an integral aspect of wider patterns of thought, knowledge, and organisation..." (Francis 1983: 139).

Through the use of 'social images' symbolic boundaries are formed and maintained between groups at local, regional and national levels (Anderson 1983). Symbolic boundaries carry notions of membership or 'belonging' (Cohen ed. 1982; Roberts 1995, 1999a). Through these definitions lines of 'social closure' between groups are drawn (Parkin 1979; Barth ed. 1969). Social images also contain perceptions of relative status between groups, which also connect with lines of socio-economic difference (see Hechter 1975). Smith has rightly highlighted the importance of the 'subjective' or 'symbolic' features of ethnic survival and identity and the importance of myth in nationalist movements. But, further discussion of the social processes involved in the reproduction of the cultural-structure is now required (see Roberts 1999a). For instance, the importance of memory within these processes is being increasingly recognised in biographical, cultural and other fields of study. As Temple in her work on the identity(ies) of British Poles found:

> "Embodied and socially located subjects fashion their identities through time and memory in narrative accounts of selves. All written and oral accounts form part of the discourse/narratives on ethnicity, gender and class, among others, which we use to construct identity" (Temple 1996: 89).

Thus, the consideration of how individual and group construct identities must be seen in relation to constructions of the past:

> "The life histories I heard were re-creations of 'pasts' in the present with possible futures in mind, and these in complex patterns of interaction…Any life history is a reconstruction of pasts. Life histories combine pasts, present and possible futures in ways that are not always linked in linear ways" (Temple 1996: 88).

In summary, perceptions of ethnicity, gender, place, and nation are carried in accounts, and acted upon, as part of unfolding multi-sided social identities. They sustain and construct 'history', for example, through myths, reminiscences of the group and wider social interchange (see Samuel/ Thompson (eds.) 1990; Roberts 2004a). Existing accounts of ethnic and national identity formation have lacked an adequate view of how cultural transmission operates and clarity on what is 'recovered' from the past including the definition and interrelation of traditions, symbols, and values (see Roberts 1999a).

6. Biographical and Communal Accounts and a translocal/transnational bio-ethnography?

The initial focus of the research in Blaina and Nantyglo was 'internal' on the social relations and 'community spirit' given the traditional portrayal of mining town as 'insular' and solidaristic. Certainly, historically a high percentage of local people had always lived in the area and since the 1920s people were more likely to migrate than come into the valley.[12] But, it was not long before I realised that despite the relative social and physical isolation of the area socio-economic changes were having an increasingly influence on local experience. Of course, the valley had never been completely 'sealed' from outside factors but now holidays, family visits, working away and commuting were becoming more prevalent and were affecting how local people perceived their valley, the 'industrial valleys' in south Wales and their sense of Welshness (Roberts 1995). In addition, there was an increasing 'flow' of people into the area, partly due to local government rehousing policy but also English business people and commuters were realising the financial and environmental benefits of the area. It was soon apparent that the outlook of the valley could be seen as a series of concentric rings, from street, to nearby streets, town, valley, the valleys, south Wales, the areas of Wales as a whole. Sometimes a particular identity was more inclusive at other moments more distinctive and exclusive. The greatest contrast was in perceived differences with southeast England, while there were also a recognition of different Welsh identities according to place (e.g. the south Wales's coastal belt) and language (the Welsh speaking areas of west and north Wales). It seemed necessary to re-examine the practices of biographical and ethnographic study to account for these connections – to allow for spatial and group boundaries, and historical dimensions in the formation of identities.

The collection of individual accounts not only reveals to us individual experience, but also accounts of historical understanding and current perceptions of the cultural group (Fetterman 1989: 61).[13] The study of the individual life can show the subjective experiences of change, the impact of institutional decisions and the responses to circumstances. Such accounts can also chart the complexities of individual and group connections, and the group's outlook on the social world. As Thomson argues, in examining migration, biographical accounts can show how individuals and groups perceive opportunities by giving weight to various factors when considering their future rather than assuming action is simply determined by 'socio-economic, cultural and social factors' (Thomson 1999: 28). The study of 'extended family and communal networks' can reveal 'intergenerational dynamics' in migration as memories and practices are transmitted and the interrelation between gender, ethnicity and class experiences. Here is the construction of the 'multiple, fractured and dynamic nature of identity' and biographical accounts through memory (Thomson et al. 1994: 29). By asking about past, present and anticipated future experience, the biographical history of the individual is shown:

"By listening to the myths, fantasies error and contradictions of memory, and paying heed to the subtleties of language and narrative form, we might better understand the subjective meanings of historical experience" (Thomson et al. 1994: 29; see Roberts 2004a).

Biographical history-making is shaped and only fully understandable within relations with a wider narrative field. As Brockmeier states "narrative models" "encap-
sulate culturally normative views, patterns of experience and evaluations": stories
are formulated within the "hermeneutic horizon of culture" (Brockmeier 2000:
61; see Roberts 2004c). But, we can add there is still a personal distinctiveness and
experience which cannot be fully subsumed within other historical narratives or
broader ideologies. It is here that the model proposed earlier, albeit schematic and
provisional, could be applied to show how individuals (and communities) shift
between narrative variants and conceptions of the past, present and future. The
research in Blaina and Nantyglo used biographical and ethnographic and other
research methods but, on reflection, what was not fully expected was the need to
interrelate fully biographical and ethnographic methods in terms of understanding historical consciousness and identity. In fact, the connections between the
practices of ethnography and biographical research have been relatively neglected
in research studies. For example, a link between social history and ethnography
has been noted in traditional approaches but the former is often seen as merely
yielding some background historical description remaining as an ill-defined influence on the present (see Marcus 1992: 316).[14]

An approach to biographical history-making should be extended beyond the
'mere' collection of individual and group accounts, for example, of generational,
migratory or other experience. There is a need for a more fully revised practice of
ethnographic study (and wider fieldwork). Life course studies are of undoubted
value but longitudinal studies, via repeated ethnography over time, would provide
both retrospective and contemporary accounts of cultural transmission between
generations in terms of 'cultural capital' and identity (see Kenna 1992; Bertaux/
Thompson (eds.) 1993). A more dynamic, inclusive relation between the methods
of biography and ethnography is necessary to understand:

> "…historical experiences [as] carried in memory and shaping contemporary social movements….
> The great promise of such ethnography is indeed the possibility of changing the terms in which we
> think objectively and conventionally about power through exposure to cultural discourses" (Mar-
> cus 1992: 316-7, 327).

Smith (2001) offers a potentially fruitful starting point for the meeting of biographical and ethnographic methods through an historically informed 'translocal'
or 'transnational ethnography'. He notes that there has been recent attention to
'spatial practices of ordinary people' and 'micro-political relations of power' and
issues such as 'race, ethnicity, gender, ecology and locality' but much of this work,
he says, has been flawed. Instead, he offers a 'social constructionist perspective'
that does not polarize macro and micro analysis but considers 'the processes whe-

reby networks of power, subsisting at every point from the most 'local' to the most 'global,' are formed, related to each other, and transformed' (Smith 2001: 127). Through individual and group accounts the intricacy and context of identity formation, intergenerational processes and the reconstruction of memory can be explored. As Benmayor and Skotnes argue:

> "social subjects inhabit many worlds and identities, and that from this condition of 'hybridity', of hyphenated identities that encompass much more than just nationality or ethnicity, oppositional voices emerge" (Benmayor/Skotnes 1994: 12).

Oral testimonies provide studies with 'glimpses' into the inner life of individuals including the interplay between experiences of migration and social conditions. (Benmayor/Skotnes 1994: 14). Thus, the identities of migrants are not simply given, instead:

> "Personal testimony speaks precisely to how immigrants subjects constantly build, reinvent, synthesize, or even collage identities from multiple sources and resources, often lacing them with deep ambivalence" (Benmayor/Skotnes 1994: 14-15).

Biographical approaches have developed in sophistication in recent years in attempting to understand a range of experiences, including migration, trauma and repression, and communal change. The connection between individual and wider ideological conceptions, issues of memory (forgetting and silences), and individual and group 'myth-making' and other interpretive issues have also been extensively examined (see Samuel and Thompson's as 'myths we live by' (Samuel/Thompson (eds.) 1990; Passerini 1979; 1990; Portelli 1991; Roberts 2004a). The question of 'time' has also arisen in terms of individual's account for experience and how it is represented in the writing of a research study (see Atkinson 1998: 8).[15] But, this increasing sophisticated biographical work needs to be more effectively coupled with the revision of ethnographical approaches to ensure new opportunities for the investigation of the intricate connection between individual and communal identities.

7. Conclusion

To understand how a particular individual, group or community interpret and construct their unfolding experiences within the constraints of a given setting, and their perceptions of the past, present and future, is a very complex task. Attention to how time is 'constructed' is essential for biographical and communal research. Such an understanding of the perception of historical experience in the lives of individuals and groups can help us to see how identities are shaped and alter, and how historical consciousness is related to developing ideological frameworks (Grele 1991: 264, see Roberts 2002a, 2004b). Here, it has been argued that the construction and transmission of social images and boundaries of group, community and other distinctions play a vital role in the formation of identities. The study of 'biographies in time' should be employed to interpret the individual's meanings associated with ongoing experiences in relation to the study of the group (e.g. community, generation) at a local, translocal or even transnational 'level'. In this manner, the individual can be placed within 'an evolving historical culture' in which 'the personal, the interactional and the cultural are all given attention' (Plummer 1983: 71; see also Jones 1983: 152-4). Such a perspective would therefore avoid a simple view of the 'history-making' as merely concerned with 'the past':

> "What is interesting about the forms of oral-historical witness or autobiography are not just the nuggets of 'fact' about the past, but the whole way in which popular memories are constructed and reconstructed as part of a contemporary consciousness" (Popular Memory Group 1982: 219).

In short, what is required is a local, translocal and transnational 'bio-ethnography' of the past, present and future.

Footnotes

1. A book – 'The Greening of the Valley' – is in preparation. Sections of this article were presented to the Memory and Social Transmission ESRC funded seminar Series, Department of Social Anthropology, The Queens University, Belfast, 1994 and American Oral History Association Conference, Philadelphia 1996 – see also Jones/Roberts/Williams 1996; Roberts 1992; 2000; 2002b). The research was supported by ESRC Award R000232060 'Social and Economic Change and Life Courses in a Welsh Community'.
2. For wider issues concerning the nature of Welsh coalfield culture and comparison with other areas, see Berger 2001; 2002; England 2002; Fishman 2002; Lieven 2002; and Warwick/Littlejohn 1992.
3. For a fuller outline of time perspectives and history making, see Roberts 2004b.
4. These types of historical outlook are similar to Gagnon's (1981) schema. 'Time perspectives' is taken from Schütz 1971: 214, see Roberts 1999b; 2004b.
5. See Jones 1985. For a case study of social conflict in the Welsh industrial valleys, see Evans 1993.
6. 'Keeping up with the Jones's' is a phrase in everyday conversation which means trying to be as good as, or competing with, your neighbour, usually in terms of material status.
7. Male unemployment hit 70% in the early 1930s and the 15,000 population of Blaina and Nantyglo dropped by about one-third, see Morgan 1982: 229-231.
8. There is very extensive work on this issue (see, for example, the American journal The Public Historian). Of course, there can be various different interpretations (including causes and consequences) and images of participants at the time and subsequent shifts or challenges to 'dominant' understandings – see interesting studies by Johansson (2001) and Thomson (1994).

9. For example, Marie Jahoda studied unemployment and subsistence farming schemes in south Wales in the late 1930s, see Ecroyd 1983; Jahoda 1987.
10. Less than 10% of the population spoke Welsh by the early 20c. However, a 'Welsh' school now teaches in Welsh until the age of eleven and the national curriculum has brought changes in the teaching of Welsh history and language. There is a national Welsh Language Board for the promotion of Welsh. Wales now has a 'devolved' National Assembly but with less powers than the Scottish Parliament.
11. Wales is renowned for its singers and boxers, perhaps today more its actors. Chartism was a mass movement in the early 19c for electoral and parliamentary reform (Jones 1985).
12. As shown on the 1991 National Census and my own mail questionnaire.
13. The ethnographer-biographer's own experience should also feature as a more explicit 'voice', see Alasuutarii 1995: ch. 14; Atkinson, 1990: ch. 5; Clifford/Marcus (eds.) 1986).
14. There is a large debate on the definitions of participant observation, fieldwork and ethnography (see Roberts 2002a). I used ethnography to relate to being a participant in numerous settings and activities, including homes, clubs and pubs, and street interaction. Fieldwork I take to include these activities plus the collection of a wide range of other material. Biography refers, rather narrowly, to material from the recorded interviews. Here there is still much to learn from the methodology of Thomas/Znaniecki (1918-21), (see Roberts 2002a).
15. The question of 'time' is a surprisingly neglected aspect of ethnographic research – given the ethnographic view of the social world as processual and interactive, and research practice as 'evolving' and open (see Atkinson 1990: ch. 5).

References

ALASUUTARI, PERTTI (1995): Researching Cultures. London: Sage.

ANDERSON, BENEDICT (1983): Imagined Communities. London: Verso.

ATKINSON, PAUL (1990): The Ethnographic Imagination. London: Routledge.

BARTH, FREDERIK (ed.) (1969): Ethnic Groups and Boundaries. Boston: Little, Brown and Co.

BENMAYOR, RINA/SKOTNES, ANDOR (1994): Some reflections on migration and identity. In: Benmayor, R./Skotnes, A. (eds.): Migration and Identity. Oxford: Oxford University Press, 1-18.

BERGER, STEFAN (2001): Working-class Culture and the Labour Movement in South Wales and the Ruhr Coalfields, 1950-2000: a Comparison. In: Llafur 8 (2), 5-40.

BERGER, STEFAN (2002): And What Should They Know of Wales?: Why Welsh history needs comparison. In: Llafur 8 (3), 130-9.

BERTAUX, DANIEL/THOMPSON, PAUL (eds.) (1993): Between Generations. Oxford: Oxford University Press.

BORLAND, JOHN/FEVRE, RALPH/DENNY, DAVID (1992): Nationalism and community in North West Wales. In: The Sociological Review 40 (1), 49-72.

BROCKMEIER, JENS (2000): Narrative Time. In: Narrative Inquiry 10(1): 51-73.

BULMER, MARTIN (1975): Sociological models of the mining community. In: The Sociological Review 23 (1), 61-92.

BULMER, MARTIN (ed.) (1975): Working-class Images of Society. London: RKP.

CALDER, ANGUS /SHERIDAN, DOROTHY (eds.) (1984): Speak for Yourself: A Mass-Observation Anthology, 1937-49. London: Jonathan Cape.

CLIFFORD, JAMES/ MARCUS, GEORGE (eds.) (1986): Writing Culture. Berkeley: University of California Press.

CLOKE, PAUL/ MILBOURNE, PAUL (1992): Nationalism and Community in North West Wales. In: The Sociological Review 40 (1), 49-72.

COHEN, ANTHONY P. (ed.) (1982): Belonging. Manchester: MUP.

CORDELL, ALEXANDER (1988): Rape of the Fair Country. Abergavenny, Wales: Blorenge Books.
CORNER, JOHN/HARVEY, SYLVIA (1991): Mediating tradition and modernity. In: Corner, J./Harvey, S. (eds.): Enterprise and Heritage. London: Routledge, 45-75.
CROW, GRAHAM (2002): Social Solidarities. Buckingham: Open University Press.
DAVIS, HOWARD H. (1979): Beyond Class Images. London: Croom-Helm.
DAY, GRAHAM/MURDOCH, JONATHAN (1993): Locality and Community. In: The Sociological Review 14 (2), 229-252.
DAY, GRAHAM/SUGGETT, RICHARD (1985): Conceptions of Wales and Welshness. In: Rees, G./ Bujra, J/Littlewood, P./Newby, H. and L. Rees, T.L. (eds.): Political Action and Social Identity. London: Macmillan/BSA, 91-115.
DENZIN, NORMAN K. (1989): Interpretive Biography. London: Sage.
DEVINE, FIONA (1992): Social Identities, class identity and political perspectives. In: The Sociological Review, 40 (2), 229-52.
ECROYD, HENRY (1983) Subsistence Production in the Eastern Valley of Monmouthshire. In Lalfur 3 (4), 34-47.
ELDER, GLEN (1981): History and the Life Course. In: Bertaux, D. (ed.): Biography and Society: London: Sage, 77-115.
ENGLAND, JOE (2002): 'Working-class Culture and the Labour Movement in South Wales Reconsidered'. In: Llafur 8 (3), 117-30.
EVANS, CHRIS (1993): The Labyrinth of Flames: Work and social conflict in early industrial Merthyr Tydfil. Cardiff: University of Wales Press.
FETTERMAN, DAVID M. (1989): Ethnography: Step by Step. London: Sage.
FISHMAN, NINA (2002): A Comment on 'Working-class Culture and the Labour Movement in the South Wales and the Ruhr Coalfields, 1850-2000: a comparison' by Stefan Berger. In: Llafur 8 (3), 107-115.
FRANCIS, HYWEL/SMITH, DAVID (1980): The Fed: A History of the South Wales Miners in the Twentieth Century. London: Lawrence and Wishart.
FRANCIS, HYWEL (1985): The law, oral tradition and the mining community. In: Journal of Law and Society 12(3), 267-71.
FRANCIS, RON (1983): Symbols, images and social organisation in urban sociology. In: Pons, V./Francis, R. (eds.): Urban Social Research. London: RKP, 115-145.
GAGNON, NICOLE (1981): On the Analysis of Life Accounts. In: Bertaux, D. (ed.) Biography and Society. London: Sage, 47-60.
GERGEN, MARY. M./GERGEN, KENNETH. J. (1984): The Social Construction of Narrative Accounts. In: Gergen, K.J./Gergen, M.M. (eds.) Historical Social Psychology. NJ: Erlbaum, 173-189.
GIELE, JANET. Z./ELDER, GLEN H. (eds.) (1998): Methods of Life Course Research. London: Sage.
GRELE, RONALD, J. (1991): Envelopes of Sound. 2nd edit, New York: Praeger.
HECHTER, MICHAEL (1975): Internal Colonialism: The Celtic Fringe in British National Development, 1536-1960. London: RKP.
HEWISON, ROBERT (1987): The Heritage Industry. London: Methuen.
JAHODA, MARIE (1987) Unemployed Men at Work. In: Fryer, D./Ullah, P. (eds.) Unemployed People, 1-73.
JENNINGS, HILDA (1934): Brynmawr: a study of a distressed area. London: Allenson (republished 1987 London: Faber and Faber).
JOHANSSON, ROGER (2001): Kampen om Historien. Stockholm: Hjalmarson and Hogberg.
JONES, DAVID, J. V. (1985): The Last Rising: The Newport Insurrection of 1839. Oxford: Oxford, University Press.
JONES, GARETH, R. (1983): Life History Methodology. In: Morgan, G. (ed.): Beyond Method: Strategies for Social Research. London: Sage, 147-159.
JONES, BILL/ ROBERTS, BRIAN/WILLIAMS, CHRIS (1996): Going from Darkness into the Light: South Wales Miners' Attitudes towards Nationalisation'. In: Llafur, 7 (1), 96-110.

KENNA, MARY. E. (1992): Changing places and altered perspectives. In: Okely, J./Callaway, H. (eds.) Anthropology and Autobiography. London: Routledge.

LIEVEN, MICHAEL (1994): Senghennydd. Llandysul, Dyfed, Wales: Gomer.

LIEVEN, MICHAEL (2002): A 'New History' of the South Wales Coalfield? In: Llafur 8 (3), 89-106.

LIGHT, JULIE (2000): Manufacturing the Past. In: Llafur 8 (1), 19-31.

LOCKWOOD, DAVID (1966): Sources of variation in working class images of society. In: The Sociological Review 21 (1), 55-73.

MCINTYRE, STUART (1980): Little Moscows. London: Croom-Helm.

MARCUS, GEORGE (1992): Past, present and emergent identities. In: Lash, S./Friedman, J. (eds.) Modernity and Identity. Oxford: Blackwell, 309-330.

MASSEY, PHILIP (1937): Portrait of a Mining Town. In: Fact 8, 7-78.

MORGAN, KENNETH, O. (1982): Wales: Rebirth of a Nation: 1880-1980. Oxford: Oxford University Press/University of Wales Press.

PARKIN, FRANK (1979): Marxism and Class Analysis. London: Tavistock.

PASSERINI, LUISA (1979): Work Ideology and Consensus under Italian Fascism. In: History Workshop 8, 82-108.

PASSERINI, LUISA (1990): Mythbiography in oral history. In: Samuel, R./Thompson, P. (eds.): The Myths We Live By. London: Routledge, 49-60.

PLUMMER, KEN (1983): Documents of Life. London: George Allen and Unwin.

POPULAR MEMORY GROUP (1982): Popular memory: theory, politics, method. In: Centre for Contemporary Cultural Studies (eds.): Making Histories. London: Hutchinson/CCCS, 205-252.

PORTELLI, ALLESANDRO (1991): The Death of Luigi Trastulli and Other Stories. Albany: SUNY.

RILEY, MARTHA. W. (1998): A Life Course Approach. In: Giele, J. Z./Elder, G.H. (eds.) Methods of Life Course Research. London: Sage, 28-51.

RILEY, MARTHA. W. (ed.) (1988): Sociological Lives. London: Sage.

ROBERTS, BRIAN (1992): A Mining Town in Wartime. In: Llafur 6 (1), 82-96.

ROBERTS, BRIAN (1995): Welsh Identity in a former mining valley: social images and imagined communities. In: Contemporary Wales 7, 77-91, (reprinted in Fevre, R./Thompson, A. (eds.) (1999): Nation, Identity and Social Theory. Cardiff: University of Wales Press, 111-28).

ROBERTS, BRIAN (1999a): Time, biography and ethnic and national identity formation. In: Brehony, K.J./Rassool, N. (eds.): Nationalisms Old and New. Basingstoke: Macmillan, 194-207.

ROBERTS, BRIAN (1999b): Some Thoughts on Time Perspectives and Auto/Biography. In: Auto/Biography, Vol. VII: 1-2, 21-5.

ROBERTS, BRIAN (2000): The 'Budgie Train': Women and Wartime Munitions Work in a Mining Valley. In Llafur 7 (3 and 4): 143-152.

ROBERTS, BRIAN (2002a): Biographical Research. Buckingham: Open University Press.

ROBERTS, BRIAN (2002b): Shopping, Saving and Spending in Wartime. In: Family and Community History 5 (1), 17-31.

ROBERTS, BRIAN (2004a): The Construction of Personal Myths. In: Interaction, Interview, Interpretation 2 and 3, 7-15 (Russian) and 115-122 (English).

ROBERTS, BRIAN (2004b): Biography, Time and Local History-making. In: Rethinking History, 8 (1), 89-102.

ROBERTS, BRIAN (2004c): Narrative Analysis. In: Becker, S. /Bryman, A. (eds.) Understanding Research for Social Policy and Practice. Bristol: Policy Press/SPA, 317-325.

SAMUEL, RAPHAEL/THOMPSON, PAUL (eds.) (1990): The Myths We Live By. London: Routledge.

SCHÜTZ, ALFRED (1971): Collected Papers, I: The Problem of Social Reality. The Hague: Martinus Nijhoff.

SMITH, MICHAEL PETER (2001): Transnational Urbanism. London: Blackwell.

TEMPLE, BOGUSIA (1996): Time Travels: Time, Oral Histories and British-Polish Identities. Time and Society, 5 (1), 85-96.

THOMAS, WILLIAM. I./ZNANIECKI, FLORIAN (1918-20): The Polish Peasant in Europe and America. New York: Dover Press (republished 1958, 2 vols.).

THOMSON, ALISTAIR: Moving Stories (1999): Oral History and Migration Studies. In: Oral History, Spring, 24-37.

THOMSON, ALISTAIR/ FIRSCH, MICHAEL/HAMILTON, PAULA (1994): The Memory and History Debates. In: Oral History, 22 (2), 33-43.

THOMSON, ALISTAIR (1994) Anzac Memories. Oxford: Oxford University Press.

THOMPSON. PAUL (1988): The Voice of the Past, 2nd edit. (3rd edit. 2000). Oxford: Oxford University Press.

WARWICK, DEREK/LITTLEJOHN, GEOFF (1992): Coal, Capital and Culture. London: Routledge.

WILLIAMS, CHRIS (1996): Democratic Rhondda: Politics and Society, 1863-1951. Cardiff: University of Wales Press.

WILLIAMS, CHRIS (1998): Capitalism, Community and Conflict. Cardiff: Cardiff University Press.

WILLIAMS, GWYN A. (1985): When Was Wales? Harmondsworth: Penguin.

INGRID MIETHE/SILKE ROTH

Zum Verhältnis von Biographie- und Bewegungsforschung

Eine soziale Bewegung kann als ein „mobilisierende(r) kollektive(r) Akteur, der mit einer gewissen Kontinuität auf der Grundlage hoher symbolischer Integration und geringer Rollenspezifikation mittels variabler Organisations- und Aktionsformen das Ziel verfolgt, grundlegenden sozialen Wandel herbeizuführen, zu verhindern oder rückgängig zu machen" (Raschke 1991: 32) definiert werden. Die Entscheidung für die Beteiligung an sozialen Bewegungen ist sowohl in biographischen Dispositionen der Akteure, als auch in spezifischen gesellschaftlichen Konstellationen begründet. Soziale Bewegungen tragen zur Veränderung von Gesellschaften und deren Institutionen bei und beeinflussen damit auch die Lebensumstände und den Lebensverlauf von Menschen, nicht nur derjenigen, die in ihnen aktiv sind. Gerade auch um zu verstehen, warum sich Menschen in bestimmten Situationen Protestbewegungen anschließen und diese ggf. unter anderen Umständen wieder verlassen, ist eine biographische Ebene unumgänglich. Für die Untersuchung so fluider und phasenabhängiger Gegenstände wie soziale Bewegungen, die über einen geringen Grad an Institutionalisierung verfügen, ist die Einbeziehung biographischer Methoden sehr sinnvoll, da gerade über die Rekonstruktion biographischer Strukturen der Prozesscharakter sozialen Handelns erfasst werden kann (della Porta 1992). Allerdings spielt die Biographieforschung im Vergleich zu anderen Methoden (z.B. Inhaltsanalyse von Zeitungsartikeln, ethnographische Studien, standardisierte Befragungen) ungeachtet ihrer Potenziale bisher eine eher untergeordnete Rolle (Goldstone/McAdam 2001; ausführlich Miethe/ Roth 2000).

Im Folgenden werden zunächst die Gründe für die bisherige Vernachlässigung biographischer Methoden in der Bewegungsforschung aus einer historischen und theoretischen Perspektive beleuchtet. Danach geben wir einen Überblick über verschiedene theoretische Ansätze der Bewegungsforschung und nennen den Beitrag biographischer Methoden zu diesen Konzepten. Abschließend gehen wir auf neuere Entwicklungen der Bewegungsforschung ein und fassen zusammen, welchen Beitrag die Biographieforschung dazu leisten kann.

1. Zur Distanz zwischen Bewegungs- und Biographieforschung

Die Zurückhaltung der Bewegungsforschung gegenüber der Anwendung biographischer Methoden kann sowohl mit der historischen Entwicklung, als auch mit theoretischen Prämissen der Bewegungsforschung erklärt werden. Im Folgenden werden wir diese beiden Erklärungsmuster weiter ausführen und dabei auf fachdisziplinäre Unterschiede der Zuordnung der Bewegungsforschung in den USA und Deutschland eingehen. Es muss jedoch betont werden, dass angesichts der Internationalisierung der Forschung mittlerweile eine klare Abgrenzung „deutscher" und „US-amerikanischer" Forschung nicht mehr möglich ist (wenn dies überhaupt jemals der Fall war). So wird US-amerikanische Forschung selbstverständlich in Deutschland rezipiert, während deutsche Bewegungsforscher in US-amerikanischen Zeitschriften publizieren. Im Unterschied zu den USA, wo die Bewegungsforschung über einen hohen Institutionalisierungsgrad verfügt, fristet die Bewegungsforschung allerdings in Deutschland, ungeachtet der Produktivität der Forscher(inn)en, eher ein Schattendasein (vgl. Hellmann 1999: 106f.), und ist, obwohl viele deutsche Bewegungsforscher(innen) Soziolog(inn)en sind, disziplinär eher der Politikwissenschaft und nicht – wie in den USA – der Soziologie zugeordnet. Damit sind – wie später aufgezeigt werden soll – unterschiedliche Traditionen und Bezugspunkte verbunden. Bei den folgenden Ausführungen geht es uns in erster Linie darum, grundsätzliche Unterschiede dieser Forschungstradition(en) in den beiden Ländern nachzuzeichnen.

1.1 Historische Erblasten

Vereinfacht dargestellt können der Marxismus und die Massenpsychologie als die beiden Extrempole der frühen Bewegungsforschung angesehen werden (Hellmann 1999: 94). Beide Pole haben bis heute Spuren im Denken der zu Sozialen Bewegungen Forschenden hinterlassen. So basierten frühe Deutungen sozialer Bewegungen zunächst auf massenpsychologischen Ansätzen, die den Akteuren „abweichendes" oder gar „pathologisches" Verhalten unterstellten (Snow/Oliver 1995) und die als Ausdruck eines durch die erstarkende Arbeiterbewegung verängstigten Bürgertums interpretiert werden können (vgl. Brand 1998). Besondere Beachtung fand in diesem Kontext Le Bons 1912 erschienene Studie „Psychologie der Massen". Auch wenn die sozialpsychologische Forschung im Laufe der Zeit differenzierter wurde, war dieser Einfluss doch folgenschwer und hinterließ deutliche Spuren in der Debatte der folgenden Jahrzehnte.

In den 1960er und 1970er Jahren veränderte sich das Verhältnis der Bewegungs-forscher zu ihrem Gegenstand. Statt wie zuvor bedrohliche oder gefährliche, „schlechte" soziale Bewegungen (Faschismus, Kommunismus) zu analysieren, sympathisierten die Bewegungsforscher nun mit den „guten" Bewegungen (Studenten-, Bürgerrechts-, Anti-Vietnamkriegs-, Friedens- und Frauenbewegung/en). Es ging ihnen darum, Bewegungsaktivisten als rationale (und nicht als irrationale!) Akteure zu präsentieren, was zur Herausbildung von theoretischen Ansätzen wie dem Ressourcen-Mobilisierungs-Ansatz, der Untersuchung von politischen Prozessen und Gelegenheitsstrukturen und von Framingprozessen führte, die im Folgenden ausführlicher dargestellt werden sollen. Diese – wie auch die sich zeitgleich in Europa entwickelnden Theorien Neuer Sozialer Bewegungen (NSB) – stellen einen Gegentrend zu den frühen pathologisierenden Erklärungsmodellen dar. Gleichzeitig traten Fragen individueller Motivation stärker in den Hintergrund und biographische Methoden spielten kaum noch eine Rolle. Weiterhin waren die in Europa entwickelten Ansätze Neuer Sozialer Bewegungen (NSB) zunächst noch stark vom marxistischen Denken geprägt. Obwohl die Entwicklung von Klassenbewusstsein und damit kollektive Identität im Marxismus eine wichtige Rolle spielt, unterstützte eine marxistische Perspektive durch die Fokussierung auf die Makroebene keinesfalls eine Orientierung auf als individuell verstandene biographische Aspekte sozialer Bewegungen. Diese marxistische Prägung mag in Deutschland – im Unterschied zu den USA, wo der Einfluss des Marxismus deutlich geringer war, – die Rückbesinnung auf die einzelnen Akteure sozialer Bewegungen zusätzlich erschwert haben.

1.2 Theoretische Prämissen der Bewegungsforschung

Um die Zurückhaltung gegenüber biographischen Methoden zu verstehen, müssen des Weiteren die der Bewegungsforschung zugrunde liegenden theoretischen Prämissen beachtet werden: Erstens, besteht innerhalb der Bewegungsforschung eine relative Übereinstimmung dahingehend, dass bei der Untersuchung sozialer Bewegungen der Untersuchungsgegenstand ein kollektiver Akteur und nicht einzelne Bewegungsaktivist(inn)en sind. Für die Untersuchung dieses Forschungsgegenstandes muss deshalb eine methodische Perspektive eingenommen werden, „die es erlaubt, die Beziehung zwischen Individuen zu erfassen. Der Gegenstand sind also Gruppen von Individuen" (Eder 1999: 30). Diese Position der Gruppe (und nicht der Einzelbiographie) als kleinster Untersuchungseinheit ist innerhalb der Bewegungsforschung weit verbreitet.

Demgegenüber wird innerhalb der Biographieforschung Biographie als „soziales Konstrukt" (Fischer/Kohli 1987) verstanden, in dem sich sowohl Gesellschaftliches, Kollektives und Allgemeines als auch Individualbiographisches abbildet. Biographisch orientierte Untersuchungen von Milieus haben auch gezeigt, dass über die Untersuchung einzelner Fälle oder Akteure durchaus für ein Kollektiv typische Deutungsmuster rekonstruiert werden können (z.B. Niethammer/von Plato/ Wierling 1991). Insofern eignet sich die Biographieforschung durchaus, um z.B. Deutungsmuster in sozialen Bewegungen und Bewegungsorganisationen oder Sozialisationsprozesse von Bewegungsaktivisten zu untersuchen.

Zweitens stammen Bewegungs- und Biographieforschung – zumindest in ihrem Mainstream – aus verschiedenen, nicht ohne weiteres theoretisch kompatiblen Wurzeln. Während Biographieforschung in weiten Teilen in der Tradition des Symbolischen Interaktionismus, der Wissenssoziologie und der Phänomenologie steht, gehen Bewegungskonzepte zum Teil auf marxistische, struktur-funktionalistische oder behavioristische Traditionen zurück.

Drittens ist die soziale Bewegungsforschung in den USA in erster Linie in der Soziologie und nicht wie in Deutschland in der Politikwissenschaft angesiedelt. Während erstere sich auf Mikro-, Meso- und Makro-Prozesse richtet und durch ein breites Methodenspektrum gekennzeichnet ist, stehen für die Politikwissenschaft politische Systeme und Strukturen im Vordergrund und es besteht eine deutlich größere Distanz gegenüber qualitativen Methoden und insbesondere biographischen Ansätzen (vgl. Miethe 1999).

In der amerikanischen Bewegungsforschung gibt es in den letzten beiden Jahrzehnten eine deutliche Zunahme biographischer Studien im Kontext der Forschung zu sozialen Bewegungen. Obwohl auch in Deutschland zunehmend eine stärkere Einbeziehung biographischer Methoden gefordert wird, sind dort derartige Studien nach wie vor eher selten (vgl. ausführlich Miethe/Roth 2000). In unserem Beitrag konzentrieren wir uns auf Studien, die sich auf Theorien sozialer Bewegungen beziehen und verzichten auf die Aufzählung von Autobiographien und autobiographischen Sammlungen zu Mitgliedern sozialer Bewegungen (wie z.B. zu Rudi Dutschke u.v.a.).

2. Paradigmen der Bewegungsforschung in biographischer Perspektive

Im Folgenden geben wir einen Überblick über zentrale Paradigmen in der Bewegungsforschung. Dabei muss jedoch betont werden, dass diese Ansätze mittlerweile nicht mehr – wie noch vor einigen Jahren – miteinander konkurrieren, sondern zunehmend kombiniert bzw. integriert werden. Neuere Studien der Bewegungsforschung lassen sich also nicht mehr eindeutig zuordnen, sondern greifen häufig gleichzeitig auf mehrere Ansätze zurück. Zu Beginn jeden Abschnittes beschreiben wir kurz das jeweilige Forschungsparadigma und zeigen dann den Beitrag biographischer Ansätze auf.

2.1 Die Mobilisierung von Ressourcen

In dem Bestreben, soziale Bewegungen zu normalisieren und damit zu entpathologisieren, bemühten sich BewegungsforscherInnen in den USA seit Beginn der 1970er Jahre darum, soziale Bewegungen und diejenigen, die sich in ihnen engagieren, als rationale Akteure darzustellen. Der bekannteste Ansatz in dieser Richtung ist der Ressourcen-Mobilisierungs-Ansatz (RMA) (McCarthy/Zald 1977), dem Olsons (1965) Rational-Choice-Ansatz zugrunde liegt. Die Grundfrage dieses Ansatzes dreht sich darum, was Menschen dazu motiviert, sich für das öffentliche Wohl einzusetzen, wenn sie davon auch ohne ihr Zutun profitieren könnten (free rider problem). Die Lösung zu diesem Problem wird in Anreizen (selective incentives) gesehen, die nur den Mitgliedern der Organisation (z.B. Gewerkschaften) zur Verfügung steht. Dieses Verständnis der Motivation von Bewegungsmitgliedschaft stieß unmittelbar auf Kritik (Fireman/Gamson 1979; vgl. auch Ferree 1992). Dennoch setzte sich dieses theoretische Konzept in den USA sehr schnell durch, wurde breit rezipiert und hatte lange eine dominante Stellung innerhalb der Forschung zu sozialen Bewegungen inne.

Der RMA fokussiert auf die Mesoebene, d.h. auf organisationssoziologische Fragestellungen. Das Interesse an einzelnen Akteuren einer Gruppe richtet sich auf ihre Mobilisierbarkeit, d.h. es wird in der Forschung die Perspektive des Organisators einer sozialen Bewegung eingenommen und es werden typische organisatorische und strategische Dilemmata in den Blick genommen. Insofern beschäftigt sich der RMA zumeist mit der Analyse von Bewegungsorganisationen, deren Funktion, Struktur und Verflechtung sowie mit der Erforschung mobilisierungsrelevanter Ressourcen wie Geld, Zeit und Personal. Gefragt wird beispielsweise danach, welche Strategien warum besonders erfolgreich für soziale Bewegungen sind oder nicht sind. Wenn im Kontext dieses Ansatzes überhaupt einzelne Akteure in den Blick geraten, so werden diese ausschließlich als „rationale Akteure" verstanden.

Aus der Perspektive des RMA können biographische Methoden in mehrfacher Hinsicht nützlich eingesetzt werden. Zunächst ist von Interesse, nach der „biographischen Verfügbarkeit" (McAdam 1986) zu fragen. McAdam untersuchte beispielsweise die Rekrutierung in die Bürgerschaftsbewegung anhand der Bewer-

ber und Bewerberinnen in der Campagne „Freedom Summer" (McAdam 1988).
Schließlich wurden biographische Methoden auch genutzt, um die Rekrutierung
in rechtsradikale Organisationen und Bewegungen (Blee 2002) zu untersuchen.
Damit wird auch Mitgliedern in rechtsradikalen Organisationen nicht mehr länger Rationalität abgesprochen, sondern versucht, anhand der Untersuchung von
Sozialisationsprozessen zu verstehen, wie es zur Beteiligung in solchen Bewegungen kommt. Die Biographieforschung kann damit dazu beitragen, Fragestellungen des RMA (z.b. Rekrutierung) zu untersuchen, und gleichzeitig das im Rational Choice angelegte begrenzte – ausschließlich rationale – Menschenbild zu
überwinden.

Abgesehen von der Rekrutierung an sich, ist für den RMA auch von Interesse,
welche Erfahrungen, Kenntnisse und Netzwerkverbindungen neue Mitglieder in
Organisationen einbringen (z.B. Robnett 1997). Eine biographische Perspektive
erlaubt, die Sozialisationsprozesse, die zur Bewegungsmitgliedschaft führen und
durch die Erfahrungen und Kenntnisse gesammelt wurden, die der Bewegung zu-
gute kommen, zu untersuchen. Sie informiert damit weiterhin über Organisati-
onsmitgliedschaft und somit über Netzwerke, was für Koalitionsbildungen wichtig ist (Rose 2000; Roth 2003). Der RMA kann also in mehrfacher Hinsicht von
der Anwendung biographischer Methoden profitieren.

2.2 Politische Gelegenheitsstrukturen

Der Politischer-Prozess-Ansatz (PPA) richtet sich auf den historischen und poli-
tischen Kontext, insbesondere politische Gelegenheitsstrukturen (Eisinger 1973).
Hier ging es zunächst um die Beziehung zwischen institutionellen politischen
Akteuren (Regierungen, Parteien) und Protestbewegungen. Politische Gelegenheitsstrukturen umfassen u.a. die Offenheit bzw. Geschlossenheit des politischen
Systems, die Stabilität des Wahlsystems, die Unterstützung von einflussreichen
Verbündeten und die Toleranz der Eliten gegenüber Protestgruppen. Diese verschiedenen Aspekte wurden von Tarrow (1989) in seine Untersuchung von „Protestzyklen" integriert. Der PPA bzw. Politische-Gelegenheitsstrukturen-Ansatz
spielt weiterhin eine wichtige Rolle für die komparative Forschung hinsichtlich
der Beziehung von sozialen Bewegungen und institutionalisierten politischen Systemen (z.B. Rucht 1994; Kriesi et. al. 1995). Obwohl Bewusstseinswandel („cognitive liberation") und politische Einstellungen in einigen dieser Studien thematisiert wurden (Costain 1992; McAdam 1982), war dieser Ansatz zunächst auf der
Makroebene verankert. Insbesondere ist von Bedeutung, dass politische Gelegenheitsstrukturen nicht einfach existieren, sondern gerahmt werden müssen:

„Political opportunities are subject to framing processes and are often the source of internal movement disagreements about appropriate action strategies" (Gamson/Meyer 1996: 276).

Wenn aus einer biographischen Perspektive auf historische Prozesse, Protestzyklen und politische Gelegenheitsstrukturen geschaut wird, kann beispielsweise gefragt werden, warum es zu bestimmten Zeitpunkten zu einer günstigen Gelegenheitsstruktur kommen kann. Dabei spielen insbesondere politische Generationen (z.B. Fietze 1997; Whittier 1995) eine wichtige Rolle, und es stellt sich die Frage, inwieweit Themen und Chancen, die von Menschen in bestimmten historischen Augenblicken ergriffen werden, mit der generativen Verarbeitung historischer Zeitereignisse zusammenhängen. Erinnert sei nur an solche Verbindungen wie die Aktivität der 1968er in Deutschland und ihr Bezug zum Nationalsozialismus (Bude 1995), genauso wie aber auch an den Zusammenhang zwischen der Entstehung der „günstigen Gelegenheitsstruktur" der Wendezeit in der DDR und der generativ zunehmend weniger greifenden antifaschistischen Legitimation der DDR (Torpey 1995). Ein derartiger generativer Ansatz ist eine sinnvolle Ergänzung zur Untersuchung des Entstehens politischer Gelegenheitsstrukturen. Eine biographische Perspektive erweitert den PPA und betont die Interaktion von Makro-Meso-Mikro-Prozessen.

2.3 Framingkonzepte

Seit Mitte der 1980er Jahre werden in der US-amerikanischen Bewegungsforschung Framingkonzepte entwickelt (Snow et. al. 1986), die in der theoretischen Tradition des Symbolischen Interaktionismus stehen. Aufbauend auf Goffmans (1996) klassischem Konzept der Rahmenanalyse werden Rahmen (frames) als mentale Orientierungen definiert, die die Wahrnehmung und Interpretation von Ereignissen bestimmen. Empirisch ist für die Beantwortung einer derartigen Frage die Biographieforschung ein naheliegender Ansatz, denn über die Rekonstruktion von Biographien können nicht nur Frames und Framingprozesse, sondern auch die zu Grunde liegenden biographischen Bedeutungen und deren Veränderung erfasst werden (vgl. ausführlich Miethe 2001).

Sowohl die Biographieforschung als auch der Framingansatz haben eine gemeinsame Wurzel im Symbolischen Interaktionismus. Dadurch erscheint es sowohl theoretisch als auch empirisch besonders naheliegend, diese beiden Ansätze miteinander zu verbinden. Dass trotz dieser theoretischen Nähe nach wie vor eine gewisse Vorsicht gegenüber einem zu starken Einbezug biographischer oder sozialpsychologischer Aspekte in die Untersuchung sozialer Bewegungen besteht, hat eher „ideologische Gründe" (Snow/Oliver 1995: 590), als dass dies theoretisch oder empirisch wirklich ableitbar wäre.

Im Unterschied zum US-amerikanischen Raum wurden in Deutschland Framingansätze eher selten und erst in jüngster Zeit rezipiert. Abgesehen von biographischen Studien (Miethe 1999) und sozialpsychologischen Deutungen (Kreissl/Sack 1998) wurden in der deutschen Bewegungsforschung Framing-Ansätze vor allem bei der Analyse öffentlicher Debatten angewandt (z.b. Gerhards/Neidhardt/Rucht 1998; Ferree u.a. 2002).

2.4 Theorien Neuer Sozialer Bewegungen (NSB) und Kollektive Identitäten

Die NSB-Ansätze gelten oft als „europäischer Strang" (Hellmann 1999: 96) der Bewegungsforschung. „Neue" soziale Bewegungen werden dabei als ein „historisch neuer Typ sozialer Bewegungen" (Raschke 1991) verstanden, der sich von den „alten" (wie z.b. der Arbeiter- oder Gewerkschaftsbewegung) im Klassenbewusstsein, der Organisationsstruktur und der Art der Forderungen unterscheidet. Auch wenn diese Unterscheidung in „alte" und „neue" Bewegungen von Anfang an sowohl von feministischer als auch US-amerikanischer Seite kritisiert wurde, dominierte die Diskussion um eine „Neuheit" sozialer Bewegungen fast zwei Jahrzehnte die deutsche Debatte (vgl. die Beiträge in Klein/Legrand/Leif 1999). Die NSB, so die Vertreter dieses Ansatzes, richten sich dabei weniger gegen die spezifisch kapitalistische oder sozialistische Gesellschaft, als vielmehr gegen die funktionale Logik der Moderne, als deren Kosten und Folgen die Probleme erscheinen. Dabei wird Mobilisierung oft in Verbindung mit Modernisierungsbrüchen, gesellschaftlichen Strukturproblemen und anderen gesamtgesellschaftlichen Problemherden gesehen (vgl. Brand 1998). Durch diese starke Orientierung der NSB auf die sozialstrukturelle Ebene, v.a. auch im Hinblick auf die Identifizierung einer „bestimmbaren sozialstrukturellen Mobilisierungsbasis sozialer Bewegungen" (Hellmann 1999: 97), ist diese Debatte, so wie sie überwiegend in Deutschland geführt wird, eher an makrosoziologische Fragestellungen anschlussfähig und Fragen nach kollektiver Identität werden – im Unterschied zum US-amerikanischen Raum – im deutschen Sprachraum eher selten verfolgt. Entsprechend selten sind deshalb in Deutschland im theoretischen Kontext der Bewegungsforschung stehende biographische Untersuchungen zu finden (Degen 2000; Miethe 1999) bzw. schließen Studien, die de facto Teilnehmende sozialer Bewegungen mit biographischen Methoden untersuchen, an *andere* theoretische Prämissen, und nicht an die der Bewegungsforschung an (z.b. Höschele-Frank 1990; Fietze 1997; Bohnsack 1997; Bude 1995; Schneider u.a. 2002; Köttig 2004).

In der US-amerikanischen Rezeption der NSB-Theorien wird die Aufmerksamkeit auf die Bedeutung kultureller Aspekte insbesondere von Identitäten von AkteurInnen für kollektives Handeln gelenkt (vgl. Ferree/Roth 1999). Dies bedeutet, dass die US-amerikanische Rezeption der NSB-Theorien stärker als die Debatte innerhalb Deutschlands auch eine Mikroebene in die Untersuchung einbezieht und von daher auch eine gewisse Affinität zu biographischen Ansätzen besteht. Entsprechend gibt es eine Vielzahl empirischer Studien, die am Beispiel ganz unterschiedlicher sozialer Bewegungen die Rolle kollektiver Identitäten untersucht haben (vgl. zusammenfassend Miethe/Roth 2000).

3. Neuere Entwicklungen und Ausblick

3.1 Globalisierung und Integration von Paradigmen – Von sozialen Bewegungen zu „Dynamics of Contention"

In unserem historischen und theoretischen Überblick über die Entwicklung der Bewegungsforschung in Deutschland und den USA ist deutlich geworden, wie nationale Unterschiede, sozialer Wandel und soziale Bewegungen die Theoriebildung beeinflussen. Es ist daher nicht verwunderlich, dass die großen politisch-historischen Veränderungen und Ereignisse seit 1989 die Bewegungsforschung entscheidend beeinflusst haben. Dazu zählen neben dem Ende des Kalten Krieges infolge der friedlichen Revolution in Osteuropa das Ende des Apartheidsystems in Südafrika, die nationalen Bewegungen und Kriege im ehemaligen Jugoslawien, der Genozid in Ruanda, die zunehmende Integration der Europäischen Union sowie Globalisierungsprozesse und schließlich, ausgelöst durch die Anschläge vom 11. September 2001, die Auseinandersetzung mit Terrorismus. D.h., dass neben der Untersuchung von emanzipativen sozialen Bewegungen nun verstärkt die Untersuchung von nationalistischen und religiösen sozialen Bewegungen beobachtet werden kann, des Weiteren neben die Untersuchung von sozialen Bewegungen auch die Untersuchung von Revolutionen und Terrorismus treten, und schließlich die transnationale Dimension sozialer Bewegungen heute mehr Aufmerksamkeit erhält als früher. So handelt es sich beispielsweise bei internationalen Organisationen wie der UNO und der EU um transnationale Gelegenheitsstrukturen, und internationale Nicht-Regierungsorganisationen (INGOs) spielen sowohl auf nationaler wie auf internationaler Ebene eine wichtige Rolle. Für die Bewegungsforschung bedeutete dies einerseits, dass nun erkannt wurde, dass die Theoriebildung sich bislang überwiegend an westlichen liberalen sozialen Bewegungen orientiert hatte, d.h. die vorliegenden Konzepte hinsichtlich ihrer Anwendbarkeit auf andere soziale Bewegungen hinterfragt werden müssen. Andererseits ist offensichtlich, dass angesichts der Komplexität sozialer Bewegungen eine Integration von Ansätzen dringend erforderlich ist. Seit den 1990er Jahren ist eine zunehmende Integration verschiedener theoretischer Ansätze festzustellen. Weiterhin ist in der US-amerikanischen Forschung mittlerweile anstelle von „sozialen Bewegungen" von „contentious politics" (McAdam/Tarrow/Tilly 2001) die Rede. Durch diesen Begriff soll die bislang noch übliche Spaltung zwischen der Forschung zu sozialen Bewegungen und der zu Revolutionen, oder auch zu Bewegungsorganisationen und zu anderen kollektiven Akteuren überwunden werden. Die inzwischen vorliegenden Studien zu transnationalen Akteuren sind jedoch zumeist auf die Mesoebene, d.h. internationale Organisationen (z.B. Keck/Sikkink 1998; Boli/Thomas 1999), beschränkt. Die Ausbildung transnationaler Identitäten (Tarrow 2003; Roth 2004) sowie von Diffusionsprozessen aufgrund der Migration von Bewegungsaktivisten (McAdam/Rucht 1993) hat hingegen noch kaum Aufmerksamkeit gefunden. Gerade auch zu Untersuchung von Transformationsprozessen ist die Biographieforschung sehr fruchtbar (vgl. Fischer-Rosenthal 2000).

3.2 Comeback für Emotionen

Eine weitere wichtige Entwicklung innerhalb der Bewegungsforschung ist die Auseinandersetzung mit Emotionen. Wie eingangs beschrieben, wurden in der Bewegungsforschung Studien in der Tradition der Collectiv-Behavior-Ansätze oder der feministischen Forschung, die sich mit Emotionen auseinandersetzten, lange Zeit ignoriert. In jüngster Zeit werden Emotionen allerdings wieder in das Repertoire der Bewegungsforschung aufgenommen und deren zentrale Rolle für die Herausbildung, Entwicklung und den Niedergang von sozialen Bewegungen wird zunehmend anerkannt (Goodwin/Jasper/Polletta 2001; Aminzade/McAdam 2001). Flam (1990) untersuchte schon früh, wie Emotionen zur Mobilisierung von sozialen Bewegungen beitragen, setzte sich mit der Frage individueller Identität und der „emotionalen Befreiung" als Voraussetzung für die Beteiligung an sozialen Bewegungen auseinander und analysierte, wie Aktivist(inn)en mit ihren Ängsten umgehen (Flam 1998). Wie diese Bewegungsforscher(innen) zeigen, spielen Emotionen im Hinblick auf politische Gelegenheitsstrukturen („Emotionskulturen"), Framing-Prozesse, Identitätsformation, Protestrepertoires sowie die Auswirkungen sozialer Bewegungen eine wichtige Rolle. In einer biographischen Perspektive lässt sich gut zeigen, wie der Umgang mit Emotionen die Bewegungsbeteiligung von Aktivist(inn)en beeinflusst (z.B. Flam 1998).

3.3 Ein abschließendes Plädoyer für eine Ausweitung von Fragestellungen und des Methodenrepertoires

Diese neuen Entwicklungen zeigen eindrücklich, wie multidimensional die Untersuchung sozialer Bewegungen angelegt sein muss. Inzwischen besteht innerhalb der Bewegungsforschung weitestgehender Konsens darüber, dass zur Untersuchung so komplexer Phänomene wie sozialer Bewegungen ein Theoriekonzept oder eine empirische Methode allein nicht ausreichen, und stattdessen auf eine Verbindung unterschiedlicher theoretischer und empirischer Konzepte zurückgegriffen werden muss. Es müssen sowohl organisationale, transnationale, gruppenspezifische und emotionale Aspekte als auch Fragen der kollektiven Identität und Rahmung in die Untersuchung einbezogen werden.

Wie im US-amerikanischen Raum, wo relativ früh ein breites Spektrum möglicher Fragestellungen und theoretischer Ansätze in der Untersuchung sozialer Bewegungen entwickelt wurde, besteht inzwischen auch in der deutschen Bewegungsforschung ein großes Interesse an weiterführenden Fragestellungen und damit verbunden die Notwendigkeit des Einbezugs eines breiteren Methoden- und Theoriespektrums (vgl. z.B. die Beiträge in Klein/Legrand/Leif 1999). Eine biographische Perspektive ist für die Bewegungsforschung insbesondere produktiv, da sie das Individuum als Prozess versteht und es in Generation, Gruppe und Geschlecht verankert sieht (Ferree 2000). Auf diese Weise werden Sozialisationsprozesse in sozialen Bewegungen sowie gesellschaftliche Veränderungen betont. Dies betrifft auf der Mikroebene die Lebensläufe der Aktivist(inn)en, auf der Mesoebene die Veränderungen von Bewegungsorganisationen und anderen Institutionen und auf der Makroebene demographische und politische Veränderungen. Fragestellungen, die in die Forschung zu sozialen Bewegungen stärker aufgenommen werden könnten und auf die die Biographieforschung Antworten geben kann, sind beispielsweise darauf gerichtet, was Menschen überhaupt dazu motiviert, sich einer sozialen Bewegung anzuschließen und diese auch wieder zu verlassen. Genauso ist es eine wichtige Untersuchungsfrage, wie Bewegungsorganisationen über das Handeln von Menschen verändert werden und wie sich aber auch die Mitgliedschaft in einer sozialen Bewegung auf die beteiligten Akteure auswirkt, – eine Fragestellung, die bereits in einigen biographisch orientierten Studien verfolgt wurde (z.B. Andrews 1991; McAdam 1999). Ebenso kann über biographische Ansätze erfasst werden, welches Politikverständnis dem Handeln der Akteure zugrunde liegt (Miethe 1996; Degen 2000) oder wie die Kategorien Rasse, Klasse und Geschlecht miteinander interagieren und welche Bedeutung dies für die Bewegungspartizipation und das Selbstverständnis von Bewegungsorganisationen hat (Roth 2003). Weiterhin ist für die Bewegungsforschung die Auseinandersetzung mit (politischen) Generationen wichtig. Auch dazu liegen inzwischen einige Studien vor (Bude 1995; Whittier 1995; Roth 2003).

Die Bewegungsforschung im US-amerikanischen Raum ist nach unserer Einschätzung bisher deutlich vielschichtiger und offener gegenüber qualitativen und insbesondere biographischen Ansätzen als die Bewegungsforschung in Deutschland. Anregungen für die Verbindung von Biographie und sozialer Bewegung kommen von daher in erster Linie aus diesem Raum. Bei der Analyse US-amerikanischer biographischer Studien in der Bewegungsforschung fällt allerdings auf, dass diese Studien forschungsmethodische Fragen nur sehr am Rande (oder gar nicht) aufgreifen oder explizit machen. Nicht selten werden biographische Interviews lediglich als Illustration anderweitig gefundener Ergebnisse benutzt. „Biographische Methoden" stellen – obwohl Biographieforschung gerade auch in Deutschland stark von der US-amerikanischen qualitativen Forschungstradition beeinflusst wurde (Apitzsch/Inowlocki 2000) – innerhalb der amerikanischen Bewegungsforschung einen sehr breiten Sammelbegriff dar, der nahezu alle Ansätze, die in irgendeiner Form auf biographische Informationen zurückgreifen, subsumiert. Dies reicht von einfacher Deskription zur Analyse quantitativer Daten über inhaltsanalytische Kategorienbildung zu Falldarstellungen in der Tradition der „Oral History". Bezeichnenderweise enthält der kürzlich erschienene Sammelband zu Methoden der Bewegungsforschung (Klandermans/Staggenborg 2002) keinen einzigen Beitrag zur Biographieforschung. Allerdings widmen Blee und Taylor (2002) lebensgeschichtlichen Interviews als einem Typ semi-strukturierter Interviews einen mehrseitigen Abschnitt. D.h. Biographieforschung wird – auch wenn es im US-amerikanischen Raum inzwischen relativ viele biographische Studien gibt – eher als ergänzende denn als eigenständige und zentrale Methode der Bewegungsforschung verstanden. Auch gegenüber hermeneutischen Methoden bestehen nach wie vor gewisse Vorbehalte, was nicht zuletzt in der Befürchtung begründet sein kann, sich durch das Verlassen manifester Sinnstrukturen zu stark auf eine unbewusste und affektive Ebene zu begeben und dadurch Gefahr zu laufen, den alten „Irrationalismus-Vorwurf" wieder zu aktivieren (vgl. Johnston 1995: 221). Nichtsdestoweniger haben einige hermeneutische Studien, die sicherlich nicht zufällig in Deutschland entstanden sind, den Nutzen derartiger methodischer Ansätze für die Bewegungsforschung aufgezeigt (Höschele-Frank 1990; Bude 1995; Miethe 1999).

Unseres Erachtens wäre es wünschenswert – und wie im Beitrag entwickelt auch sinnvoll und weiterführend – wenn biographische Perspektiven verstärkt in das Repertoire der Bewegungsforschung aufgenommen würden. Vor allem die US-amerikanische Bewegungsforschung hat gezeigt, an welchen Stellen und für welche Fragestellungen eine derartige Perspektivenerweiterung sinnvoll sein kann. Gleichzeitig ist es aber auch wünschenswert, wenn nicht nur die Anzahl der Studien zunimmt, die sich selbst in einer biographischen Tradition verorten, sondern derartige Bewegungsstudien auch auf das inzwischen sehr elaborierte Methodeninstrumentarium der – stärker in Deutschland entwickelten – Biographieforschung zurückgreifen würden. Eine auf Einzelinterviews konzentrierte biographische Perspektive allein wird allerdings kollektiven Phänomenen wie sozialen Bewegungen nur teilweise gerecht und sollte nach Möglichkeit auch um andere qualitative (und selbstverständlich auch quantitative) Forschungsmethoden ergänzt werden, die stärker kollektive Phänomene in den Blick nehmen (z.B. Gruppendiskussionen, ethnographische Feldstudien). Die Zeit ist inzwischen reif dafür, Biographie- und Bewegungsforschung dauerhaft und konstruktiv miteinander zu verbinden, wohl wissend, dass auch die Biographieforschung (wie jede andere Methode auch) ihre spezifischen Stärken und Grenzen hat.

Literatur

AMINZADE, RONALD R./MCADAM, DOUG (2001): Emotions and Contenious Politics. In: Aminzade, R. R. et. al. (Hrsg.), 14-50.

AMINZADE, RONALD R./GOLDSTONE, JACK A./MCADAM, DOUG/PERRY, ELIZABETH/SEWELL JR., WILLIAM H./TARROW, SIDNEY/TILLY, CHARLES (2001) (Hrsg.): Silence and Voice in the Study of Contentious Politics. Cambridge: Cambridge University Press.

ANDREWS, MOLLY (1991): Lifetimes of Commitment. Aging, Politics, Psychology. Cambridge: Cambridge University Press.

APITZSCH, URSULA/INOWLOCKI, LENA (2000): Biographical Analysis. A ‚German' school? In: Chamberlayne, P./Bornat, J./Wengraf, T. (Hrsg.): The Turn to Biographical Methods in Social Science. London: Routledge, 53-70.

BLEE, KATHLEEN M. (2002): Inside Organized Racism. Women in the Hate Movement. Berkeley: University of California Press.

BLEE, KATHLEEN/TAYLOR, VERTA (2002): Semi-Structured Interviewing in Social Movement Research. In: Klanderman, Bert/Staggenborg, Suzanne (Hrsg.): Methods of Social Movement Research. Minneapolis: University of Minnesota Press, 92-117.

BOHNSACK, RALF (1997): "Gesellschaft ist wie die Army": Jugendgewalt und Jugendmilieus in West- und Ostberlin. Berlin: Das Arabische Buch.

BOLI, JOHN/THOMAS, GEORGE M. (Hrsg.) (1999): Constructing World Culture. International Nongovernmental Organizations since 1875. Stanford, CA: Stanford University Press.

BRAND, KARL-WERNER (1998): Neue Soziale Bewegungen: ‘Europäische' Erklärungskonzepte. In: Forschungsjournal Neue Soziale Bewegungen Jg. 10 (1), 63-72.

BUDE, HEINZ (1995): Das Altern einer Generation. Die Jahrgänge 1938-1948. Frankfurt/M.: Suhrkamp.

COSTAIN, ANNE N. (1992): Inviting Women's Rebellion. A Political Process Interpretation of the Women's Movement. Baltimore, MD: Johns Hopkins University Press.

DEGEN, CHRISTEL (2000): Politikvorstellung und Biographie. Die Bürgerbewegung Neues Forum auf der Suche nach der kommunikativen Demokratie. Opladen: Leske & Budrich.

DELLA PORTA, DONATELLA (1992): Life Histories in the Analysis of Social Movement Activists. In: Diani, Mario/Eyerman, Ron (Hrsg.): Studying Collective Action. London: Sage Modern Politics Series, 10, 168-193.

EDER, KLAUS (1999): Kulturelle Identität zwischen Tradition und Utopie. Frankfurt a.m./New York: Campus.

EISINGER, PETER K. (1973): The Conditions of Protest Behavior in American Cities. In: American Politica Science Review, 67 (1), 11-28.

FERREE, MYRA MARX (1992): The Political Context of Rationality: Rational Choice Theory and Resource Mobilization. In: Morris, A. D./McClurg Mueller, C. (Hrsg.): Frontiers in Social Movement Theory. New Haven: Yale University Press, 29-52.

FERREE, MYRA MARX (2000): Was bringt die Biographieforschung der Bewegungsforschung? In: Miethe, I./Roth, S. (Hrsg.), 111-128.

FERREE, MYRA MARX/ROTH, SILKE (1999): Kollektive Identität und Organisationskulturen: Theorien neuer sozialer Bewegungen aus amerikanischer Perspektive. In: Klein, A./Legrand, H.-J./Leif, T. (Hrsg.): Neue Soziale Bewegungen. Impulse, Bilanzen und Perspektiven. Opladen: Westdeutscher Verlag, 131-143.

FERREE, MYRA MARX/WILLIAM ANTHONY GAMSON/GERHARDS, JÜRGEN/RUCHT, DIETER (2002): Shaping Abortion Discourse. Democracy and the Public Sphere in Germany and the United States. New York, NY: Cambridge University Press.

FIETZE, BEATE (1997): 1968 als Symbol der ersten globalen Generation. In: Berliner Journal für Soziologie, Jg. 7 (3),356-386.

FIREMAN, BRUCE/GAMSON, WILLIAM (1979): Utilitarian Logic in the Resource Mobilization Perspective. In: Zald, M./McCarthy, J. (Hrsg.): The Dynamics of Social Movements. Cambridge: Winthrop.

FISCHER, WOLFRAM/KOHLI, MARTIN (1987): Biographieforschung. In: Voges, W. (Hrsg.): Methoden der Biographie- und Lebenslaufforschung. Opladen: Leske & Budrich, 25-50.

FISCHER-ROSENTHAL, WOLFRAM (2000): Was bringt die Biographieforschung der Transformationsforschung? In: Miethe, Ingrid/Roth, Silke (Hrsg.), 27-39.

FLAM, HELENA (1990): The Emotional „Man" and the Problem of Collective Action. In: International Sociology Jg. 5 (1), 39-56.

FLAM, HELENA (1998): Mosaic of Fear: Poland and East Germany before 1989. Boulder: Columbia University Press.

GAMSON, JOSHUA (1995): Must Identity Movements Self-Destruct? A Queer Dilemma. In: Social Problems, 42 (3), 390-407.

GAMSON, WILLIAM A./MEYER, DAVID S. (1996): Framing Political Opportunity. In: McAdam, D./McCarthy, J./Zald, M.N. (Hrsg.): Comparative Perspectives on Social Movements: Political Opportunities, Mobilizing Structures, and Cultural Framings. Cambridge: Cambridge University Press.

GERHARDS, JÜRGEN/NEIDHARDT, FRIEDHELM/RUCHT, DIETER (1998): Zwischen Diskurs und Palaver: Strukturen öffentlicher Meinungsbildung am Beispiel des Abtreibungsdiskurses in Deutschland. Opladen: Westdeutscher Verlag.

GOFFMAN, ERVING (1996/1974): Rahmen-Analyse. Ein Versuch über die Organisation von Alltagserfahrungen. Frankfurt/M.: Suhrkamp.

GOLDSTONE, JACK A./MCADAM, DOUG (2001): Contention in Demographic and Life-Course Context. In: Aminzade, Ronald R. et. al., 195-221.

GOODWIN, JEFF/JASPER, JAMES M./POLLETTA, FRANCESCA (2001): Passionate Politics. Emotions and Social Movements. Chicago: University of Chicago Press.

HELLMANN, KAI-UWE (1999): Paradigmen der Bewegungsforschung. Eine Fachdisziplin auf dem Weg zur normalen Wissenschaft. In: Klein, A. u.a. (Hrsg), 91-113.

HÖSCHELE-FRANK, CORNELIA (1990): Biographie und Politik. Identitätsbildungs- und Politisierungsprozesse von Frauen in den neuen sozialen Bewegungen. Dissertation. Philipps-Universität Marburg.

JOHNSTON, HANK (1995): A Methodology for Frame Analysis: From Discourse to Cognitive Schemata. In: Johnston, H./Klandermann, B. (Hrsg.): Social Movements and Culture. Minneapolis: University of Minnesota Press.

KECK, MARGARET E./SIKKINK, KATHRYN (1998): Activists Beyond Borders. Advocacy Networks in International Politics. Ithaca, NY: Cornell University Press.

KLANDERMANS, BERT/STAGGENBORG, SUZANNE (2002): Methods of Social Movement Reserach. Minneapolis: University of Minnesota Press.

KLEIN, ANSGAR/LEGRAND, HANS-JOSEF/LEIF, THOMAS (Hrsg.) (1999): Neue Soziale Bewegungen. Impulse, Bilanzen und Perspektiven. Opladen: Westdeutscher Verlag.

KÖTTIG, MICHAELA (2004): Lebensgeschichten rechtsextrem orientierter Mädchen und junger Frauen. Biographische Verläufe im Kontext der Familien- und Gruppendynamik. Gießen: Psychosozial-Verlag.

KREISSL, REINHARD/SACK, FRITZ (1998): Framing – Die kognitiv-soziale Dimension von sozialem Protest. In: Forschungsjournal Neue Soziale Bewegungen Jg. 10 (4), 41-54.

KRIESI, HANSPETER/KOOPMANS, RUUD/DYVENDAK, JAN WILLEM/GIUGNI, MARCO (1995): New Social Movements in Western Europe. A Comparative Analysis. Minneapolis: University of Minnesota Press.

LEBON, GUSTAVE (1951/1912): Psychologie der Massen. Stuttgart: Alfred Kröner Verlag.

McADAM, DOUG (1986): Recruitment to High-Risk Activism: The Case of Freedom Summer. In: American Journal of Sociology, 92 (1), 64-90.

McADAM, DOUG (1989): The Biographical Consequences of Activism. In: American Sociological Review, Jg. 54 (5), 744-760.

McADAM, DOUG (1982): Political Process and the Development of Black Insurgency, 1930-1970. Chicago: University of Chicago Press.

McADAM, DOUG (1988): Freedom Summer. New York: Oxford University Press.

McADAM, DOUG (1999): The Biographical Impact of Activism. In: Giugni, M./McAdam, D./Tilly, C. (Hrsg.): How Social Movements Matter. Minnesota: University of Minnesota Press, 119-146.

McADAM, DOUG/TARROW, SIDNEY/TILLY, CHARLES (2001): Dynamics of Contention. Cambridge: Cambridge University Press.

McADAM, DOUG/RUCHT, DIETER (1993): The Cross-National Diffusion of Movement Ideas. In: Annals of the American Academy of Political and Social Science, vol. 258, 56-74.

McCARTHY, JOHN/MAYER ZALD (1977): Resource Mobilization and Social Movements. A Partial Theory. American Journal of Sociology Jg. 82 (6), 1212-1241.

MIETHE, INGRID (1996): Das Politikverständnis bürgerbewegter Frauen der DDR im Prozeß der deutschen Vereinigung. In: Zeitschrift für Frauenforschung. Jg. 14 (3), 87-101.

MIETHE, INGRID (1999): Frauen in der DDR-Opposition. Lebens- und kollektivgeschichtliche Verläufe in einer Frauenfriedensgruppe. Opladen: Leske & Budrich.

MIETHE, INGRID (2001): Framingkonzepte aus biografischer Perspektive. Das Beispiel der Frauenfriedensbewegung der DDR. In: Forschungsjournal Neue Soziale Bewegungen, Jg.14 (2), 65-75.

MIETHE, INGRID/ROTH, SILKE (Hrsg.) (2000): Politische Biographien und sozialer Wandel. Giessen: Psychosozial-Verlag.

MIETHE, INGRID/ROTH, SILKE (2000): Einleitung. Biografische Ansätze und Paradigmen der Bewegungsforschung. In: Miethe, I./Roth, S. (Hrsg.), 7-24.

NIETHAMMER, LUTZ/VON PLATO, ALEXANDER/WIERLING, DOROTHEE (1991): Die volkseigene Erfahrung: Eine Archäologie des Lebens in der Industrieprovinz der DDR: 30 biografische Eröffnungen. Berlin: Rowohlt.

OLSON, MANCUR (1965): The Logic of Collective Action. Public Goods and the Theory of Groups. Cambridge/London: Havard University Press.

RASCHKE, JOACHIM (1991): Zum Begriff der sozialen Bewegung. In: Roth, S./Rucht, D. (Hrsg.): Neue Soziale Bewegungen in der Bundesrepublik Deutschland. Bonn: Bundeszentrale für Politische Bildung, 31-39.

ROBNETT, BELINDA (1997): How Long? How Long? African-American Women in the Struggle for Civil Rights. New York: Oxford University Press.

ROSE, FRED (2000): Coalitions across the Class Divide. Lessons from the Labor, Peace, and Environmental Movements. Ithaca: Cornell University Press.

ROTH, SILKE (2003): Building Movement Bridges. The Coalition of Labor Union Women. Westport, CT: Praeger.

ROTH, SILKE (2004): Transnationale Identitäten, Biographien und Karrieren von Entwicklungs- und Katastrophenhelferinnen in internationalen Nicht-Regierungsorganisationen. Vortrag, gehalten auf der Jahrestagung der Sektion Biographieforschung der Deutschen Gesellschaft für Soziologie „Biographische Prozesse und kollektive Identitäten". Frankfurt/M., 22.-24. April 2004 (unveröff. Ms.).

RUCHT, DIETER (1994): Modernisierung und soziale Bewegung. Frankfurt a.M./New York: Campus.

SCHNEIDER, CHRISTIAN/SIMON, ANNETTE/STEINERT, HEINZ/STILLKE, CORDELIA (2002): Identität und Macht. Das Ende der Dissidenz. Gießen: Psychosozial.

SNOW, DAVID A./BURKE, ROCHFORD JR./WORDEN, STEVEN K./BENFORD, ROBERT D. (1986): Frame Alignment Processes, Micromobilization, and Movement Participation. American Sociological Review Jg. 51 (4), 464-481.

SNOW, DAVID A./OLIVER, PAMELA W. (1995): Social Movements and Collective Behavior. Social Psychological Dimensions and Considerations. In: Cook, K. S./Fine, G. A./House, J. S. (Hrsg.): Sociological Perspectives on Social Psychology. Boston: Allyn & Bacon, 571-599.

TARROW, SIDNEY (1989): Democracy and Disorder. Social Conflict, Protest and Politics in Italy, 1965-85. Oxford: Oxford University Press.

TARROW, SIDNEY (2003): Rooted Cosmopolitans: Transnational Activists in a World of States. Vortrag gehalten an der Notre Dame University Southbend, Indiana, 19. März 2003.

TORPEY, JOHN C. (1995): Intellectuals, Socialism, and Dissent. The East German Opposition and its Legacy. Minneapolis: University of Minnesota Press.

WHITTIER, NANCY (1995): Feminist Generations. The Persistence of the Radical Women's Movement. Philadelphia: Temple University Press.

Jan K. Coetzee/Geoffrey Wood

The Fragmentary Method in Biographical Research: Simmel and Benjamin

When scrutinising literature in the social sciences in general and sociology in particular, it is clear that the contributions of the classical theorists Georg Simmel and Walter Benjamin are far from being forgotten. Both Simmel and Benjamin's social philosophy was primarily one of method, of enquiry, rather than abstract theorizing. They share a concern for the everyday life and for the complex manner in which individuals cope with, conceive of and remake social existence. This chapter briefly locates their distinctive methodologies within the broader sociological tradition, and highlights those aspects of the methodological tools developed that are most relevant to biographical research.

1. Biographical research: Using Simmel and Benjamin

There is a body of critical literature (maybe still relatively small at this stage) aimed at making use of Simmel and Benjamin's work as a basis for biographical research. The following references to articles published in recent Social Science journals indicate something of the renewed interest in the work of Simmel and Benjamin. Stina Lyon (2004) notes, for instance, that biographies concern both objective happenings, and subjective remouldings, and, hence, incorporate some search for validity and representation, even if the frameworks in which the story is placed is set by the contemporary concerns of both (story)teller and researcher. In gathering biographical accounts of mountain climbers' experiences, Lewis (2000) argues that Simmel aptly incorporates material and objective into the personal-phenomenal world; the external environment inscribes itself upon the body of the individual, and the manner in which s/he reengages with the outside world. The social researcher as a wanderer is a professional stranger, notes Labaree (2002) in an article, disconnected, playing a mediating and reinterpreting role between subject and reader.

Meanwhile, McCormack (2004) argues that the socially situated and encultured character of the personal narrative accounts of Benjamin provides valuable theoretical resources for countering the possibility for researcher centeredness in social enquiry. This is particularly important in the field of narrative research, given that the interest and perspective of the teller may be subsumed by the viewpoint of the social researcher collecting biographies. Looking at the process of convalescence, Radley and Taylor (1999) argue that individuals repair their personal biographies in the light of present circumstances. They create a distance separating narrator and the collector of narratives. Integral to this is a reordering of fragmentary images, a process first noticed by Benjamin.

Tansy Jessop and Alan Penny (1999) highlight the problem of representation in narrative based studies: researchers are outsiders, "bordercrossing into the lives of the researched", in the name of articulating their voices. Again, Jack Katz (2004) argues that researchers journey "to the other side" and can build policy/political significance through contesting popular stereotypes, and, through contrasting different voices, reveal social forces underlying local cultures. Yet, "the population is never the same, in composition or at least in biographical reality, as the population to which the study's results will be extrapolated", a process recognized in Simmel's (and Benjamin's) methodological writings (Katz 2004). However, the own position of the researcher will remould what is retold, but the latter may be taken account of through understanding the process by which s/he migrates between tellers/subjects and readers, collecting images, and recreating them through an assembled collage.

In the above literature, both Simmel and Benjamin's methodological project is depicted as a constructivist one, in that the gathering of biographies is about both the research constructing a mosaic and a way of referring to "reality". These points are developed in subsequent sections of this chapter. However, these are not the only possible conclusions biographical researchers may draw out of their work. Most notably, Simmel's work can be firmly situated within the orthodox modernist sociological tradition (cf. Gerhards/Hackenbroch 2000), and can be squarely located as part and parcel of the hermeneutical tradition (cf. Katz 2004). Nonetheless, the nexus between event and reinterpretation, teller and researcher, sequence and montage represented abiding concerns of both Simmel and Benjamin, providing uniquely useful tools for further development by the biographical methodologist.

2. Simmel and Benjamin: Commonality and difference

A principal concern of the neo-Kantian Baden (or South-Western) school of thought that emerged in nineteenth century Germany was the confirmation of history and historical sociology as a science distinct from the natural world (cf. Burns 2000: 160; Kleining/Witt 2000: 2). Strands of this intellectual tradition have persisted in a wide range of contemporary methodological schools and there has been a renewed interest in its more radical fringes and offshoots.

Over the past two decades, there has been a considerable revival of interest in the works of two somewhat unorthodox, yet firmly modernist social thinkers, Georg Simmel and Walter Benjamin (cf. Frisby 1989; 1992; Featherstone 1991; Dobson 2003; Burns 2000). In part, this revival reflected the growing disillusionment with metatheories of modernity. In contrast to many of their contemporaries, both Benjamin and Simmel rejected functionalist conceptualizations of a super-historical logic of societal evolution. Yet, at the same time, both writers firmly rejected the notion that conscious action could somehow suspend the contradictions inherent in capitalism, or guide economic development (cf. Jessop 2001: xx)[1], conceptions that were not guided by conservatism, but rather through a specific understanding of the place of the individual in society and history. Indeed, their writings were commonly infused with a certain radicalism in seeing social enquiry as historically conditioned and transitory (cf. Burns 2000: 163); their somewhat chequered academic careers may have been both a cause and a consequence of this (ibid.).

Another important reason for the revival of interest in their works reflected increasing disillusionment with the postmodernist project, yet a recognition of the value of certain postmodern methodological tools, most notably Foucaultian "archaeology" and "genealogy" of knowledge. Both these tools direct the researcher to the discarded, the "unspoken" and the seemingly trivial; dysfunctions, unruly discourses and abnormality reveal much about wider social reality (Miller 1993; Poster 1984; Foucault 1979). Whilst neither Simmel nor Benjamin shared the interest of Foucault and his successors on the social significance of physical punishment, madness, sexual deviance and the normalizing technologies (Foucault 1979; Miller 1993; Deleuze and Guattari 1983) in understanding the place of the individual within specific societies, their works retained a passionate interest in the interconnectedness of "discarded" trivial or seemingly inconsequential actions and behavioural patterns, and wider social reality. To Benjamin this interest included such seemingly directionless phenomena as idle window-shopping (cf. Benjamin 1979), whilst Simmel even sought to explain "why certain individuals smelled bad" in terms of contemporary social ordering.

Hence, the revival of interest in writers such as Simmel and Benjamin – and other "peripheral modernist radicals" such as Hannah Arendt – would, firstly, reflect the growing disillusionment of critical scholars with metatheoretical projects, a disillusionment founded on a recognition of the irreversibility of actions and the unpredictability of consequences (cf. Kristeva 2001). The latter recognition is central to the works of both Benjamin and Simmel. Secondly, it would reflect a desire to escape the inherent amorality – and conservative consequences of postmodernism (cf. Bhaskar 1979) – whilst retaining a desire to experiment with innovative methodological approaches, and a rejection of the linearity of societal evolution. Finally, it is worth noting that both writers were rather more aestheticists than in the mainstream hermeneutic tradition, according a far greater prominence to the effects of culture, and of time and place, areas of interest that are currently highly fashionable among contemporary sociologists of both the high modern and post-modern variety.

For biographical researchers, their works are of particular interest in their conceptualization of individual lives as a narrative[2]. To Simmel, individual lives are a central category in historical sociology; any analysis is historically and spatially conditioned. Benjamin's writings – as is the case with Simmel – incorporated the Kantian analytic of experience (Burns 2000: 256). He similarly held to the Kantian notion that the transcendental structures of the mind make perception and knowledge possible. Again, both thinkers held that the individual ego does not freely invent categories but absorbs them from a contemporary milieu; yet, historical conceptions are "mental", and formed in some way prior to investigation (Burns 2000: 165). For both theorists sociology is, above all, about method, about taking a picture of society (cf. Deflem 2003: 63). Hence, Simmel devotes particular attention to the relationships between the individual and society, and the insights that can be gained through the manner in which they extend or reconstitute historical narratives of a particular group (Simmel 1977). Groups with similarly apparent forms can have very different content and vice versa. The content of social life represents the manner in which differing individual drives, interests, purposes and inclinations come together – interactions that exhibit certain forms, the interplay between the subjective, that is the individual life experience, and the interpretation of it by her/himself and others, and the objective, that is wider shared meanings, such as interpersonal mediums of exchange, associated with the modern cash economy (Simmel 1981).

Benjamin's concern with the small details of everyday life again reflects a preoccupation with the making of identity through the interplay between individual identity and wider social objectivities (cf. Benjamin 1979). Indeed, Dobson (2003) argues that Benjamin anticipated the works of Goffman in his concerns with demeanour and the manner in which identity is managed and remade.

Again, both Simmel and Benjamin believed that categories of analysis and forms of historical thought are themselves historically conditioned. Through applying her/his own categories, those collecting narratives transforms rather than simply describes social phenomena. However, all knowledge is rooted in a limited finite point of view (Burns 2000: 163). This recognizes, and allows for a multiplicity of viewpoints and voices to be heard, in contrast to hegemonic approaches that reiterate the preconceptions of the powerful (ibid.: 164).

Hence, for those interested in narratives, both Simmel and Benjamin are of great interest in their recognition of the central importance and subjectivity of individual lives, whilst recognizing the latter are firmly rooted and reflectively conditioned by historical context, and their emphasis on the importance of even the most obscure, hidden and trivial aspects of the human experience, in illuminating a life, place and time.

However, whilst these two theorists have considerable common ground, they differ in a crucial area: in their understanding of the possibilities for naturalism. Simmel firmly rejected the naturalist/realist conceptualism that knowledge in the mind copies or reproduces reality (Simmel 1977). In contrast, Benjamin (Rayment-Pickard 2000: 257) rejected the priority given by the Kantian tradition to the self, holding that neutrality regarding both conceptions of the subject and the object was both possible and desirable (ibid.). However, Benjamin conceded that history can never represent a continuous story; history breaks down to many different images, flashes and insights, a perception that has much in common with Simmel's conceptualization of knowledge is rooted in individual finite points of view, both rejecting a formal logical approach to recording and piecing together narratives as means of unveiling a logical truth.[3]

Finally, despite holding out the faint possibility that social research might approximate naturalism (cf. Benjamin 1979), much of Benjamin's works have been rejected by more mainstream Marxist thinkers on account of his "…clearly undialectical use of Marxist categories, and his determined break with all metaphysics" (Arendt 1967: 165). Above all, Benjamin's approach is that of the wanderer, selecting intriguing aspects of social reality, rather than constructing a model of the whole; it is up to the reader to do the latter (cf. Benjamin 1979). Similarly, many of Simmel's critics have painted him as a "defective radical", replacing the Marxist conception of history with an emphasis on rather tenuous ascetic connections (Crook 1991: 58). Whilst in a part this reflects a denial of the possibilities of genuinely naturalist social enquiry, it also embodies a concern as to the possibility of gaining a general vision simply through the collection of a "critical mass" of data (Simmel 1977). A plethora of detail is likely to make any conceptualization of wider social conditions elusive; in contrast, momentary insights and individual reinterpretations thereof may, again, shed light on the contemporary human condition.

In summary, it needs to be emphasised that in no manner can Simmel and Benjamin be categorized as belonging to a single theoretical paradigm; rather they represent two innovative theorists (both shunned by the sociological mainstream of their day) who developed specific – yet, in many areas overlapping – conceptualizations of the individual life-experience within a broader historical context that is of particular interest to the student of narratives.

3. The micro methodologies of Simmel and Benjamin

As Simmel (1977) notes, a defining feature of modernity is that individuals engage in a range of transactions that are not spatially and culturally defined within the context of a small community, but rather move between a wide variety of social circles. Whichever stance is assumed in the current debate surrounding the possible emergence of a distinct postmodern age, there is little doubt that a contemporary trend is towards even greater fragmentation, making Simmel's work of still greater relevance.

Later in this chapter we will refer to examples of biographical research, one being a project in which former political prisoners give an account of years that they were imprisoned. From this example it is clear that the life experiences of activist turned prisoner do not just centre around acts of defiance. It is also about everyday life, including family and personal ties and basic economic concerns. One can physically record, say, the number of political protests that have taken place during a specific time period, but still have little understanding of the individual participants thereto. One can capture detail on the food received in prison, on the medical facilities, on visiting rights, on exercise opportunities and on various other aspects of life behind bars, without being able to depict the essence of the experience. Whilst a quantitative approach may accurately record a particular attitude, or a clustering of transactions, it cannot capture the entire life experience. It may be possible to accurately record some of the visible outcomes of decisions an individual makes, but it is not possible to accurately gauge the complex range of social forces which prompted these decisions, and the relationship between her/him and the collective. The many different interactions can only involve an aspect of personality, making the total sum of the experiences of the individual relatively unique. This uniqueness, and the complexity of the modern experience can, we argue, best be captured by less structured qualitative methods, such as the biographical approach.

Both Simmel and Benjamin depart from the epistemological assumption that micro foundations are important means of understanding (Coetzee 2001: 119-138). Cognisance is taken of the most direct empirical reality in the constitution of the social world, namely the individual. This empirical reality reveals itself as an experience within a specific time span, at a specific place or "locale". In other words, essentially individual experiences must be seen in a historical context and are closely bound to it. Time constantly unfolds, and recounts of events in even the immediate past are framed by both the present and expectations of the future. It is not possible to understand the collective, all-encompassing reality without viewing it through the individual contributing parts, and the manner in which they constitute the tapestry of wider society (Turner/Collins 1989: 118-123).

The use of individual biographies does not imply mere methodological individualism (as adverse to methodological collectivism focusing on macro phenomena). Rather, the point of departure may be referred to as *methodological situationalism*. Individual experiences and interactions can never be seen separately from the interrelationship of intentions and very seldom occur entirely in isolation. Methodological situationalism thus implies both a geographical locale (place and circumstances within which action occurs) as well as an emotional locale (intention with which it is done). Events are then linked because of the reciprocal expectations, ascription of interests, communication, fears, grievances and actions (cf. Coetzee 2001: 127-130). Such impressions recognize that a complete narrative will never be collected; rather, the researcher should hope to collect fragments and impressions as a step towards piecing together an inevitably less than perfect understanding of social happenings, of the path of an individual life in an unfolding social setting.

Benjamin argues in a similar way to Simmel that there is a constant interplay between individual and community, between which, and acting as a source of identity, are the traditions of a society (Benjamin 1989: 128). In contemporary society, Benjamin (1989) held that tradition becomes less important, leading to a loss of identity.[4] However, this makes the interface between the individual and the community, and the individual's response to a loss of identity, an even more important area of focus. The present is indeed a site of loss, and trying to capture this process of unravelling and the effects on "the least", the underdog, should be the primary focus of the social enquirer (cf. ibid.: 128).

4. Simmel's method: the elusiveness of naturalism

The micro approach coincides with the view expressed by Georg Simmel and Walter Benjamin that history is only possible under conditions of selection, emphasis and synthesis. It is not possible to develop any understanding of the totality of history and, thus, of contemporary social relations. Rather, aspects of historical experience are like books on the shelf in a library, to be reshuffled, unpacked and rearranged (LaCapra 1985: 90). One can record a set of fragments of information, and, depending on how they are ordered, develop radically different perspectives of the whole (Simmel 1977).

Hence, eschewing the possibility of attaining naturalism/realism, Simmel held that historical analysis is, at best, about extracting and reconstructing fragments, in order to gain brief insights as to the whole (cf. Simmel 1977). Society is only real in terms of people's actions and social analysis should seek to uncover the delicate, invisible threads of social interactions (Frisby/Sayer 1986: 61). History's threads and categories are very different to those exhibited in concrete reality. In other words, one's understanding of the past is framed by present realities and conceptions, which make for a composite account that is somewhat removed from what actually happened. As previously said, history is only possible under conditions of selection, emphasis and synthesis. No completely accurate account is ever possible. Simmel goes on to argue that

> "...historical accounts require a particular point of view: to produce a picture that satisfies our cognitive requirements ... knowledge is possible only insofar as it is produced and structured by concepts that are qualitatively determined ... a purely general cognitive purpose would lack the specific force needed to grasp any particular sets of elements of reality" (quoted in Levine 1994: 317).

4.1 The methodological implications of the interplay of the subjective and the objective

Simmel argued that even in cases where the researcher is trying to understand the individual's experience, there is a need to synthesise experiences into a totality, to construct a complete picture of the individual, from which selected psychological perspectives may then be accessed (Simmel 1977). Individual experiences should also be viewed in the context of the experiences of others. Throughout his methodological works, Simmel stressed that, at this level, one is looking both at the individual's psyche and experiences and at the subjectively imparted categories (but categories nonetheless) that shape the raw contents of experience into determinate unities (Levine 1994: 322).

Consequently, it is not enough to gather the accounts of one individual, but rather it is necessary to see experiences as relative to each other. A single individual's biography has little meaning other than in the context of social interactions with others. Through the gathering together of a collection of individual accounts, the sum of which will reveal much about the spirit of the age, a general picture of social goings-on may be pieced together (Mandelbaum 1967: 113). Reconstructing the past is, inter alia, about piecing together creative outpourings, constructing a synthesis of history into cognitive forms (Levine 1994:320). In this sense, a collection of fragments will in the end tell something not only about subjective individual perceptions, but also about the role of objective forces in social life and the interrelationship between the two.

Indeed, Simmel's understanding of society focuses on the interplay between social processes beyond the control of the individual, and the individual's interaction therewith (Simmel 1959; LaCapra 1985: 57). Simmel describes this interplay as that between the objective and the subjective, the individual's search for identity and autonomy, embodying a unique personal identity, in the face of the massive, seemingly anonymous "great systems" such as those that comprise modern impersonal exchange relations (ibid.: 57; Simmel 1959; Simmel 1977). Culture represents the "…teleological interweaving of subjective and objective", being both about the inner soul and one's place in wider society (ibid.: 57). This aspect of Simmel's writings forms the central focus of contemporary interest in that author. It brings back culture into the core of sociological analysis, providing an explanation for loss of meaning and individual autonomy that characterizes the modern and high modern conditions without the straightjacket of class based analysis. At the same time, Simmel's writings cannot be dismissed as only of relevance to cultural sociology. Rather, Simmel provides a fairly broad general account of the interplay between individuals and the broader collectives that does, of necessity, incorporate a cultural dimension.

4.2 Analysing the sociation process

A key aspect of Simmel's writings is the concept of "sociation", which can be defined as the quality of certain overall interactions, which makes for the display of certain patterns (Tenbruck 1959: 69): "…the form in which individuals grow together" (Simmel 1959: 315). Again, Simmel is not seeking to map out the operations and internal dynamics of presumed wider social structures, but rather to understand the nature of general trends in human behaviour. Whilst it is not possible to study the social unit as a whole, one can study certain forms of sociation, that is, certain patterns of behaviour. Examples of sociation would range from short-term commercial transactions to membership of a particular state (Simmel 1959: 315).

Indeed, Simmel (quoted in Crook 1991: 53) argues that the "great organs and systems of society", cannot form a practical object of sociological enquiry. Rather, it is necessary to probe the "micro-molecular processes" operative. Research should best focus on the interactions that make social structures up, rather than attempting to understand the structures per se (ibid.: 53). In doing so, a more accurate picture may be constructed of individual subjectivities, and the broader objective forces that make up the modern age – the more complex social formations represent the extension of simpler interactions between individuals (Frisby 1994: 340; Simmel 1981; Simmel 1977). Objective processes represent the complex of infinite mechanical interactions of the smallest of organic bodies (Frisby 1994: 343). Thus, through the micro-molecular, some conception of the operation of the whole is possible.

Like Durkheim, Simmel believed that it was possible to identify formal patterns of behaviour which exist within the social world, and account for their emergence and development. At the same time he argued that the methodological tools for achieving this must be partially subjective (Levine 1994:321; Simmel 1981), representing a radical departure from the positivist tradition. Indeed, only through methodological situationalism is it really possible to fully understand the relationship between subjective and objective.

The study of the sociation process, Simmel argued, would be best achieved through a detailed analysis of specific aspects of the social relationship between objective phenomena and individual subjectivities (cf. Simmel 1959; Tenbruck 1959) – in other words, how individuals engage in these patterns of behaviour, and the interaction between their subjective interpretations and objective forces. It would follow that the sight of this interplay would be at the localised level, making detailed micro research essential.

4.3 The implications of Simmel's method

It could be argued that an adoption of Simmel's method would, with its somewhat imprecise nature, allow for even greater bias on behalf of the researcher. For example, Max Weber accused Simmel of not drawing a clear line between interpreting the motives of social actors, and the meanings reconstructed by researchers (Lichtblau 1994: 43). However, to Simmel, recognizing the impact of the researcher's personality within the fragmentary method would constitute basic intellectual honesty. In contrast to other approaches, such a method allows for greater self-examination by the researcher, recognizing the dialectic between the demands of theory and actual social practices (Axelrod 1994: 41; Simmel 1977).

Frisby (1989: 57) states that, in terms of Simmel's method, the researcher is depicted as a wanderer or "flaneur", seeking to piece together aspects of the seemingly unique, be it an individual's life experiences, or a specific social phenomenon (ibid.: 79). Social happenings are linked together on an ad hoc basis rather than in an attempt to delineate an overall social structure. However, some form of objective understanding can emerge from a seemingly haphazard approach. Indeed, Simmel (1981: 81) argues that even in a conflict situation, both sides do follow certain basic rules, sometimes only in escalating responses to the others' actions. Whilst piecing together fragments may result in a somewhat incomplete final picture, such a final picture will provide unique insights, in contrast to a scientifically imposed order (Axelrod 1994: 42).

In practical terms, what the individual seeks to present, as well as the piecing together of the findings by the researcher may be considerably less precise. As Simmel (1976: 65) notes, the sociologist recomposes individual experiences in terms of her/his predetermined overall conception of society. Indeed, Simmel (1976: 76) argues any understanding of reality tends to be a highly subjective affair, and it is extremely difficult to develop a universal understanding of social life. In the end, an overall account can only represent a juxtaposition of a number of narratives, which may at times be inconsistent, yet together provide a rich understanding of the complexity of the human experience.

5. Walter Benjamin – taking the fragmentary method further

Simmel's concept of a "fragmentary methodology" regarding sociological analyses was echoed by Walter Benjamin, who argued that social reality could really only be understood through a scrutiny of the constituent portions ("rubble"). These could then be pieced together through a process of reconstruction, somewhat akin to the construction of a mosaic (Benjamin 1978). By the term "rubble", Benjamin (1989) asserts that the social researcher should not just seek to focus on the "precious", the unusual and the exceptional, but rather on the full complexities of a selected aspect of existence. The latter could be an individual's accounts of a particular set of experiences, or even the changing appearances of a concrete reality such as shops. The primary objective of this method is not to seek so much to construct an overall inventory of social happenings, but rather to make individual accounts and experiences more understandable and usable (Mandelbaum 1967: 51). In other words, it is an attempt to capture both the unusual and the extraordinary, and place them in a setting where they may be more readily appreciated.

Indeed, Benjamin argued that a proper understanding of social processes was only possible through detailed micro-research (Jameson 1992: 51; Benjamin 1978), the gathering of the details from which, ultimately, a more general picture could be drawn – rather as an artist accumulates sketches prior to the final masterpiece. He believed that through such an approach an accurate picture could be gained of society as a whole (Jay 1984: 43). He further argued that "… (t)he past can be seized only as an image which flashes up at the instant when it can be re-cognized" (Benjamin quoted in Rayment-Pickard 2000: 257), what has been seen, remembered, or recorded by witnesses in the past.

5.1 Beyond the general and the particular

Despite a heavy emphasis on micro-research, Benjamin's method transcends tra-ditional concepts of abstraction between the general and the particular. As is the case with Simmel, Benjamin's method seeks to: "… weave a fabric from fragments of material that have been transformed by the process of emphasis and omissi-on" (Simmel quoted in Crook 1991: 59). This is as a result of its focus on unique individual experiences, which, however, still represent a reflection of the entire (Benjamin 1989). It is not just a case of gaining an understanding of the general from the particular, as the details and texture of the overall "montage" will draw us back into looking more closely at selected micro-issues. Thus, the overall picture constructed will, in turn, facilitate the development of a more nuanced analysis of the particular (Mandelbaum 1967: 8).

Benjamin believed this "montage principle" could enable one to preserve, yet instill a new vividness, into historical analysis, or, indeed, one's understanding of contemporary social "happenings" as they unfold (Benjamin 1978; Benjamin 1979). Hidden, yet key, aspects of history could, through such an approach, be ac-corded their rightful place (Frisby 1989: 212). In other words, it would be possib-le to break the hegemony of the orthodox perspective, which tends to glorify the strong and the dominant.

Expanding on his method, Benjamin refers to the need "…to employ a construc-tive principle" (Benjamin 1989: 261), namely the fragmentary methodology – this in opposition to the conventional approaches which seek to fill a homogeneous notion of time with data. Rather, through the gradual accumulation of evidence, distinct periods or discontinuities will become apparent. This contrasts sharply with both the functionalist and orthodox Marxist conceptions of history.

5.2 Time and history

Building on Adorno's notion of the dialectic of affirmation and negation, of the potential of the individual being, Benjamin developed the concept of "chips of messianic time" (Benjamin 1989; Dallmayr 1991). Time is not seen as linear phe-nomenon, but rather made up of distinct, yet overlapping social happenings. From individual accounts, a general picture may be reconstructed, but it is not possible to exactly replicate what has happened or to predict the future. Although it should be stressed that Benjamin's work partially reflected his conversion to Marxism (cf. Roberts 1982: 157), the concept of "messianic time" demonstrates how far he subsequently departed from orthodox historical determinism. Benjamin justified this departure by claiming its resources as means to achieve a "Bolshevik end", yet he never succeeded in fully marrying the methodological concepts to the metaphysical foundations of Marxism.

Benjamin's approach is directly relevant to the use of biographies in that he specifically argues that instead of an issue driven approach, it is necessary to "…blast specific lives out of an era" (Benjamin 1989: 262). As a result of this, false notions of social uniformity are broken down, yet the detail of human experience is recorded (Benjamin 1978). The era (in terms of one's understanding of the past) is at once demolished and preserved.

As social observers, we seek to clutch onto memories not only as ways of understanding what has happened, but also as ways of determining implications for the future. In this sense, attempting to understand the past, is not the recording of a strange and remote time, but rather of the richness of social interactions, concerning both the powerful and their victims, that has relevance to comprehending the present and what the future possibly holds. Benjamin would question both Michel Foucault's conception of history as a meaningless catalogue of errors, from which shifting networks of power may at some time be distinguished, and the perspective commonly held by Marxists of a coherent pattern of historical development, in terms of which present injustice may be understood (cf. Benjamin 1978). In fact, Benjamin's understanding of history has some common ground to both perspectives. On one hand, certain fragments or trends do float on with time which could include class-based inequalities and exploitation. On the other hand, there is no inevitability to social progress, or regularities derived from absolute time (Roberts 1982: 209).

Benjamin (1978; 1989; Rayment-Pickard 2000) argues that individuals would see a succession of lived (or read about and reinterpreted) historical events as essentially a causal and progressive sequence of development. Recorded individual narratives would embody such an understanding. However, from a genuinely detached but unattainable "angelic" perspective, events would simply appear as a rubble of decay and discontinuity. Whilst the everyday researcher has little hope of attaining angelic status, s/he should recognize that many stories will provide a mosaic of rubble and discontinuity, rather than a reconstruction of objective "truths". However, this unclarity does not constitute an irredeemable shortcoming; rather, it can – through its richness and complex detail, provide some brief illuminations of an every-dynamic wider material reality, that is concrete natural experiences. Secondly, whilst recognizing the importance of culture, the latter is seen as "colouring" individual experiences, making for a rich grotto of impressions and images (cf. Benjamin 1978). Hence, culture is seen as both reflective of material conditions, and malleable and subjective in its consequences. Again, this conceptualization is of great value to the collector of narratives in illuminating the effects of shared social circumstances on individual lives and stories.

5.3 Towards a fragmentary method

Benjamin argued that, whilst all social relations are transitory and fleeting, values (although subject to change) are "indifferent", making the study of "fragments" of particular importance (Mandelbaum 1967: 67; also Benjamin 1989: 127-8). Hence, linkages should be explored between differing social happenings, in order that an overall picture/"montage" may be obtained; however, the richer and more detailed the picture becomes the more difficult it becomes to make sense of individual subjective interpretations because they become cluttered together as a rubble of discontinuities (Benjamin 1978). Hence it is necessary to confine social enquiry to recording and interpreting a limited set of experiences and happenings, less being more; such experiences provide clear – albeit spatially and temporally confined – flashes of a wider concrete reality. For example, in Benjamin's (1979) "One Way Street", a personal account of a walk down a single road becomes a critique of contemporary metropolitan consumerism, whilst remaining intensely personal. On the one hand, "One Way Street" never gets beyond a set of visual images. On the other, it provides flashes of insight that leave the reader with momentary illuminations of a wider social existence, and of broader material forces at work. However, in the end, it is up to the reader to draw such conclusions; a personal narrative is handed to the reader, in order that s/he may gain brief insights into a shared human condition. Whilst the process of collecting the micro-details of individual lived experiences necessarily painstaking, and may result in an extremely complex account, it is ultimately more sustainable than a top down approach, based on hypothesised wider social forces.

6. Piecing together the whole

Benjamin and Simmel both provide useful insights into the relationship between the individual life experience and composite historical circumstances, but underscore the essential contradictions of this process. On the one hand, single data may be indeed patched together to gain some conceptualization of a social whole. For example, the close spatial proximity of otherwise strangers in modern societies leads to the re-erection of barriers based on personal prejudice voiced in concerns such as to the "bad smell" or distasteful appearance of the other (Simmel 1981; Benjamin 1989). Individual narratives containing instances of the latter would reveal much about the personal subjective desire to make meaningful a complex life experience, interpenetrated by abstract, impersonal exchange relations. On the other hand, the process is inherently contradictory – the collection of many stories is more likely to present a kaleidoscope of discontinuities and conflicts, rather than underlying order. The more "angelic" or ambitious the researcher becomes, the richer and more complex the detail arrived at, and the harder it is to make sense of it all (Benjamin 1978). (In our above example, a collection of many prejudices is no more likely to reveal much about the relationship between the subjective and objective in modern society than that of a handful.) Hence, their methodology underscores a great truth of narrative-based research; an individual or handful of life stories may provide brief flashes or illuminations of a specific time and place, which, by their very nature are limited and confined, yet, may provide greater insights into the richness of human experience than broad quantitative studies (Benjamin 1978; Simmel 1977), albeit that genuine naturalism is likely to remain elusive (Simmel) or difficult to attain (Benjamin).

It has been widely noted that, in contemporary society, there has been a rapidly-accelerating general trend towards the globalization of culture, accelerating the erosion of subjective and community founded identities – a process alluded to by both Simmel and Benjamin. This results in two countervailing pressures – the emergence of new subjectively based identities, often founder around community or belief system, but also to the homogenization of style and taste. This complex and dynamic relationship defies systematic modelling (cf. Comaroff/Comaroff 2001). However, the fragmentary methodologies of Simmel and Benjamin offer particularly useful tools to the biographical researcher; the latter emphasizes the importance of capturing the micro-details of the individual experience and the importance of piecing together different aspects of (a) narrative(s) into a necessarily imperfect and temporally specific vision, but one that is richer and more accurate than attempts to fit behaviour within predetermined analytical categories. This does not necessarily entail deliberately focussing on the underdog, but rather the collection of differing impressions and fragments of narratives, that will transcend existing relations of powers, allowing a potentially wide range of voices to be heard.

Indeed, it can be argued that through recording the unique, it is possible to capture individual details from a uniformity of preconceptions surrounding a particular time period, to gain some insights into what prompted the decisions of individual social actors, and the possible relationship between their actions and objective tendencies. On the one hand, such an approach is inherently destructive of conventional wisdom understandings of social reality, and, even, of the underlying assumptions of the research act itself. On the other, it enables the preservation of the unique, the special, the concealed and the everyday. It should be noted that such an approach is inherently probing not only of social interactions, but also of the process of data gathering, not only seeking to record events, but also how the subject and researcher choose to project them. The fragmentary approach recognizes that social research is necessarily selective, and reflects desires to fit a preconceived programme, with the researcher often tacitly reaching her/his conclusions in advance. Nonetheless, it assumes that it is possible that through greater awareness of this, and by choosing methods which focus on micro-details, it is possible to develop a more critical or "insurgent" viewpoint.

Of course, such an approach is echoed in later postmodern methodologies. For example, both Bauman (1990) and, rather earlier, Foucault, held that modernist ontologies were likely to impose a "preferred" understanding of society, and impose an "orthodox" viewpoint on individual life experiences. However, both Benjamin and Simmel differ from postmodernism in their rather more optimistic interpretations of social development, Benjamin holding forward the possibility of "messianic" social change through the richness of individual endeavour, and Simmel the possibility of reconciling the search for individual meaning and identity with objective homogenizing social forces, through an underlying humanity founded on modernist ethics. This optimism would infuse their enquiry; both Simmel and Benjamin were considerably bolder in presenting specific social observations as reflections of a wider human condition, and indeed, of modernity itself. In contrast, postmodernists would query both the viability (and ethical consequences) of rational social enquiry, and argue that both individual life worlds and societies are disintegrating into a meaningless hyperreality; hence, a search for wider social meaning, even if through the collection of fragments and cautious illuminations, is likely to prove fruitless and ethically dubious (Wakefield 1990).

7. The fragmentary method: An example

History is mostly written by the victorious and all too often the actual experiences of those nameless, faceless masses who are its subjects and its shapers, are silent, unsung. The same silence is often found among people living on society's margin – the poorest of the poor who have had a lifelong experience of suffering, displacement and mere survival. Biographical research can break open and reveal the stories of those who have known the hardship and disruption of life on the edge. Words that express the feelings, thoughts and daily experiences of victims of oppression, can open to public scrutiny the experiences of these people.

In his recent research Jan K. Coetzee (2000; 2003; Coetzee/Gilfillan/Hulec 2004) focuses on the experiences of people who were at the receiving end of severe forms of political violence (as longterm political prisoners) and of poverty/deprivation (as shack-dwellers in squatter areas). Former prisoners of conscience in South Africa and in the then Czechoslovakia tell of the terrors of prison-life, but also of the networks of human support that developed. Those who live in shanty houses reveal how an individual manages to survive without a job and without access to a formal system of social security. The reader of the stories contained in these books (ibid.) have the opportunity to hear these people out, to listen to fragments of their lives, to trace aspects of the trajectories of their lives that were irrevocably altered by the events that surrounded them. These books put together fragments of lives that may otherwise have been lost and forgotten. The fragments reveal aspects of the human experience of oppressive sate control and of alien physical surrounds.

Each story presents a unique profile of everyday life notwithstanding the fact that common experiences were shared. The separate strands of each story convey a variety of experiences and represent the constituent parts of a broader tapestry. Individual stories are woven together and again unravelled. Each story is, of course, a reconstruction, in itself incomplete: it has gaps and silences, as all life stories inevitably have. Any understanding of the past is shaped by present realities and current conceptions that distort the "truth" of events. Any account of the past is inevitably the product of a process of selection, emphasis, and synthesis: the rendering of a complete and accurate view of what actually happened at any moment eludes our capabilities. But while it may be true that the stories told are no more than mere constructs, the imperfect products of memory – simply "stories" – they are also far more than this. In the case of the former political prisoners, it is a matter of behind each is an individual whose voice speaks of a personal quest for freedom, and whose life bears the scars of struggle and sacrifice in the pursuit of whatever truth it was that compelled certain forms of dissident behaviour. And in the case of those living on society's margin, these are stories – disturbing ones as well as ones of courage and endurance – that tell us about insecurity, social isolation, distress and powerlessness.

The common factor in the projects referred to above, is that the life stories should be read together, for, while the nuances of individual experience are separately mapped, each narrative is simultaneously redefined by the experience of others who found themselves in similar circumstances. By synthesising people's experiences into a totality, we see them as relative to one another. At the same time, a larger picture emerges, which breathes the spirit not only of the eras that shaped particular periods of history, but – as in the case with the project on former prisoners of conscience – also that of the international community. These projects work with the assumption that the past can best be reconstructed by re-collecting its fragments. In the preceding sections of this chapter we have spoken of weavings and unravellings, of re-membering and also of re-collecting fragments. Inevitably, the final picture will be incomplete, jagged, a juxtaposition of accounts which may at times confuse rather than clarify.

Each of the stories contained in the books referred to above (ibid.) forms part of the larger narrative of humanity. And most of the time each voice found an echo in our individual experience – however slight – of deprivation and defiance, bitterness and triumph. In two of the books we see how people of different cultures, imprisoned under two very different, yet similar systems learned to cope with the brutality that has been identified as the essence of evil. A note of victory in the voices of the South Africans is unmistakable, while the grim stoicism of the Czechoslovakians lingers darkly. A legacy of oppression is sharply etched as the tales of two disparate countries, each today an emergent democracy, gradually unfold. And each narrative comes to exercise a cautionary function as old rivalries re-emerge on the world stage: socialism vs. capitalism, internationalism vs. ethnicity, the local as opposed to the global. In many ways it is up to the individual to keep truth alive, in the way this has been done from time immemorial, by going out and telling stories that need to be told.

8. Conclusion

The fragmentary method remains firmly rooted in the enlightenment tradition in its commitment to rational enquiry, either through comparison (Simmel) or correlation (Benjamin). This allows for the presentation of differing accounts through methodological situationalism – the collection of fragments of experiences confined to a specific time and space – in such a manner as to allow a greater understanding of the interplay of individual subjectivities, or as a means of illuminating the real. Fragmentary methods free the researcher to concentrate on the social drama being acted out on the streets (Margolis 1989: 28); it attempts to construct a montage, an overall account, from micro-details, reflecting all the richness of social existence, even if it encompasses a number of competing sub-dimensions. As such it is particularly appropriate both to gaining understandings of the interconnectedness of seemingly insignificant everyday phenomena, and as the basis for the deployment of open-ended tools of qualitative enquiry.

The stories contained in a narrative study of lives are those of ordinary people, the details of whose lives have, for the most part, been submerged by the tide of history. Such a study gives the reader the opportunity to hear them out, to listen to tales that speak of determination, failure, a firm adherence to principles, betrayal, hate, love, and the whole range of human emotions and experiences. "Ordinary people" usually denotes those people whose actions have had little impact on the course of history. The vast majority fall into this category. For many the details of such lives are not worth relating, and could simply be cut from the larger history of the world. They might argue that leaving ordinary people out of the script makes little difference to the overall significance of the bigger story. Simmel shows that the constituent parts, the lives of ordinary people, are indispensable to an understanding of the whole, of the macro-narrative. Ordinary people indeed exercise a unique influence on the broader story of our times. The role of the sociologist is to mediate the memories of a group of people – to assist them in the task of "remembering" – of putting together fragments of lives that may otherwise have been lost and forgotten.

Footnotes

1. Hence, despite the strong influence of Marxism on his works, Benjamin saw radical social change as Messianic "shock" rather than a rational juncture as the result of immutable historical process (Rayment-Pickard 2000: 258).
2. This similarity holds true for Arendt's work (Kristeva 2001).
3. Benjamin held that if viewed from an angelic perspective, history would appear as a set of wreckage, decay and debris (Rayment-Pickard 2000: 257).
4. Simmel similarly believed that traditional concepts of identity, founded on the subjective, were gradually eroded through the diffusion of more objective exchange mechanisms. This viewpoint has been contested; for example, it can be argued that class identity remains a feature of contemporary capitalism that is both durable and fundamental (cf. Comaroff/Comaroff 2001: 10-11).

Bibliography

ARENDT, HANNAH (1967): Men in dark times. Harmondsworth: Penguin.
AXELROD, CHARLES (1994): Toward an appreciation of Simmel's fragmentary style. In: Frisby, D. (ed.): Georg Simmel: Critical assessments, Volume 2. London: Routledge, 32-45.
BAUMAN, ZYGMUNT (1990): Philosophical affinities of postmodern sociology. In: The Sociological Review, 38 (3), 411-444.
BENJAMIN, WALTER (1978): Reflections. New York: Harcourt Brace Jovanovich.
BENJAMIN, WALTER (1979): One-way street and other writings. London: New Left Books.
BENJAMIN, WALTER (1989): Theses on the philosophy of history. In: Bronner, S./Kellner, D. (eds.): Critical theory and society: A reader. London: Routledge, 255-263.
BHASKAR, ROY (1979): The possibility of naturalism. New Jersey: Harvester.
BURNS, ROBERT (2000): Secular historicism. In: Burns, R./Rayment-Pickard, H.: Philosophies of history. Oxford: Blackwell, 155-168.
COETZEE, JAN K. (2000): Plain tales from Robben Island. Pretoria: Van Schaik Publishers.
COETZEE, JAN K. (2001): A micro-foundation for development thinking. In: Coetzee, J.K./Graaff, J./Hendricks, F./Wood, G. (eds.): Development: Theory, policy, and practice. Cape Town: Oxford University Press, 119-138.
COETZEE, JAN K. (2003): Life on the margin. Listening to the squatters. Grahamstown: Rhodes University.
COETZEE, JAN K./GILFILLAN, LYNDA/HULEC, OTAKAR (2004): Fallen Walls. Prisoners of conscience in South Africa and Czechoslovakia. New Jersey: Transaction Publishers.
COMAROFF, JEAN/COMAROFF, JOHN (2001): Millenial capitalism and the culture of neoliberalism. Durham: Duke University Press.
CROOK, STEPHEN (1991): Modernist radicalism and its aftermath. London: Routledge.
DALLMAYR, FRED (1991): Life world, modernity and critique. Cambridge: Polity.
DEFLEM, MATHIEU (2003): The sociology of the sociology of money. Journal of Classical Sociology, 3 (1), 67-96.
DELEUZE, GILES/GUATTARI, FELIX (1983): Anti Oedipus. Minneapolis: University of Minnesota Press.
DOBSON, STEVEN (2003): The urban pedagogy of Walter Benjamin: Lessons for the 21st Century. London: Goldsmiths College.
FEATHERSTONE, MIKE (1991): Georg Simmel: An introduction. In: Theory, Culture and Society, 8 (3), 1-16.
FOUCAULT, MICHEL (1979): Discipline and punish. Harmondsworth: Penguin.
FRISBY, DAVID (1989): Fragments of modernity. Cambridge: Polity.
FRISBY, DAVID (1992): Simmel and since. London: Routledge.
FRISBY, DAVID (1994): The foundation of sociology. In: Frisby, D.(ed.): Georg Simmel: Critical assessments, Volume 1. London: Routledge, 329-346.
FRISBY, DAVID/SAYER, DEREK (1986): Society. Chichester: Ellis Horwood.
GERHARDS, JÜRGEN/HACKENBROCH, ROLF (2000): Trends and causes of cultural modernization: An empirical study of first names. In: International Sociology 15, 501-531.
JAMESON, FREDERICK (1992): Late Marxism. London: Verso.
JAY, MARTIN (1984): Adorno. Cambridge, Ma.: Harvard University Press.
Jessop, Tansy/Penny, Alan (1999): A story behind a story: Developing strategies for making sense of teacher narratives. In: International Journal of Social Research Methodology, 2 (3), 213-230.
JESSOP, BOB (ed.) (2001): Regulation theory and the crisis of capitalism, Volume 3, Regulationist perspectives on Fordism and Post Fordism. Cheltenham: Edward Elgar.
KATZ, JACK (2004): On the rhetoric and politics of ethnographic methodology. In: The ANNALS of the American Academy of Political and Social Science, 595 (1), 280-308.
KLEINING, GERHARD/WITT, HARALD (2000): The qualitative heuristic approach. In: Qualitative Social Research, 1 (1), 1-5.
KRISTEVA, JULIA (2001): Hannah Arendt: Life is a narrative. Toronto: University of Toronto Press.

LABAREE, ROBERT (2002): The risk of 'going observationalist': Negotiating the hidden dilemmas of being an insider participant observer. In: Qualitative Research 2, 97-122.

LaCAPRA, DOMINICK (1985): History and criticism. Ithaca: Cornell.

LEVINE, DONALD (1994): Simmel as a resource for sociological metatheory. In: Frisby, D.(ed.): Georg Simmel: Critical assessments, Volume 1. London: Routledge, 311-328.

LEWIS, NEIL (2000): The climbing body: Nature and the experience of modernity. In: Body and Society, 6 (3-4), 58-80.

LICHTBLAU, KLAUS (1994): Causality or interaction? Simmel, Weber and interpretive sociology. In: Frisby, D.(ed.) Georg Simmel: Critical assessments, Volume 2. London: Routledge, 61-84.

LYON, STINA (2004): The use of biographical material in intellectual history. In: International Journal of Social Research Methodology, 7 (4), 323-343.

MANDELBAUM, MAURICE (1967): The problem of history. New York: Harper and Row.

MARGOLIS, JOSEPH (1989): Postscript on modernism and postmodernism. In: Theory, Culture and Society, 6 (3), 5-30.

McCORMACK, PEGGY (2004): Storying stories. In: International Journal of Social Research Methodology, 7 (3), 219-236.

MILLER, JAMES (1993): The passion of Michel Foucault. London: Harper Collins.

POSTER, MIKE (1984): Foucault, marxism and history. Cambridge: Polity.

RADLEY, ALAN/TAYLOR, DAVID (2004): Remembering one's stay in hospital: A study in photography, recovery and forgetting. In: Health 7, 129-159.

RAYMENT-PICKARD, HUGH (2000): Kulturkritik. In: Burns, R./Rayment-Pickard, H. (eds).: Philosophies of history. Oxford: Blackwell, 250-273.

ROBERTS, JOHN (1982): Walter Benjamin. London: Macmillan.

SCHOLEM, GERSHOM (1982): Walter Benjamin: The story of a friendship. London: Faber and Faber.

SIMMEL, GEORG (1977): The philosophy of history. New York: Free Press.

SIMMEL, GEORG (1959): The problem of sociology. In: Wolff, K. (ed.): Essays on sociology, philosophy and aesthetics. Ohio: Ohio State University Press, 213-249.

SIMMEL, GEORG (1976): The field of sociology. In: Lawrence, P. (ed.): Georg Simmel: Sociologist and European. Sunbury-on-Thames: Nelson, 57-77.

SIMMEL, GEORG (1981): On individuality and social forms. Chicago: University of Chicago Press.

TENBRUCK, GEOFF (1959): Formal sociology. In: Wolff, K.(ed.): Essays on sociology, philosophy and aesthetics. Ohio: Ohio State University Press, 61-99.

TURNER, JOHN/COLLINS, RANDALL (1989): Toward a micro theory of structuring: Theory building in sociology. Newbury Park, CA: Sage.

WAKEFIELD, NEVILLE (1990): Postmodernism: The twilight of the real. London: Pluto.

WEINSTEIN, DEENA/WEINSTEIN, MICHAEL (1994): Georg Simmel: Sociological flaneur bricoleur. In: Frisby, D. (ed.): Georg Simmel: Critical assessments, Volume 2. London: Routledge, 126-139.

Monika Wohlrab-Sahr

Verfallsdiagnosen und Gemeinschaftsmythen.
Zur Bedeutung der funktionalen Analyse
für die Erforschung von Individual- und Familienbiographien
im Prozess gesellschaftlicher Transformation

1. Einleitung

Der hier gewählte Zugang zum Gegenstand „Biographie" orientiert sich an zwei
methodologischen Konzepten, die selten miteinander in Beziehung gebracht werden[1], aber doch zahlreiche Parallelen aufweisen: der objektiven Hermeneutik, wie
sie von Ulrich Oevermann und seinen Mitarbeitern entwickelt wurde (1979; 1991;
2000), sowie der funktionalen Analyse, wie sie im Anschluss an Parsons zunächst
von Robert Merton (1995) expliziert und später von Niklas Luhmann (1970a; b; c)
weiter ausdifferenziert wurde. Die Konzepte treffen sich in der Fokussierung auf
den *Problembezug* der zu untersuchenden Phänomene sowie im Begriff der *Latenz*.
   Im Folgenden sollen zunächst die zentralen Elemente der beiden Ansätze ver-
gleichend herausgearbeitet werden. Danach wird ein Vorschlag unterbreitet, in
der Biographieforschung mittels der funktionalen Perspektive – identifiziert anhand der Begriffe Bezugsproblem und Problemlösung – eine Verbindung von ver-
stehendem und erklärendem Zugang zu ermöglichen. Dies soll abschließend am
Beispiel der intergenerationellen Verarbeitung des gesellschaftlichen Transformationsprozesses in einer ostdeutschen Familie exemplarisch verdeutlicht werden.

2. Objektive Hermeneutik und funktionale Methode – ein Integrationsversuch

2.1. Objektive Hermeneutik

Das Verfahren der objektiven Hermeneutik steht in einer doppelten Frontstel-
lung: Zum einen beharrt es gegenüber der an den Naturwissenschaften orientierten Tradition der Sozialwissenschaften auf der Prämisse des Sinnverstehens; zum
anderen hält es gegenüber einer Perspektive, die „Sinn" an die Intentionalität der
Handelnden bindet, an der Möglichkeit ‚objektiven Verstehens' fest. Der Gegenstand der Analyse sind dementsprechend „Objektivierungen" – „Ausdrucksgestal-
ten" –, die man protokollieren und lesen kann wie einen Text.
   Die Unterscheidung von Text und Intention hat Eingang gefunden in das Verfahren der Interpretation, bei dem es darum geht, die Differenz, aber auch das

Verhältnis dieser beiden Ebenen zu erfassen. Im Verhältnis von latenter Sinnstruktur eines Textes einerseits und den Bedeutungen, die vom Sprecher subjektiv intentional realisiert werden (Oevermann et al. 1979: 367) andererseits kommt die Fallstruktur zum Ausdruck, auf deren Rekonstruktion die Analyse zielt.

Bei der Interpretation von Handlungs- und Interaktionsprotokollen geht es darum, den spezifischen Selektionsprozess zu rekonstruieren, der in einem Fall zum Ausdruck kommt. Eine Fallstruktur entsteht dadurch, dass aus mehreren Möglichkeiten bestimmte ‚ausgewählt' werden und dass sich im Lauf der Zeit ein bestimmter Typus von – mehr oder weniger bewussten – Auswahlprozessen wiederholt und auf diese Weise Bindungswirkungen entstehen. Gleichzeitig setzt die Frage nach den ‚objektiven Möglichkeiten' eine Bezugnahme auf tatsächliche Handlungs- oder Kommunikationsprobleme und deren Bedingungen voraus, an denen sich die realisierte Option messen muss. Die Selektivität erfolgt also nicht im luftleeren Raum freier Konstruktion, sondern in einem sozialen Kontext, in dem Handeln und Kommunizieren Konsequenzen hat.

Diesem Grundgedanken entspricht das Auswertungsprinzip der Sequenzialität, das die Bedeutung einer Handlungs- oder Kommunikationssequenz vor dem – gedankenexperimentell entworfenen – Hintergrund anderer Möglichkeiten interpretiert. Im Lauf der Interpretation stellt sich die Situation des Falles dann bereits vor dem Hintergrund der fallspezifischen Geschichte dar, durch die bestimmte Möglichkeiten bereits ausgeschieden wurden und sich charakteristische Engführungen ergeben haben. In diesem *„inneren Kontext"* des Falles drückt sich dessen Selektivität aus, die spezifische Art und Weise, auf die er sich innerhalb eines Möglichkeitsraumes seine Bahn schafft.

Die Aussagen, die aufgrund einer solchen Analyse getroffen werden, beschränken sich nicht auf den Fall als solchen, sondern zielen auf *Strukturgeneralisierung* (Oevermann 1991), die auf dem Verhältnis von Besonderheit und Allgemeinheit eines Falles aufbaut. Dessen Besonderheit ist diesem Verständnis zufolge an die sich durch Selektivität herausbildende *Struktur,* nicht jedoch an numerische Identität im Sinne einer „charakteristischen Konstellation von Messwerten" (ebd.: 273) oder an Selbstbilder gebunden. Seine Allgemeinheit wiederum liegt darin begründet, dass Individuen immer und notwendig auf allgemeine Regeln sowie auf die Bedingungen, unter denen reale Probleme entstehen und gelöst werden müssen, verwiesen sind. Gerade deshalb ist die Operation des Gedankenexperiments unerlässlich, bei der dieser allgemeine Horizont in die Interpretation einbezogen wird.

Allgemeinheit kommt noch in zweiter Hinsicht ins Spiel: Der Fall repräsentiert eine Antwort auf eine allgemeine Problemstellung, die wiederum Anspruch auf allgemeine Begründbarkeit erhebt. Diese Antwort schafft einerseits Neues, muss aber gleichzeitig an Vorhandenes angebunden werden: sei es rebellisch dagegen profiliert, in einer Art Traditionsbildung daran angeschlossen oder reflektiert davon abgegrenzt. Die Beanspruchung allgemeiner Geltung ist insofern nicht an tatsächliche Akzeptanz gebunden, sondern daran, dass mehr oder weniger spontanes Handeln über Begründungen immer wieder sozial ‚angekoppelt‘ werden muss.

In dritter Hinsicht schließlich verkörpert der Fall Allgemeines im Sinne einer „exemplarische(n) Konkretisierung lebensweltlicher kollektiver Entwürfe" (ebd.: 272). Er steht dann als Referenzfall für ein Milieu oder eine Subkultur. Spätestens hier werden Fallvergleiche und eine darauf basierende Typenbildung unerlässlich, da andernfalls der kollektive Entwurf, dessen Konkretisierung man vor Augen zu haben glaubt, immer schon vorausgesetzt werden müsste.

2.2 Funktionale Analyse

Der funktionalen Analyse alter Prägung, wie sie etwa in der Anthropologie durch Namen wie Radcliffe-Brown, Kluckhohn oder Malinowski und in der Soziologie durch Talcott Parsons repräsentiert ist, sind mehrere problematische Annahmen vorgehalten worden. Sowohl Robert Merton (1995) als auch – in seinen frühen Arbeiten – Niklas Luhmann (1970a; b; c) haben Problempunkte benannt und Alternativen vorgeschlagen. Merton kritisierte unter anderem das Postulat der funktionalen Einheit der Gesellschaft (Merton 1995: 23ff.), da ein gegebenes Phänomen für verschiedene Gruppen und Individuen unterschiedliche Folgen haben könne. Er wandte sich außerdem gegen die Annahme des universalen Funktionalismus, dem zufolge jedes beliebige Element der Kultur oder sozialen Struktur eine lebenswichtige[2] Funktion erfülle (ebd.: 28ff.). Neben positiven seien auch dysfunktionale Folgen ins Auge zu fassen und entsprechend verschiedene Funktionstypen zu erforschen. Das dritte kritisierte Postulat war das der Unentbehrlichkeit bestimmter Funktionen oder der zu ihrer Erfüllung notwendigen kulturellen oder sozialen Formen. Stattdessen schlug Merton vor, bei der Analyse systematisch *funktionale Äquivalente* zu berücksichtigen (ebd.: 31). Damit war ein Begriff eingeführt, der für neuere funktionale Ansätze herausragende Bedeutung bekommen sollte.

Wesentlich wurde auch die von Merton in Anlehnung an Freud getroffene Unterscheidung zwischen manifesten und latenten Funktionen. Diese richtete sich vor allem gegen die Verwechslung von subjektiven Dispositionen (Motiven, Bedürfnissen, Interessen, Zwecken) und objektiven Funktionen. Implizit, so Merton, hätten soziologische oder anthropologische Autoren auf diese Unterscheidung stets Bezug genommen. Bei ihm wurde sie zu einem Kernstück der funktionalen Analyse. Er hielt sie etwa für das Verständnis solcher Praktiken für nützlich, die trotz des Scheiterns ihres manifesten Zweckes beibehalten würden, wie etwa erfolglose Zeremonien zur Herbeiführung von Regen. Der Rekurs auf latente Funktionen trage hier dazu bei, sich nicht allein auf die Erfüllung angegebener Zwecke zu konzentrieren, sondern etwa die Funktionen in den Blick zu nehmen, die das Zeremoniell für den Zusammenhalt der Gruppe habe. Dabei ließ Merton allerdings die Frage unbeantwortet, wie solche objektiven Funktionen empirisch zu bestimmen sind, wenn sie nicht integrationstheoretisch immer schon vorausgesetzt werden sollen. Gerade an dieser Stelle sind rekonstruktive Verfahren der Sozialforschung unerlässlich.

Niklas Luhmann (1970a; b; c) ging in seiner Bestimmung der funktionalen Analyse über Merton vor allem insofern hinaus, als er sich gegen die Verknüpfung des Funktionalismus mit den traditionellen kausalwissenschaftlichen Erklärungsmethoden wandte:

> „Die Funktion ist keine zu bewirkende Wirkung, sondern ein regulatives Sinnschema, das einen Vergleichsbereich äquivalenter Leistungen organisiert. Sie bezeichnet einen speziellen Standpunkt, von dem aus verschiedene Möglichkeiten in einem einheitlichen Aspekt erfasst werden können. In diesem Blickwinkel erscheinen die einzelnen Leistungen dann als gleichwertig, gegeneinander austauschbar, fungibel, während sie als konkrete Vorgänge unvergleichbar verschieden sind." (ebd.: 14)

Dieser „Äquivalenzfunktionalismus" (ebd.: 15) impliziert per se eine vergleichende Perspektive, allerdings sucht die funktionale Vergleichstechnik nicht nach „substantiellen" Gleichheiten, sondern nach spezifischen Bezugsproblemen, *von denen aus* „Verschiedenartiges als gleich, als funktional äquivalent" behandelt werden kann (Luhmann 1970b: 36). Entsprechend tritt an die Stelle der für den Funktionalismus alter Prägung zentralen Formel der Bestandswahrung die der *Problemlösung*: Problemlösung erfordert die Orientierung an Alternativen, und jede Feststellung von Funktionen dient demzufolge auch dazu, Lösungsvarianten für Probleme aufzuzeigen (ebd.: 41). Eine Konsequenz daraus ist, dass Bezugsprobleme nicht das faktische Vorkommen bestimmter funktionaler Leistungen *erklären* können, sondern umgekehrt den Sinn haben, auf andere Möglichkeiten hinzuweisen. Kausalgesetze sind dann allenfalls ein Grenzfall, der unter der Bedingung absolut reduzierter Äquivalenz eintreten kann. Wo kausale Erklärungen von Seiten der Handelnden ins Spiel kommen, werden sie im Hinblick auf ihre Funktion als bewusste Auseinandersetzung mit anderen Möglichkeiten betrachtet.

Mit Problemlösungen in dem so definierten Sinne verschwinden freilich die Probleme nicht. Vielmehr stellen sich durch Problemlösungen auf der Primärebene (etwa durch Prozesse der Strukturbildung) auf weiteren Ebenen neue, spezifischere Probleme, für die wiederum alternative Lösungen zur Verfügung stehen, die wieder neue Probleme hervorrufen. Luhmann spricht in diesem Zusammenhang von einer „Problemstufenordnung" (Luhmann 1970a: 20; vgl. dazu auch

Schneider 1991: 199ff.) und macht dabei gleichzeitig deutlich, dass es bei Bezugsproblemen keinesfalls immer um den Bestand des Systems als solchem geht.
   Durch den systematischen Bezug auf andere Möglichkeiten zeichnet sich auch
der Begriff des „Sinns" bei Luhmann aus: Sinn konstituiert sich durch die Differenz von Aktualität und Möglichkeit (Luhmann 1997/I: 50), es geht stets gleichermaßen um (aktualisierte) Selektion und um den Verweisungshorizont des Möglichen, der bei dieser Selektion mit repräsentiert ist. Entsprechend kann dann auch
Identität – bei Luhmann immer verstanden als System – nicht als *Ausschluss*, sondern muss als *Ordnung* anderer Seinsmöglichkeiten begriffen werden: „Identität ist
dann nicht selbstgenügsame Substanz, sondern eine koordinierende Synthese, die
Verweisungen auf andere Erlebnismöglichkeiten ordnet" (Luhmann 1970a: 26).
   Auch die Unterscheidung zwischen latenten und manifesten Funktionen
kommt im Rahmen dieses Ansatzes etwa beim Problembegriff ins Spiel. Erlebte Probleme und Verhaltensschwierigkeiten sind in dieser Perspektive nicht ohne
weiteres identisch mit den funktionalen Bezugsproblemen:

> „An der Peinlichkeit einer Gesprächspause ist nicht unmittelbar abzulesen, dass die laufende Un-
> terhaltung eines gemeinsamen Aufmerksamkeitszentrums ein Bestandserfordernis gewisser sozi-
> aler Situationen ist, ohne welche sie als Interaktionssysteme zerfallen würden. (...) Die Angst vor
> Totengeistern gibt keinen Hinweis auf ihre Funktion, soziale Aggressivität zu absorbieren, wenn
> keine geeigneten Feinde vorhanden sind. Das Aufdecken solcher latenten Funktionen hat den Sinn,
> die erlebten Probleme so umzudefinieren, dass sie auf die Innen-/Außen-Differenz sozialer Syste-
> me beziehbar sind." (ebd.: 41)

Dabei grenzt sich auch Luhmann von einer Orientierung am *gemeinten* Sinn
einer Handlung, die im Erlebnisraum des Handelnden verbleibt, ab, wenngleich
er betont, dass die Soziologie das Handeln einer Person nicht ohne Rücksicht auf
deren Situationsverständnis und auf den von ihr gemeinten Sinn einer Handlung
erfassen könne. Die funktionale Analyse greift darauf zurück, geht aber gleichzeitig darüber hinaus: Eine Theorie, die sich um eine Interpretation des Handelns im
Lichte von funktionalen Äquivalenten bemühe, versuche, „den Handelnden im
Lichte einer für ihn selbst möglichen Rationalität" zu verstehen (ebd.: 46).

2.3 Integration der Ansätze

Es dürfte deutlich geworden sein, dass Methodologie und Verfahren von objekti-
ver Hermeneutik und funktionaler Analyse eine Reihe von Gemeinsamkeiten aufweisen. Die Stelle der „latenten Funktion" im Rahmen der funktionalen Analyse
nimmt im Kontext der objektiven Hermeneutik die „latente Sinnstruktur" ein.
Dabei geht es stets um die Unterscheidung von bewusst formulierten Intentionen

einerseits und den in der Handlung zum Ausdruck gebrachten, aber latent bleibenden Funktionen bzw. Sinnstrukturen andererseits.

Für beide Ansätze ist das Denken in funktionalen Äquivalenten wesentlich. Bei Luhmann wird der Äquivalenzfunktionalismus explizit zum Kernstück der funktionalen Analyse, und auch für seinen Sinnbegriff ist ein vergleichender Horizont Voraussetzung, insofern an die jeweilige Aktualisierung stets ein Verweisungshorizont anderer Möglichkeiten gebunden ist. Im Ansatz Oevermanns entspricht dem der Gedanke, dass sich Fallstrukturen durch Selektionen (vor dem Hintergrund anderer Möglichkeiten) herausbilden, die im Gang der Interpretation durch die Kontrastierung der vollzogenen Selektion mit gedankenexperimentell konstruierten objektiven Möglichkeiten rekonstruiert werden können. Der Äquivalenzfunktionalismus ist hier in ein Forschungsverfahren übersetzt worden.

Beide Ansätze treffen sich in einer funktionalen Perspektive, indem sie ihren Ausgang bei Problemstellungen und Problemlösungen nehmen. Bei Luhmann kommt dies im Konzept der Problemstufenordnung (vgl. dazu Schneider 1991: 238ff.) zum Ausdruck, das an Bezugsproblemen und Problemlösungen ansetzt, die wiederum zum Ausgangspunkt von spezifischeren Folgeproblemen werden. Bei Oevermann entspricht dem das Verfahren der sequentiellen Interpretation, bei dem jeweils nach dem Handlungsproblem, den objektiven Möglichkeiten, der gewählten Lösung und dem sich dadurch auf einer neuen Ebene stellenden Handlungsproblem gefragt wird.

3. Funktionale Analyse und Biographieforschung

Die Differenzierung unterschiedlicher Analyseebenen, auf die die Unterscheidung von manifesten und latenten Funktionen, explizitem und implizitem bzw. subjektiv gemeintem und objektiviertem Sinn abstellt, kommt bei allen avancierteren Verfahren rekonstruktiver Sozialforschung ins Spiel und wird in unterschiedlicher Weise an der Form der Darstellung „dingfest" gemacht: etwa als Unterscheidung von Argumentation und Erzählung in der Narrationsanalyse (Schütze 1987), von erzählter und erlebter Lebensgeschichte in der Biographieanalyse (Rosenthal 1995), sowie von immanentem und dokumentarischem Sinngehalt im Gruppendiskussionsverfahren (Bohnsack 2003).[3]

Ich habe in einer Arbeit über Konversion zum Islam (Wohlrab-Sahr 1999a) einen Versuch unternommen, die Perspektive der funktionalen Analyse mit dem Verfahren der objektiven Hermeneutik zu verschränken und biographieanalytisch fruchtbar zu machen. Dabei ging es mir um die Herausarbeitung der biographischen und kollektiven Funktion von Konversionsprozessen. Nun ist es durchaus nicht selbstverständlich, den ja zunächst mit Bezug auf die Gesellschaft bzw. auf kollektive Größen verwendeten Funktionsbegriff auf die Biographie einer Person oder – wie es im Folgenden geschehen soll – einer Familie zu beziehen. Mir scheint dies allerdings aus zweierlei Gründen sinnvoll. Zum einen im Hinblick auf ein systemisches Verständnis biographischer Identität als „koordinierender Synthese" (Luhmann 1970a: 26), deren Bestand auf der „Erhaltung ihrer Ordnungsfunktion für ein konsistentes, sozial orientiertes Erleben" (ebd.) beruht.[4] Die Frage an das empirische Material lautet dann, welche Funktion relevanten biographischen Entscheidungen oder Deutungen im Hinblick auf diese Ordnungsfunktion zukommt, welche Bezugsprobleme für sie zu identifizieren sind und welche Problemlösungen mit ihnen verbunden sind. Zum anderen aber kommen über einen funktionalen Bezug Fragen der System-Umwelt-Grenzziehung in den Blick: Die Funktion (familien-)biographischer Entscheidungen und Kommunikationen etwa wird nicht nur nach innen, sondern auch nach außen: im Hinblick auf die jeweilige Einheit als System-in-einer-Umwelt bestimmt. Die Bestimmung von Problembezug und Problemlösung stellt diese Verbindung notwendig her, insofern Probleme nicht systemimmanent, sondern im Umweltkontakt entstehen und darauf bezogen gelöst werden müssen. Man wird im weiteren, fallvergleichend verfahrenden Verlauf der Analyse dann darauf stoßen, dass es sich nicht um Individualprobleme, sondern um (für bestimmte Gruppen von Personen) typische Problemkonstellationen und Problemlösungen handelt. Eine solche Perspektive unterstützt also eine soziologische Anbindung der ansonsten multidisziplinär anschließbaren Biographieforschung. Insofern lassen sich gerade über diesen Bezug auf System-Umwelt-Grenzziehungen Strukturgeneralisierungen vornehmen.

Die Frage nach dem Verhältnis von innerer Koordination und Außenbezug stellt sich bei Familienbiographien im Vergleich zu Individualbiographien noch einmal in komplexerer Weise. Um nach innen Familie zu sein und nach außen Familie zu repräsentieren, müssen Familien als „Systeme" die biographischen Perspektiven ihrer Mitglieder in gewissem Maße koordinieren und ein zu starkes Auseinanderdriften verhindern. Gleichzeitig schaffen die biographischen Entscheidungen und Deutungen der älteren Generationen für die nachfolgenden Generationen soziale „Fakten", zu denen sich diese – nicht zuletzt bei ihren Versuchen der Individuierung – ins Verhältnis setzen müssen (vgl. Rosenthal 1997).

4. Verlorene und zu rettende Gemeinschaften und die Divergenzen biographischer Perspektiven: Zur Funktion gemeinschaftsbezogener Idealisierungen in der Kommunikation einer ostdeutschen Familie

Im Folgenden sollen Ausschnitte aus einem Familiengespräch mit einer ostdeutschen Familie interpretiert werden, das im Rahmen des Forschungsprojekts „Religiöser und weltanschaulicher Wandel als Generationenwandel: Das Beispiel Ostdeutschlands"[5] geführt wurde. An den Interviews nahmen in der Regel Angehörige aus drei Generationen teil, die zu Beginn des Gesprächs gebeten wurden, ihre Familiengeschichte zu erzählen. An dem Interview, das hier behandelt werden soll, nahmen ausschließlich weibliche Familienmitglieder teil: die verwitwete Großmutter (Gm), deren geschiedene Tochter („Mutter" = M) und die 18-jährige Enkelin („Tochter" = T).

Nach einer knappen Einführung in das Thema des Forschungsprojekts bringen die Interviewer die Sprache auf das Interesse an der Familiengeschichte und daran, wie ostdeutsche Familien die gesellschaftlichen Veränderungen in unterschiedlichen Epochen erlebt haben. Im Anschluss kommt es zu ersten Nachfragen, die sich auf die Reichweite dessen beziehen, was erzählt werden soll:[6]

```
 1  Gm:   Es geht jetzt nur um die DDR?
 2  I1:              └ n n n nicht nur auf, nee nicht nur auf die DDR bezogen, also, also
 3  I2:                                                              └ neee
 4  Gm:   Ich könnte auch über Adolf Hitler {M lacht} da bin ich in die Schule gegangen, ja?
 5  I1:   Genau, also grade sozusagen für die, für die Älteren
 6  I2:                            └ Ja das is ja was, was Sie mitbringen in die DDR, ja? Genau.
 7  Gm:                                                                             └ was
 8        ich mitbringe? Dann kam, kann ich was übern Krieg erzählen, dann kann ich was über
 9        die Russen erzählen und dann kann ich was über die DDR erzählen und dann kann ich
10        was über heute erzählen.
11  I1:                         └ danach (unv.) das
12  Gm:   Ich wollt grad nur sagen, und dann könnte ich noch aus der Erinnerung, aus der
13        Erinnerung noch
14  M:                   └ und dann können wir gehen {lacht}
15  T:                                                      └ ich kann
16        da gar nüscht erzählen.
17  Gm:   die, die, aus der Kaiserzeit was erzählen, weil das ja das Gespräch an jedem Kaffeetisch
18        bei meinen Großeltern war. Und ich kann im Grunde genommen sagen, die ganze
19        Gese/ Geschichte hängt sich ja eigentlich an der Gesellschaftsordnung auf, und da
20        kann ich nur sagen: Es ging immer bergab. So tief wie jetzt warn wir noch nie.
21  I2:   Ja? Denken Sie das?
22  Gm:   Ja.
```

In dieser ersten Gesprächssequenz wird zunächst das Thema des Familiengesprächs ratifiziert. Nachdem geklärt ist, dass es nicht allein um die Familiengeschichte während der DDR gehen soll, benennt die Großmutter die gesellschaftlichen Phasen, über die sie – aus eigener Erinnerung oder aufgrund von Erzählungen anderer – etwas zu berichten weiß: die „Hitler"-Zeit, den „Krieg", die „Russen"-Zeit, die DDR, die Zeit der Gegenwart („heute") und sogar – vermittelt über Gespräche am Kaffeetisch der Großeltern – die „Kaiserzeit". Daran zeigt sich bereits, dass es ihr nicht allein um das Erzählen der Lebensgeschichte geht, sondern dass eigenes und familiales Wissen über gesellschaftliche Epochen zusammengetragen werden soll. Angesichts dieses Bekundens breiter historischer Zuständigkeit verabschieden sich Mutter und Tochter ironisch aus dem Gespräch (14f.). Die Intervention der beiden Jüngeren allerdings irritiert die Großmutter nicht. Sie stößt über die Benennung gesellschaftlicher Epochen zu einer Art allgemeinem Motto vor, das die Epochenfolge als *Verfallsgeschichte* der Gesellschaftsordnungen charakterisiert (18-20). Nach dieser Logik erscheint die Demokratie des vereinten Deutschland als historischer Tiefpunkt, im Vergleich zu der dem Kaiserreich, der nationalsozialistischen und der sozialistischen Diktatur höhere Positionen in der Hierarchie zukommen. Dabei wird implizit einem autoritären Gesellschaftsmodell das Wort geredet.

Mit dieser Positionierung ist ein ‚starker' Anfang gesetzt, zu dem sich die übrigen Familienmitglieder werden verhalten müssen. Denkbar sind folgende Konstellationen:

a) Es handelt sich um eine Familie, die sich im Plädoyer für ein autoritäres Gesellschaftsmodell trifft. Im Falle einer solchen *Perspektivenkongruenz* wäre zu erwarten, dass die Großmutter in ihrer Darstellung *argumentativ* oder durch *kommunikative Anschlüsse* (Bestätigungen, kollektives Erzählen, wechselseitige Vollendung von Sätzen etc.) unterstützt wird.

b) Mutter und Tochter stützen die Perspektive der Großmutter nicht. Es kommt zwischen den Generationen zum *Konflikt der Perspektiven*, der auch während des Interviews in einem *oppositionellen Kommunikationsmodus* zum Ausdruck kommt.[7]

c) Mutter und Tochter stützen die Perspektive der Großmutter nicht. Im Dienste einer Konfliktvermeidung weichen sie allerdings auf eine Ebene aus, auf der man sich unproblematisch treffen kann. Diese Strategie der *Entproblematisierung* dürfte auch parasprachlich – etwa durch Lachen – zum Ausdruck kommen.

d) Die *Perspektiven* der Generationen sind *völlig inkongruent*, so dass es zu einem Fehlschlagen der Kommunikation kommt, indem der Standpunkt der Großmutter – etwa durch Ignorieren – *kommunikativ isoliert* wird.

Nachdem die Interviewer noch einmal ihr Interesse auch an der Zeit vor der DDR
deutlich gemacht haben, elaboriert die Großmutter ihre eigene Position[8]:

23	Gm:	[...] Also da war Krieg und da war der Zusammenhalt und die Kommunikation groß.
24		Da war die Organisation preußisch. Da war alles für alles geregelt. Wir hatten
25		Lebensmittelkarten, wir hatten <u>Keller</u>, wir hatten Bunker, wir hatten äh eine gute
26		ärztliche Versorgung trotz allem [...]. Und eigentlich war der Zusammenhalt im Volk
27		so stark wie noch nie, weil ja jeder versuchte, dem anderen zu helfen. Und heute
28		versucht jeder, dem anderen ein Bein zu stellen. Also das is die Kurve, die steil nach
29		unten geht. Und der alte Marx, den wir ja nu in der DDR-Zeit lesen mussten [...]
30		war nich dumm in seiner Theorie: Wenn das Umfeld stimmt, [...] stimmt auch das
31		Zusammenhalten oder das Leben der Menschen miteinander. Das Umfeld stimmte
32		in der DDR inso/ beim <u>Kaiser</u>, da hatten wir Kaisertreue, [...] und es war eine <u>Miliz</u>
33		[...] und es war auch Zucht und <u>Ordnung</u>. Ja? Es gab Strafen, es gab Ordnung, und
34		es gab, man hatte Knicks zu machen, man hatte das Alter zu achten man hatte und
35		[...] nehmse heute ne Monarchie, [...] einen gewissen Einfluss aufs Volk ham die noch.
36		[...] Im Krieg war alles preußisch durchorganisiert, [...] es herrschte Zucht und
37		Ordnung, [...] die Zucht ging so weit, dass es selbstverständlich war, dass auf ein
38		Krankenauto [...] niemals geschossen wurde, auch nich bombardiert wurde [...], und
39		es galt genauso für Kinder und Frauen. [...] Dann kam die Nachkriegszeit bis zur
40		DD/ da warn wir ja noch sowjetisch begren/ be
41	M:	˪besetzte Zone
42	Gm:	SBZ (.) Sowjetisch besetzte Zone, die war auch insofern sehr streng äh straff organisiert
43		als es ne Polizeistunde gab, weil die Russen nicht auf, sich mit deutschen Frauen
44		einlassen durften. [...] Es herrschte Zucht und Ordnung, dann kam die DDR, da
45		herrschte auch Zucht und Ordnung, natürlich auf ne andere Art und Weise, dass
46		wir nachher eingemauert wurden. Dass das gut war für uns, das sehen wir eigentlich
47		erst heute, denn es herrschte auch wieder Zucht und Ordnung. Natürlich Partei, das
48		war nun nich der Kaiser mehr, es war ooch nich mehr [...] de Besatzungsmacht, es
49		war ooch nich mehr Hitler mit SA und SS, aber es war ein mehr oder weniger öh
50		doch straff organisierter Staat. Und wer einen Fehltritt tat, [...] des begann mit m
51		Rauchen einer Zigarette in der Schule, der kam in einen Jugendwerkhof, ja? Also es
52		gab überhaupt keine erzieherischen Probleme weils für alles einen
53	M:	˪Strafen gab {lacht}
54	Gm:	Strafen gab. Es gab keine Drogen, der Alkohol war verboten für die Kin/ für die Kinder,
55		um zehn war Polizeistunde, da hatten alle in in ihren <u>Betten</u> zu liegen, es es gab kein
56		F/ Fremdgehen [...] und dann äh, hatte jeder äh das Recht auf Arbeit, und das wurde
57		gewährt [...]. Es hatte jeder das Recht auf Bildung, das hing natürlich vom [...] Verstand
58		ab, es krichte jeder ne Lehrstelle. Es krichte jeder eine Arbeitsstelle, und die war ihm
59		garantiert. Wenn er die Arbeitsstelle schlecht machte, dann war dafür das Kollektiv
60		zuständig und dann wurden, das hieß ja immer die anonymen Arbeitslosen in der DDR,
61		das waren die, die eben mitgezogen worden, weil eben eine menschliche
62		Kommunikation bestand.

In diesem Textausschnitt elaboriert und profiliert die Großmutter ihre Verfallsdi-
agnose und – darin impliziert – ihr Gesellschaftsideal. Der durchgängig argumen-
tativ-ideologische Duktus der Passage wird bereits zu Beginn deutlich. Zum einen
wird die Situation während des Nationalsozialismus und des Krieges ausschließlich positiv – im Hinblick auf Zusammenhalt, Kommunikation und Organisati-

on, die schließlich in den Topos „Zucht und Ordnung" einmündet – geschildert. Nicht der Schrecken des Krieges, sondern seine erfolgreiche Verwaltung und die kontrafaktische Aufrechterhaltung der Ordnung werden hervorgehoben. Zum anderen läuft die gesamte Argumentation auf einen Vergleich mit der Jetztzeit zu, die in der Perspektive der Großmutter durch die Abwesenheit all dessen gekennzeichnet ist, was die Vergangenheit auszeichnete. Heute fände ein Krieg jedes gegen jeden statt, nicht allein im Sinne einer Abwesenheit von Zusammenhalt und Kommunikation, sondern des absichtsvollen ‚dem Anderen ein Bein Stellen' (28). Im Vergleich zu diesem Hobbes'schen Urzustand erscheinen die autoritären Gesellschaftsordnungen der Vergangenheit als hohe Formen einer verlorenen Zivilisation, in der sich „Zucht und Ordnung" mit einem patriarchalen Staat paarten, in dem die Bürger bis in privateste Lebensäußerungen hinein kontrolliert, aber auch mit dem Notwendigen versorgt waren.

Betrachtet man den Fortgang der Kommunikation, kann man – bezogen auf die oben aufgeführten Möglichkeiten des Generationenverhältnisses – einen offenen Generationenkonflikt, aber auch einen völligen Kommunikationsabbruch zwischen den Generationen mit hoher Wahrscheinlichkeit ausschließen. Die Mutter schaltet sich zweimal ein, indem sie der Großmutter mit Formulierungen zu Hilfe kommt. Wie weit der Konsens zwischen beiden geht, wird hier noch nicht deutlich, zu vermuten ist aber – aufgrund der schwachen und rein formalen Unterstützung – keine völlige Übereinstimmung. Eine solche aufs Formale beschränkte Zustimmung zeigt sich auch an einer anderen Stelle im Interview, an der die Mutter von der Pseudokrupperkrankung der anwesenden Tochter erzählt, die als Säugling mehrfach wegen Atemnot in die Klinik gebracht werden musste. Die Mutter erklärt diese Erkrankung mit der hohen Luftverschmutzung zur Zeit der DDR. Die Großmutter – noch heute als Ärztin tätig – interveniert jedoch von Anfang an in die Darstellung der Mutter: Die Umweltverschmutzung damals sei lediglich eine andere gewesen, die Umwelt sei heute viel mehr verschmutzt, allergische Reaktionen habe es immer gegeben. Deutlich wird dabei, dass die Dominanz der ideologischen Perspektive sogar die nachträgliche Solidarisierung mit der Enkelin und deren besorgter Mutter verhindert. Wenn die Abfolge der Gesellschaftsordnungen eine Verfallsgeschichte dokumentiert, muss auch die Luftverschmutzung zur Zeit der DDR geringer gewesen sein als heute.

Die Mutter macht in dieser Situation ein vordergründiges Zugeständnis an die Großmutter, indem sie deren Formulierung, die Umweltverschmutzung sei damals lediglich eine andere gewesen, aufgreift („Ja, es war anders") und sie damit an der Oberfläche bestätigt. Gleichzeitig lässt sie sich aber in ihrer Benennung der Ursachen nicht beirren. Es werden hier also unterschiedliche Standpunkte erkennbar, dennoch wird auf formaler Ebene eine gewisse Übereinstimmung aufrechterhalten. Eine interessante Wendung nimmt das Gespräch, als die Mutter etwas später schildert, wie sie den politischen Transformationsprozess erlebt hat:

```
63  M:    Und neunzich hab ich dann auch das Studium beendet [...]. Und dann wurde
64        eigentlich alles ganz anders. Also dann, die Möglichkeiten warn plötzlich völlig anders,
65        als man sich des so gedacht hat ne? (1) Klar gut, es gab also diesen, das geb ich absolut
66        zu, dieser Umbruch im Nachbarschaftlichen, der war ganz krass. Wir haben früher alle
67        im Garten gesessen, ham miteinander
68  GM:                             └ Ja.
69  M:    gegrillt. Der Rechtsanwalt neben dem Kranfahrer, und des war alles überhaupt
70        kein Ding, ne?
71  GM:                                                        └ Ja. Mhm.
72  M:    Alle Türen warn offen, das war überhaupt kein Thema.
73  GM:                     └ Alle Türen waren offen, alle.
74  M:    Jeder hat von dem anderen das Auto geborgt.
75  GM:                     └ Jeder wusste, jooo, jeder wusste, wer
76  M:                             └ Wir haben alle gemeinsam eingekauft
77  GM:   Dann ham wer gekocht, wenn einer nich kochen konnte. /M: ja/ Das heißt, ich
78        habe jahrelang unserer Hausmannsfrau äh dis Mittagsessen Sonntag runter gebracht,
79        war ganz selbstverständlich und hab eingekauft. /M: ja/ Es war ein Zusammenhalt
80  M:                                                                     └ Also das
81        war überhaupt kein Thema.
82  GM:   Des war überhaupt, oder wenn ich mal Nachtdienst hatte und mein Mann weg war zum
83        Kongress und ich musste in die Klinik, dann war das gar kein Problem, dann hat meine
84        Nachbarin 'n Schlüssel gehabt. Da standen aber beide Türen aufm Flur auf, und die
85        Kinder liefen rei/ hin und her. Und passten auf und umgekehrt genauso.
86  M:    Also das war wirklich total Klasse.
87  GM:          └ War gar kein Problem.
88  M:    Und das brach in dem Moment ab, in dem bei uns zum Beispiel im Garten der
89        Rechtsanwalt 'n BMW hatte. Da war's aus.
90  GM                    └ Ja. {lachend} Na dis is klar.
91  M:    Da war alles aus.
```

Die Mutter charakterisiert die Zeit nach 1990, die mit ihrem Studienabschluss zusammenfällt, im ersten Zugriff als eine Zeit großer Veränderung und „ganz anderer" Möglichkeiten (64f.). Ob sie diese Möglichkeiten damals nutzen konnte oder davon überfordert war, bleibt an dieser Stelle noch uneindeutig, es entsteht jedoch der Eindruck einer positiven Konnotation, ohne dass diese genauer gefüllt wird. Darüber kommt es nun zu einer kommunikativen Spannung: Würde die Mutter die neuen Möglichkeiten positiv ausführen, würde sie sich in expliziten Widerspruch zur Verfallsthese der Großmutter stellen. Die ‚anderen Möglichkeiten' bedeuteten dann nicht bloße Kontingenz, sondern Chancen, die sie zu nutzen wusste. Mit einer solchen inhaltlichen Füllung wäre der bisher formal aufrecht erhaltene Konsens in der Perspektive auf die Vergangenheit aufgekündigt. Die kurze Pause (65) signalisiert eine Weichenstellung. Nach der Pause wird deutlich, dass die Mutter den möglichen Konflikt nicht eingeht. Die Einleitung des nachfolgen-

den Abschnitts „Klar gut, es gab also diesen, das geb ich absolut zu, dieser Umbruch im Nachbarschaftlichen, der war ganz krass" (65f.) markiert bereits sprachlich, dass es sich hier um ein *Zugeständnis* handelt, mit dem die vorher angedeutete positive Konnotation wieder zurückgenommen wird. Dabei kann es sich zum
einen um eine Konzession gegenüber einer öffentlichen Meinung handeln, die auf
die Kosten des Transformationsprozesses hinweist. Zum anderen kann es sich um
einen Tribut an die Verfallsperspektive der Großmutter handeln. Beides kann sich
auch wechselseitig verstärken. Der Fortgang des Gesprächs, in dem Mutter und
Großmutter eine Geschichte gemeinsam erzählen, dabei ihre Sätze wechselseitig
vollendend, zeigt, dass das Zugeständnis an die Großmutter einen hohen Stellenwert hat. Beide erzählen in nostrifizierender Weise eine Geschichte, in der die Zeit
der DDR – im Hinblick auf das private, nachbarschaftliche Leben – als goldene
Vergangenheit erscheint, die durch rege Kommunikation, gemeinsam verbrach-
te Freizeit, die Bedeutungslosigkeit von Statusunterschieden sowie wechselseitige
Unterstützung und Transparenz gekennzeichnet war.

Offensichtlich trifft diese Schilderung ein weit verbreitetes Erleben in der ostdeutschen Bevölkerung im Hinblick auf die Umstrukturierungen des Alltagslebens. Angesichts der sozialstrukturellen Nivellierung während der Zeit der DDR
und der spezifischen Bedingungen im Bereich von Arbeit und Freizeit (geringe
Arbeitsintensität, begrenztes Warenangebot, schwach entwickelter und staatlich
kontrollierter Bereich der Öffentlichkeit, Ausbildung privater Nischen) erscheint
es plausibel, darin nicht allein rückwärtsgewandte Verklärung, sondern einen Rekurs auf tatsächliche Veränderungen im Zuge des gesellschaftlichen Umbaus zu
sehen. Gleichzeitig bleiben aber in der Darstellung sowohl die Rahmenbedingungen dieser Alltagssituation als auch deren Kosten ausgeblendet. Durch diese
Vereinseitigung wird aus dem Rückblick von Großmutter und Mutter eine ideologische Darstellung, die vor allem auf den Kontrast zur Gegenwart zuläuft. So
mündet dann auch die gemeinsame Erzählung in eine Verfallsgeschichte: In dem
Moment, wo der Rechtsanwalt, mit dem man vorher gemeinsam im Garten saß,
mit dem BMW – dem Statussymbol des Neureichen in der Bundesrepublik – vor-
fährt, ist die Idylle zerstört, ist „alles aus" (89-91). Die Distinktionskraft des Gel-
des und eines darauf gestützten Lebensstils bringt die nivellierte Gesellschaft der
DDR zum Einsturz. Mit dieser im „Duett" erzählten Geschichte wechselt die Mutter kommunikativ auf die Seite der Großmutter. Die Geschichte vom verlorenen
Gemeinschaftsleben der DDR bekundet eine Gemeinsamkeit der Perspektiven,
die durch die generationenspezifische und potentiell individualisierende Schilderung eigener Chancen seit der Wende gefährdet worden wäre. Zumindest in der
Kommunikation – nicht unbedingt im Handeln – werden hier individualisierende
Perspektiven zugunsten der rückblickend beschworenen Gemeinschaft geopfert.

Wie aber verhält sich die Tochter angesichts der kommunikativen Verschwisterung von Mutter und Großmutter? Zur Interpretation soll nun eine Stelle herangezogen werden, bei der das Gespräch auf den Vater der Tochter – einen Sorben – kommt, von dem die Mutter mittlerweile geschieden ist. Im Zusammenhang mit der Scheidung wurde sie offenbar auch von der katholischen Familie und der Kirchengemeinde, der ihr Mann angehört, sozial ausgeschlossen.

92	M:	Und dann hab ich meinen Ex-Mann kennen gelernt, er is also Sorbe und katholisch.
93		Wir ham dann auch ähm ökumenisch geheiratet, also mit evangelischem und
94		katholischem Pfarrer, was in dieser katholischen Sippschaft en riesen Aufriss war.
95		[...] Ja aber ich bin nich (.) äh
96	Gm:	└ gläubig
97	M:	└ gläubig überhaupt nich.
98	Gm:	Dis kann man eigentlich auch als Mediziner nich sagen, da is man Natur-
99		wissenschaftler [...]
100	I2:	Und wie ist das jetzt für dich?
101	T:	Naja, also [...] durch jetzt mein Vater, weil der is ja katholisch und Sorbe, und da is
102		es halt sehr wichtig, da, also die Religion is da sehr wichtig und der Glaube. Und da
103		bin ich halt damit auch aufgewachsen und dis gefällt mir sehr gut, und ich geh auch
104		[...] schon ab und zu in die Kirche [...]. Weil der sorbische Gottesdienst und die Messe
105		sind was ganz anderes als der deutsche, also das interessiert mich viel mehr. Und ähm,
106		ja, da hab ich halt, also ich glaub da schon an Gott, dis schon.
107	M:	Aha?
108	T:	Das weißt du doch.
109	M:	{lachend} Ja ich weiß
110	T:	Und, also ich hab, bin auch getauft und alles, ja.
111	Gm:	Ja natürlich.
112	M:	Katholisch. [...]
113	T:	[...] alle meine Verwandten väterlicherseits sind ja Sorben. Also das is, sind da voll
114		die Gemeinschaft
115	Gm:	└ und die nehmen
116		die, die Sprache auch sehr ernst. Die pflegen das auch und die wurden ja auch in der
117		DDR gefördert. [...]
118	T:	[...] Und auch so v/ an an den Sorben selbst also da is auch so ne, einfach so, es sind
119		ja ziemlich wenig, nur noch knapp fünfzigtausend; und äh das is so, dass das auch
120		viel familiärer alles is, so ne richtige Gemeinschaft.
121	Gm:	└ is noch ne Gemeinschaft.
122	T:	Genau: Das is schon noch so was, was man sich jetzt da bewahren kann, was es hier
123		nich mehr so gibt bei den Deutschen.
124	M:	└ lauter falsche Katholiken {lacht} /Gm: {lacht}/
125	T:	└ Und äh auch die
126		Bräuche, also die gefalln mir auch sehr sehr gut, dis is alles sehr schön und und auch so
127		familiär und dann, is noch nicht viel irgendwie so populär geworden. Und dis, als, also
128		dass man da jetzt, man, man jetzt
129	M:	└ es sei
130		denn man is geschieden, da fliegt man raus aus der Familie.
131	T:	└ Ja, na ja.
132	Gm:	Naja, es is noch 'n bisschen heile Welt

In dieser Interviewpassage zeigen sich erstmals explizite Divergenzen zwischen den Generationen, die an der religiösen Orientierung der Tochter, die sich zum sorbischen Katholizismus des väterlichen Familienzweigs hingezogen fühlt, aufbrechen. Die Erzählung der Mutter über die der sorbischen Familie abgetrotzte ökumenische Hochzeit endet zunächst wiederum in der bereits bekannten kommunikativen Praxis, dass Großmutter und Mutter wechselseitig ihre Sätze vollenden und darüber ihre Übereinstimmung bekunden: diesmal in der Bestätigung ihrer beider Areligiosität, die die Großmutter überdies für Ärzte und „Naturwissenschaftler" als zwingend erachtet. Auch dabei wird allerdings – das soll hier im Rekurs auf nicht zitierte Textpassagen ergänzt werden – eine Differenz kommunikativ ausgeblendet. Die Mutter hatte sich mit 21 Jahren – heute sagt sie: um ihren Vater zu ärgern – der Jungen Gemeinde angeschlossen und sich taufen lassen und dieses neu erworbene Identitätsmerkmal später auch gegenüber ihrem katholischen Mann durchgesetzt, indem sie auf einer ökumenischen Trauung bestand. Dem Konflikt mit ihrem eigenen Vater ging voraus, dass dieser ihr ein Kunststudium, für das sie die Aufnahmeprüfung bereits bestanden hatte, untersagte und sie in ein Medizinstudium zwang, welches sie aber später wieder abbrach. Heute ist sie als Selbständige im Wohlfahrtsbereich tätig und damit vom Beruf einer Naturwissenschaftlerin weit entfernt. Insofern hat sie die Situation nach der Wiedervereinigung zur Neuorientierung genutzt und damit die vom Vater erzwungenen Vorgaben korrigiert. Entsprechend kommentiert sie auch, danach gefragt, wie sie die Wende erlebt habe, sie habe sich damals „ein Loch in den Bauch gefreut".

Wenn also die Großmutter auf die gemeinsame Perspektive von „Naturwissenschaftlern" pocht und mehrfach von der Familie als „Medizinerfamilie" spricht, überspielt sie damit einen Konflikt zwischen den Generationen, der gerade an der Frage der beruflichen Identität aufgebrochen war. Diese Differenzen werden rückblickend von Mutter und Großmutter ausgeblendet und in einer gemeinsamen „säkularen" – von der Großmutter als „naturwissenschaftlich" apostrophierten – Haltung harmonisiert.

Aus dieser Perspektivenkongruenz bricht die Tochter aus und markiert mit der vorsichtig vorgebrachten Aussage, sie glaube schon an Gott (106), eine Divergenz. Auch bei ihr verläuft damit die Abweichung von den vorangehenden Generationen (mütterlicherseits) über den Weg der Religion. In anderer Hinsicht freilich knüpft sie an die Tradition der Großmutter an: Auch sie will Medizin studieren und hält es – so sagt sie später im Interview – nicht einmal für ausgeschlossen, aufgrund bestimmter beruflicher Erfahrungen einmal deren säkulare Haltung zu teilen. Gleichzeitig knüpft sie mit dem Thema „Gemeinschaft" an ein Motiv an, das bereits zwischen Mutter und Großmutter für ein Bündnis taugte. Inhaltlich enthält ihre Aussage eine ambivalente Botschaft: Indem sie der anwesenden Mutter und Großmutter von der Gemeinschaft und dem Familienzusammenhalt der Sorben vorschwärmt und diese noch dazu von „den Deutschen" abgrenzt, diskreditiert sie implizit den mütterlichen Familienzweig. Verschärfend kommt dazu, dass die Mutter nach ihrer Scheidung aus der katholischen Familie ausgeschlossen wurde und sich vor diesem Hintergrund immer wieder zu bissigen Kommentaren herausgefordert fühlt. Gleichzeitig zieht aber das Gemeinschaftsmotiv die anwesende Großmutter bei aller Reserviertheit gegenüber den vertretenen Inhalten partiell auf die Seite der Tochter, wenn gleich sie das Gemeinschaftsleben der Sorben durch entsprechende Kommentare („noch 'n bisschen heile Welt"; 132), relativiert. An der Formalstruktur des Textes reproduziert sich hier die ‚Unentschiedenheit' der Situation: Formaler und thematischer Anschluss und inhaltliche Divergenz stehen nebeneinander. Jedenfalls gelingt der Tochter der thematische Anschluss an die Perspektive der Großmutter. Dabei nimmt sie nicht nur das Gemeinschaftsmotiv auf, sondern wendet gleichzeitig die Verfallsperspektive der Großmutter ins Positive. Bei den Sorben ließe sich, so ihr ‚Angebot', eine Gemeinschaft retten, die – folgt man Mutter und Großmutter – für die Ostdeutschen mit der DDR verloren ging. Wesentlich ist dabei, dass die Tochter selbst den nostalgischen Rückbezug der älteren Generationen auf die Zeit der DDR nicht teilt und aufgrund ihres Alters auch nicht teilen kann. Ost-West-Differenzen sind für sie kein wirkliches Thema mehr, ihre beste Freundin stammt aus München und sie kann sich durchaus vorstellen, in den alten Bundesländern zu leben. Umso plausibler wird die Interpretation, dass der Rekurs auf den Mythos der Gemeinschaft auf die familiäre Intergenerationendynamik abstellt.

5. Bezugsprobleme und Problemlösungen: Differenzierung von Generationenlagerungen, Individuierungsprozesse und generationenübergreifende Mythenbildung

Die hier vorgenommene Interpretation versuchte, die Perspektive der funktionalen Analyse auf die Kommunikation zwischen verschiedenen Generationen einer Familie zu beziehen, die den gesellschaftlichen Umbruch im Zuge der deutschen Wiedervereinigung zu verarbeiten hat. Diese Situation katapultierte nicht nur Individuen in neue Ausgangslagen, sie verschärfte auch die Differenzen in den objektiven Lagerungen unterschiedlicher Generationen. Die Diskussion um die Altersgruppe der zur Zeit der Wende etwa 50-jährigen, die immer wieder als die Generation der „Wendeverlierer" bezeichnet wurde, verdeutlicht dies. Die Großmutter der Familie, von der hier die Rede war, gehört dieser Altersgruppe an. Beurteilt man freilich ihren beruflichen Status nach der Wiedervereinigung, kann man sie keinesfalls zu den Wendeverlierern rechnen. Sie war bereits während der DDR im Universitätssystem erfolgreich, verfügte als Medizinerin über zahlreiche Privilegien, die sie auch zu nutzen wusste und bekam nach der Vereinigung sogar die lange angestrebte Professur. Ihre Haltung, deren Zustandekommen hier nicht im Einzelnen rekonstruiert werden kann, hat offensichtlich andere Gründe. Diese sind vermutlich eher in der Beschneidung der früheren partiell obrigkeitlichen Funktionen und der Begrenzung der professionellen Funktion auf die der Medizin[9] sowie in einer gewissen *Orientierungsnot* in der neuen Gesellschaft zu suchen als im Statusverlust. Der sich stereotyp im ganzen Interview wiederholende Rekurs auf Zucht und Ordnung, der auch auf den Beruf des Arztes ausgedehnt wird, und die rückblickende Verklärung autoritärer Regime sprechen für einen solchen Hintergrund.

Die Differenz zwischen den Generationen liegt demnach in dieser Familie nicht primär in ungleichen Chancenstrukturen, sondern vielmehr in der unterschiedlichen *Haltung* zu den sich neu ergebenden Möglichkeiten begründet, die einmal (bei der Mutter) eher als neue oder (bei der Tochter) bereits als selbstverständliche Freiheiten, das andere Mal (bei der Großmutter) primär als Verlust von Stabilität und sozialer Kohäsion interpretiert werden. Diese divergierenden Perspektiven, die auf Unterschiede in den System-Umwelt-Beziehungen der einzelnen Personen zurückgehen, markieren objektive Differenzen und könnten in der Familie als Generationendifferenz manifest werden. Daraus resultiert ein *Bezugsproblem* für das System der Familie, das in der Familienkommunikation bearbeitet werden muss.

Dieses Problem kristallisiert sich am Verhältnis von familialer Integration und personaler Individuierung, das für Familien – unabhängig von den besonderen Systembedingungen – essentiell ist. Die Familiengeschichte zeigt, dass lange vor dem Systemumbruch an dieser Front Konflikte aufgebrochen sind, die – wie am Fall der Mutter deutlich wird – zu Lasten personaler Individuierung gelöst wurden und spätere Korrekturen nötig machten. Die hier interpretierten Passagen der Familienkommunikation zeigen, dass der gesellschaftliche Umbruch das Verhältnis von Integration und Individuierung in spezifischer Weise überlagert. Die mit der Transformation aufkommende Perspektivendifferenz erzeugt zusätzlichen Abstimmungsbedarf zwischen den Generationen. Individuierung bekommt vor diesem Hintergrund eine doppelte Funktion: Sie rückt die Person nicht nur von den vorangehenden Generationen, sondern auch von den gesellschaftlichen Verhältnissen ab, in denen diese sozialisiert wurden. Die Besonderung vermittelt sich mit einem veränderten Habitus, der eine Kluft im Verhältnis der Generationen erzeugt. An den autoritären Habitus der Großmutter und das damit verbundene Gesellschaftsideal können weder Mutter noch Tochter anschließen. Umso größer wird der Bedarf, die sich auftuende Kluft kommunikativ zu überbrücken. Dies wirft die Frage nach den *Problemlösungen* auf.

Die vorgelegte Analyse untersuchte Problemlösungen auf der formalen und thematischen Ebene kommunikativer Anschlüsse sowie auf der Ebene der inhaltlichen Ausgestaltung, die dabei vorgenommen wird.

Die Interpretation konnte bei Mutter und Tochter – in ihrem Verhältnis zur Großmutter, aber auch zueinander – unterschiedliche kommunikative Strategien nachweisen. Die Mutter nimmt sich an der Stelle, an der sie angefangen hatte, von den Möglichkeiten zu erzählen, die sich nach dem Systemumbruch für sie eröffneten – und die sie durchaus für sich zu realisieren wusste – zurück und schließt inhaltlich und kommunikativ an die Perspektive der Großmutter an. Sie übernimmt dabei nicht deren autoritäre Perspektive von „Zucht und Ordnung" und auch nicht die Klage über den Verlust an gesamtgesellschaftlichem Zusammenhalt, unterstützt aber die Verklärung der nachbarschaftlichen Gemeinschaft und die Perspektive auf deren mit dem Systemwandel verbundenen unwiederbringlichen Verlust. Das Motiv des Gemeinschaftsverlusts wird dadurch gewissermaßen auf begrenzteres Terrain verlagert: auf die Verfallsgeschichte der Nachbarschaft. Die Tochter, die im Hinblick auf ihre sozialen Beziehungen längst in der neuen Gesellschaft angekommen ist und mit der DDR-Vergangenheit überdies kaum eigene Erfahrung verbindet, greift das Gemeinschaftsthema am Beispiel der Sorben – in der Perspektive einer vom Aussterben bedrohten Ethnie[10] – auf. Dabei bleibt sie dem Sinnschema des Verfalls von Gemeinschaft, das Großmutter und Mutter vorgeben, verhaftet, gibt ihm aber eine Wendung in die Zukunft. Bei den Sorben sei – im Unterschied zu der verlorenen Gemeinschaft der Deutschen – noch eine Gemeinschaft vorhanden und insofern noch etwas zu retten.

Gleichzeitig vollzieht die Tochter über die Besetzung diese Themas eine Abgrenzung vom mütterlichen Familienstrang. Durch die Betonung des Ausnahmecharakters der „familiären Gemeinschaft der Sorben" wird diesem solche Gemeinschaftlichkeit nicht nur implizit abgesprochen, sondern es wird überdies ein Kontext als hoch bedeutend bewertet, aus dem die Mutter – wie sie mehrfach betont – ausgeschlossen wurde.

Die Lösung des Bezugsproblems von familialer Integration und personaler Individuierung unter den Bedingungen eines massiven gesellschaftlichen Transformationsprozesses wird hier auf spezifische Weise in der Schwebe gehalten. Im Sinne einer eigenständigen Generationenperspektive bleibt der Abgrenzungsversuch der Tochter vor allem in der starken Verquickung mit einem ethnisch unterlegten und ideologisch gewendeten Vergemeinschaftungskonzept prekär. Ihre Abgrenzung von der Mutter erfolgt überdies im Windschatten der Solidarisierung mit der Großmutter, der auch die Mutter ihren kommunikativen Tribut zollt. So bildet das Gemeinschaftsthema – trotz divergierender Ausgestaltungen und unterschiedlicher Konnotationen – die Klammer zwischen allen drei Generationen und erzeugt ideologische Gemeinsamkeit über die Differenzen des Transformationserlebens und die damit eröffneten Möglichkeiten familienunabhängiger Werdegänge hinweg.

Die kommunikative Strategie der hier skizzierten Familie steht für einen spezifischen Typus des Umgangs mit dem Bezugsproblem, vor dem ostdeutsche Familien stehen: Sie müssen – *als Familien* – wie alle anderen das Problem von familialer Integration und personaler Individuierung lösen. Sie müssen mit generationentypischen Erfahrungen des Verlusts vergangener Welten und der Eröffnung neuer Perspektiven umgehen, sind aber darüber hinaus – *als ostdeutsche Familien* – mit den differenzierenden Erfahrungen eines massiven gesellschaftlichen Transformationsprozesses konfrontiert. Im skizzierten Fall werden die faktischen Differenzen zugunsten einer Idealisierung vergangener DDR-Gemeinschaft und zu rettender Sorbengemeinschaft ausgeblendet. Das Thema der verlorenen und zu rettenden Gemeinschaft wird zum Mythos, der im Verhältnis der Generationen als sozialer Kitt fungiert und objektive Differenzen des Habitus und der damit verbundenen Integration in die neue Gesellschaft überdeckt. Dabei sind es die jüngeren Generationen, die – mit je spezifischen Akzentsetzungen – über das Gemeinschaftsthema den Bogen zur ältesten Generation schlagen.

Im Fortgang der Forschung sind nun anhand des jeweiligen Verhältnisses von Problembezug und Problemlösung in den Familien Formen minimaler und maximaler Kontraste, über die der Prozess der Theoriegenerierung organisiert wird, zu identifizieren. Sei es, dass Prozesse der Individuierung bis hin zum Generationenkonflikt in den Familien einen größeren Stellenwert einnehmen und damit die differenzierenden Wirkungen des gesellschaftlichen Transformationsprozesses schärfer zutage treten; oder sei es, dass die Prozesse familialer Integration sich anderer Themen, Formen und Ressourcen bedienen als es in der vorliegenden Familie der Fall ist. Bereits jetzt zeichnet sich ab, dass auf Verfallsdiagnosen ‚antwortenden' Gemeinschaftsmythen eine wichtige Funktion bei der Überbrückung von Generationendifferenzen zukommt.

Anmerkungen

1. Eine Ausnahme stellen die Arbeiten von Schneider (1991; 1996) dar. Vgl. zum Folgenden bereits Wohlrab-Sahr 1999.
2. Dieser Begriff stammt von Malinowski (1926: 132f.).
3. Gegen diese Ebenenunterscheidung bzw. gegen den Anspruch, bei der Interpretation „Latentes" zutage zu fördern, sind erkenntnistheoretisch begründete Einwände geltend gemacht worden (vgl. dazu kontrovers Wohlrab-Sahr 1999b und Nassehi/Saake 2002). Auf diese Debatte kann hier lediglich verwiesen werden.
4. In dem Zitat geht es um Identität, der Bezug auf Biographie wurde von mir hergestellt.
5. Das Projekt wird seit April 2003 von der DFG gefördert. Wissenschaftliche Mitarbeiter im Projekt sind U. Karstein, M. Punken und – als Doktorand – Th. Schmidt-Lux, als studentische Hilfskräfte sind A. Frank, B. Glöckl, J. Kärtner und Ch. Schaumburg beteiligt. Das Interview, aus dem die Textauszüge stammen, führten U. Karstein und Th. Schmidt-Lux.
6. Transkriptionsregeln: <u>Miliz</u> (auffällige Betonung); F/ (Konstruktions- oder Wortabbruch); <u>sehr</u> <u>schön</u> (auffällige Dehnung); [...] Auslassung; └ Anschluss des nachfolgenden Sprechers; (.) kurze Pause; (1) Pause mit Sekundenangabe.
7. Zu verschiedenen kongruenten und divergenten Modi der Kommunikation vgl. Przyborski (2004).
8. Diese Sequenz schließt – nach der Interviewerfrage – direkt an die vorangehende an. Bei den folgenden Zitaten wird aus Gründen der besseren Übersichtlichkeit die fortlaufende Nummerierung fortgesetzt, obwohl diese Zitate nicht direkt an die vorangehenden anschließen.
9. Im Interview steht dafür die Aussage, heute könne man als Ärztin nicht einmal mehr jemanden, der in der eigenen Praxis tobe, in die Psychiatrie einweisen lassen.
10. Diese Passagen wurden hier nicht zitiert, nehmen aber im Interview größeren Raum ein.

Literatur

BOHNSACK, RALF (2003): Rekonstruktive Sozialforschung. Einführung in qualitative Methoden, 5. Aufl.. Opladen: Leske & Budrich.

LUHMANN, NIKLAS (1970a): Funktion und Kausalität. In: ders.: Soziologische Aufklärung, Bd. 1. Opladen: Westdeutscher Verlag, 9-30.

LUHMANN, NIKLAS (1970b): Funktionale Methode und Systemtheorie. In: ders.: Soziologische Aufklärung, Bd. 1. Opladen: Westdeutscher Verlag, 31-53.

LUHMANN, NIKLAS (1970c): Soziologische Aufklärung. In: ders.: Soziologische Aufklärung, Bd. 1. Opladen: Westdeutscher Verlag, 66-91.

LUHMANN, NIKLAS (1997): Die Gesellschaft der Gesellschaft, Bde 1 und 2. Frankfurt/M.: Suhrkamp.

MALINOWSKI, BRONISLAW (1926): Anthropology, in: Encyclopaedia Britannica, First Supplementary Volume. London/New York: Encyclopaedia Britannica.

MERTON, ROBERT (1995): Soziologische Theorie und soziale Struktur. Berlin: de Gruyter.

NASSEHI, ARMIN/SAAKE, IRMHILD (2002): Kontingenz: Methodisch verhindert oder beobachtet? Ein Beitrag zur Methodologie der qualitativen Sozialforschung. In: Zeitschrift für Soziologie 31 (1): 66-86.

OEVERMANN, ULRICH (1991): Genetischer Strukturalismus und das sozialwissenschaftliche Problem der Erklärung der Entstehung des Neuen. In: Müller-Doohm, S. (Hrsg.): Jenseits der Utopie. Frankfurt/M.: Suhrkamp, 267-336.

OEVERMANN, ULRICH (2000): Die Methode der Fallrekonstruktion in der Grundlagenforschung sowie der klinischen und pädagogischen Praxis. In: Kraimer, K. (Hrsg.): Die Fallrekonstruktion. Sinnverstehen in der sozialwissenschaftlichen Forschung, Frankfurt/M.: Suhrkamp, 58-156.

OEVERMANN, ULRICH/ALLERT, TILMAN/KONAU, ELISABETH/KRAMBECK, JÜRGEN (1979): Die Methodologie einer »objektiven Hermeneutik« und ihre allgemeine forschungslogische Bedeutung in den Sozialwissenschaften. In: Soeffner, H.-G. (Hrsg.): Interpretative Verfahren in den Sozial- und Textwissenschaften. Stuttgart: Metzler, 352-434.

PRZYBORSKI, AGLAJA (2004): Gesprächsanalyse und dokumentarische Methode. Wiesbaden: VS-Verlag.

ROSENTHAL, GABRIELE (1995): Erlebte und erzählte Lebensgeschichte. Gestalt und Struktur biographischer Selbstbeschreibungen. Frankfurt a.M./New York: Campus.

ROSENTHAL, GABRIELE (Hrsg.) (1997): Der Holocaust im Leben von drei Generationen. Familien von Überlebenden der Shoah und von Nazi-Tätern, 2. Aufl.. Gießen: Psychosozial-Verlag.

SCHNEIDER, WOLFGANG LUDWIG (1991): Objektives Verstehen. Rekonstruktionen eines Paradimas: Gadamer, Popper, Toulmin, Luhmann. Opladen: Westdeutscher Verlag.

SCHNEIDER, WOLFGANG LUDWIG (1995): Objektive Hermeneutik als Forschungsmethode der Systemtheorie. In: Soziale Systeme 1 (1): 129-152.

SCHÜTZE, FRITZ (1987): Das narrative Interview in Interaktionsfeldstudien. Erzähltheoretische Grundlagen, Studienbrief der Fernuniversität Hagen, Teil I, Hagen.

WOHLRAB-SAHR, MONIKA (1999a): Konversion zum Islam in Deutschland und den USA. Frankfurt a.m./New York: Campus.

WOHLRAB-SAHR, MONIKA (1999b): Biographieforschung jenseits des Konstruktivismus? In: Soziale Welt 50: 483-494.

Thomas Schäfer/Bettina Völter

Subjekt-Positionen.
Michel Foucault und die Biographieforschung[1]

„Man frage mich nicht, wer ich bin und man sage mir nicht, ich solle der Gleiche bleiben:
Das ist eine Moral des Personenstandes; sie beherrscht unsere Papiere. Sie soll uns frei lassen,
wenn es darum geht zu schreiben" (Foucault 1973: 30).

Mit dieser und ähnlichen Forderungen artikulierte Michel Foucault immer wieder aufs Neue sein Unbehagen am modernen Identitätsdiskurs[2]. Insbesondere kritisierte er, dass menschliche Existenz dadurch in Formen „fixiert" werde. Foucault hat sich bei seiner Subjektkritik allenfalls implizit, jedoch nie direkt auf die Biographieforschung bezogen, und auch von deren Seite her werden seine Arbeiten bislang wenig und wenn, dann sehr unterschiedlich rezipiert. So knüpft zur Erörterung von ‚Identität und Biographie' etwa Alois Hahn (1995) an zentrale Gedanken aus Foucaults Studien über die Geschichte der Human- und Bio-Wissenschaften an, während Wolfram Fischer-Rosenthal (1995: 255) Foucaults Subjektkritik für überzogen hält. In empirischen Arbeiten finden sich in den letzten Jahren Hinweise für ein wachsendes Interesse und eine allmählich einsetzende Rezeption des Foucaultschen Diskursbegriffs, wobei die Diskursanalyse als theoretisch ausgearbeitetes Programm noch kaum in die entsprechenden Forschungskonzepte integriert worden ist.[3]

Schon allein aufgrund dieser Situation scheint es uns sinnvoll, die Biographieforschung systematischer als bislang zu Foucaults Werk ins Verhältnis zu setzen; aber auch deshalb, weil dies zur Selbstverständigung und wechselseitigen Befruchtung beider Ansätze beitragen kann.[4]

Dabei werden wir versuchen, ein differenziertes Bild zu zeichnen: Während sich insbesondere Foucaults Diskursanalyse als anschlussfähig für die Biographieforschung erweist, stellt seine Subjektkritik eher eine kritische Herausforderung dar, die auch als Infragestellung der Biographieforschung gelesen werden könnte. Denn der Autor hat sich nicht nur immer wieder gegen die Hermeneutik gewendet, insbesondere gegen ihr methodisches Prinzip, Biographisches als Erklärungsgrund für menschliches Handeln heranzuziehen[5]; im Zentrum seiner Schriften steht bekanntlich eine Kritik der Humanwissenschaften, die sich auch auf die Biographieforschung beziehen lässt. Wir meinen aber, dass ihr auf konstruktive Weise begegnet werden kann. Im Folgenden kommen wir zunächst auf diese Kritik zu sprechen, ohne sie jedoch hier philosophisch in der komplexen Weise diskutieren zu können, die der Thematik angemessen wäre.

1. Foucaults Genealogie der Humanwissenschaften als fundamentalkritische Absage an die Biographieforschung?

Die Genealogie der Humanwissenschaften, die Foucault im Kontext seiner Analyse moderner Macht ausgearbeitet hat, kulminiert in folgender These: Erst im Zuge moderner Formen der Unterwerfung des Menschen unter verschiedene, um das 17./18. Jahrhundert herum entstandene Disziplinarinstitutionen und –mächte, wie Schule oder Militär, geriet das Individuum als Gegenstand der Wahrnehmung und des Wissens in den Blick. Dies führte zur „Geburt des Menschen als Wissensgegenstand für einen ‚wissenschaftlichen' Diskurs" (Foucault 1976: 34f.), mit der Folge, dass diverse humanwissenschaftliche Wissensformen und Diskurse über ihn entstehen konnten: medizinische, pädagogische oder psychologische. Diese haben aber auch ihrerseits zu Praktiken der Kontrolle und Regulierung beigetragen und sind insofern als „Macht-Wissen" und „Macht-Diskurse" zu bezeichnen.

Diese historisch-epistemologische Diagnose über die Entstehung des wissenschaftlichen Interesses am Menschen bzw. Individuum vor dem Hintergrund eines körperlich-disziplinarischen Zugriffs auf dessen Leben richtet sich vor allem gegen zwei eng miteinander verbundene traditionelle Vorstellungen: 1. den Gedanken, dass die Entstehung der Humanwissenschaften das Resultat einer unproblematischen historischen Entwicklung sei, in der das Individuum als Gegenstand der Erkenntnis (endlich) ‚entdeckt' wurde; und 2. gegen die korrespondierende Vorstellung, dass das Individuum bzw. das Verständnis des Menschen als Individuum eine den Wissensbildungen, Diskursen und Machtverhältnissen natürlicherweise vorausgehende („prädiskursive") Tatsache sei, der sich die Erkenntnis nur zuzuwenden hätte. Dieser langen Denktradition hält Foucault entgegen: „Die schöne Totalität des Individuums wird von unserer Gesellschaftsordnung ... sorgfältig produziert" (a.a.O.: 278f). Sie werde von modernen Gesellschaften hervorgebracht, indem man zum Verständnis seines Denkens, Wollens und Handelns die umfassende Kenntnis und Erkenntnis des Menschen angestrebt und dabei den Gedanken des ‚tiefen Selbst' entwickelt habe. Im Gegensatz zum vormodernen richte sich das abendländisch-moderne Interesse am Menschen nicht mehr allein auf die bloßen Handlungen des Einzelnen, sondern nun auch auf „seine Natur, seine Lebens- und Denkweise, seine Vergangenheit, die ‚Qualität' ... seines Willens" (a.a.O.: 127). Der Einzelne werde aus diesem Grunde

> „... im Zuge des Ausbaus der Diziplinarmechanismen immer häufiger zum Gegenstand individueller Beschreibungen und biographischer Berichte. Diese Aufschreibung der wirklichen Existenzen ... fungiert als objektivierende Vergegenständlichung und subjektivierende Unterwerfung" (a.a.O.: 247).

Die entscheidende Leistung moderner Disziplinarmächte und Humanwissenschaften sieht Foucault in einer „subjektivierenden Unterwerfung", die einzelne Menschen(leben) nicht allein zum Objekt – der Erkenntnis wie der Manipulation – macht, sondern vor allem auch zum „Subjekt". Wobei Foucault darunter nicht den Menschen als autonom Handelnden versteht, sondern konstatiert:

> „... das Wort *Subjekt* hat hier einen zweifachen Sinn: vermittels Kontrolle und Abhängigkeit jemandem unterworfen sein und durch Bewußtsein und Selbsterkenntnis seiner eigenen Identität verhaftet sein" (1987: 246f).

So wird nicht nur „aus der Beschreibung ein Mittel der Kontrolle und eine Methode der Beherrschung", sondern mit den deskriptiven Akten der Beschreibung, der Analyse und Diagnose des Individuums ist auch ein subjektkonstituierender *normativer* Effekt verbunden: die „Fixierung eines jeden auf seine eigene Einzelheit", und zwar dadurch, dass

> „... jeder seine eigene Individualität als Stand zugewiesen erhält, in der er auf die ihn charakterisierenden Maße, Abstände und Noten festgelegt wird, die aus ihm einen ‚Fall' machen" (Foucault 1976: 247).

Bei Foucaults historischer Macht-Wissen-Analyse handelt es sich also in zweierlei Hinsicht um eine *Kritik* an den Humanwissenschaften. Zum einen zeigt sie – gegen deren universalistischen und hegemonialen Anspruch – die *Grenzen* ihrer Bedeutung bzw. Geltung auf: Nur in einer Kultur oder Zeit, so könnte man die Kritik pointieren, die ein derartiges Interesse an der Erkenntnis und der Wahrheit über den Menschen hat, können sich intellektuelle Anstrengungen wie die der Wissenschaften vom Menschen entfalten. Und nur in einer Kultur, die im Zeichen einer modernen Selbsterschaffungspraxis bzw. einer „Tyrannei der Intimität" (Richard Sennett) denkt und handelt, haben Disziplinen Konjunktur, die sich mit der inneren Struktur oder den psychischen Mechanismen von Individuen beschäftigen.[6] Zum anderen will Foucault die von den Humanwissenschaften hervorgebrachten Diskurse und Wissensformen mit dem Hinweis darauf infrage stellen, dass sie – passiv wie aktiv – in gesellschaftliche Machtverhältnisse verstrickt sind.[7]

Diese Kritik lässt sich nun auch auf die Biographieforschung beziehen, da deren Existenz ja ebenfalls (epistemologisch) an die Erschaffung des Individuums als Erkenntnisobjekt gebunden ist und sich in ihrem Programm, Lebensgeschichten zu verstehen, jener spezifisch humanwissenschaftliche „Wille zum Wissen" ausdrückt. Dabei wäre es kein Einwand, wenn man darauf hinwiese, dass uns das biographische Erzählen heute zu einer alltäglichen Selbstverständlichkeit oder gar zu einem Bedürfnis geworden ist, so als ob, wie Foucault bemerkt, „die Wahrheit im Geheimsten unserer selbst keinen anderen ‚Anspruch' hegte, als den, an den Tag zu treten" (1977: 77), sondern dies bestätigte nur die Macht humanwissenschaftlichen Denkens im Alltag. Denn der Wunsch, von sich zu erzählen, ist Foucault zufolge kein rein *psychologisches* Phänomen und Ausdruck eines *authentischen* Bedürfnisses des Menschen; und ebensowenig ist er eine schlicht *kulturhistorische* Tatsache (s. etwa Fischer-Rosenthal 1991a: 78f.). Vielmehr handele es sich dabei um ein Element des herrschenden Subjekt-Diskurses, um eine verinnerlichte „Geständnis-*Pflicht*", denn „Menschen neigen nicht von Natur aus dazu, sich über ihr Leben Rechenschaft abzulegen" (Hahn 1987: 18). Dieser Imperativ der Selbsterkenntnis und Selbstprüfung[8], der bis in die tiefsten Empfindungen oder auch die Leiblichkeit moderner Menschen hineinreicht, stellt sich v.a. dann als problematisch dar, wenn man mit Nietzsche und Foucault bedenkt, dass die Bereitschaft zu jener Art des entdeckenden, interpretierenden Eindringens in fremdes oder eigenes Leben, ursprünglich den Individuen erst einmal abgerungen bzw. aufgezwungen werden musste.[9]

Nun kann man dieser Infragestellung der Biographieforschung, mit Unterstützung von Theoretikern wie Habermas, entgegnen, dass selbst dann, wenn man die genealogische Diagnose akzeptiert, mit der *Genesis* der Humanwissenschaften ja noch nichts über ihre *Geltung*, d.h. über ihre *gegenwärtige* Legitimität gesagt sei. Die rekonstruktive Biographieforschung interessiert ja insbesondere, *wie genau* Prozesse der Biographisierung und Biographizität (Alheit 2003: 25) verlaufen und wie sie empirisch zu rekonstruieren sind, was etwa bedeutet, mit Nassehi zu fordern:

> „Sollte es zutreffen, dass der Mensch in der Moderne, wie Michel Foucault sagt, ein ‚Geständnistier' sei, ist dies nicht zu kritisieren, sondern danach zu fragen, welcher Art die Geständnisse sind" (1994: 58, Fn. 13).

Wo Biographieforschung als Disziplin empirisch forscht, setzt sie also an dem in der Moderne *Gegebenen* an. Insofern beruht ihre Geltung und ‚Legitimität' auf ihrer Funktion, Zeitdiagnose zu betreiben. Dies kann – was die von Foucault kritisierte Konstitution des Subjekts angeht – in affirmierender oder in verändernder Weise geschehen. Wir meinen nun, dass gerade die rekonstruktive Biographieforschung trotz der Tatsache, dass sie den modernen Subjektdiskurs mit trägt, nicht nur etwa familiale oder institutionelle, sondern eben auch diskursive Machtwirkungen auf die Subjekte dekonstruieren kann (vgl. 2. und 3.).

So grundlegend also die genealogische Macht-Wissen-Analyse die Biographieforschung infrage stellen kann, und so wichtig es uns i.S. einer kritischen Reflexion des eigenen Tuns auch erscheint, sich diese Diagnose bewusst zu machen, so muss man die Biographieforschung als Projekt deshalb doch nicht unbedingt in toto für diskreditiert halten.[10] Vielmehr bietet es sich im Sinne einer Selbstaufklärung über die möglichen (Macht-)Effekte der eigenen Disziplin eher an, die Foucaultschen Thesen zur Entstehung des modernen Subjekts mit der Praxis der rekonstruktiven Biographieforschung *konkret* in Beziehung zu setzen.

2. Die Praxis der Biographieforschung und Foucaults Analyse moderner Subjektivität

Der Dialog der Biographieforschung mit Foucaults Werk scheint uns nicht zuletzt deshalb von aktueller Relevanz zu sein, weil sich die ‚fallrekonstruktive Biographieforschung' immer wieder mit Fragen folgenden Typs konfrontiert sieht:

a) Sind Biographien heutzutage nicht schwer fassbare Gebilde, da Menschen ihre Identitäten entwerfen bzw. wechseln und

b) gleichzeitig sehr heterogenen sozialen Erwartungen ausgesetzt sind?

c) Lassen sich die Prämissen der Biographieforschung mit einer Subjekt-Konzeption vereinbaren, die von einem „nicht-identischen", „dezentrierten" oder „fragmentierten" Subjekt ausgeht? Oder unterliegt sie

d) den modernen Mythen des einheitlichen Selbst und der ‚authentischen Selbstdarstellung'?[11]

Die genannten Fragen sind voneinander zu unterscheiden: in diejenigen mit zeitdiagnostischem (a+b) und diejenigen mit primär subjektkritischem Hintergrund (c+d). Und es lässt sich schnell feststellen, dass Fragen des ersten Typs (a+b) der Biographieforschung durchaus nicht äußerlich sind, sondern bereits an der ‚Wiege der Disziplin standen'. Der Interessensschwerpunkt vieler Arbeiten liegt auch heute noch auf der Frage, wie lebensgeschichtliche Diskontinuitäten und Brüche lebenspraktisch verarbeitet werden. Dabei sind empirische Studien verbreitet, die – gegen oberflächlich beobachtbare Vielfalt und Heterogenität – auf strukturelle Kontinuitäten und Kohärenzen biographischer Gesamtgestalten hinweisen; oder die die – versteckten – sinnlogischen Netzwerke und Prozessstrukturen in den Blick nehmen, in welche die Individuen auf komplexe Weise eingespannt sind.

Könnte im Zuge derartiger Untersuchungen nicht aber durch subjekttheoretische Prämissen bisweilen auch Kontinuität oder Sinnlogik *gestiftet* werden? Darauf zielen die oben genannten subjekt-kritischen Anfragen des Typs c und d ab. Wir wollen im Folgenden deshalb nun genauer prüfen, inwiefern jene Kritik an der Unterwerfung moderner Menschen zu „Subjekten", wie sie sich im Werk Michel Foucaults findet, hier anschließt und – im Gegensatz zu den erstgenannten Anfragen – eine ernsthafte Herausforderung für die Biographieforschung darstellt.

Die moderne Form von Subjektivität und der mit ihr verknüpfte Subjekt-Diskurs sind, nach Foucault, in erster Linie mit zwei alltäglichen „*Techniken des Selbst*" verbunden, die die Individuen subjektivieren bzw. disziplinieren: zum einen mit der Praxis des „Geständnisses" oder Bekenntnisses, mittels dessen moderne Menschen – in der Schule, im Berufsleben, im religiösen Leben wie auch in psychologischen Kontexten – aufgefordert werden, ihre Handlungen, Gedanken, Gefühle und ihre Lebensführung als Ausdruck eines „tiefen Selbst" zu verstehen und darin die „Wahrheit" über sich selbst zu erkennen[12]; zum anderen mit der sozialen und psychologisch verinnerlichten Anforderung und Praxis, das eigene Leben in einen konsistenten, systematischen und Identität stiftenden Zusammenhang zu bringen, was die Vorstellung eines einheitlichen Subjekts erzeugt, das sowohl in diachroner wie in synchroner Hinsicht mit sich selbst identisch sei.

Um festzustellen, inwieweit die Foucaultsche Kritik an diesen beiden modernen Techniken der Subjektivierung auch die Biographieforschung tangiert, werden wir sie so erläutern, dass sie sich auf deren wissenschaftliche Praxis beziehen lässt. Dabei geht es zunächst um die Frage der ‚Authentizität' des sprechenden Subjekts (2.1), sodann um die seiner Einheit und inneren Strukturiertheit (2.2). Wir enden mit Thesen zur Verknüpfung von Biographieforschung und Diskursanalyse (3.). Unser Ziel ist, mit Foucault den Blick für den Charakter und die Reichweite biographischen Materials weiter zu schärfen, einen Beitrag zur Debatte um Biographieforschung und Konstruktivismus zu leisten und dabei weiterführende Fragen anzuregen.

2.1 Biographisches Interview und Subjekt-Produktion

Im Kontext seiner Arbeit ‚Sexualität und Wahrheit' führt Foucault (1977) seine genealogische Analyse des modernen Wissens vom Menschen zurück auf die christlich-mittelalterliche Beichtpraxis, die der Ursprung bzw. ‚Urtypus' der hermeneutischen Durchdringung des Menschen zum Zwecke seiner erkennenden Erfassung sei. Dass man sich bzw. anderen etwas von sich „gesteht", wird dabei als Element einer Technik beschrieben, die die „Wahrheit" über die Subjekte produziert. Bei der Artikulation von Erlebnissen, Einschätzungen und emotionalen oder ‚mentalen' Zuständen handele es sich allerdings nicht um eine Wahrheitsproduktion i.S. einer sprachlichen Darstellung *prädiskursiver* Entitäten, die ‚wahr' ist, weil das Subjekt selbst sie artikuliert hat, sondern vielmehr um die *Erschaffung* des Subjekts, eines Selbstbildes, das als seine Wahrheit gilt. Denn, so Foucaults sprachpragmatisch inspirierte Feststellung: „Dieser Wahrheitsdiskurs erzielt seine

Wirkung nicht bei dem, der ihn empfängt, sondern bei dem, dem man ihn entreißt" (a.a.O.: 80f).

Damit wird die moderne Subjektvorstellung also gewissermaßen umgekehrt: Durch seine Sprechakte wird das Individuum nicht seines eigenen Selbst, seiner vermeintlich tiefen „Wahrheit" über sich inne, sondern es gerät in einen (performativen) Prozess der Selbstpräsentation, in dem die Gegenstände der Darstellung erst durch ihre sprachliche Äußerung „profiliert", „dramatisiert", „intensiviert", „beseelt" und „fixiert" werden (vgl. a.a.O.: 59ff.). Wobei es im Akt der Artikulation nicht nur zu einer ‚Erschaffung' im Sinne einer sprachlichen Verobjektivierung des subjektiven Inneren kommt, sondern auch im Sinne einer Identifikation der Sprechenden mit dem im Geständnis expressiv Geäußerten und darüber hinaus im Sinne der Schaffung einer entsprechenden inneren Orientierung, weil „die bloße Äußerung schon – unabhängig von ihren äußeren Konsequenzen – bei dem, der sie macht, innere Veränderungen bewirkt" (a.a.O.: 80f.).[13]

Wir berühren hier die breite Diskussion um die konstruktivistische Sicht auf die Biographieforschung (vgl. auch Jost in diesem Band). Foucaults These der dreifachen Produktion erscheint uns dabei anders gelagert als die Feststellung, Biographien würden rein aus einem Gegenwartsinteresse heraus und in einer aktuellen Interaktions- und Sozialbeziehung konstruiert, oft geäußert in Opposition zu Fritz Schütze (1987: 94), der den Erzählvorgang in seinen narrativen Darstellungsgehalten und in seiner umfassenden Geschichtengestalt der Tendenz nach als „vom Gehalt und der Aufschichtung der eigenen Erlebnisse in einer umgreifenden lebensgeschichtlichen Erfahrungsform und der entsprechenden Innenwelt des Gedächtnisses" gesteuert sieht. Wir meinen, dass sich mit der Foucaultschen These von der formenden Wirkung von Diskursen eine vermittelnde Position einnehmen lässt. Uns interessiert hier zunächst die gesamte biographische Stegreiferzählung, v.a. ihr oft evaluierender Beginn, und erst im zweiten Schritt die Textsorte der Erzählung.

Um den Einfluss von sprachlicher Artikulation auf die biographische Selbstpräsentation näher zu veranschaulichen, betrachten wir ein Beispiel. Eine Interviewpartnerin – im Forschungskontext[14] Tatjana Rolloff genannt – beginnt ihre Selbstpräsentation auf die Eingangsfrage: „Können Sie bitte Ihre Familien- und Lebensgeschichte erzählen", wie folgt:

„Ich hab keine Familiengeschichte, ich hab nur ne Lebensgeschichte ((holt tief Luft)) (2) ich hab, Ihnen die Kopien meiner- aus meinen Stasi-Akten hier mal, zurechtgelegt ((Rascheln)) ((I: mhm)), als ich die Stasi-Akte gelesen hab hab ich zum-, das war am 24sten September 1993 da hab ich zum ersten Mal richtig, HINgeschrieben gesehen, daß ich, keine (2) daß ich mm, keine Eltern habe, daß ich ((I: mhm)), ein angenommenes Kind, nich adoptiert sondern angenommenes Kind bin (I: mhm)), so ((blättert)) (5) ich hab also nur ne eigene Lebensgeschichte ..."

Diese Aussage zu Anfang der Eingangspräsentation zeigt, wie eine familienge-schichtliche Problematik im Sprechakt dramatisiert und zu einem Sachverhalt verobjektiviert wird. Dabei legt sich die Autobiographin – angestoßen durch die Interviewfrage – auf folgenden ‚Identitätsaufhänger' (Goffman 1963/1975: 73) fest: ‚Ich bin ein angenommenes Kind, deshalb habe ich keine Familiengeschichte und dies wußte die Stasi besser als ich'. Sie markiert damit, wie das Folgende zu verstehen ist.[15]

Welches Selbstverständnis wird diese sprachliche Kondensierung einer langen und offenbar komplizierten Lebensgeschichte auf wenige Zeilen Text nun bei der Befragten selbst erzeugen? Wir können dies nur in Form einer unmittelbaren Wir-kung aus den folgenden Passagen rekonstruieren, wissen aber oft nicht, welche *nachhaltigen* Effekte das biographische Interview haben wird.[16] Bei dieser Inter-viewpartnerin wurde die folgende Stegreiferzählung durch die Evaluation zu Be-ginn des Interviews maßgeblich bestimmt. Im Verlauf der Selbstpräsentation bau-ten sich die Schemata ‚Eingeweihte-versus-Nicht-Eingeweihte' und ‚Opfer-Täter' sowie eine thematische Verbindung zwischen Staatsgewalt und Familie auf, in-nerhalb derer sich die Befragte ganz eindeutig als Opfer identifizierte, was in der Sprachverwendung und dem entsprechenden Zugriff auf vergangene Erlebnisse seinen Ausdruck fand.[17]

Festzuhalten bleibt, dass das Über-sich-Sprechen – ausgelöst in der Interviewsi-tuation, durch das Gegenüber sowie die Eingangsfrage nach der Familien- und Le-bensgeschichte – zu einer (weiteren) „Produktion" des Selbstverständnisses führt, und zwar in einem dreistufigen Prozess:

Erstens: im Sinne einer Transformation komplexer Gefühle, diffuser, nun aktu-alisierter Erinnerungen an Erlebnisse oder Erinnerungsbilder und Eigentheorien in eine sprachlich artikulierte Form. Die Autobiographin rahmt, vereindeutigt, fokussiert, formt und identifiziert ihre Gefühle und Erlebnisse, ihre Beobachtun-gen und ihr Wissen mittels eines spezifischen Vokabulars. Motive dieser Selbst-präsentation mögen im Alltag oder in anderen, biographisches Sprechen evoziie-renden Kontexten bereits aufgeschienen sein, in der Regel kommt es während des Interviews jedoch erstmals oder seit längerem wieder einmal zu einer umfassen-den Selbstdarstellung und Selbstzuschreibung von Erlebnissen, Gefühlen, Eigen-schaften. Jedoch findet dies durchaus nicht in freier Gestaltung statt, sondern auf der Basis von Diskursen. In den Sprachschatz eingelassen ist ein gesellschaftlich kursierendes „Vokabular" (Rorty), mittels dessen dem Erlebten ein Charakter und Sinn gegeben und die innere Kohärenz des Textes hergestellt wird.

Diskurse können in Gestalt sehr kleiner Texteinheiten, wie einzelner Begriffe oder Halbsätze einfließen[18], in Gestalt von längeren Argumentationen oder einer spezifischen Folge von narrativen Sequenzen mit entsprechenden evaluierenden

Anteilen. Schließlich wirken auch theoriehaltige, systematisierte Aussagen über die Welt, die etwa auf Expertenwissen beruhen, gestaltend. Hier trifft man – in der Sprache der Diskursanalyse – z.B. auf (wissenschaftliche) „Spezialdiskurse" (Jäger 2001: 131) wie den der Psychoanalyse oder auf (von „Alltags- bzw. Interdiskursen" dominierte) Spezialdiskurse wie Diskurse über Geschichte, Nation oder Ethnie, die die Darstellungsstrategien, den Inhalt oder sogar den gesamten Aufbau der Selbstpräsentation mit bestimmen.[19]

BiographieforscherInnen sollten sich darüber bewußt sein, dass Kohärenz in der Lebensgeschichte keinesfalls ‚natürlicherweise' von den BiographInnen angestrebt wird. Kohärenz ist sowohl Folge von sozialen Erwartungen als auch – ganz konkret – eine Folge der Frage nach der „Lebensgeschichte", die die kognitive Figur der „Gesamtgestalt der Lebensgeschichte" (Schütze 1984) hervorbringt. Auch die während eines narrativen Interviews implizit wirkenden „Zugzwänge des Erzählens" (Kallmeyer/Schütze 1977) tragen dazu bei, dass die BiographInnen sich dazu aufgefordert fühlen, eine kohärente Ganzheit zu präsentieren und später Darstellungslücken auf Nachfrage zu schließen.[20]

Zweitens: Neben dieser Transformation von Innenwelten in sprachliche Darstellungen und der Produktion eines Ganzheitsbewußtseins wirkt der Akt der lebensgeschichtlichen Selbstpräsentation auch in dem Sinne ‚produktiv', als die BiographInnen sich die sprachliche Objektivierung des Erinnerten in der Regel als ‚Wahrheit über sich selbst' *aneignen*. Und zwar vor allem durch den mit der Erzählung verbundenen – und vom Gegenüber auch erwarteten – *Authentizitäts- und Wahrheitsanspruch*. Die Selbstdarstellung erscheint nämlich als die objektive Gestalt des Selbst, die zur Identifikation auffordert, mithin also – frei nach Louis Althusser – als „Selbstanrufung des Subjekts" beschrieben werden kann.[21] Um sich im Foucaultschen Sinne nicht zum ‚Komplizen' eines Wahrheitsdiskurses zu machen, sollte sich die biographische Forschung (in ihrer Erhebungs-, Analyse- und Darstellungspraxis) also abstinent gegenüber Authentizität und Wahrheit unterstellenden ‚inputs' verhalten.

Drittens: Schließlich kommt es bei der Selbstpräsentation zu einer Produktion *epistemischer und praktischer Orientierungen*, die ihrerseits nachhaltig auf das Selbstverständnis, das Handeln und das (autobiographische) Sprechen wirken können. Im Interview ganz unmittelbar sichtbar ist dies in der thematischen Aufschichtung der selbststrukturierten Eingangspräsentation (vgl. oben); aber auch im Alltag wirkt die sprachliche Fassung des Selbsterlebten orientierend.[22]
Der Akt der biographischen Selbstartikulation neigt also dazu, statt einer *Repro*duktion eine lebensgeschichtliche *Produktion* hervorzubringen, eine diskursivierende Vereindeutigung und – in Form der Tonbänder und der späteren Fallrekonstruktion auch materialisiert – ein „Einfrieren eines Lebenszusammenhangs"

(Hildenbrand 1999: 278). Aus der Sicht Foucaults erscheint dies insofern bedenk-
lich, als die erzählte Lebensgeschichte mittels eines gesellschaftlich präformier-
ten Vokabulars, mittels Typisierungen aller Art und sprachlicher Notwendigkeiten
eine (potentiell) fixierbare Identität, eine vermeintlich „tiefe Wahrheit des Selbst"
produziert, die jedoch vorher, im Fluss des Alltagslebens mit seinen vielfältigen
Anforderungen und Interaktionssituationen, in der Regel auf diese Weise gar
nicht existent oder zumindest in dieser Form nicht greifbar, profiliert oder sinn-
haft gegeben war.

Aus der Perspektive der narrationsanalytisch orientierten Biographieforschung
fordert die Behauptung einer identitätsfixierenden Wirkung der biographischen
Erzählung allerdings zu Gegenargumenten heraus, denn die klassische Form der
‚offenen Erzählaufforderung' als Rahmung des biographischen Interviews soll ja
gerade „ent-identifizierend" wirken (Riemann 1986: 151). Das Interview vollzieht
sich in einem Prozess, es wird i.d.R. nicht als Fixierung erlebt, zumal angesto-
ßene Erinnerungen nachklingen und Veränderungen nach sich ziehen können.
Dem Interviewer plausibel gemachte Kohärenzen können zwar nachhaltig und
handlungsorientierend weiterwirken[23], im Interviewablauf führen aber gerade die
„narrativen Nachfragen" die Erzählenden erfahrungsgemäß weg von einseitigen,
durch Eigentheorien dominierten Selbsteinschätzungen und von einer eventuell
vorhandenen rationalisierenden Selbstsicht und Selbstkontrolle. Oft tauchen im
Erzählfluss beim Interviewten dabei verschüttet geglaubte Erinnerungen aus dem
Vor- und Unterbewußtsein auf, die vorher Gesagtes differenzieren, relativieren
oder zuweilen auch konterkarrieren. Insofern lässt sich argumentieren, dass der
Akt einer lebensgeschichtlichen Stegreiferzählung mit vielen narrativen Anteilen
„biographische Arbeit" ist, die gerade nicht zu Identitätsfixierungen führt, sondern im besten Fall sogar zu mehr Selbstreflexivität und Perspektivenwandel.

Und sind nicht auch hervorgelockte Erzählungen in biographischen Selbstpräsentationen ein Gegenargument zu der oben vorgetragenen *Produktions-These*, da
diese Textsorte einen maximalen ‚referentiellen Gehalt' des in der Vergangenheit
Erlebten aufzuweisen hat? Oder gilt stattdessen auch von Narrationen, dass sie
durchaus „keine Reproduktionen von Vergangenem, sondern stets Neuprodukti-
onen einer operativen Gegenwart" sind, wie Nassehi auf systemtheoretischer Basis
behauptet? Und zwar deshalb, weil „die biographische Produktion" eben „nicht
durch das gelaufene Leben determiniert" sei, und „letztlich der kommunizierte
Text die Person" konstituiere (Nassehi 1994: 53, 59).[24]

Greifen wir zur Klärung dieser meist abstrakt verhandelten Kontroverse noch
einmal das Beispiel der oben zitierten Interviewpartnerin Tatjana auf. Während
in der Eingangspräsentation des Interviews Berichte und Argumentationen über-
wiegen, führt die erste narrative Nachfrage zu einer Differenzierung des Gesagten,

u.a. mittels einer Erzählung.[25] Tatjana korrigiert ihre anfängliche Behauptung, sie habe erstmals aus den Stasiakten erfahren, dass sie ein angenommenes Kind sei. Schon im Alter von 16 Jahren habe sie vielmehr von „Mischka", einer Freundin ihrer Mutter, einen ersten manifesten Hinweis bekommen, dass ihr sozialer Vater nicht ihr leiblicher Vater war. Sie erzählt:

> „...und die Mischka is da mit mir spazierengegangen in N., ... da stellt sie mir Fragen die ich also partout nich verstanden hab, ...,na hat dir denn deine Mutter schon mal über deine Vergangenheit erzählt und, weißt du denn was über deinen Vater und' ((I: hm)), da wurd ich ganz stutzig und dann, brach sie sofort ab aber sagte wie es ihre klare Art is, hör zu, ich hab gedacht du weißt das alles, das steht mir hier nich zu so ungefähr mit dir zu reden das muss deine Mutter machen ((I: mh)), und als Mischka dann weg war hab ich, eh die Alte gefragt sach mal, bist du eigentlich meine Mutter und is mein Vater mein Vater und die Antwort war n Schlag mit der Rückhand ins Gesicht, und das hab ich nich vergessen das hab ich ihr auch später paarmal vorgehalten, eh, sie hat bis jetzt nur zugegeben, dass mein Vater nich mein Vater is, aber SIE, sei meine Mutter, ich hab ne Geburtsurkunde, da eh is sie als Mutter eingetragen ((I: mhm)) ... die hat mich allerdings n Leben lang eh, SEHR SEHR schlimm behandelt, also das würde ne Mutter nich machen unter keinen Umständen ..."

An dieser kurzen, noch wenig dichten Erzählung lassen sich zwei Phänomene beobachten, die zur Profilierung unserer Thesen bedeutsam sind:

1. Die Narration gibt Anlass zu vertiefenden narrativen Nachfragen, denn hier finden sich stark differenzierende Informationen, die uns Aufschluss über Erlebniskonstellationen in der Vergangenheit geben, die bisher noch nicht zur Sprache kamen, weil sie vermutlich nicht in das vordergründige Präsentationsinteresse der BiographIn passten. Auch diese Erzählung ist allerdings stark von einem bewussten Gegenwartsinteresse gesteuert und hat nicht den Charakter eines intensiven ‚Nach-Erlebens' der damaligen Situation.

2. Nicht nur ein gegenwärtiges – subjektives – Präsentationsinteresse (Distanzierung von der Mutter), sondern auch – übersubjektive – *Diskurse* durchdringen die Artikulation der Erinnerung. Diese Diskurse werden interaktiv in der Vergangenheit und in der Gegenwart konstituiert und können die Perspektivität in der Situation des Erlebens, des Erinnerns und des Erzählens mit ausmachen bzw. produzieren.

Ad 1: Wir erfahren, dass Tatjana von einer der Familie außenstehenden Person darüber informiert wurde, ihr sozialer Vater sei nicht ihr leiblicher, dass ihre Mutter auf ihre entsprechende Nachfrage dann massiv abwehrend reagierte, und dass es spätere Gespräche über den Sachverhalt gab, die ihr ebenfalls Anlass zu der Vermutung boten, es werde ihr noch etwas verheimlicht. Diese wenigen Andeutungen einer Abfolge lebensgeschichtlicher Erfahrungen konnten im narrativen Interview durch weitere vertiefende Nachfragen, Interviews mit weiteren Familienangehörigen sowie Dokument-Analysen konkretisiert und analytisch bearbeitet werden. Es ist dabei letztlich nicht so relevant und es lässt sich auch nicht klären, ob sie den ersten Hinweis auf ihren leiblichen Vater ‚*wirklich*' mit 16 Jahren erhielt, oder ob es (diffuse) Hinweise bereits früher schon gab. Aufschlussreich hingegen ist, dass die Befragte sowohl von Personen außerhalb ihrer Kernfamilie als auch von ihrer Mutter über lange Zeiträume verteilt, gewissermaßen ‚häppchenweise' Informationen über ihren leiblichen Vater (zugespielt) bekam. Während Tatjana sich zu DDR-Zeiten noch ganz loyal gegenüber ihrer Mutter verhielt, die der politischen Elite der DDR angehörte, verurteilte sie in den Jahren nach der ‚Wende' – ganz im Sinne des Zeitgeistes, der die Machtelite der DDR und deren durch stalinistische Methoden geprägten Habitus infrage stellte, und mit den ihr jetzt zur Verfügung stehenden Mitteln – das Tun ihrer Mutter und distanzierte sich verbal von ihr. Dazu gehört, dass sie im Interview zunächst angab, die Mutter habe ihr den Vater bis dato *völlig* verschwiegen. *Ohne* ein narratives Nachfragen wären wir vermutlich auf dieser Ebene der Argumentation verblieben. Mit Hilfe der Erzählungen zum Thema lassen sich dagegen sowohl unterschiedliche Erlebniskonstellationen aus der Vergangenheit rekonstruieren als auch Hinweise darauf finden, *wie* sich die Familiendynamik über die DDR-Zeit bis in die Gegenwart entwickelte und *inwiefern* die Mutter-Tochter-Beziehung durch das Familiengeheimnis in hohem Maße mit geprägt ist.

Hintergrund einer solchen narrativen Erhebung und Rekonstruktion der erlebten Lebensgeschichte ist allerdings nicht die Annahme, dass die „biographische Produktion" durch „das gelaufene Leben *determiniert*" werde (Nassehi 1994: 53; Herv. d. Verf.), und schon gar nicht die Vorstellung, die Narration könne eine „authentische Bedeutungsgenerierung garantieren" (Nassehi/Saake 2002: 71). Es geht vielmehr darum, Anhaltspunkte dafür zu finden, welche unterschiedlichen sozialen Konstellationen über die Lebensgeschichte hinweg das Selbst – *neben* der Interviewsituation, der Wirkmacht von Diskursen und der biographischen Produktion – mental und leiblich formten, und sei es als „Kontext *bisheriger* biographischer Selbstbeschreibung" (a.a.O.: 75, Herv. d. Verf.); und Hinweise darauf zu erschließen, welche anderen Optionen sie zur Verfügung gehabt hätte zu handeln, Entscheidungen zu treffen und – in der Gegenwart – ihre Lebensgeschichte zu präsentieren. Nur mit diesen Informationen und hypothetischen Gegenkonstruktionen lassen sich die Eigenwilligkeit, die innere Kohärenz und die soziale Konstruiertheit der biographischen Produktion (re-)konstruieren und auch würdigen.

Die Grundannahme dabei ist nicht und kann nicht sein, dass man ein Geschehen in seiner realen Gestalt und womöglich in allen Facetten rekonstruieren könne. Denn nicht nur der Erzählung, sondern bereits dem Erleben wohnt eine Perspektivität und Selektivität inne und es gibt bekanntermaßen auch das Problem der trügerischen Erinnerung. Wir können also Vergangenes nur im dialektischen Verhältnis zwischen Erleben, Erinnern und Erzählen rekonstruieren (vgl. Rosenthal 1995). Dabei muss das vergangene Erleben sprachlich gefasst sein, um überhaupt kommunizierbar zu sein. Das bedeutet, dass BiographieforscherInnen, die dem narrativen Ansatz folgen, sich nicht dem Erleben, sondern einer *Erlebnisterminologie* annähern[26]:, d.h., dem in Sprache gefassten Erleben, entweder, wie es sich zunächst situationsnah auf der Basis von erinnerten und gefühlten Erlebnisqualitäten, leiblichen Empfindungen und deren Ausdruck, sozialen Konstellationen, Diskursen sowie individuellen Handlungs- und Deutungsstrukturen herausgebildet hat oder wie es sich im Kontext späterer Erfahrungen reproduzierte oder veränderte. Die Idee allerdings, *allein der Text* produziere „die Person" (Nassehi), schüttet hier das Kind mit dem Bade aus. Denn sie negiert die Dimension der Genese völlig und läuft damit Gefahr, sich den Boden für die kritische Reflexion historischer und sozialer Konstellationen und ihrer Folgewirkungen auf Lebensgeschichten und Biographien zu entziehen.

Ad 2: Indem die Befragte erklärt, sie habe keine Familiengeschichte, da sie nichts über die Identität ihres leiblichen Vaters wisse, und indem sie später argumentiert, ihre Mutter sei nicht ihre Mutter – was sie in der zitierten Textpassage mit deren Abwehr des Vater-Themas begründet sowie mit deren generellem Verhalten als Mutter – deutet sich an, dass sie spezifische Denk- und Redeweisen reproduziert: zum einen den ‚biologistischen' Abstammungsdiskurs, der besagt, dass nur die leiblichen Eltern wahrhafte Eltern seien, zum andern den Diskurs der ‚Mutterliebe', der besagt, dass Mütter von Natur aus liebende Mütter zu sein haben (vgl. Badinter 1980).

Nicht nur die Erinnerungen an die als stark verunsichernd erlebte Lüge über die ‚wahre' Vaterschaft strukturieren und konturieren also das Erzählte, sondern auch diese Diskurse, durch die sie das Erfahrene erlebte bzw. in der Erinnerung aufbereitet. In der Erzählung und mit Hilfe der späteren Rekonstruktion der Familien-Fallgeschichte lässt sich darüber hinaus ersehen, wie vor allem der ‚Abstammungsdiskurs' in ihrer sozialen Umwelt kursierte und sich qua Interaktion der Biographin mit ihren Angehörigen und deren sozialem Umfeld in ihr verankerte. So formiert sich vermutlich bereits in der Situation des Erlebens, d.h. spätestens in der Interaktion mit der Freundin der Mutter, das Vaterschafts-Thema zu einem Problembereich, für den – sowohl durch die Intervention der Freundin als auch durch Tatjanas Dramatisierung im Rückblick – allein die Mutter zuständig erscheint. Da diese die Aufgabe jedoch offenbar bis in die Gegenwart zurückweist, wird das Thema zu einem Geheimnis oder Tabu, dessen Folgen mit den Mitteln der Biographieforschung herausgearbeitet werden können.

Aus diesen Überlegungen ergibt sich also folgendes Fazit: Bereits in der Erlebenssituation sind Subjekte vielfältigen Diskursen unterworfen; diese lassen sich auch
auf der Basis narrativ erhobener Stegreiferzählungen rekonstruieren. Mit der Foucaultschen Produktionsthese rücken des Weiteren Fragen in den Blick, denen im
Rahmen der Biographieforschung empirisch weiter nachgegangen werden kann:
    Was trägt die Biographieforschung selbst zur Ausbildung des Orientierungsschemas ‚Biographie' bei? In welchen Kontexten werden darüber hinaus (welche)
Formen von Selbstbeschreibungen von wem erwartet und wie werden sie generiert?[27] Welche sozialen und welche identitätsorientierenden Folgen hat dies? Und
schließlich: Welche außerbiographischen, in die Sprache eingelassen tiefer liegenden Glaubenssätze, welche sprachlichen Mittel, Kohärenz herzustellen (Linde
1993), welche „rhetorischen Figuren" (Koller 1993) oder eben: welche Diskurse
formen und produzieren die Selbstpräsentationen? In welchen Kontexten oder
Interaktionen wurden diese angeeignet und welche soziale Funktion innerhalb relevanter Interaktionsbeziehungen und Bezugssysteme haben sie?

2.2 Biographische Fallrekonstruktion und Produktion ‚strukturaler Identität'[28]

Wie man mit Foucault die oben diskutierte „Praktik des Selbst" kritisieren kann,
die eine Konsistenz und Kohärenz von innerem Identitätskern und äußerlich konstatierbaren Handlungen, Gefühlen oder Gedanken unterstellt, so führt in seiner
Perspektive auch die zweite „Praktik des Selbst" zu einem problematischen Verständnis von Subjektivität: dieses unterstellt zum einen einen (diachronen) identitätslogischen Zusammenhang vergangener, gegenwärtiger und zukünftiger Handlungen, Gefühle oder Gedanken, zum anderen deren (synchrone) Identität in den
verschiedensten Lebenssituationen einer Lebensphase – wobei „Identität" in diesem Kontext natürlich nicht „Gleichheit" bedeutet, sondern „Gleich*sinnigkeit*".[29]
    Ein solches Konzept von subjektiver Identität scheint auf den ersten Blick auf
theoretischer Ebene auch in der rekonstruktiven Biographieforschung vorausgesetzt zu werden, explizit formuliert etwa in Form einer subjektphilosophischen
Prämisse von Gabriele Rosenthal[30]. Die *erlebte Lebensgeschichte*, so der Kern des
Gedankens,

> „... birgt selbst schon einen Zusammenhang in sich, da das Leben aufgrund der Kontinuität im
> Ablauf des Erlebens und der Kohärenz eines *mit sich selbst identischen Subjekts* auch als zusammen
> hängend erfahren wird. Ein Zusammenhang ist bereits im unmittelbaren Erleben der sozialen Welt
> gegeben, ohne dabei eines koordinierenden Agens zu bedürfen. .. So entsteht bereits ein Zusam
> menhang der einzelnen Erlebnisse durch deren jeweilige Einordnung in den Erfahrungszusam
> menhang der Subjekte. Auch bei Veränderungen, Brüchen und Diskontinuitäten bleibt doch im
> mer das *Zentrum des Erlebens* das Subjekt und *dadurch allein ergibt sich bereits ein Zusammenhang*"
> (ebd.: 133, Herv. d. Verf.).

Gegen eine mögliche erste Annahme, der Text verweise eindeutig auf ein identitätslogisches Denken, ist zunächst festzustellen: Rosenthal versteht biographische Strukturen – im Einklang mit allen anderen Theoretikern der rekonstruktiven Biographieforschung – als solche, die sich im Prozess herausbilden und immer wieder (re-)produzieren oder transformieren. Auf der Basis der aus dieser Annahme folgenden methodologischen Reflexionen wird von der BiographieforscherIn der Bedeutungswandel lebensgeschichtlicher Konstellationen über unterschiedliche Lebensphasen hinweg rekonstruiert.[31] Unter Anwendung eines gestalttheoretischen Zugangs verwirft Rosenthal auch die Vorstellung, es gäbe einen inneren Kern des Subjekts. Darüber hinaus plädiert sie dafür, eine gegebenenfalls vorhandene Brüchigkeit biographischer Konstruktionen nicht nur zu konstatieren, sondern im Forschungsprozess anzuerkennen und gegebenenfalls in von Professionellen angeleiteten Beratungssettings unterstützend zu begleiten. Das heißt etwa, dass in Lebensgeschichten auftretende Erinnerungslücken oder Unvereinbarkeiten nicht im normativen Sinne als Mängel einer Biographie angesehen werden, sondern als nachvollziehbare oder sogar notwendige Bestandteile derselben (Rosenthal 2002). Beim Begriff des „mit sich selbst identischen Subjekts" kann es sich hier also nicht um die Vorstellung handeln, dass man über den Verlauf seines Lebens hinweg der oder die Gleiche bleibe. Handelt es sich also um ein sprachliches Selbstmissverständnis, einen Widerspruch? Oder zeigt sich, trotz der aufgeführten differenzierenden Grundannahmen und ihrer forschungspraktischen Umsetzung, im oben genannten Zitat nicht dennoch die – aus Foucaultscher Perspektive problematische – Tendenz, das Subjekt auf einer *tiefer liegenden*, biographie*theoretischen* Ebene als eine übergreifende Einheit mit einer bestimmten (strukturalen) Identitäts- und Handlungslogik zu konzipieren?

Aus dem Zitat geht nicht klar hervor, ob es sich bei dieser Subjektkonzeption um eine empirische gewonnene Einsicht oder um eine zentrale Forschungsprämisse handeln soll. Wäre ersteres gemeint, so könnte man vor dem Hintergrund der Foucaultschen Schriften einwenden, dass die These eines „mit sich selbst identischen Subjekts" sich nicht damit empirisch begründen lässt, dass das eigene Leben von Menschen auch als „zusammenhängend erfahren wird". Denn nach Foucault drückt dieses alltägliche Muster der Selbstwahrnehmung ja keine authentische Selbstbeziehung des Menschen aus, sondern allenfalls den modernen Subjekt-Diskurs. Es handelt sich bei der identitätsorientierten Subjektkonzeption also eher um eine forschungsstrategische Prämisse. Wenn diese allerdings aus dem Alltagsverständnis übernommen bzw. nicht in ihrer Rückwirkung auf die Subjekte reflektiert würde, ließe sich mit ironischem Unterton feststellen: „Er hält sich gut, dieser Diskurs" (Foucault 1977: 14).

Foucault stellt gegen die humanwissenschaftliche Behauptung eines ‚identischen Subjekts' nun seinerseits die Prämisse, „dass wir Differenzen sind" (1973: 190); und zwar deshalb, weil die Geschichte des Denkens ganz unterschiedliche, inkompatible Formen von Subjektivität aufzuweisen habe und das Subjekt in dieser Menschheitsgeschichte durchaus nicht immer als Einheit gedacht worden sei. Vielmehr handele es sich dabei um eine – von den Humanwissenschaften über eine bestimmte Semantik produzierte – zweifelhafte ‚Errungenschaft' der Moderne.

Wenn Foucault diesem Subjekt-Diskurs die Idee des Menschen als einer heterogenen Vielfalt und eines pluralen Selbst entgegensetzt[32], so hält er konsequenterweise allerdings auch die eigene konzeptionell und ontologisch entgegengesetzte anthropologische Bestimmung für eine *forschungsstrategische, theoriepolitische Option*, die zwar von seiner ‚Genealogie des Subjekts' nahegelegt wird, die sich jedoch auch ihrerseits logisch oder empirisch nicht weiter begründen läßt (vgl. Schäfer 1995: 53-76).

Es ist allerdings, genauer betrachtet, überhaupt recht unklar, auf was mit dem Begriff des „mit sich selbst identischen Subjekts" Bezug genommen werden soll, da es ja *nicht* um die Gleichheit der Bedeutung lebensgeschichtlicher Phänomene im Fluss der Zeit geht. Es ist wohl – über eine (formale) Kontinuität im Ablauf des Erlebens bzw. über eine Zurechenbarkeit von Lebensäußerungen hinaus – eher der Charakter der wechselseitigen Bezogenheit von Vergangenem, Gegenwärtigem und Zukünftigem sowie der innere Zusammenhang unterschiedlicher Lebensäußerungen in unterschiedlichen Lebensbereichen gemeint. In der fallrekonstruktiven Biographieforschung wird hier allgemein angenommen, es gebe nicht nur einen sich im Fluss des Erlebens aufbauenden und ordnenden „Erfahrungszusammenhang", sondern auch ein Regelsystem dahinter, das potentiell in alle Lebensbereiche hinein wirke, und das sich durch die interpretative Rekonstruktionsarbeit „heben" lasse.[33] Heinz Bude etwa spricht von den „verborgenen Erzeugungsweisen individuellen Lebens", im Unterschied zu „subjektiven Absichten, Plänen, Selbstverständnissen" (1984: 11), während Monika Wohlrab-Sahr den Begriff „biographische Sinnstruktur" (2002: 15) und Peter Alheit den des „inneren Erfahrungscodes" (2003: 25) verwenden. Wolfram Fischer-Rosenthal (2000: 118) definiert zwar den Begriff des „biographical structuring" als einen „interpretative, open process of becoming" und stellt fest: „The individual as a dynamic system *of plural sub-selves* is realised in his or her life stories and not through a ‚coerced identity'" (a.a.O.: 116; Herv. d. Verf.). Dennoch geht auch er von der Existenz *interdependenter* „generativer Strukturen" und „Prinzipien" aus, die mehr als nur einzelne Entscheidungen bestimmen:

„However, the subsequent analytical task, the sociologist's reconstruction, cannot be another narrative. Rather, the goal ist to discover the generative structure of certain selections. The generative structures of the lived and experienced life history and of the self-presentation in the life-story interview, as well as their interdependence, are understood as principles that organise emergent events in the individual's life in order to enable him or her to achieve a consistent orientation. These generative structures can be discovered in a highly controlled hermeneutical process" (a.a.O.: 119).

Erfahrungen in Lehrveranstaltungen zur rekonstruktiven Biographieforschung zeigen, dass durch die These, es gebe gewisse, dem erlebten sowie dem erzählten Leben zugrundeliegende *interdependente* generative Regelsysteme, *einen* Erfahrungscode oder *eine* „biographische Sinnstruktur", Fragen der folgenden Art provoziert werden: „Wäre denn das Subjekt als Einheit greifbar, wenn es nur gelänge, dessen verborgene Grundstruktur freizulegen? Haben die unterschiedlichsten Lebenssituationen tatsächlich einen ‚gemeinsamen Nenner'? Würden wir dann aber nicht alles Abweichende, Nicht-Thematisierte, Nicht-Erinnerte abwerten oder mit Sinn belegen, um die Vielfalt des Subjekts zwanghaft zu vereindeutigen?"

Angesichts dieser Anfragen an die Biographieforschung und angesichts der Foucaultschen Subjektkritik wäre jeweils noch präziser zu bestimmen, was man biographie*theoretisch* tatsächlich unter „einem Erfahrungscode", „einer biographischen Sinnstruktur" oder unter „interdependenten generativen Regelsystemen" zu verstehen hat: Sollen tatsächlich *alle* Handlungen und Deutungen der Subjekte durch Regelsysteme erfassbar sein? Handelt es sich dabei um koordinierte oder gar untereinander sinnlogisch verbundene Regeln oder Regelstränge? Und was kann überhaupt – bezogen auf eine gesamte Lebensgeschichte und ihre Biographie(n) – mit ‚Regel', ‚Code' oder ‚Sinnstruktur' genau gemeint sein? Wäre es schließlich, angesichts der Foucaultschen Genealogie des Subjekts, die ja – zumindest, was die Diagnose des modernen Subjekts angeht – auch von den TheoretikerInnen der Biographieforschung geteilt wird, nicht konsequenter, man ließe auch auf theoretischer und ggf. methodologischer Ebene ungeklärt, ob es eine *Einheit* des Subjekts gibt oder nicht, um ein identitätslogisches Denken ex ante zu vermeiden? In jedem Fall ließe sich innerhalb der Biographietheorie noch genauer unterscheiden zwischen den im Alltag zu beobachtenden Phänomenen und den subjekttheoretischen Prämissen der Forschung.

Das hieße z.B., dass man auch die Prämisse zuließe und methodologisch ausbuchstabierte, dass es bei den BiographInnen eine – je empirisch zu rekonstruierende – Vielfalt von subjektiven Handlungs- und Deutungsstrukturen bzw. von lebensgeschichtlichen oder biographischen Elementen und Diskursen geben kann, die punktuell ineinander fließen, strukturell, systematisch und regelhaft verbunden sein, die aber auch nebeneinander *unverbunden* existieren können.[34] Damit würde sich die Biographieforschung eine Subjektkonzeption zum Fundament machen, die die Foucaultsche Kritik in sich aufnähme. Praktisch umgesetzt würde dies bedeuten, als ForscherIn noch selbstreflexiver und methodisch kontrollierter der zuweilen naheliegenden Verführung zu widerstehen, einheitsstiftende Sinnlogiken zu unterstellen[35]: was sich im Extremfall etwa so darstellt, dass von der/m ForscherIn ein semantisches Netz logischer Beziehungen geknüpft wird, in dem sich alle Handlungen, Gedanken oder Gefühle des/r BiographIn „verfangen", was dann seine/ihre durch den Akt der wissenschaftlichen Analyse legitimierten Konstruktionen weiter bestätigt. Eine in Foucaults Perspektive ebenso problematische Variante der Interpretation wäre, (vermeintliche) psychologische Grundproblematiken der Befragten als Elemente ihres „tiefen Selbst" zu deuten und zu behaupten, dass diese alle ihre Lebensäußerungen „erklären" könnten.[36]

Ohne Foucaults Thesen in allen Spielarten und Hinsichten übernehmen zu müssen, lässt sich seine Differenz-These als eine Art ‚regulativer Idee' betrachten und sein Werk dementsprechend als Beitrag zur Problematisierung von (immer wieder drohenden) identitätslogisch fundierten Zuschreibungen durch die Forschung lesen.

3. Biographieforschung und Diskursanalyse

Nicht nur Foucaults Arbeiten zur Diskursivierung des Subjekts können inspirierend für die Biographieforschung wirken, sondern seine Diskurstheorie ganz generell. Diese geht, wie beschrieben, davon aus, dass menschliches Handeln und Denken nicht nur von psychischen Mechanismen oder institutionellen Anforderungen hervorbracht wird, sondern insbesondere auch von Diskursen. Das heißt in das Feld der Biographieforschung übersetzt, dass ein Autobiograph sich nicht allein auf der Basis seiner subjektiven Gewordenheit bzw. aufgrund von sozialen Zwängen so und so verhält, einschätzt, selbstverständigt oder darstellt, sondern dass er dabei auch Diskursen unterliegt.

Unter „Diskurs" versteht Foucault, dies sei hier noch einmal wiederholt, die Art und Weise der Darstellung von Gegenstandsbereichen, wobei Diskurse in epistemologischer Hinsicht von ihm als „Praktiken" gedacht werden, „die systematisch die Gegenstände bilden, von denen sie sprechen" (Foucault 1969: 74; 156), und die in sozialtheoretischer Hinsicht als konstitutive Elemente innerhalb von Machtverhältnissen wirken können (Foucault 1977: 122f).[37] Diskurse denkt er deshalb weder als neutrale (‚unschuldige') Beschreibungen oder Theorien, noch als ‚herrschaftsfrei' bzw. als Elemente machtfreier Räume. Ihre faktische Macht wirkt sich weniger als äußerlich wahrnehmbare Unterdrückung aus, sondern insbesondere auch als eine durch die Sprache wirksame, *produktive* und häufig implizite Definitions-, Steuerungs- oder Kontrollmacht. Diese wirklichkeitskonstituierende Funktion von Diskursen reicht i.d.R. bis in die Erlebnisse und die Erlebnisverarbeitung von Individuen hinein.

Diskurse wirken in Handlungs- und Deutungsmustern als Generatoren und Stabilisatoren von Alltagshandeln und Selbstbildern und können als solche rekonstruiert werden (3.1). Menschen sind nicht nur an der Reproduktion, sie können auch an der Produktion von Diskursen beteiligt sein (3.2).[38]

3.1 Diskurse in Lebensgeschichten

Am Beispiel der pränatalen Diagnostik (PND) wird deutlich, dass menschliches Leben schon vorgeburtlich Diskurseffekten ausgesetzt sein kann. Die Entscheidungen vieler angehender Eltern sind heute durch den mit der PND verknüpften Risikodiskurs (Beck-Gernsheim 1996) – oder ggf. durch einen Gegen-Diskurs – maßgeblich beeinflusst und stabilisiert. Später in der Kindheit werden dann z.b. durch den Sauberkeits-, den Gerechtigkeits- oder Geschlechterdiskurse nach und nach Gefühls- und Deutungswelten erzeugt, die i.d.R. bis ins Erwachsenenalter aufrechterhalten werden. Sie wirken im Zusammenspiel mit anderen, neu entstehenden oder neu aufgenommenen Diskursen wirklichkeitskonstituierend[39]: so etwa mit solchen, die die normierende Macht institutionalisierter Ablaufschemata (Lebensphasen, Familienzyklen, Erwerbsverläufe) weiter aufrechterhalten, oder mit Diskursen, die im Rahmen gesellschaftlicher Narrative über Nationalgeschichte, Nationalbewußtsein oder ethnische Zugehörigkeit kursieren. Diese Denk- und Redeweisen können nicht nur die Selbstwahrnehmung des Einzelnen weitreichend beeinflussen, sondern sich durchaus auch auf der Handlungsebene niederschlagen und zum Ausschluss oder zur Diskriminierung von anders gelagerten Lebenskonzepten beitragen.[40]

Diskurse wirken als Teil des sich über den Lebensverlauf aufbauenden „biographischen Hintergrundwissens", um einen Begriff von Alheit (1993: 398) aufzugreifen, welches „die lebensweltlichen Gewißheiten auf die wir uns implizit beziehen, wenn wir handeln, Entscheidungen treffen, Pläne machen oder eben unsere Lebensgeschichte erzählen" (Dausien 1996: 577) beinhaltet. Ob Diskurse sich in Lebensgeschichten niederschlagen ist allerdings *eine empirische Frage, die ebenso am Text des Interviews nachgewiesen werden muss, wie alle anderen Aussagen auch.* Dieser Anspruch gilt gerade dann, wenn die Macht eines Diskurses auf gesellschaftlicher Ebene besonders augenfällig und nicht weiter nachweisbedürftig zu sein scheint.[41]

3.2 Subjekte als soziale Akteure in Prozessen der Diskursivierung

Diskurse formieren sich und bringen damit neue Bezugsobjekte hervor, sie lösen sich im historischen Prozess, zuweilen in sehr kurzen Zeiträumen, aber auch wieder auf. Sie sind deshalb sowohl im Verlauf der Entstehung und Entwicklung als auch im Prozess ihres Zerfalls zu beschreiben. Dabei sind in diskursanalytischer Perspektive nicht etwa Handlungssubjekte Initiatoren von Diskursen, da ja davon ausgegangen wird, dass Bedeutungen und Wirkungen von Diskursen in der Regel nicht auf einen „subjektiv gemeinten Sinn" zurückgehen, sondern nicht-intentionalistisch und zumeist anonymer Natur sind. Dennoch lässt sich auch hier feststellen, dass Subjekte nicht nur Träger, also ReproduzentInnen von Diskursen sind, sondern u.a. mittels ihrer symbolischen Performanzen (wozu auch die Biographie gehört) auf Diskursformationen einwirken und somit vermittelt an deren Produktion oder Transformation beteiligt sein können: „Sie kontrollieren sie aber nicht, sondern sind ihrer ‚agency' in dem selben Maße ausgesetzt, wie sie selbst ‚agency' entfalten" (Jäger 2003: 5).

Ein Beispiel soll dies abschließend verdeutlichen: In einer Studie zu Familien jüdischer KommunistInnen konnte von der Autorin gezeigt werden, dass die Generation der jüdischen Rückkehrer aus dem Exil in die SBZ/DDR jenen antifaschistischen Diskurs über die NS-Vergangenheit zunächst produktiv rezipierte bzw. mit trug, in dem Juden tendenziell als Agenten des Kapitalismus verdächtigt wurden und die Shoah in der kollektiven Erinnerung an den Rand gedrängt war. Jüdische Kommunisten, die trotz dieser Diskriminierungen aus politischer Überzeugung in der DDR geblieben waren, hatten sich seit den 50er Jahren in der Regel aktiv (etwa über das Verfassen von Autobiographien oder über eine spezifische Akzentuierung der Familiengeschichte im Dialog mit ihren Kindern) an der symbolischen Aufrechterhaltung dieses Diskurses beteiligt.

Interessant ist nun, dass vor allem die Generation der Kinder in den 80er und 90er Jahren zu den Akteuren der Auflösung des antifaschistischen Diskurses gehörten. Als HistorikerInnen, JournalistInnen, SchriftstellerInnen, FilmemacherInnen usf. wählten viele von ihnen den Antifaschismus als Gegenstand der Kritik, um sich mit der Erziehung ihrer Eltern auseinanderzusetzen und sich in Distanz zum bisher verinnerlichten Welt- und Familienbild neu zu positionieren. Diese jeweils individuelle biographische Arbeit trug, besonders weil sie auch öffentlich ausgetragen wurde, zur Auflösung des antifaschistischen Diskurses als Denkweise mit hegemonialem Anspruch bei. Dominant wurde nun auch im Bewußtsein vieler anderer eine Art der Rede über den Nationalsozialismus, die die Vertreibung und Ermordung der Juden in den Mittelpunkt der Erinnerung stellte. Dies führte zum Nachdenken über die Folgen des Schweigens über den Holocaust einerseits, und die Auswirkungen des vom kommunistischen Diskurs beschworenen Zwangs zur ‚reinen' Biographie andererseits. An diesem Beispiel zeigt sich empirisch konkret, wie Individuen durch ihre in öffentlichen Medien reflektierte biographische Arbeit auf den Prozess der (Re-)Produktion, Auflösung und Neuformierung eines Diskurses einzuwirken vermögen.

Ganz generell lässt sich feststellen, dass gerade die kritische Beschreibung eines Diskurses und seiner lebensgeschichtlichen Wirkungen ein Akt der (De-)Konstruktion ist, der fraglos verinnerlichte Denkstrukturen sichtbar machen kann.

4. Schlußbemerkungen

Mit den vorangegangenen Überlegungen wollten wir zeigen, dass die Subjektkritik wie die Diskursanalyse Foucaults spezifische Herausforderungen für die Biographieforschung darstellen, die dort, wo sie nicht auf mögliche Unvereinbarkeiten hinauslaufen (vgl. 1.), Anlass zur Selbstverständigung und ggf. zu Modifikationen geben: sowohl, was die Produktion, den Charakter und die Reichweite des erhobenen Materials angeht (2.1), als auch bezüglich der fallrekonstruktiven Auswertungspraxis und ihrer Theorie (2.2).

Das Konzept der Biographie kann hier u.E. nur dann eine überzeugende Alternative zum Konzept der Identität darstellen, wenn sowohl auf der Ebene der Theorie wie auch auf der der Forschungspraxis mit Identitätszumutungen – gerade auch mit den selbst-produzierten – selbstreflexiv und diskurskritisch umgegangen wird.

Daneben wollten wir zeigen, dass vor allem die von uns ins Zentrum gestellte wechselseitige Beziehung zwischen biographischen Subjekten und Diskursen für die Biographieforschung methodisch instruktiv ist. In dem Maße, wie in die Konzeption der rekonstruktiven Biographieanalyse Elemente der Diskursanalyse eingebaut werden, lässt sich aufweisen, welche Bedeutung Diskurse sowohl für die Handlungsorientierung innerhalb von Lebensgeschichten als auch bei der Produktion biographischer Selbstpräsentationen besitzen. Und umgekehrt könnte man an vielen konkreten Beispielen zeigen, welche Bedeutung sozialen Akteuren bei der Produktion, Reproduktion und Neuproduktion von (herrschenden) Diskursen zukommen kann. In diesem Sinne wäre hierbei von einer – empirisch gestützten – Weiterentwicklung der Foucaultschen Diskurstheorie zu reden. Denn ihr Autor selbst interessierte sich zwar für die Genealogie diskursiver Formationen, für ihn war jedoch die Frage des Wandels von Diskursen und Diskursformationen nicht von primärem Interesse; sie galt ihm seit der „Ordnung der Dinge" sogar als ein kaum befriedigend zu beantwortendes Problem.

Anmerkungen

1. Wir danken Roswitha Breckner, Bettina Dausien und Gabriele Rosenthal für ihre umsichtigen Kommentare zum Manuskript dieses Textes.
2. Wir werden später den Diskursbegriff nach und nach entwickeln. Hier sei allerdings schon vermerkt, dass Foucault (1973; 1991) mit „Diskurs" eine sich historisch herausbildende, kontingente Denk- und Redeweise mit häufig impliziten (politischen) Machtwirkungen meint. Unter „Diskursivierung" fasst Foucault den Prozess, in dem ein Gegenstand(sbereich) – sei es der Mensch selbst, die Ökonomie, die Geschichte oder der Körper – zum Objekt von Diskursen gemacht wird, die die denkenden Subjekte ‚umstellen', sodass diese im Extremfall von ihnen ‚durchdrungen' bzw. durch sie ‚erschaffen' werden, indem sie nämlich ganz selbstverständlich und unreflektiert ihnen gemäß denken und handeln. Wir halten allerdings Foucault-Interpretationen, die zu Formeln neigen wie „Alles ist Diskurs" (bzw. „Alles ist Macht") oder „Der Mensch ist nichts als ein Ensemble von Diskursen", für nicht im Sinne des Autors und äußerst unplausibel. Mit einer derartigen Diskurs- und Subjektkonzeption wäre die Biographieforschung im Übrigen wohl kaum verbindbar.
3. Erste Verknüpfungen finden sich in Völter (2003a) sowie in Freitag (2003). In der Soziologie wurde die Diskursanalyse überhaupt erst seit den 90er Jahren als theoretisches und methodisches Konzept aufgegriffen (Keller u.a. 2001; 2003).
4. Wir sind uns dabei bewusst, dass unter Biographieforschung inzwischen sehr Unterschiedliches verstanden werden kann. Wir beziehen uns im Folgenden in erster Linie auf das Feld der rekonstruktiv arbeitenden Biographieforschung, die mit dem Material von narrativ erhobenen Selbstpräsentationen arbeitet. Auch Foucaults „Werk" weist – wenn man überhaupt (gegen den Autor selbst) von ‚Werk' sprechen mag – eine starke Heterogenität sowohl hinsichtlich seiner Themen wie auch seiner Methoden, Grundbegriffe und Thesen auf. Wir verstehen unseren Text insofern vornehmlich als eine dem Foucaultschen Werk entlockte Sammlung von Anregungen zur Reflexion.
5. Siehe dazu Foucaults diverse Absagen gegenüber dem Interesse an seiner Person als Verständnis-Hintergrund für seine Schriften, sowie seine theoretische These, der Autor sei eine „Funktion des Diskurses" (2001: 1029). Dagegen steht allerdings die späte Aussage: „Jedes meiner Bücher ist Teil meiner eigenen Biographie" (1988: 11).
6. Was etwa in einer Kultur anders wäre, in der das ‚Subjekt' nicht in Machtverhältnissen erschaffen wurde, oder in einem Denken, das diesen subjektbezogenen Wahrheits-Imperativ hinter andere ethische Imperative zurückstellen würde, wie z.B. Nietzsches Maxime: „Ich möchte ein für allemal vieles nicht wissen. Die Weisheit zieht auch der Erkenntnis Grenzen" (Nietzsche 1980: Aph. 5).
7. Foucaults These, „dass alles, was man wahrnimmt, nur deshalb evident ist, weil es in einem vertrauten und kaum erkannten Horizont steht" und dass etwas evident Erscheinendes „verschwindet, ... wenn allmählich die Bedingungen entdeckt werden, die es evident machten" (Foucault 1984: 130f) folgt Nietzsches „Genealogie der Moral", in der gezeigt werden soll, dass gewisse kulturelle ‚Güter', die zu einer bestimmten Zeit als selbstverständlich oder schätzenswert gelten, aus bestimmten (unguten) Quellen, insbesondere aus sozialen Kämpfen, Gewalt und Unterwerfungen hervorgegangen sind; dies hat zur Folge, dass sie statt (wie in der traditionellen Genealogie) legitimiert, eher kompromittiert erscheinen (Foucault 2002).
8. Foucault 1977: 75-87; Schäfer 1994.
9. Siehe dazu etwa Foucaults Bemerkung: „Man braucht sich bloß vorzustellen, wie unerhört zu Beginn des 13. Jahrhunderts die an alle Christen gerichtete Vorschrift erschienen sein muß, mindestens einmal im Jahr das Knie zu beugen, um ausnahmslos jeden ihrer Fehler zu gestehen" (1977: 78).
10. Dies ist im Übrigen auch insofern im Sinne Foucaults, als dieser sein eigenes Denken, um einen theoretischen Autoritarismus zu vermeiden, schon frühzeitig als einen „Diskurs über Diskurse" (1973: 292) bezeichnete und es damit im Hinblick auf seine „Wahrheit" relativiert hat. Zu Foucaults Anti-Universalismus und Anti–Normativismus siehe Schäfer (1995).

11. Diese Fragen gewinnen dadurch an Brisanz, dass sich Individuen heute in Europa – und auch transnational – in „weit stärker deinstitutionalisierten, wenig vorhersehbaren Lebensbahnen" (Apitzsch 2003: 106f.) bewegen als noch in den 1980er Jahren; und sie knüpfen an Thesen von IndividualisierungstheoretikerInnen, SystemtheoretikerInnen oder „postmodernen" AutorInnen an.

12. Siehe dazu Foucaults generelle Feststellung: „Im Abendland ist der Mensch ein Geständnistier geworden" (1977: 77) und deren entsprechende soziologische Rezeption bei Alois Hahn (1995).

13. Dieser Punkt ähnelt den bereits von Mead (1995/1934: 100-107) ausgeführten Beobachtungen zur vokalen Geste: Mead, dem es in erster Linie um das Phänomen der Nachahmung sowie der Kommunikation geht, erklärt, dass wir uns selbst sprechen hören, wobei die Bedeutung des Gesagten für uns die gleiche ist wie für andere. Auch er betont, dass durch das Gesagte eine Reaktion bei dem/r SprecherIn selbst ausgelöst wird und dass dies nach und nach Identität schafft: „Der Mechanismus ist der eines Individuums, das in sich selbst die Reaktion auslöst, die es in anderen hervorruft, und damit diesen Reaktionen größeres Gewicht als anderen Reaktionen gibt und diese Gruppe von Reaktionen langsam zu einem dominierenden Ganzen aufbaut (a.a.O.: 106)."

14. Vgl. Völter 2003a.

15. Evaluationen sind, was ihre Funktion für die interaktionelle Vermittlung von Bedeutung angeht, die wichtigsten Teile von Narrationen (Linde 1993:72).

16. Während Schütze (1984: 108) von einer therapeutischen Wirkung ausgeht, sieht Rosenthal (1995; 2002) Prozesse der „Heilung", i.S. der Rückgewinnung einer erzählbaren Vergangenheit oder des Einverständnisses mit lebensgeschichtlichen Lücken und Diskontinuitäten. Wie die Erfahrung zeigt, kann die Aufforderung, die eigene (Familien- und) Lebensgeschichte zu erzählen, aber auch Gefühle der Insuffizienz aufgrund der Schwierigkeit auslösen, die eigene Geschichte erzählen und plausibel machen zu können. In jedem Fall wird allerdings die Interaktion im Interview einen starken Einfluss auf die Selbstwahrnehmung sowie auf die Folgewirkungen haben.

17. Dies ließ sich mit dem methodischen Verfahren der „Text- und Thematisches-Feld-Analyse" (Rosenthal 1995) sequentiell rekonstruieren.

18. Texte sind nach Jäger (2001: 126) als Träger unterschiedlicher Diskursfragmente zu verstehen, die man sich wiederum (thematisch quer zu den Texten gebündelt) als in sich geschlossene Diskurse oder „Diskursstränge" vorstellen kann.

19. Linde (1993) spricht von „Kohärenzsystemen".

20. Um dies näher zu beleuchten, müsste man unter dem Produktionsaspekt systematisch vergleichen, zu welchen Ergebnissen die Erzählaufforderung „Erzähl von Dir!" oder „Erzähl mal!" nach der obligaten Nennung des Forschungsthemas, im Vergleich zu „Erzähl mir bitte Deine Lebensgeschichte" führt. Dies wäre dann umso wichtiger, wenn man innere Kohärenz für einen wesentlichen Maßstab der Beurteilung von biographischen Texten hält – als Alternative zum unhaltbaren Kriterium der Faktizität oder Faktentreue –, wie dies etwa Charlotte Linde (1993: 12) tut.

21. Vgl. Althusser 1977.

22. In der systemischen Therapie macht der „narrative Ansatz" sowohl die Idee der (veräußerlichten) Objektivierung von scheinbar zum Ich gehörenden Gegebenheiten als auch die Idee der Produktion von Orientierung zur Grundlage für handlungsverändernde Umdeutungen (White/Epston 2002).

23. „Im ‚Als ob' einer erzählten kontinuierlichen Lebensgeschichte entsteht Konsistenz und Erwartungssicherheit, die gleichzeitig revidierbar bleibt" (Fischer-Rosenthal 1999: 157).

24. Nassehi spitzt hier einmal mehr die seit den 80er Jahren immer wieder vorgebrachten Argumente zu, es gebe keine „Homologie" zwischen „lebensgeschichtlichem Erfahrungsstrom" und „aktuellem Erzählstrom", wie von Schütze (1984: 78) behauptet. Die Debatte ist auch deshalb trotz vieler Gegenrepliken weiter virulent, weil sie an Grundpositionen der qualitativen Sozialforschung rührt (Wohlrab-Sahr 2002: 5), die oft unvereinbar scheinen bzw. sind, und da sie zur produktiven Selbstverständigung der Biographieforschung dient, umfasst sie doch nicht nur Zurückweisungen der an sie herangetragenen Kritik, sondern insbesondere auch Differenzierungen im Feinbereich. In diesem Sinne verstehen sich auch unsere Überlegungen.

25. Anlässlich der oft sehr unklaren Verwendung des Begriffs ,Erzählung' durch manche KritikerInnen des narrativen Ansatzes (zuletzt Saake 2004) muss erwähnt werden, dass hier mit Erzählung (im Unterschied zu Beschreibung oder Argumentation) die Schilderung einer singulären Situations- bzw. Handlungsabfolge gemeint ist.

26. „Worte weisen auf Erleben hin, sie sind nicht mit diesem identitisch. In dem Augenblick, in dem ich ein Erleben vollständig in Gedanken und Worte umsetze, verflüchtigt es sich; es verdorrt, ist tot und wird zum bloßen Gedanken" (Fromm 1974: 154).

27. Vgl. Dausien/Kelle in diesem Band, vgl auch Nassehi 1994: 61.

28. Wir danken Renate Bitzan für ihre Anregung zu diesem Kapitel.

29. Ein klassisches, paradigmatisches Beispiel wäre hier Freuds psychoanalytische Konzeption des Traumes, in der dieser nicht als eine eigenständige und eigensinnige ,Seinsweise' des Subjekts gedacht wird, sondern als funktionales Element in dessen psychischem Gesamthaushalt.

30. Wir greifen hier auf die theoretische Subjektkonzeption von Gabriele Rosenthal zurück, da diese im Rahmen einer der theoretisch, methodologisch und methodisch elaboriertesten Arbeiten der rekonstruktiven Biographieforschung steht und da die Autorin dieses Aufsatzes selbst mit diesem Ansatz arbeitet und die folgende Argumentation auch zur eigenen Selbstverständigung nutzt.

31. Vgl. Rosenthal in diesem Band.

32. Foucault 1973: 190. Vgl. auch die Formulierung von Deleuze, in der sich eine seinerzeit mit Foucault geteilte Überzeugung ausdrückt: „Es ist immer eine Vielfalt – selbst in einer sprechenden oder handelnden Person" (Foucault 1978: 129). Eine extreme, von uns nicht geteilte Lesart davon wäre, dass man das Individuum als eine Art Verknüpfungsort unterschiedlicher ,Subjektpositionen' zu verstehen habe, die jeweils ,angerufen' werden bzw. aufgerufen sind, und in unterschiedlichen Konstellationen durchaus eigensinnig und unabhängig voneinander agieren können. Selbst diese extreme Lesart ähnelt jedoch nur scheinbar der „Bastelexistenz", wie sie Hitzler/Honer (1994) entwerfen. Während diese meinen, der individualisierte Mensch könne und müsse auf dem kulturellen „Supermarkt für Weltdeutungsangebote" frei aus Stilisierungsformen und Sinnangeboten wählen sowie sich von „Situation zu Situation in sozial vorgefertigte Handlungs- und Beziehungsmuster" einbinden, geht Foucault weder von freien Wahlen aus noch von rein situativen Einbindungen; er untersucht vielmehr die orientierenden Wirkungen von Diskursen sowie die Genese von Strukturen und kritisiert lediglich die Vorstellung, eine ,Klammer' halte alle Aspekte und Dimensionen der Person zusammen.

33. Rekonstruktive Verfahren zeichnen sich generell durch die Prämisse aus, „dass sich die Grundstruktur eines Falles, eines Individuums oder auch einer Kollektivität, in den unterschiedlichen Bedeutungsschichten und auch Aktivitätsbereichen dieses Falles immer wieder reproduziert und somit den Fall als Einheit, als „Totalität" überhaupt erst konstituiert" (Bohnsack 2000: 122). Diese Prämisse hat allerdings u.E. eine ganz andere Reichweite, je nachdem, auf welche Art von „Fall" (z.B. einen Interaktionsverlauf, ein Familiensystem oder eine Biographie) sie bezogen wird.

34. Dies entspricht im Übrigen ja auch der Feststellung von Fischer-Rosenthal (1991b: 256), dass der Lebenslauf in der Moderne zunehmend "pluriformer" geworden sei und werde. Fischer-Rosenthal (1995) distanziert sich allerdings von Foucaults an Nietzsche angelehnte These, Identität sei (pure, ideologische) Fiktion. Hier konstruiert er u.E. eine Gegnerschaft, denn Foucaults Aussage ist in dem verwendeten Zitat nicht auf das individuelle Subjekt bezogen, sondern auf 'die Menschheit' bzw. das vermeintliche Wesen des Menschen gemünzt. Fischer-Rosenthal plädiert im Folgenden dafür, die Antwort auf die Identitätsfrage nicht der akademischen Diskussion, sondern dem Studium der biographischen Aktivitäten der Alltagsmenschen zu überlassen. Es gelte, im Alltag zu beobachten, wie es den Subjekten selbst gelingt, unter den Bedingungen der Moderne ein integriertes Selbst zu schaffen und soziale Ordnung herzustellen. Dem ist grundsätzlich zuzustimmen, allerdings nur dann, wenn dabei nicht vorausgesetzt wird, dass die "Biographie zum Integrationsprozessor der Person" (ebd.) wird, sondern auch diese Frage, inwieweit bzw. ob Biographien integrierend wirken, eine empirische bleibt, die die Forschung in diskursanalytischer Perspektive (auch selbst-)kritisch reflektieren sollte. Denn "biographische Arbeit" stellt ihrerseits eine Konstruktionsarbeit im Rahmen des oben genannten Identitätsdiskurses dar, die sich u.U. in ihrer Gestalt

und Funktion so verändern könnte, dass sie z.b. desintegrierend wirkt oder von neuen (Selbst-) Präsentationsformen abgelöst wird.

35. Neben der konsequenten Kontrolle von Hypothesen am Text, dem sequentiellen und abduktiven Vorgehen, trägt dazu auch ein systemisches Denken und Interpretieren bei.

36. Gegen eine vorschnelle Annahme von subjektiver Einheit spricht auch die aktuelle Hirnforschung, etwa von Gerhard Roth, die zu dem Ergebnis kommt, dass unser Ich-Bewusstsein bzw. die Idee eines einheitlichen Ichs eine Selbsttäuschung des Gehirns darstellt.

37. Vgl. auch Fn. 2.

38. Hier ist weder der Raum, die Methode einer Diskursanalyse vorzustellen, noch die Verbindung von Biographie- und Diskursanalyse methodisch auszuführen. Wir halten für eine eigenständige Diskursanalyse das sehr detailliert ausgearbeitete und in vielen Studien erprobte methodische Vorgehen von Siegfried Jäger (2001) für besonders anregend und, sofern es mit einem sequentiellen, abduktiven Verfahren kombiniert wird, auch kompatibel mit der fallrekonstruktiv arbeitenden Forschung (vgl. Völter 2003b). Im Sinne einer konkreten – wissenssoziologischen – Methodik weiterführend v.a. auch Keller (2004).

39. Diskurse sind nicht, im Sinne der Korrespondenztheorie der Wahrheit, eine Abbildung von Wirklichkeit, sondern eine von vielen, nicht im einzelnen identifizierbaren Diskursträgern gestaltete bzw. exekutierte „diskursive Praxis". Durch sie wird mittels der produzierten Aussagensysteme und Zeichensequenzen die jeweilige Wirklichkeitserfahrung allererst konstituiert (Keller u.a. 2001: 12).

40. Vgl. etwa die vielfältigen Diskursanalysen zu Rassismus und Nationalbewußtsein, z.B. von Jäger (1993) oder Wodak u.a. (1998).

41. So konnte etwa Walburga Freitag (2003) zeigen, dass der medizinische Diskurs über Contergan keineswegs Eingang in die Selbstbeschreibung derjenigen fand, die Behinderungen durch Contergan erlitten.

Literatur

ALHEIT, PETER (1993): Transitorische Bildungsprozesse. Das „biographische Paradigma" in der Weiterbildung. In: Mader, W. (Hrsg.): Weiterbildung und Gesellschaft. Grundlagen wisssenschaftli-
cher und beruflicher Praxis in der Bundesrepublik Deutschland. Forschungsreihe des Forschungsschwerpunkts „Arbeit und Bildung", Bd. 17, 2., erweiterte Aufl.. Bremen: Universität Bremen,
343-418.

ALHEIT, PETER (2003): Biografizität. In: Bohnsack, R./Marotzki, W./Meuser, M. (Hrsg.): Hauptbegriffe Qualitativer Sozialforschung. Opladen: Leske & Budrich, 25.

ALTHUSSER, LOUIS (1977): Ideologie und ideologische Staatsapparate. Berlin: EVA.

APITZSCH, URSULA (2003): Biographieforschung. In: Orth, B./Schwiertring, Th./Weiß, J. (Hrsg.): Soziologische Forschung: Stand und Perspektiven. Ein Handbuch. Opladen: Leske & Budrich,
96 – 110.

BADINTER, ELISABETH (1980): Die Mutterliebe. Geschichte eines Gefühls vom 17. Jahrhundert bis
heute. München: Pieper.

BECK-GERNSHEIM, ELISABETH (1996): Die soziale Konstruktion des Risikos – das Beispiel Pränatal-
diagnostik. In: Soziale Welt 47, 284-296.

BOHNSACK, RALF (2000): Rekonstruktive Sozialforschung. Einführung in Methodologie und Praxis
qualitativer Forschung, 4. Auflage. Opladen: Leske & Budrich.

BUDE, HEINZ (1984): Rekonstruktion von Lebenskonstruktionen – eine Antwort auf die Frage, was
die Biographieforschung bringt. In: Kohli, M./Robert, G. (Hrsg.): Biographie und soziale Wirklichkeit: neue Beiträge und Forschungsperspektiven. Stuttgart: Metzler, 7-28.

DAUSIEN, BETTINA (1996): Biographie und Geschlecht. Zur biographischen Konstruktion sozialer
Wirklichkeit in Frauenlebensgeschichten. Bremen: Donat Verlag.

FISCHER-ROSENTHAL, WOLFRAM (1991a): Zum Konzept der subjektiven Aneignung von Gesellschaft. In: Flick, U. u.a. (Hrsg.), 78-89.

FISCHER-ROSENTHAL, WOLFRAM (1991b): Biographische Methoden in der Soziologie. In:
Flick, U. u.a. (Hrsg.), 253-256.

FISCHER-ROSENTHAL, WOLFRAM (1995): The problem with identity: Biography as Solution to Some
(Post)-Modernist Dilemmas. In: Comenius Jg. 15 (3), 250-265.

FISCHER-ROSENTHAL, WOLFRAM (1999): Melancholie der Identität und dezentrierte biographische
Selbstbeschreibung. In: BIOS Jg. 12 (2), 143-168.

FISCHER-ROSENTHAL, WOLFRAM (2000): Biographical work and biographical structuring in present-
day societies. In: Chamberlayne, P./Bornat, J./Wengraf, T. (Hrsg.): The Turn to Biographical Methods in Social Science. Comparative issues and examples. London/New York: Routledge,
109-125.

FLICK, UWE/KARDORFF, ERNST V./KEUPP, HEINER/ROSENSTIEL, LUTZ V./WOLFF, STEPHAN (Hrsg.)
(1995): Handbuch Qualitative Sozialforschung. München: Psychologie Verlags Union.

FOUCAULT, MICHEL (1973): Archäologie des Wissens. Frankfurt/M.: Suhrkamp.

FOUCAULT, MICHEL (1974): Die Ordnung der Dinge. Frankfurt/M.: Suhrkamp.

FOUCAULT, MICHEL (1976): Überwachen und Strafen. Frankfurt/M.: Suhrkamp.

FOUCAULT, MICHEL (1977): Sexualität und Wahrheit, Bd. 1. Frankfurt/M.: Suhrkamp.

FOUCAULT, MICHEL (1978): Von der Subversion des Wissens. Frankfurt/Berlin/Wien: Ullstein.

FOUCAULT, MICHEL (1984): Von der Freundschaft. Aufsätze und Gespräche. Berlin: Merve.

FOUCAULT, MICHEL (1987): Das Subjekt und die Macht. In: Dreyfus, H.L./Rabinow, P.: Michel Foucault. Jenseits von Strukturalismus und Hermeneutik. Frankfurt/M.: Athenäum, 241-261.

FOUCAULT, MICHEL (1988): Technologies of the Self, hrsg. von L.H. Martin. Massachusetts: UMP.

FOUCAULT, MICHEL (1991): Die Ordnung des Diskurses. Frankfurt/M./Berlin/Wien: Fischer.

FOUCAULT, MICHEL (1996): Der Mensch ist ein Erfahrungstier. Gespräch mit Ducio Trombadori.
Frankfurt/M.: Suhrkamp.

FOUCAULT, MICHEL (2001): Was ist ein Autor?. In: ders., Schriften. Dits et Ecrits, Bd. 1. Frankfurt/M.: Suhrkamp, 1003-1041.

FOUCAULT, MICHEL (2002): Nietzsche, die Genealogie, die Historie. In: ders.: Schriften. Dits et Ecrits, Bd. 2. Frankfurt/M.: Suhrkamp, 166-191.

FREITAG, WALBURGA K. (2003): Contergan. Eine genealogische Studie des Zusammenhangs wissenschaftlicher Diskurse und biographischer Erfahrungen. Diss. Bielefeld: Universität/Fakultät für Pädagogik, unveröff. Ms..

FROMM, ERICH (1974): Haben oder Sein. München: Pieper.

GOFFMAN, ERVING (1963/1975): Stigma. Über Techniken der Bewältigung beschädigter Identität. Frankfurt/M.: Suhrkamp.

HAHN, ALOIS (1987): Identität und Selbstthematisierung. In: Hahn, A./Kapp, V. (Hrsg.): Selbstthematisierung und Selbstzeugnis: Bekenntnis und Geständnis. Frankfurt/M.: Suhrkamp, 9-24.

HAHN, ALOIS (1995): Identität und Biographie. In: Wohlrab-Sahr, M. (Hrsg.): Biographie und Religion: zwischen Ritual und Selbstsuche. Frankfurt a.M./New York: Campus.

HILDENBRAND, BRUNO (1999): Was ist für den Fall der Fall? Problemlagen bei der Weitergabe von Ergebnissen von Fallstudien an die Untersuchten und mögliche Lösungen. In: Psychotherapie und Sozialwissenschaft. Zeitschrift für Qualitative Forschung, Jg. 1 (4), 265-280.

HITZLER, RONALD/HONER, ANNE (1994): Bastelexistenz. Über subjektive Konsequenzen der Individualisierung. In: Beck, U./Beck-Gernsheim, E. (Hrsg.): Riskante Freiheiten. Frankfurt/M.: Suhrkamp, 307-315.

JÄGER, MARGRET (1993): „Feministische" Argumente zur Untermauerung von Rassismus: Warum liegt Deutschen die Stellung der EinwanderInnen so am Herzen? In: Butterwegge, Ch./Jäger, S. (Hrsg.): Rassismus in Europa, 2. Auflage. Köln: Bund-Verlag, 248-261.

JÄGER, LUDWIG (2003): Sprache als Medium politischer Kommunikation. Zur diskursiven Ordnung des Politischen in der medialen Wissensgesellschaft, Vortragsms..

JÄGER, SIEGFRIED (2001): Kritische Diskursanalyse. Eine Einführung. Duisburg: DISS.

KALLMEYER, WERNER/SCHÜTZE, FRITZ (1977): Zur Konstitution von Kommunikationsschemata der Sachverhaltsdarstellung. In: Wegner, D. (Hrsg.): Gesprächsanalysen. Hamburg: Buske, 159-274.

KELLER, REINER/HIRSELAND, ANDREAS/SCHNEIDER, WERNER/VIEHÖVER, WILLY (Hrsg.) (2001): Handbuch Sozialwissenschaftliche Diskursanalyse, Band 1: Theorien und Methoden. Opladen: Leske & Budrich.

KELLER, REINER/HIRSELAND, ANDREAS/SCHNEIDER, WERNER/VIEHÖVER, WILLY (Hrsg.) (2003): Handbuch Sozialwissenschaftliche Diskursanalyse, Band 2: Forschungspraxis. Opladen: Leske & Budrich.

KELLER, REINER (2004): Diskursforschung. Eine Einführung für SozialwissenschaftlerInnen. Opladen: Leske & Budrich.

KOLLER, HANS-CHRISTOPH (1993): Biographie als rhetorisches Konstrukt. In: BIOS Jg. 6 (1), 33-45.

LINDE, CHARLOTTE (1993): Life Stories. The Creation of Coherence. New York/Oxford: Oxford University Press.

MEAD, GEORG HERBERT (1995/1934): Geist, Identität und Gesellschaft, 10. Aufl.. Frankfurt/M.: Suhrkamp.

NASSEHI, ARMIN (1994): Die Form der Biographie. Theoretische Überlegungen zur Biographieforschung in methodologischer Absicht. In: BIOS Jg. 7 (1), 46-63.

NASSEHI, ARMIN/SAAKE, IRMHILD (2002): Kontingenz: Methodisch verhindert oder beobachtet? Ein Beitrag zur Methodologie der qualitativen Sozialforschung. In: Zeitschrift für Soziologie, Jg. 31 (1), 66-86.

NIETZSCHE, FRIEDRICH (1980): Götzendämmerung. In: ders.: Kritische Studienausgabe in 15 Bänden, hrsg. v. G.Colli/M.Moninari, Bd. 5. Berlin/New York: de Gruyter.

RIEMANN, GERHARD (1986): Einige Anmerkungen dazu, wie und unter welchen Bedingungen das Argumentationsschema in biographisch-narrativen Interviews dominant werden kann. In: Soeffner, H.-G. (Hrsg.): Sozialstruktur und soziale Typik. Frankfurt a.M./New York: Campus, 112-155.

ROSENTHAL, GABRIELE (1995): Erlebte und erzählte Lebensgeschichte. Gestalt und Struktur biographischer Selbstbeschreibungen. Frankfurt a.m./New York: Campus.

ROSENTHAL, GABRIELE (2002): Biographisch-narrative Gesprächsführung: Zu den Bedingungen heilsamen Erzählens im Forschungs- und Beratungskontext. In: Psychotherapie und Sozialwissenschaft. Zeitschrift für Qualitative Forschung Jg. 3 (4), 204-227.

SAAKE, IRMHILD (2004): Identifikationen des Selbst. Ein inklusionstheoretischer Ansatz. Vortrag auf dem 32. Kongress der Deutschen Gesellschaft für Soziologie in München, unveröff. Manuskript.

SCHÄFER, THOMAS (1995): Reflektierte Vernunft. Foucaults philosophisches Projekt einer antitotalitären Macht- und Wahrheitskritik. Frankfurt/M.: Suhrkamp.

SCHÄFER, THOMAS (1994): „Das echte Ich". Unterwerfung als Verführung. In: Berliner Debatte Initial (6), 9-13.

SCHÜTZE, FRITZ (1984): Kognitive Figuren des autobiographischen Stegreiferzählens. In: Kohli, M./ Robert, G.: Biographie und soziale Wirklichkeit. Stuttgart: Metzler , 78-117.

SCHÜTZE, FRITZ (1987): Das narrative Interview in Interaktionsfeldstudien I. Studienbrief der Fern-Universität Hagen. Kurseinheit 1. Fachb. ESGW, Hagen.

VÖLTER, BETTINA (2003a): Judentum und Kommunismus. Familiengeschichten in drei Generationen. Opladen: Leske & Budrich.

VÖLTER, BETTINA (2003b): Diskursanalyse. Abfolge der Analyseschritte, unveröff. Manuskript.

WHITE, MICHAEL/EPSTON, DAVID (2002): Die Zähmung der Monster. Der narrative Ansatz in der Familientherapie, 4. Auflage. Heidelberg: Carl-Auer-Systeme Verlag.

WODAK, RUTH (1998): Zur diskursiven Konstruktion nationaler Identität. Frankfurt/M.: Suhrkamp.

WOHLRAB-SAHR, MONIKA (2002): Prozessstrukturen, Lebenskonstruktionen, biographische Diskurse. In: BIOS Jg. 15 (1), 3-23.

BETTINA DAUSIEN/HELGA KELLE

Biographie und kulturelle Praxis. Methodologische Überlegungen zur Verknüpfung von Ethnographie und Biographieforschung

Ein Blick in die Geschichte soziologischer Forschung zeigt, dass die Erkundungen sozialer Welten durch teilnehmende Beobachtung, Informantenbefragungen, Dokumentenanalysen und andere ethnographische Verfahren, wie sie in den ersten Jahrzehnten des 20. Jahrhunderts im Kontext der *Chicago School* entwickelt wurden, auch biographische Dokumente einbezogen hatten. Einige Vertreter wie William I. Thomas, Florian Znaniecki oder Clifford Shaw (1966[1930]) entwickelten in diesem Zusammenhang eine systematische und theoretisch begründete Verwendung (auto-)biographischer Materialien, die unter dem Begriff „life history method" bekannt wurde. Die kritische Evaluation der Nutzung von „personal documents" in Soziologie, Psychologie und Ethnologie, durch die der Ansatz kurze Zeit später schon wieder in Zweifel gezogen wurde, hat deren Bekanntheitsgrad eher gesteigert (vgl. Paul 1979: 211ff.). Die bis heute als klassische Studie der Biographieforschung anerkannte Arbeit über den „Polish Peasant in Europe and America" (Thomas/Znaniecki 1958) ist ein Beispiel für eine multimethodische soziologische Analyse. Sie bezieht umfangreiches Briefmaterial aus Einwandererfamilien ebenso ein wie Leserbriefe, Akten von Gerichten, Sozialbehörden und Migrantenorganisationen und schließlich auch die durch die Forscher initiierte schriftliche Autobiographie eines polnischen Einwanderers.

Was in der von einem empiristischen Optimismus getragenen Gründungsphase einer soziologischen Schule, die an den Problemen urbanen Lebens interessiert war, unproblematisch miteinander vereinbar zu sein schien, wird allerdings nicht nur in der deutschsprachigen Soziologie der Gegenwart eher kritisch gesehen. Die Frage, ob und wie Biographieforschung und Ethnographie aufeinander bezogen sind, scheint zumindest ein diskussionswürdiges Problem zu sein.

Der vorliegende Beitrag unternimmt den Versuch, das Verhältnis der beiden Richtungen in methodologischer Perspektive zu diskutieren, ohne dabei vorschnell deren (Un-)Vereinbarkeit anzunehmen. Die Autorinnen vertreten mit ihren Arbeiten jeweils eine der beiden Perspektiven, beziehen sich aber auf einen gemeinsamen sozialkonstruktivistischen Theorierahmen, den sie durch empirische Studien im Feld der Geschlechterforschung konkretisiert haben (Dausien 1996; Breidenstein/Kelle 1998). An der Art der Referenz auf die soziale Konstruktion von „Geschlecht" kann in einem ersten Zugriff deutlich gemacht werden, wie sich die jeweiligen Forschungsperspektiven unterscheiden.

Die ethnographische Perspektive profiliert den „doing gender"-Ansatz in Hinblick auf je gegenwärtige Praxis – wie wird Geschlecht in Interaktionen bedeutsam, welches sind die kulturellen Praktiken, die Geschlecht intersubjektiv relevant machen? – und erforscht diese mit praxisanalytischen Verfahren wie teilnehmende Beobachtung und Audio- oder Videoaufzeichnung. Dagegen nimmt die Biographieforschung längerfristige Prozesse der Erfahrungsbildung und Sinnkonstruktion in den Blick und fragt danach, inwiefern Geschlecht als eine der dominanten sozialen Differenzkategorien in individuelle Biographien je konkret „eingebaut" wird (Dausien 1998). Sie arbeitet bevorzugt mit der Methode des narrativen Interviews oder anderen Verfahren, in denen die Forschungssubjekte den Sinnzusammenhang ihrer Lebensgeschichte konstruieren. Dass diese Konstruktion wesentlich an soziale Interaktionsprozesse gebunden ist, wird vielfach eher auf den „zweiten Blick" wahrgenommen und zum Thema wissenschaftlicher Analyse. Das Interesse an der Verbindung beider Forschungsperspektiven liegt auf der Hand: Die Konzentration auf eine der beiden Perspektiven blendet die je andere Dimension der Geschlechterkonstruktion weitgehend aus oder rückt sie (mehr oder weniger methodologisch reflektiert) in den Hintergrund.

Das methodologische Problem der Verbindung beider Ansätze ist allerdings nicht an das Feld der Geschlechterforschung gebunden und wird im Folgenden auf allgemeinerer Ebene diskutiert. Als eine erste methodenreflexive Annäherung an das Problem kann die Frage nach der Repräsentation von Biographischem im ethnographischen Material und umgekehrt nach der Repräsentation von Interaktionen und kulturellen Praktiken im biographischen Material gestellt werden. Eine Berücksichtigung der Biographizität sozialer Interaktionen dürfte zu dichteren ethnographischen Beschreibungen und Analysen führen; umgekehrt bedeutet eine systematische Reflexion der Situiertheit des intersubjektiven *sense making* in konkreten Interaktionen zweifellos einen Gewinn für die Biographieforschung.

Die folgenden Überlegungen beginnen mit einem kurzen Überblick über den Stand der Diskussion zur Verbindung beider Perspektiven. Dann wird aus der Sicht der Ethnographie und an einem empirischen Beispiel verdeutlicht, wie sich Biographisches im ethnographischen Material darstellt. Im dritten Schritt werden die am Beispiel entwickelten Anfragen an die Biographieforschung aufgegriffen und zu methodologischen Reflexionen genutzt. Am Ende stehen knappe Überlegungen zum Verhältnis beider Forschungsansätze.[1]

1. Stand der Diskussion

Die Überlegungen zur Verbindung ethnographischer und biographischer Forschungsperspektiven, die bisher im deutschsprachigen Kontext vorliegen, stammen überwiegend aus der erziehungswissenschaftlichen Biographieforschung. Diese Ansätze gehen jedoch, wie die folgenden Beispiele zeigen, nicht im Detail auf gegenstandstheoretische und methodologische Probleme ein. Fritz Schütze (1994) entwickelt im Rahmen seiner Vorschläge für die methodische Orientierung in der Ausbildung von Sozialarbeitern ein Modell von Sozialforschung, bei dem biographieanalytische Verfahren zu den ethnographischen Strategien der Erforschung von Alltagswelten gerechnet werden.

> „In den folgenden Ausführungen wird der Begriff ‚Ethnographie' stets in diesem weiten Sinne einer (grundlegenden) frageoffenen, szenisch-interaktiven, Primärmaterial-bezogenen, Symbolisierungs-interpretativen, empathisch fremdverstehenden Erkenntnishaltung verstanden. In diesem Sinne gehören auch biographieanalytische Forschungsverfahren zur ethnographischen Forschungsperspektive – eine Zurechnung, die in der klassischen Ethnologie bzw. Sozialanthropologie möglicherweise nicht überall akzeptiert werden wird" (Schütze 1994: 201).

Man kann hier hinzufügen: Vermutlich würde sie auch in der aktuellen soziologischen Ethnographie nicht umstandslos akzeptiert. Bei Schütze erscheint – in Anlehnung an das „quasi-ethnographische² Verständnis von ‚sozialer Fallarbeit' und Fallanalyse bei Mary Richmond" (a.a.O.: 196) – die ethnographische Perspektive eher als grundlegende Forschungs*haltung*, während die Biographieanalyse ein konkretes Verfahren darstellt. Diese lässt sich unproblematisch subsumieren, weil für jene kein spezifischer methodischer Ansatz vertreten wird. Schütze konzipiert Biographieforschung also als Subkategorie einer methodenpluralen ethnographischen Forschung, die eine „mehrschichtige und mehrperspektivische wissenschaftliche Untersuchung der Lebenssituation" (a.a.O.: 197) der Beforschten erbringen soll. Unter dem Blickwinkel der Sozialen Arbeit und der Fallzentrierung wird hier ein sehr weites Verständnis von Ethnographie transportiert, ohne dass praxisanalytischen Verfahren ein methodisches Primat eingeräumt würde – genau das ist aber ein Kennzeichen neuerer ethnographischer Ansätze in der Soziologie.³

Winfried Marotzki (1998) bezieht sich in seinem Beitrag zu dem Buch „Biographische Methoden in den Humanwissenschaften" zum einen auf Jürgen Zinneckers (1995) Konzept der „Pädagogischen Ethnographie" und zum anderen auf Schützes Ansatz (1994). Marotzki möchte explizit methodologische Fragen aufwerfen und diskutiert diese nach der Maßgabe eines „Triangulationsgebots", das er für die neuere qualitative Forschung ausmacht. Allerdings hat sein Text über weite Strecken den Charakter einer innerethnographischen Selbstverständigung, so als sei die Ethnographie – nimmt man den Buchtitel als Indikator für den Kontext, in dem Marotzkis Text argumentiert – immer schon eine „biographische Methode". Erst ganz am Schluss geht es bei Marotzki noch einmal explizit um die Verbindung beider Zugänge:

> „Klar ist jedenfalls schon heute, dass sich aufgrund der wachsenden Ausdifferenzierung von Lebenswelten und der prekärer werdenden Ausbalancierung von sozialen Folgen der derzeit ablaufenden gesellschaftlichen Transformationsprozesse in Richtung einer Informationsgesellschaft die Problemlagerungen, mit denen es Menschen täglich zu tun haben, in ihrem Aggregationsniveau verändern. Das erfordert andere verstehende Zugänge zu Lebenswelten. Insofern kann erziehungswissenschaftliche Biographieforschung vom Sensibilisierungspotential, das mit einer ethnographischen Haltung verknüpft ist, profitieren" (Marotzki 1998: 56).

Insofern Fremdheitserfahrungen in der eigenen Gesellschaft zunehmen und immer weitere Teile der eigenen Gesellschaft sowohl den Alltagsmenschen als auch den Soziologen unverständlich erscheinen, ist die Vervielfältigung der „kleinen Lebenswelten" eine überaus gängige Begründung für den Bedarf an ethnographisch-soziologischen Forschungsstrategien (Honer 1993; Knoblauch 1996; Amann/Hirschauer 1997). Ethnographisch orientierte Autoren trauen ihren praxisanalytischen Verfahren dabei in der Regel direktere Zugänge zur Alltagskultur dieser „fremden" Lebenswelten zu, als sie durch biographieanalytische Verfahren zur Verfügung stehen. Die Biographieforschung möge deshalb, so Marotzki, ihr „Methodenarsenal" und ihre „methodologische Grundlagenreflexion" um ethnographische Verfahren erweitern. Ähnlich wie bei Schütze findet sich auch bei Marotzki eine – in diesem Fall modernisierungstheoretische – Begründung für die Notwendigkeit der Verbindung von biographischen und ethnographischen Perspektiven, aber damit endet der Text auch schon. Wir wollen in dem vorliegenden Beitrag ansetzen, wo Marotzki schließt: bei der Frage nach der konkreten Methodologie dieser als notwendig angesehenen Verbindung – und ihren Problemen.

Christian Lüders entwickelt in seinem Handbuchartikel „Pädagogische Ethnographie und Biographieforschung" (1999) eine ausführliche Kritik am Konzept der pädagogischen Ethnographie Zinneckers und hält diesem entgegen, dass es statt um eine disziplinäre Festlegung von Gegenständen vorab um eine ergebnisoffene Ethnographie pädagogischer Praxis gehen müsse. Aber auch Lüders hält sich in Bezug auf konkrete methodologische Hinweise zur Verbindung beider Ansätze zurück. Auch er macht erst zum Schluss seines Beitrags deutlich, worauf eine ethnographisch informierte Biographieforschung blicken müsste: auf die „situativen ‚Konstruktionen' von Biographie" oder, eine andere Formulierung, auf die in die Interaktionsordnung eingebettete „Produktion" von biographischer (Selbst-) Verständigung (a.a.O.: 144). Man könnte dies auch auf die Kurzformel bringen: Es müsste in ethnographischer Perspektive um das „doing biography" im alltagsweltlichen Zusammenhang (und nicht im narrativen Interview) gehen.

Bisher liegen also eher subsumtive und additive Begründungsmuster für die Verbindung von biographischen und ethnographischen Zugängen vor, aber keine ins Detail gehende Diskussion der methodologischen Probleme, die sich aus dem Postulat der notwendigen Verbindung ergeben. Vor diesem Hintergrund wollen wir im Folgenden eine problemzentrierte Methodologiediskussion entwickeln.

2. Biographisches im ethnographischen Material: ein Beispiel

In einem Projekt zum „Geschlechteralltag in der Schulklasse" untersuchten Georg Breidenstein und Helga Kelle (1998) Praktiken der Geschlechterunterscheidung bei 9- bis 12jährigen Schulkindern in ethnographischer Perspektive. Methodisch kamen dabei die oben schon erwähnten praxisanalytischen Mittel wie teilnehmende Beobachtung und Audioaufzeichnungen, aber auch Einzel- und Gruppeninterviews mit den Kindern zum Einsatz. Ethnographische Interviews unterscheiden sich dabei grundsätzlich von biographischen Interviews: Auch in Interviews geht es aus ethnographischer Sicht primär um Alltagskultur und nicht um biographische Erfahrungsaufschichtung. Um die Forschungsperspektive auf die kontextsensitive Hervorbringung von sozialen Unterschieden in einem konkreten alltagskulturellen Feld zu profilieren, fokussierte das Projekt (auf den verschiedenen methodischen Ebenen) bewusst die interaktive Praxis „vor Ort" und blendete die Tatsache, dass die Kinder auch Biographien haben, tendenziell aus der Forschungsaufmerksamkeit aus. In Anlehnung an die Ethnomethodologie interessierte sich das Projekt für die Perspektive der Teilnehmer im Sinne ihrer Teilhabe an gemeinschaftlichen Praktiken (oder eben: an Ethnomethoden), und weniger für ihre biographisch vermittelte oder individuelle Perspektive auf das soziale Geschehen vor Ort.

Wo zeigen sich nichtsdestoweniger Bezüge auf die Lebensgeschichten der Kinder im alltagsweltlichen Kontext, den das ethnographische Beobachtungsmaterial beschreibt? Wir unterscheiden zunächst exemplarisch zwei Varianten dessen, was wir hier *feldspezifische Biographisierungen* nennen wollen.[4] Die biographische Selbstthematisierung in Interaktionen ist unter Kindern der untersuchten Altersgruppe unserem Eindruck nach eher selten, zumindest im untersuchten schulischen Kontext. Beobachten lassen sich aber zwei Varianten von Fremdthematisierung.

a) Zum einen begannen die am Forschungsprojekt beteiligten Lehrerinnen die Ethnographinnen schon beim ersten Feldaufenthalt über biographische Hintergründe der Kinder, die sie unterrichteten und die nun durch die Forscher beobachtet wurden, aufzuklären. Lehrerinnen thematisieren Kinder in bestimmten Situationen anhand von komplexen Entwicklungsgeschichten und Informationen über häusliche Verhältnisse als ,ganz bestimmte' Kinder und erklären sich damit das je aktuelle „Verhalten" der Kinder im Klassenraum immer auch mit Rückgriff auf ein biographisches Wissen über diese Kinder. Die Thematisierung von Geschichten über „ihre" Kinder ist damit zunächst ein Hinweis darauf, in welch hohem Maße biographische Erklärungsmuster integraler Bestandteil der kulturellen Praktiken des pädagogischen Feldes sind.

Darüber hinaus ist die Thematisierung gegenüber den Ethnographen aber auch Ausdruck davon, wie die Lehrerinnen antizipieren und vorgeben, was für die Forscher interessant sein könnte/sollte: Wie sind einzelne Kinder zu dem geworden, was sie heute sind? Man kann die Thematisierung von biographischen Elementen also auch als implizite Kritik an der ethnographischen Perspektive interpretieren: Wenn man sich nur je gegenwärtige Praxis anschaut, so mögen die Lehrerinnen gedacht haben, kann man nicht verstehen, wie die Kinder biographisch Erfahrungen gemacht haben, die ihr gegenwärtiges Verhalten disponieren. So betrachtet wäre die Thematisierung von Biographischem ein Effekt der Anwesenheit der Forscher im Feld, sie ist der Interaktion zwischen Lehrerinnen und Forscherinnen geschuldet. Die Feldforschung erwiese sich dann als Katalysator für biographische Reflexionen über die beobachteten Kinder.

Das interaktive Teilnehmerproblem, das die Lehrerinnen hier bearbeiten, ist das folgende: Die Anwesenheit der Beobachter konfrontiert sie mit der Erklärungs- und Legitimationsbedürftigkeit bestimmter pädagogischer Aktionen, die für von außen Kommende möglicherweise nicht ohne weiteres zu verstehen sind oder von ihnen gut geheißen werden. Diese Genese der biographischen Thematisierung aus der ethnographischen Beobachtung bedeutet nun nicht, dass sie einfach nur ein methodisches Artefakt ist. Einem entsprechenden Erklärungsdruck würden sich die Lehrerinnen vermutlich auch ausgesetzt fühlen, sobald andere Erwachsene am Unterricht teilnähmen. Was sich demnach in den biographischen Erklärungsmustern gegenüber den Forschern zeigt, so nehmen wir an, ist typisch für Erwachsenendiskurse über Kinder in pädagogischen Feldern. Was in diesen Diskursen deutlich wird, ist der schmale Grat, auf dem sich, wie noch zu zeigen sein wird, ein Verständnis schulischer Situationen bewegt: Ist die Lebensgeschichte von einzelnen Schulkindern oder sind Etikettierungsprozesse im Rahmen von Schulklassen situationsbestimmend? Wie interagieren beide miteinander?

b) SchülerInnen (und auch LehrerInnen) schreiben nämlich Mitschülerinnen und Mitschülern Eigenschaften zu, die diese „schon öfter" gezeigt hätten oder „immer" zeigten. Diese diskursive Temporalisierung verstehen wir hier als zweite Variante feldspezifischer Thematisierung von Biographischem. Kontext für diese Form der Biographisierung sind meist solche Situationen, in denen Konflikte unter Kindern auftauchen oder bearbeitet werden, wie z.b. im Rahmen von Klassenversammlungen.

Das folgende Beispiel in zwei Auszügen ist Teil eines ethnographischen Protokolls. Es stammt aus einer an der Bielefelder Laborschule sogenannten „Mädchenkonferenz"[5] im dritten Schuljahr, bei der – ähnlich wie in den Klassenversammlungen – mit allen Kindern Beschwerden über einzelne Kinder formuliert und verhandelt werden können (vgl. Kalthoff/Kelle 2000). Durch das geschlechtshomogene *setting* kommt es häufig auch zu Klagen über Angehörige der „anderen", der abwesenden Geschlechtsgruppe.

1 Die Lehrerin spricht jetzt Katja an, was mit ihr los sei, sie habe sich ja auch sehr geärgert, ob sie
2 etwas sagen wolle über ihren Streit mit Andreas. Katja fängt sofort an zu weinen, sofort sind
3 Katrin und Corinna bei ihr, nehmen sie in den Arm und trösten sie. Anstelle von Katja äußern
4 sich jetzt andere Mädchen zu dem von der Lehrerin angesprochenen Konflikt.
5 Klara ist der Auffassung, dass Andreas Katjas Fehler merkt und dann meckert.
6 Susanna meint: „Viele in der Gruppe sagen, Katja ist doof."
7 Michaela relativiert diese Aussage: „Manchen geht es so und manchen geht es so mit Katja, das
8 ist nicht immer gleich, zu verschiedenen Zeiten ist es anders."
9 Sarah findet Andreas doof, er habe Geschenke von Katja zurückgewiesen.
10 Jetzt hat sich Katja so weit gefangen, dass sie etwas sagt: „Das war so richtig unverschämt,
11 er hat Sven und Holger meine Liebesbriefe gezeigt, dann kann ich sie gleich veröffentlichen."
12 Katja ist sichtlich empört und gekränkt.
13 Die Lehrerin fragt, ob sie nicht auch mit Mädchen darüber geredet habe.
14 Katja meint, sie habe nur ein bisschen mit Doro darüber geredet. Offensichtlich findet sie das
15 in keinem Verhältnis zu dem, was Andreas ihr angetan hat.
16 Lehrerin: „Hast du nicht auch in der Schule darüber geredet?" Katja antwortet nicht.

An der Eingangsnachfrage der Lehrerin an Katja, was mit ihr los sei, wird zunächst deutlich, dass es zum Charakter der Versammlungen gehört, dass einzelne Kinder zum Thema gemacht werden. Die weitere Nachfrage bezieht sich zwar auf einen Streit Katjas mit Andreas – und man könnte auch vermuten, dass ein sinnvoller Einsatz der Mädchenkonferenz in der Diskussion von strittigen Angelegenheiten bestünde –, doch Katjas Reaktion, die Tatsache, dass sie in Tränen ausbricht, und die Tatsache, dass sofort zwei (Freundinnen?) herbeieilen, um sie zu trösten, verstärken den Eindruck, dass es nicht der Streit, sondern Katja ist, die im Folgenden auf der Bühne der Versammlung und im Fokus des Interesses stehen wird. Zwar wird Katja von der Lehrerin persönlich wegen eines Problems adressiert, und man könnte annehmen, dass das Thema vertagt wird, wenn nicht die Befragte selbst sich dazu äußert, doch als sie nichts sagt, melden sich andere Schülerinnen zu

Wort. Die Konferenz läuft auch ohne Katjas Antwort auf die Fragen der Lehrerin weiter. Das Thema „Katja" setzt sich wie selbstverständlich ohne Zutun Katjas durch, der Verlauf der „Verhandlung" nimmt vielmehr gerade durch Katjas Zurückhaltung zunächst den Charakter einer allgemeinen Einschätzung von ihrer Person an (Z. 5-8). Indem sie nichts sagt, bietet Katja sich als Angriffsfläche an.

Wie unbekümmert dabei die Sicht der anderen auf Katja veröffentlicht wird, zeigt sich an solchen Äußerungen wie der von Susanna, dass viele sagten, Katja sei doof. Zwar relativiert Michaela diese in ihren Augen allzu heftige Verallgemeinerung von Katjas Ansehen in der Gruppe, doch muss man auch konstatieren, dass weder sie noch sonst jemand den Prozess der Thematisierung von Katjas Person *als solchen* torpediert oder als unangemessene Inanspruchnahme der Mädchenkonferenz markiert – also scheint es sich um einen ‚normalen' Bestandteil dieser Konferenzen zu handeln, mit dem alle vertraut wirken.

Die Dynamik, dass die Thematisierung sozusagen immer wieder zu Katjas Person ‚zurückläuft', ändert sich auch nicht, als sie schließlich selbst eine Beschwerde darüber formuliert, wie Andreas mit ihren Liebesbriefen umgegangen sei (Z. 10-12). Die Lehrerin reagiert sofort mit der Nachfrage, ob sie nicht selbst getan habe, was sie Andreas vorwirft, nämlich öffentlich darüber zu reden. Darin zeigt sich ein Muster der versammlungsöffentlichen Behandlung von Beschwerden: Die moralische Integrität der Beschwerdeführer kommt selbst auf den Prüfstand bzw. das Verfahren kann sich gegen denjenigen wenden, der es anstrengt (vgl. Kalthoff/ Kelle 2000). Im Rahmen der geschlechtergetrennten Versammlungen verschärft sich diese Problematik dahingehend, dass man es bei Beschwerden über die Geschlechtergrenze hinweg sofort mit Beschwerden über Abwesende zu tun hat, die in der Situation kaum geklärt werden können, eben weil die Abwesenden sich nicht zu Wort melden und verteidigen können. Dass es so gesehen näher liegt, Katjas Person zum Thema zu machen, hat also auch damit zu tun, dass es moralisch nicht in Ordnung wäre, über Andreas in seiner Abwesenheit zu urteilen. Das ist ein Dilemma der Mädchen- und Jungenkonferenzen – oder auch der tiefere pädagogische Sinn, dass nämlich die beispielhafte Thematisierung der „anderen" (Person und Geschlechtsgruppe) wieder in die Selbstreflexion der eigenen Person und Geschlechtsgruppe zurückgeführt wird. Die Mädchenkonferenz bietet (scheinbar) eine Bühne für „biographische Arbeit" im Medium der öffentlich inszenierten Selbsterfahrung.

Katja erweist sich im Verlauf der Mädchenkonferenz in Hinblick auf eine solche Selbstreflexion jedoch als sperrig. Denn als mindestens widersprüchlich erscheint der Umstand, dass es ihr inhaltlich gerade darum geht, den Schutz von Intimität und Persönlichkeitsrechten wie die Verfügung über sie selbst betreffende Informationen einzuklagen – „dann kann ich sie gleich veröffentlichen" (Z. 11) – und als

Norm für das Schülerverhalten zu formulieren. Dies aber tut sie im Rahmen des Verfahrens der Mädchenkonferenz, das selbst einen Zwang zur Veröffentlichung persönlicher Angelegenheiten institutionalisiert – das Verfahren läuft dem zuwider, was *im* Verfahren gefordert wird. Es mag an diesem Widerspruch liegen, dass die Lehrerin mit dem Bekenntnisdruck auf Katja nicht zum Ziel kommt. Nachdem das fortgesetzte Klagen über Abwesende (Andreas) moralisch diskreditiert ist, fällt nun als Motor der „Konferenz" auch die Alternative aus, dass Katja sich zu Selbstbekenntnissen hinreißen ließe (Z. 16). Was bleibt im Weiteren, um die Konferenz am Laufen zu halten?

17   Julia sagt, dass Katja schnell meckere, das sei nun mal ihr Fehler.
18   Corinna findet: „Katja hat Andreas eine Rose geschenkt, Jörn hat die Blätter davon gegessen und
19   Andreas hat nichts gesagt, das war für Katja auch beschissen."
20   Katrin findet auch, dass das blöd von Andreas war, dass er das zugelassen hat.
21   ...
22   Die Lehrerin wirft die Frage auf, wie die ganze Gruppe Katja helfen könne, dass sie „cool" bleibe
23   und sich nicht immer so aufrege, was dann wieder die anderen nerve.
24   Susanna hat noch etwas zu meckern: „Katja, das fand ich aber auch nicht so gut, als wir zum
25   Theaterstück gefahren sind, hast du Hannah alleine sitzen lassen, und du beschwerst dich immer,
26   dass du alleine gelassen wirst."
27   Sandra glaubt, dass Katja wegen ihrer „Ruppigkeit" viel alleine bleibe.
28   Die Lehrerin spricht nun die Probleme zwischen Katja und Klara an.
29   Klara: „Ich hab nichts gegen Katja, aber wenn sie Sachen nicht lässt, wenn ich's ihr sage ...".
30   Katja: „Klara wird schnell ... na ja, nicht ernst." ((Lässt sich Klara nichts sagen, oder was ist
31   gemeint?))
32   Corinna findet Klara aggressiv.
33   Klara verteidigt sich: „Wie [mit Nachdruck] Kinder mir was sagen, stört mich, immer gleich ‚ey
34   Klara', so fies."
35   Ariane erzählt, dass Klara sie in einer Situation gleich getreten habe.
36   Sarah findet Klara „oft überheblich".
37   Klara ist jetzt bedröppelt, kräuselt ihren Mund, hat traurige Augen.

Was die Konferenz am Laufen hält, ist das fortgesetzte Reden der anderen Teilnehmerinnen über Katja. Die Lehrerin versucht schließlich den Klagen über Katja (und auch über Andreas) erneut eine pädagogische Wendung zu geben, indem sie fragt, wie die anderen Katja helfen könnten (Z. 22). Darauf lassen sich die Konferenzteilnehmerinnen im Folgenden aber nicht ein.

Ein großer Teil der Mitschülerinnen zeigt wenig Bereitschaft, sich auf Katjas Sicht der Dinge einzulassen. Katja scheint qua Status wenig Kredit in der Mädchengruppe zu haben; der Ablauf des Verfahrens scheint zudem keine andere Alternative offen zu lassen, als diesen Status zu aktualisieren. Zwar findet Katja in Michaela, Sarah oder Corinna Genossinnen, die situativ ihre Perspektive übernehmen und stützen, doch im Gegenzug findet sich jeweils eine, die bereit ist, Katjas Ruf – man muss fast sagen: im Schutz der Versammlungsöffentlichkeit – zu beschädigen.

Dabei fällt als rhetorische Strategie die Temporalisierung von Katjas Verhalten auf, die eine Aktivierung ihres (schlechten) Rufes bewirkt: Sie meckere „schnell" (Z. 17), rege sich „immer" auf und nerve damit die anderen (Z. 23), und sie beschwere sich „immer", allein gelassen zu werden, lasse aber andere auch allein (Z. 24-26). Diese Temporalisierungen referieren implizit auf eine Reihe von situativen Erfahrungen mit Katja, die zu einem Eindruck von ihrer Person verdichtet und als solche in der Mädchenkonferenz mitgeteilt werden. In der „Biographie der Gruppe" schichten sich solche Erfahrungen mit Katja (und deren Deutungen) auf, die Mädchenkonferenz wird zu einem Ort, an dem die Erfahrungen kollektiv ratifiziert werden.

Die rhetorischen Strategien konfrontieren Katja mit einem Bild ihrer Person von außen, und man erfährt aus dem Protokoll nichts darüber, inwiefern dieses Bild mit ihrem Selbstbild in Einklang steht oder davon abweicht. Im Kontext der Mädchenkonferenz ist diese Rhetorik vielmehr dazu angelegt, Katja lahm zu legen, denn was wäre die angemessene Gegenrede? Wie könnte sie sich rhetorisch wirkungsvoll gegen solche Zuschreibungen wehren, ohne dass die Selbstverteidigung unglaubwürdig erschiene, weil sie nämlich tendenziell wieder in das Muster der Zuschreibungen zurückliefe – meckern, aufregen, nerven, sich beschweren?

Als sich der Fokus der negativen Zuschreibungen auf Klara verschiebt (Z. 30), ist zu beobachten, wie sie sich wehrt. Sie macht gar nicht erst den Versuch, die Zuschreibung, sie sei aggressiv, zurückzuweisen, sondern kontert mit einer Begründung für ihre eigene Aggressivität, die diese ursächlich in den aggressiven Anwürfen der anderen Kinder verortet: „*Wie* Kinder mir was sagen, stört mich, immer gleich ‚ey Klara' so fies." (Z. 33-34) Sie beschreibt auf diese Weise – mit den gleichen Mitteln wie die anderen Kinder: „immer gleich" – den Teufelskreis von Etikettierungsprozessen, ohne ihm doch dadurch entkommen zu können: Ariane setzt die Serie fort mit der Beschwerde, Klara habe sie in einer Situation „gleich" getreten, und Sarah findet Klara „oft" überheblich.

Wenn man Biographisches in ethnographischer Sicht fokussiert, stößt man demnach weniger auf die individuelle Erfahrungsaufschichtung, als vielmehr auf die interaktive Hervorbringung von Lebensgeschichten bzw. lebensgeschichtlich adressierten Deutungen in den sozialen Kontexten, in denen die Einzelnen stehen. In den Blick kommen Techniken der Imagepflege und -beschädigung; Prozesse der Erfahrungsaufschichtung sind in der sozialen Praxis verzahnt mit Etikettierungsprozessen. Besonders Felder, in denen die Teilnehmer längerfristige Beziehungen eingehen, sind für die ethnographische Wendung der Frage nach der interaktiven Konstruktion von Lebensgeschichten interessant. Das wäre aber nur der eine – biographiezentrierte – Gegenstandsbezug, der sich aus der Verbindung von ethnographischer und biographischer Perspektive ergibt.

Der andere, ethnographisch zentrierte Gegenstandsbezug fragt danach, welche Funktionen der Rückgriff auf Biographisches in bestimmten schulischen Situationen oder Verfahren erfüllt. Im Beispiel war zu beobachten, dass die Lehrerin in Kooperation mit den Mitschülerinnen Praktiken der individuellen Zurechnung sozialer Probleme anwendet, weil eine Klärung von Katjas Streit mit Andreas in der Mädchenkonferenz nicht zu leisten ist – das Verfahren ist zurückgeworfen auf Katjas Person und entwickelt so seine Dynamik. Die Lehrerin versucht noch, die Problemlösung wieder zu kollektivieren – „wie die ganze Gruppe Katja helfen könne", fragt sie – bestätigt mit dieser Frage aber (unwillentlich) auch noch einmal die Zurechnung der Probleme an Katja. Besonders bei den Schülerinnen zeigt sich dann die Tendenz der Typisierung von Katja und Klara als Personen, die „immer" dies oder das machen. Biographien bzw. die Geschichte von Einzelnen in der Gruppe sind, wie das Beispiel zeigt, in dem der Leumund von Beteiligten aktiviert wird, Ressourcen für Interaktionen, die strategisch eingesetzt werden und eine Funktion für die Lösung interaktiver Probleme haben können. Die Referenz auf Biographisches in Interaktionen steht in der Ambivalenz von Individualisierung und sozialer Typisierung, beide Praktiken gehören zum situierten „doing difference" im Sinne einer Aktualisierung, Bestätigung und Verfestigung von Status in der Gruppe. Die ethnographische Analyse fragt damit nicht nach der Kohärenz oder Plausibilität biographischer Referenzen und Erklärungsmuster, sondern behandelt sie als eine Form des Alltagswissens und fragt nach den Effekten solcher Biographisierungen im sozialen Kontext.

Im vorliegenden Beispiel könnte man die Interpretation möglicherweise zuspitzen auf: ein Verfahren auf der Suche nach seinem Gegenstand. Die Idee, die Geschlechtsgruppe zu versammeln, um Probleme unter den Schülerinnen „bearbeiten" (Wachendorff/Schütte/Heuser/Biermann 1992) zu können, setzt nicht nur voraus, dass es solche Probleme gibt (was auch sehr wahrscheinlich ist), sondern die einmal installierte Versammlung konfrontiert die Schülerinnen auch mit der Anforderung, Probleme zur Sprache zu bringen und ihnen eine Form zu geben. In diesen Prozessen machen dann allerdings die statushöheren Kinder üblicherweise Punkte – und die „innovativen" Verfahren beginnen gegen die Absichten zu laufen, mit denen sie eingerichtet wurden. Im Beispiel bleibt die Bearbeitung der Probleme jedenfalls noch stecken: Weder werden die aktuellen Interaktionsprobleme gelöst – diese werden einer Bearbeitung durch die Typisierung (mit Referenz auf die Interaktionsgeschichte) ja gerade entzogen –, noch kann es im vorliegenden *setting* dazu kommen, Katjas und Klaras biographische Erfahrungen eingehend zu thematisieren.[6]

3. „Doing biography" als Provokation?
Ethnographische Perspektiven auf die/in der Biographieforschung

Bis zu dieser Stelle unserer Argumentation wurde an einem empirischen Beispiel die ethnographische Perspektive auf eine kulturelle Praxis der Selbst- und Fremd-typisierung entfaltet, die als „doing biography" bezeichnet werden kann. Im Folgenden wechselt die Perspektive, und die vorgetragenen Überlegungen werden aus der Sicht der Biographieforschung aufgenommen und kommentiert.

Zunächst ist festzuhalten, dass die ethnographische Rekonstruktion des „doing biography" zweifellos eingespielte Sichtweisen der Biographieforschung tangiert, und zwar in mehrfacher Hinsicht. Sie kann als Kritik an Modellen gelesen werden, die Biographie in erster Linie als Repräsentation einer individuellen Erfahrungs-geschichte oder gar einer „inneren Wahrheit" begreifen. Sie kann aber auch als Unterstützung biographietheoretischer Annahmen interpretiert werden, die – in der Tradition des Sozialkonstruktivismus – von der grundlegenden sozialen Ver-ankerung biographischer Thematisierungen ausgehen. Und sie kann darüber hin-aus Anstoß geben, diese Thesen empirisch zu untermauern. In diesem Spektrum möglicher Reaktionsweisen seien im Folgenden drei Aspekte unterschieden:

1. Erstens ermöglicht die ethnographische Sichtweise eine *Dezentrierung*: Biogra-phie steht nicht als Produkt und Fluchtpunkt sozialer Praxis im Mittelpunkt der Analyse, sondern erscheint als „Randbedingung" oder *Kontext* für situiertes in-teraktives Handeln. In diesem Sinne kann ein Argument Erving Goffmans auf-genommen werden, das dieser eher beiläufig in seinem Umriss der „Interaktions-ordnung" formuliert:

> „Es ist klar, daß Teilnehmer eine schon bestehende Interaktionsgeschichte in die Situation ein-bringen, die den früheren Umgang mit anderen Teilnehmern – oder wenigstens mit Teilnehmern derselben Art – umfasst; sie bringen ebenso einen breiten Satz kultureller Selbstverständlichkeiten mit, deren Geteiltheit sie unterstellen" (Goffman 1994: 62).

Obwohl Goffman den Gedanken an dieser Stelle nicht weiter ausführt, wird hier Biographie bzw. Biographisches thematisiert: einmal als Produkt vorgängiger In-teraktionserfahrungen („Interaktionsgeschichte"), zum anderen aber auch als Element jener Kollektion kultureller Deutungsmuster und Habitualisierungen, z.B. in Gestalt der „kulturellen Selbstverständlichkeit", mit der Interaktionsteil-nehmer annehmen, dass sie selbst wie die anderen eine Biographie „haben". Die Interaktionsgeschichten der Akteure werden, wie die angesprochenen kulturel-len Selbstverständlichkeiten (z.B. Typisierungen nach Geschlecht, Alter oder eben „Biographie"), von Goffman unter funktionaler Hinsicht betrachtet. Sie dienen als Ressource und Wissensvorrat für interaktives Handeln und werden je nach den Erfordernissen der Situation performativ eingesetzt. Im Zentrum des ethnographischen Interesses steht, ganz im Sinne Goffmans, die Analyse der Interaktionsordnung, die im je konkreten „Text" eines situierten Interaktionsgeschehens reproduziert bzw. variiert wird.

Für die Biographieforschung, die üblicherweise den „Text" einer individuellen Lebensgeschichte in den Mittelpunkt stellt und damit ein anderes Text-Kontext-Verhältnis konstruiert, bedeutet diese Sicht durchaus eine Provokation. Biographische Thematisierungen – auch solche, die im Interview produziert werden – könnten u.U. weniger mit der individuellen Sinnkonstruktion einer Lebensgeschichte zu tun haben als mit interaktiven Regeln und biographischen Typisierungen, die ihren Sinn aus der Vollzugslogik der jeweiligen Interaktionssituation (z.b. in der oben diskutierten Gesprächsdynamik der „Mädchenkonferenz", aber auch in Interviewsituationen) beziehen.

Die Provokation des interaktionistischen Zugangs ist in der jüngeren sozialwissenschaftlichen Diskussion am Beispiel des Konzepts des „doing gender" besonders deutlich geworden: Die mittlerweile breit rezipierte und empirisch untersuchte These, dass Geschlecht in interaktiven Prozessen „gemacht" wird und das performative Ergebnis von Interaktionsordnungen darstellt (klassisch: Goffman 1977; West/Zimmerman 1987), konterkariert bewusst solche Ansätze, die auf das lebensgeschichtliche Gewordensein von „Frauen" und „Männern", auf „geschlechtsspezifische Sozialisation" oder die biographische Entwicklung einer „Geschlechtsidentität" Bezug nehmen. Nicht die Biographie, sondern das Regelwerk sozialer Interaktionssituationen „macht" Frauen und Männer – so die pointierte ethnomethodologische Position.

Eine Unterscheidung der beiden Perspektiven Interaktion und Biographie muss allerdings nicht notwendig als Konfrontation nach dem Muster „entweder-oder", sondern kann auch als voraussetzungsvolle methodologische Ergänzung angelegt werden, wie im weiteren Verlauf dieses Beitrags entwickelt wird.[7] Dabei wird es auch darum gehen, im Kontrast, nicht in Konfrontation zur Ethnographie die spezifischen Potenziale der Biographieforschung herauszuarbeiten.

2. Zu diesem Zweck soll der Gedanke von *Biographie als Ressource* noch einmal aufgegriffen werden. Für Goffman scheint es „klar" zu sein, dass Interaktionsteilnehmer ihre Geschichte in die je konkrete Situation einbringen. Er interessiert sich aber nicht für die vorgängige Konstruktion des eingebrachten biographischen Wissens, sondern für seine Wirksamkeit in der Situation, für seinen Effekt. Das gleiche Interesse verfolgt die ethnographische Analyse in dem von uns diskutierten Beispiel: Es geht nicht um die Genese des „biographischen Wissens" der Be-

teiligten, sondern um dessen Funktion und Wirkungsweise in der interaktiven Praxis. Anders ist dagegen der Fokus der Biographieforschung eingestellt: Für sie ist es keineswegs trivial, dass Individuen eine (Interaktions-)Geschichte „haben" und in wechselnde Situationen selbstverständlich mit „hineintragen". Eben diese Selbstverständlichkeit ist Ausgangspunkt biographieanalytischer Forschung und hat zu einer näheren Beschäftigung mit gesellschaftlichen Voraussetzungen und Modi biographischer Präsentation und Reflexion geführt. Mittlerweile liegt ein umfangreiches theoretisches und empirisches Wissen über Struktur und Funktion biographischer Selbstthematisierung vor.

So haben etwa historisch und kulturell vergleichende Analysen[8] überzeugend herausgearbeitet, dass „Biographie" als Format der Selbst- und Fremddeutung, das von den Akteurinnen in eine Situation eingebracht wird, eine historisch und kulturell *spezifische* „Selbstverständlichkeit" darstellt. Die alltagsweltliche Unterstellung, dass „jede" und „jeder" eine Biographie *hat*, ist keineswegs eine anthropologische Universalie, sondern wird – mit vielen Spielarten und Ungleichzeitigkeiten – erst in modernen Gesellschaften zu einer weitgehend geteilten Grundvoraussetzung sozialer Interaktion und Kontrolle. Überspitzt gesagt, geht Goffmans Analyse an dieser Stelle – insofern es nämlich „klar" für ihn ist, dass Individuen ihre Interaktionsgeschichte „haben" – nicht wesentlich über die Alltagshypothese moderner Gesellschaften hinaus. In der Perspektive der „Interaktionsordnung" verblasst das biographisch artikulierte Erfahrungswissen der Teilnehmer zur Randbedingung und unspezifischen Ressource.

Um die Konstruktionslogik der Ressource Biographie reflexiv in den Blick zu nehmen, werden in der Biographieforschung neben der historisch-kulturell vergleichenden Analyseperspektive mindestens zwei weitere Strategien verfolgt, die für Analysen sozialer Praxis relevant sind und sich auch auf die oben vorgestellte Beobachtungsszene beziehen lassen.

Die eine wird von Goffman selbst gewählt und klingt auch in unserer ethnographischen Forschungsfrage an: nämlich die Untersuchung von „Biographie" als kulturellem Muster der Selbst- und Fremdtypisierung, das zum Zweck des Identitätsmanagements in sozialen Situationen genutzt wird. Wie Goffman (1975: 80ff.) in „Stigma" herausarbeitet, geht es bei „Biographie" gerade nicht um „das Innerste" einer Person, sondern um soziale Konventionen der Erkennbarkeit und Anerkennbarkeit, aber auch um Möglichkeiten der Diskreditierung „persönlicher Identität" (vgl. a.a.O. 72ff.). Biographie wird hier also wiederum unter dem Aspekt der interaktiven Selbst-Darstellung (als „selbst-gleiche Person"; a.a.O. 73) betrachtet. Man könnte sagen, Biographie ist eine sozial hoch voraussetzungsvolle Form der wechselseitigen Typisierung und Identifikation von Individuen, die zwischen kategorialer Typisierung und „individuellem Format" changiert.[9]

Biographieforschung favorisiert demgegenüber eine zweite Sichtweise. Sie fragt nach den Konstruktionsleistungen der Individuen, die diese erbringen, um jene soziale Form der Selbst-Präsentation aktiv „auszufüllen". Diese „biographische Arbeit" dient, so die Annahme, nicht nur dem Identitätsmanagement in konkreten Interaktionssituationen, sie dient auch dem Selbst-Management von *Erfahrungen*, die über wechselnde Situationen mit wechselnden Interaktionspartnern hinweg zu jenen „Interaktionsgeschichten" werden, die dann wiederum als Ressource in neue Situationen eingebracht werden. Dieser Prozess ist kein Automatismus, keine lineare Anhäufung von Interaktionserfahrungen über die Zeit, sondern ein komplexer Konstruktionsprozess, der einer eigen-sinnigen Logik folgt und nicht aus den Regeln der Interaktionsordnung abgeleitet werden kann, sondern ebenso wie diese als soziologischer „Gegenstand in eigenem Recht" (vgl. Goffman 1994: 55) zu betrachten ist.

Diese starke These lässt sich nicht allein mit der unterschiedlichen temporalen Perspektive – Situation vs. Lebensgeschichte – und den daran geknüpften Zeitgestalten begründen, sondern auch mit der Differenz zwischen „interaktivem" und „biographischem Sinn". In die Sinnkonstruktion der handelnden Subjekte gehen nicht nur Erfahrungen mit Interaktionspartnern ein, auf die Goffmans Analysen abzielen, sondern auch *Erfahrungen mit sich selbst*, mit den eigenen Gedanken und Reflexionen, mit Emotionen, leiblichen Empfindungen, Erinnerungen und Erwartungen, Imaginationen, Träumen usw.. Diese „Ressourcen" biographischer Sinnkonstruktion sind zwar ebenfalls sozial situiert, d.h. auf differenzierte Weise an soziale Interaktionen gebunden, aber sie haben gewissermaßen eine Innenseite, die aus der „Zooperspektive" des Goffman'schen Beobachters ausdrücklich ausgeschlossen wird – sie sind *selbstreflexiv*.

Biographieforschung hat (durchaus unterschiedliche) theoretische und methodische Mittel entwickelt, um derartige Prozesse der biographischen Reflexion und (Selbst-)Konstruktion sozialer Erfahrungen daraufhin zu untersuchen, wie sie sich über einzelne Situationen hinweg „aufschichten" und im Horizont der Lebensgeschichte zeitlich strukturierte selbstreflexive Sinngestalten ausbilden. Dieser von der Subjektperspektive ausgehende, aber nicht in ihr aufgehende Forschungsansatz hat differenzierte Beschreibungsmodi der narrativen Konstruktion von Selbst und Welt zutage gefördert.[10]

Bis zu diesem Punkt der Argumentation lässt sich festhalten, dass die Rede von Biographie oder biographischem Wissen als Ressource für interaktives Handeln aus Sicht der Biographieforschung zwar zutreffend, aber unterkomplex ist. Sie muss ergänzt werden durch die Frage, wie diese Ressource erzeugt wird und nach welchen Regeln und Strukturen sie „funktioniert". Biographieforschung geht aber noch einen Schritt weiter und vertritt die These, dass biographische Sinnkonstruktionen nicht bloß Ressourcen, sondern *generative Strukturen* sind, die je konkretes Handeln in konkreten Situationen disponieren und in Folge der Eigenlogik biographischer Strukturen soziale Wirklichkeit schaffen. Die Goffman'sche Unterstellung, dass biographisch erworbenes Vorwissen als Ressource in Interaktionen wirksam wird, erfährt in der These der „Biographizität" eine systematische Explikation und Weiterführung: „Biographizität" kann mit Alheit (1995; 2003) als Fähigkeit und Ressource der Individuen zur Herstellung sozialer Wirklichkeit betrachtet werden. Der Begriff bezeichnet eine Art „'inneren Erfahrungscode' [...]", der seinerseits die selektive Synthese vorgängig verarbeiteter Erfahrungen darstellt" (Alheit 2003: 25) und gerade deshalb nicht als isolierte Struktur „im" Individuum, sondern als eine „vom" Individuum geleistete Verarbeitung und Transformation intersubjektiven Wissens konzipiert wird. Diese Sicht auf die Ressource „Biographie" relativiert einen strikt interaktionsanalytischen Ansatz – aber sie schafft auch Anschlussmöglichkeiten.

3. Als dritter Aspekt einer wechselseitigen Anregung und möglichen Anschlussfähigkeit von Ethnographie und Biographieforschung soll hier festgehalten werden, dass die Beobachtung des interaktiven Aspekts biographischer Deutungen in ethnographischen Protokollen einen biographietheoretisch äußerst bedeutsamen Punkt anspricht: nämlich die *Intersubjektivität von Lebensgeschichten*. Was in dem hier zitierten Beobachtungsprotokoll mikroskopisch erkennbar wird, ist die interaktive Konstruktion biographischer Erfahrungs- und Deutungsstrukturen. Selbst- und Fremdbilder entstehen in sozialen Beziehungsarrangements, die häufig ihrerseits eine Geschichte haben, entweder durch die Wiederholung sozialer *settings* – hier wäre von Institutionalisierung zu sprechen – oder durch die Kontinuität personaler Konstellationen oder durch beides. Im vorliegenden Beispiel ist der institutionalisierte Rahmen der Schulklasse zugleich Garant für die Kontinuität und Historizität personaler Beziehungen. Die Kinder (und Erwachsenen) greifen in ihrer Selbst- und Fremddeutung auf gemeinsame Erfahrungen bzw. einen gemeinsamen Vorrat an Erfahrungswissen zurück, aktualisieren ihn und schreiben ihn fort.

Verschiebt man die Aufmerksamkeit für diesen Aspekt wiederum von seiner Funktion im Interaktionsprozess auf die Frage, welchen Effekt er für die biographische Selbst-Konstruktion der Akteure hat, so stößt man auf das Phänomen der „intervowen biographies" (Hagestad 1986: 143). Biographien sind keine Konstruktionen isolierter Individuen, sondern werden in einem sozialen Netz von Interaktionen und zeitlich überdauernden Beziehungen gebildet. Es sind – wie Goffman zu Recht sagt, aber nicht expliziert – *Interaktions*geschichten. „Katja", ihre Mitschülerinnen und Mitschüler, ihre Lehrerinnen und Lehrer sind füreinander – in unterschiedlichem Ausmaß und mit unterschiedlichen individuellen Bedeutungen – signifikante „BegleiterInnen" für einen mehr oder weniger großen Abschnitt ihrer Biographien. Biographisch konnotierte Typisierungen, ob eher oberflächlich, etikettierend und stigmatisierend (wie im zitierten Beispiel) oder um eine individualisierende, Zuschreibungen auflösende biographische Kommunikation bemüht[11], gehen ein in die je individuellen Interaktionsgeschichten, sie werden aufgegriffen, abgewehrt, interpretiert und bilden ein Stück des „Materials", aus dem z.b. Katjas Lebensgeschichte „aufgeschichtet" wird. Als Gedankenexperiment ist ein biographisches Interview mit der (u.U. erwachsenen) „Katja" denkbar, in dem sie explizit oder implizit auf ihre Schulzeit und die Geschichte mit „Andreas" (oder auf jene „Mädchenkonferenzen", die „Lehrerin" usw.) rekurriert und sie in ihre biographische Sinnkonstruktion einbaut. Ob und wie sie dies tut, hängt freilich von der (zum Zeitpunkt des Interviews aktuellen) Gestalt ihrer biographischen Erfahrungs- und Sinnkonstruktion ab und kann nur re-konstruktiv erschlossen werden. Mit solchen Re-Konstruktionsprozessen hat Biographieforschung es vornehmlich zu tun und stößt dabei unvermeidlich auf die interaktive Dimension biographischer Erfahrungsbildung.

Der Beobachtung punktueller interaktiver biographischer Arbeit in ethnographischen Protokollen korrespondiert also eine Erfahrung mit biographischen Interviews: nämlich die Beobachtung, dass sich biographische Erzähler und Erzählerinnen auf signifikante Andere beziehen, dass sie nicht nur auf einzelne Interaktionsszenen, sondern auf längere Interaktionsgeschichten rekurrieren. Dieses Phänomen der *Ko-Konstruktion* von Biographien ist Forscherinnen, die empirisch mit biographischen Interviews arbeiten, in der Regel zwar vertraut, aber es ist bislang noch viel zu selten systematisch untersucht worden. In einer Studie zu *Biographie und Geschlecht* (Dausien 1996) wurde dieser Aspekt an Hand narrativer Interviews mit Ehepaaren untersucht und als Phänomen der „Synchronisation" beschrieben (bes. 555ff.; 575f.). In Studien zur intergenerationalen Tradierung und Transformation biographischer Erfahrungen, etwa im Feld der Migrationsforschung (stellvertretend Apitzsch 1999), werden Fragen der intersubjektiven Konturierung und Konstruktion von Erfahrungen und Deutungen virulent – Fragen, wie sich biographisches Wissen tradiert und transformiert, aber auch wie sich längerfristig interaktive Koppelungen oder Erzählgemeinschaften ausbilden, die ein kollektives Netz aus Geschichten und Lebensgeschichten produzieren, das seinerseits als Ressource in soziale Situationen eingebracht wird. Im Kontext ihrer intergenerationalen Studien zur Geschichte des Holocaust hat Gabriele Rosenthal die interaktive Dimension von Lebensgeschichten explizit herausgearbeitet.[12] Die in der Biographieforschung bevorzugte Methode des narrativen Interviews setzt der Analyse konkret situierter Interaktionen allerdings Grenzen[13]. Methodisch zugänglich sind einerseits die Interaktionssequenzen der Interviewsituation selbst, ansonsten aber „narrativ verdichtete" Interaktionsprozesse, die im Text des Interviews rekonstruierbar sind. Biographieforschung hat es also in erster Linie mit Erzählungen über Interaktionssituationen zu tun. Das empirische Material, das die Forschenden rekonstruieren, ist kein (selbstverfasstes) Protokoll einer aktuell ablaufenden Interaktionssituation, sondern die Transkription der im Interview erinnerten und erzählten Rekonstruktion von Interaktionssituationen durch die biographische Erzählerin oder den biographischen Erzähler.[14]

Bleibt an dieser Stelle festzuhalten: Die ethnographische Beobachtung, dass im Interaktionsfeld der Schulklasse (oder vergleichbarer sozialer Settings) ein sich überlappendes, gemeinsames biographisches Wissen existiert und Personen wechselseitig füreinander als biographische Sachwalter oder Zeugen fungieren können, gibt einen erneuten Anstoß, diesen Aspekt auch mit den Mitteln der Biographieforschung genauer zu verfolgen.

4. Theoretische Implikationen der methodischen Zugänge

Kommen wir nach diesen Überlegungen noch einmal auf die anfängliche Beobachtung zurück, dass Biographisches im ethnographischen Material auftauchen kann. Diese Beobachtung gibt den Blick frei auf die Konstruktion und den Effekt biographischer Deutungen in je aktuellen Praktiken und kann, so unser Schluss, zu einer Relativierung, aber auch zu einer Präzisierung sowohl biographischer als auch ethnographischer Forschungsansätze beitragen. Die Betonung der interaktiven Erzeugung biographischer Thematisierungen („doing biography") in ethnographischen Forschungen rückt den Gegenstand der Biographieforschung in ein anderes Licht, stellt ihn aber nicht grundsätzlich infrage. Im Gegenteil: Sie macht zugleich auf die spezifischen Leistungen der Biographieforschung aufmerksam, die sich im Kontrast zur ethnographischen Perspektive herausarbeiten lassen. Reklamiert die Biographieforschung, Auskunft über nicht unmittelbar beobachtbare Prozesse der Erfahrungsaufschichtung geben zu können, so lässt sich die Einlösung dieses Postulats mit Hilfe des ethnographischen Zugangs kritisch reflektieren: Die These des interaktiven „doing biography" fordert dazu auf, die Analyse biographischer Konstruktionsprozesse systematisch in ihrer *sozialen Dimension* auszubuchstabieren und dabei interaktive Kontexte ebenso einzubeziehen wie längerfristige Prozesse der sozialen „Ko-Konstruktion" und Vernetzung von Lebensgeschichten.

Umgekehrt verweist der Vergleich der Forschungsansätze auf theoretisch relevante Implikationen des ethnographischen Zugangs. Die Bevorzugung beobachtender Verfahren privilegiert „sichtbare" Phänomene, genauer: die dem Sozial-forscher zugänglichen und von ihm „gesehenen" Phänomene gegenüber ande-ren Quellen, insbesondere Selbstauskünften und Erfahrungsberichten. Dadurch entsteht eine spezifische Konstruktion von Wirklichkeit, die von der Wirklichkeit, wie sie in lebensgeschichtlichen Erzählungen hergestellt wird, zu unterscheiden ist. Mit beiden Zugängen werden also unterschiedliche Gegenstände und empi-rische „Textsorten", aber auch unterschiedliche theoretische Bezugsebenen profi-liert. Das Konzept des „doing biography" hebt den Aspekt des interaktiven *Tuns* heraus: sowohl den konkreten Vollzug biographischer Kommunikationspraxis als auch die konstruktivistische Basisannahme, dass man eine „Biographie" (ebenso-wenig wie ein „Geschlecht" oder einen sozialen Status) nicht einfach „hat", son-dern sie immer erst interaktiv „herstellt".

Das Spektrum sozialer Konstruktionsprozesse, die in der qualitativen For-schung fokussiert werden, wird mit Ansätzen der Biographieforschung systema-tisch um eine Dimension erweitert: um die Dimension der Selbst-Konstruktion in Erfahrung und Erzählung. Die biographietheoretischen Schlüsselkonzepte *Er-fahrung* und *Erzählung* schließen jenen Aspekt reflexiven Handelns ein, der oben als „Erfahrung mit sich selbst" bezeichnet wurde. In Erfahrungen und autobiogra-phischen Erzählungen wird ein Zusammenhang von *Handeln/Interaktion* („doing biography"), *Erleben* und *Reflektieren* hergestellt, der nur über Einbeziehung der „Binnenperspektive" der Handelnden und ihrer (narrativen) Präsentation bzw. Kommunikation zugänglich wird. Wenn die These plausibel ist, dass soziale Si-tuationen auch durch die biographischen Erfahrungen ihrer Akteure struktu-riert sind, dann sind die Modi dieser „biographischen Artikulation" (vgl. Schütz/ Luckmann 1979: 85ff.) in ihrer ganzen Breite zu untersuchen und nicht durch die Grenzen einer Methode von vornherein einzuschränken. Kurz gesagt, ohne die *phänomenologische* Dimension der Biographieforschung (und Methoden zu ih-rer Rekonstruktion) kommt eine systematische Analyse des hier im ethnographi-schen Material lokalisierten Phänomens des „doing biography" nicht aus.

Fragen wir abschließend noch einmal nach dem Verhältnis zwischen Ethnogra-phie und Biographieforschung, so ist deutlich geworden, dass es nicht allein um Methodentriangulation (vgl. Köttig in diesem Band) geht und auch nicht um die Frage der Subsumtion einer Forschungsrichtung unter die andere. Wir schlagen vor, Ethnographie und Biographieforschung als zwei miteinander verschränkte Perspektiven zu betrachten, die im Horizont der gemeinsamen Theorietradition des interpretativen Paradigmas je eigene Konzepte und Methoden entwickelt ha-ben und die sich in der spezifischen Konstruktion ihres Gegenstandes unterschei-den, aber auch wechselseitig beleuchten und konturieren. Zur Verdeutlichung die-ser Verschränkung kann die Unterscheidung von Text und Kontext herangezogen

werden. Ohne auf theoretische Probleme des Textbegriffs einzugehen, haben wir
diesen hier verwendet, um das Prinzip der Konstruktion eines Gegenstandes und
seiner Kontextualisierung zu verdeutlichen. Ausgehend von der These der sozialen
Konstruktion der Wirklichkeit (Berger/Luckmann 1967; Knorr-Cetina 1989) werden mit Ethnographie und Biographieforschung empirisch jeweils unterschiedliche „Ausschnitte" dieses Konstruktionsprozesses ins Zentrum des wissenschaftlichen Interesses gerückt. Die Analyse des jeweiligen *Textes* verlangt eine systematische Rekonstruktion und Reflexion der *Kontexte*, die für seine Konstruktion
relevant sind bzw. aus der analytischen Sicht der Forschenden relevant gemacht
werden.

Im Fall *biographischer Forschung* handelt es sich in der Regel um einen Text,
der – mündlich oder schriftlich, mit oder ohne Einfluss der Forschenden erzeugt
– als Dokument der Artikulation biographischer Erfahrungen eines oder mehrerer Subjekte gelesen werden kann.[15] Als relevante Kontexte der Re-Konstruktion
werden in biographischer Forschung in der Regel mindestens vier Felder angenommen und mehr oder weniger systematisch in die Analyse einbezogen (vgl.
Dausien 2002: 174ff.): der Kontext der *Lebensgeschichte*, also der virtuellen Gesamtheit biographischer Erfahrungen im sozialen Raum, auf die der jeweilige Text
bezogen wird; der Kontext kollektiver *kultureller Muster* und *sozialer Institutionen* von Biographisierung, auf die das erzählende Subjekt und die Forschenden
Bezug nehmen; der Kontext des *Forschungsprozesses* mit all seinen theoretischen,
methodischen und praktischen Anteilen und schließlich das *interaktive setting*, in
dem der je interessierende biographische Text hervorgebracht worden ist. Diese
Kontexte können angeregt durch die ethnographische Perspektive auf „situierte
Praxis" womöglich empirisch differenzierter und systematischer als bislang üblich
analysiert werden. Dies dürfte insbesondere für die Rekonstruktion der interaktiven Rahmung eines Interviews gelten, aber ebenso für das Wissen um alltagskulturelle Muster biographischer Präsentationspraktiken. Die ethnographische
Befremdung des forschenden Blicks kann dazu beitragen, dem individualisieren-
den „bias" der Biographieanalyse gegenzusteuern. Prozesse des „doing biography"
sollten systematisch in die Agenda der Biographieforschung geschrieben werden,
und zwar nicht nur im Sinne der von Marotzki vorgeschlagenen Methodener-
weiterung, sondern auch als theoretisches Anregungspotenzial (vgl. Schäfer/Völ-
ter in diesem Bd.). Die historische Perspektive auf soziale „Generatoren" (Alois
Hahn 1982; 2000) und kulturelle Formen biographischer Thematisierung kann
im Rahmen einer sozialkonstruktivistischen Theorieperspektive ergänzt werden
durch einen ethnographischen Blick auf „interaktive Generatoren" und situierte
kulturelle Praktiken.

Ethnographische Forschung stellt demgegenüber typischerweise Texte in den Mittelpunkt ihrer Analyse, die die Vollzugslogik situierter Interaktionspraxis und ihre sozialen Bedeutungen und Effekte dokumentieren. Der Rekurs auf den Kontext *kultureller Ordnungen* und auf kollektiv verfügbare Typisierungen, die sich verfestigt haben und in Situationen reproduziert und variiert werden, ist für die Ethnographie selbstverständlich. Um diesen Aspekt kreist z.b. das Goffman'sche Konzept der Interaktionsordnung oder das Konzept des *doing gender*. Auch der Kontext des Forschungsprozesses mit all seinen Facetten findet in ethnographischen Arbeiten große Beachtung und hat über die Ethnographie hinausgehende Methodenreflexionen angeregt (z.b. Berg/Fuchs 1993). Bislang wenig beachtet oder sogar systematisch ausgeblendet wird jedoch der Umstand, dass aktuelle Praxis auch durch einen Kontext konstituiert wird, den die Akteure gewissermaßen in die Situation hineintragen bzw. auf den sie rekurrieren: nämlich die (vorgängigen und über die Situation hinausreichenden) biographischen Konstruktionen der beteiligten Akteure. Ihr interaktives Handeln ist mit Vorgeschichten und Erwartungen zu einer Kette von Erfahrungen verbunden, die in der Zeitgestalt der Lebensgeschichte individuelle und kollektive Sinnstrukturen formieren. Die Bezugnahme auf Selbst- oder Fremdbiographisches in konkreten Situationen kann deshalb nicht allein mit strategischen Momenten oder interaktiven Effekten der Situation erklärt werden. Kulturelle Erfahrungen, die nicht nur in sozialen Ordnungen, sondern auch in biographischen Ordnungen situiert sind und wirksam werden, gilt es methodisch differenziert zu analysieren.

Beide Forschungsrichtungen, Ethnographie und Biographieforschung, können also in Hinblick auf ihre empirische Gegenstandskonstruktion durch spezifische Text-Kontext-Relationen beschrieben und unterschieden werden. Aber sie überschneiden sich auch und können zur wechselseitigen Kontextualisierung und, nicht zuletzt, als Herausforderung genutzt werden, die „Schnittstellen" zwischen situierter Praxis und biographischer Strukturbildung theoretisch zu reflektieren. – Geschichten werden in Situationen erzählt, aber Situationen haben auch ihre Geschichte(n).

Anmerkungen

1. Die Gegenfrage, wie „Ethnographisches" bzw. interaktive Praktiken im Material der Biographieforschung repräsentiert sind, wie sie analysiert werden und welche Herausforderungen sich auf dieser Basis für die Ethnographie formulieren lassen, kann hier aus Platzgründen nicht bearbeitet werden. Die Argumentationsstruktur des Artikels ist damit in gewisser Weise asymmetrisch.
2. Quasi-ethnographisch, weil Richmond selbst sich nicht explizit auf die Ethnographie bezieht.
3. Mit praxisanalytischen Verfahren sind hier solche Zugänge gemeint, die eine Materialgewinnung favorisieren, die eine Analyse von kulturellen Praktiken in ihrer alltäglichen Durchführung – im

Unterschied zu ihrer retrospektiven Reflexion und Rekonstruktion in Interviews – erlaubt: audio-
visuelle Aufzeichnungen und Beobachtungsprotokolle (vgl. Amann/Hirschauer 1997).

4. Damit meinen wir hier nicht die narrative (Re-)Präsentation der Lebensgeschichte (und schon
   gar nicht als ganze), sondern zunächst vielfältige und diffuse Bezüge auf Erfahrungen, die biographisch aufgeschichtet und/oder zugeschrieben werden.

5. Mädchen- und Jungenkonferenzen sind ein im Rahmen der Laborschule entwickeltes curriculares
   Element der geschlechterbewussten Pädagogik. Die nach Geschlechtern getrennten Versammlungen werden etwa vom 3. bis 6. Schuljahr im Abstand von einigen Wochen einberufen. Die Konferenzen sollen u.a. eine Intimität bieten, „die die Möglichkeit schafft, Themen anzusprechen, die in
   der gemischten Gruppe so nicht zur Sprache kommen", und sie soll „erlauben, ernsthaft an Problemen innerhalb der Mädchen- und Jungengruppe zu arbeiten" (Wachendorff u.a. 1992, S. 62).

6. Damit soll nicht gesagt sein, dass in Schulen grundsätzlich keine pädagogisch begleitete biographische Arbeit möglich ist. Durch Analysen biographischer Kommunikation ist aber bekannt, dass zu
   deren Bedingungen eine offene Zeitstruktur und Freiwilligkeit gehören sowie ein Interaktionsrah-
   men, der nicht durch Anklage und Legitimation bestimmt ist.

7. Zu den Erkenntnismöglichkeiten, die sich damit für die Analyse der sozialen Konstruktion von
   Geschlecht ergeben, vgl. Dausien (1998; 2004).

8. Vgl. hierzu Kohlis (1985) These von der Institutionalisierung des Lebenslaufs sowie insbesondere die kultursoziologischen Arbeiten Alois Hahns (1982; 2000; Hahn/Kapp 1987; Willems/Hahn
   1999) sowie Alheit (2000; 2004).

9. Die Unterscheidung von kategorialer und individueller Identifikation stammt von Goffman
   (vgl. 1994: 59), wird von ihm aber nicht auf das Phänomen der Biographie bezogen (zur Konstruktion von „Normalität" in biographischen Identitätskonstruktionen vgl. Dausien/Mecheril in Vorbereitung).

10. Vgl. stellvertretend Schütze (1984); Rosenthal (1995); Straub (1998).

11. Es ist durchaus vorstellbar, dass im schulischen Kontext zwischen Kindern, aber auch zwischen
    LehrerInnen und Kindern Interaktionen stattfinden, die im Unterschied zu der geschilderten Sze-
    ne eher geeignet sind, eine narrative biographische Selbstpräsentation und Selbstvergewisserung
    zu ermöglichen. Auch in unserem Beispiel hätten eine andere Fragehaltung der Lehrerin oder eine
    andere Kommunikationskultur womöglich eine Form biographischer Artikulation unterstützen
    können, die zu einer narrativen Selbst-Konstruktion und -Reflexion biographischer Erfahrungen
    führt, anstatt sie durch Stigmatisierung und Zuschreibungsprozesse zu verhindern. Sind die bei-
    den Varianten unter pädagogischen Gesichtspunkten auch unterschiedlich zu bewerten, so handelt
    es sich analytisch gesehen doch in beiden Fällen um Formen biographischer Thematisierung, die
    soziologisch rekonstruiert werden können.

12. Vgl. dazu die These der „interaktionellen Konstitution" historisch-politischer und familialer Ge-
    nerationen, die Rosenthal (1997a) im Anschluss an Mannheim und an ihre eigenen biographi-
    schen Studien zum Holocaust herausgearbeitet hat (vgl. auch Rosenthal 1997b).

13. Vgl. dazu Rosenthals Forschungsansatz, narrative Interviews durch Familiengespräche zu ergän-
    zen (1997b).

14. Diese vielschichtige Konstruktionslogik von „Interaktionsgeschichten" wirft eine Reihe metho-
    dologischer Fragen auf, die hier nicht diskutiert werden können. Es sei lediglich festgehalten, dass
    der gelegentlich in ethnographischer Forschung aufscheinende Authentizitätsanspruch von Beo-
    bachtungsprotokollen von uns nicht geteilt wird. Beide „Textsorten", Beobachtungsprotokoll und
    Interviewtranskript, sind grundsätzlich als sinnhafte Konstruktionen anzusehen, deren Gültigkeit
    nicht durch Übereinstimmung mit einer „objektiven Wirklichkeit", sondern nur durch Plausibili-
    sierung im wissenschaftlichen Diskurs hergestellt werden kann.

15. Praktisch geht es z.B. um das Transkript eines biographisch-narrativen Interviews, aber auch ein
    Tagebuchauszug, ein Brief, ein Video, eine Fotoserie, eine auf Tonband aufgenommene Alltagser-
    zählung oder ein biographisches Gespräch in einem institutionellen Kontext können als „Text" in
    diesem Sinne analysiert werden.

Literatur

ALHEIT, PETER (1996): Biographizität als Lernpotential. Konzeptionelle Überlegungen zum biographischen Ansatz in der Erwachsenenbildung. In: Krüger, H.-H./Marotzki, W. (Hrsg.): Erziehungswissenschaftliche Biographieforschung, 2. durchgesehene Aufl.. Opladen: Leske & Budrich, 276-307.

ALHEIT, PETER (2000): Biographie und „modernisierte Moderne": Überlegungen zum vorgeblichen „Zerfall" des Sozialen. In: Zeitschrift für Qualitative Bildungs-, Beratungs- und Sozialforschung, Jg. 1 (1), 151-165.

ALHEIT, PETER (2003): Biografizität. In: Bohnsack, R./Marotzki, W./Meuser, M. (Hrsg.): Hauptbegriffe qualitativer Sozialforschung. Ein Wörterbuch. Opladen: Leske & Budrich, 25.

ALHEIT, PETER (2004): Autobiographie und Literalität. Zum Wandel autobiographischer Formate in der Moderne. In: Ecarius, J./ Friebertshäuser, B. (Hrsg.): Literalität, Bildung und Biographie. Perspektiven der erziehungswissenschaftlichen Biographieforschung. Opladen: Leske & Budrich.

AMANN, KLAUS/HIRSCHAUER, STEFAN (1997): Die Befremdung der eigenen Kultur. Ein Programm. In: Hirschauer, S./Amann, K. (Hrsg.): Die Befremdung der eigenen Kultur. Zur ethnographischen Herausforderung soziologischer Empirie. Frankfurt/M.: Suhrkamp, 7-52.

APITZSCH, URSULA (Hrsg.) (1999): Migration und Traditionsbildung. Opladen: Westdeutscher Verlag.

BERG, EBERHARD/FUCHS, MARTIN (Hrsg.) (1993): Kultur, soziale Praxis, Text. Die Krise der ethnographischen Repräsentation. Frankfurt/M.: Suhrkamp.

BERGER, PETER L./LUCKMANN, THOMAS (1967): The Social Construction of Reality. A Treatise in the Sociology of Knowledge. Garden City: Doubleday.

BREIDENSTEIN, GEORG/KELLE, HELGA (1998): Geschlechteralltag in der Schulklasse. Ethnographische Studien zur Gleichaltrigenkultur. Weinheim und München: Juventa.

DAUSIEN, BETTINA (1996): Biographie und Geschlecht. Zur biographischen Konstruktion sozialer Wirklichkeit in Frauenlebensgeschichten. Bremen: Donat.

DAUSIEN, BETTINA (1998): Die biographische Konstruktion von Geschlecht. In: Schneider, N/Mall, R. A./Lohmar, D. (Hrsg.): Einheit und Vielfalt. Das Verstehen der Kulturen. Amsterdam, Atlanta: Rodopi, 257-277.

DAUSIEN, BETTINA (2002): Sozialisation – Geschlecht – Biographie. Theoretische und methodologische Untersuchung eines Zusammenhangs. Habilitationsschrift an der Fakultät für Pädagogik der Universität Bielefeld [erscheint 2005, Wiesbaden: VS-Verlag].

DAUSIEN, BETTINA/MECHERIL, PAUL (in Vorbereitung): Normalität und Biographie. Anmerkungen aus migrationswissenschaftlicher Sicht. In: Bukow, W.-D./Ottersbach; M./Yildiz, E. (Hrsg.): Biographische Konstruktionen im multikulturellen Bildungsprozess. Wiesbaden: VS-Verlag.

GOFFMAN, ERVING (1975): Stigma. Über Techniken der Bewältigung beschädigter Identität. Frankfurt/M.: Suhrkamp.

GOFFMAN, ERVING (1977): The Arrangement between the Sexes. In: Theory and Society 4, 301-331.

GOFFMAN, ERVING (1994): Die Interaktionsordnung. In: ders.: Interaktion und Geschlecht, hrsg. und eingeleitet von Hubert A. Knoblauch, mit einem Nachw. von Helga Kotthoff. Frankfurt a.M./New York: Campus, 50-104.

HAGESTAD, GUNHILD O. (1986): The Family: Women and Grandparents as Kin-Keepers. In: Pifer, A./Bronte, L. (Hrsg.): Our Aging Society. Paradox and Promise. New York: Norton, 141-160.

HAHN, ALOIS (1982): Zur Soziologie der Beichte und anderer Formen institutionalisierter Bekenntnisse. Selbstthematisierung und Zivilisationsprozeß. In: Kölner Zeitschrift für Soziologie und Sozialpsychologie Jg. 34 (3), 408-434.

HAHN, ALOIS (2000): Konstruktionen des Selbst, der Welt und der Geschichte. Aufsätze zur Kultursoziologie. Frankfurt/M.: Suhrkamp.

HAHN, ALOIS/KAPP, VOLKER (Hrsg.) (1987): Selbstthematisierung und Selbstzeugnis: Bekenntnis und Geständnis. Frankfurt/M.: Suhrkamp.

HONER, ANNE (1993): Lebensweltliche Ethnographie. Wiesbaden: Westdeutscher Verlag.

KALTHOFF, HERBERT/KELLE, HELGA (2000): Pragmatik schulischer Ordnung. Zur Bedeutung von „Regeln" im Schulalltag. In: Zeitschrift für Pädagogik, Jg 46 (5), 691-710.

KELLE, HELGA (2001): Ethnographische Methodologie und Probleme der Triangulation. In: Zeitschrift für Soziologie der Erziehung und Sozialisation, Jg. 21 (2), 192-208

KNOBLAUCH, HUBERT A. (Hrsg.) (1996): Kommunikative Lebenswelten. Zur Ethnographie einer geschwätzigen Gesellschaft. Konstanz: Universitätsverlag.

KNORR-CETINA, KARIN (1989): Spielarten des Konstruktivismus. In: Soziale Welt 40, 86-96.

KOHLI, MARTIN (1985): Die Institutionalisierung des Lebenslaufs. Historische Befunde und theoretische Argumente. In: Kölner Zeitschrift für Soziologie und Sozialpsychologie 37 (1), 1-29.

LÜDERS, CHRISTIAN (1999): Pädagogische Ethnographie und Biographieforschung. In: Krüger, H.-H./ Marotzki, W. (Hrsg.): Handbuch erziehungswissenschaftliche Biographieforschung. Opladen: Leske & Budrich, 135-146.

MAROTZKI, WINFRIED (1998): Ethnographische Verfahren in der erziehungswissenschaftlichen Biographieforschung. In: Jüttemann, G./ Thomae, H. (Hrsg.): Biographische Methoden in den Humanwissenschaften. Weinheim: Juventa, 44-59.

PAUL, SIGRID (1979): Begegnungen. Zur Geschichte persönlicher Dokumente in Ethnologie, Soziologie und Psychologie, 2 Bde. Hohenschäftlarn: Renner.

ROSENTHAL, GABRIELE (1995): Erlebte und erzählte Lebensgeschichte. Gestalt und Struktur biographischer Selbstbeschreibungen. Frankfurt a.M./New York: Campus.

ROSENTHAL, GABRIELE (1997): Zur interaktionellen Konstitution von Generationen. Generationenabfolge in Familien von 1890-1970 in Deutschland. In: Mansel, J./Rosenthal, G./Tölke, A. (Hrsg.): Generationen – Beziehungen, Austausch und Tradierung. Opladen: Leske & Budrich, 57-72.

ROSENTHAL, GABRIELE (Hrsg.) (1997): Der Holocaust im Leben von drei Generationen. Familien von Überlebenden der Shoah und von Nazi-Tätern. Gießen: Psychosozial.

SHAW, CLIFFORD R. (1966/[orig. 1930]): The Jack-roller: A delinquent boy's own story. With a new introduction by H. S. Becker, 5. impr.. Chicago/London: Univ. Chicago Press.

SCHÜTZ, ALFRED/LUCKMANN, THOMAS (1979): Strukturen der Lebenswelt, Bd. 1. Frankfurt/M.: Suhrkamp.

SCHÜTZE, FRITZ (1984): Kognitive Figuren des autobiographischen Stegreiferzählens. In: Kohli, M./ Robert, G. (Hrsg.): Biographie und soziale Wirklichkeit. Neue Beiträge und Forschungsperspektiven. Stuttgart: Metzler, 78-117.

SCHÜTZE, FRITZ (1994): Ethnographie und sozialwissenschaftliche Methoden der Feldforschung. Eine mögliche methodische Orientierung in der Ausbildung und Praxis der sozialen Arbeit? In: Groddeck, N./Schumann, M. (Hrsg.): Modernisierung Sozialer Arbeit durch Methodenentwicklung und -reflexion. Freiburg: Lambertus, 82-297.

STRAUB, JÜRGEN (Hrsg.) (1998): Erzählung, Identität und historisches Bewußtsein. Die psychologische Konstruktion von Zeit und Geschichte. Frankfurt/M.: Suhrkamp.

THOMAS, WILLIAM I./ZNANIECKI, FLORIAN (1958):The Polish Peasant in Europe and America. 2 Bde, 2. Aufl.. New York: Dover Publications, [zuerst 1918-20, 5 Bde.].

WACHENDORFF, ANNELI/SCHÜTTE, MARLENE/HEUSER, CHRISTOPH/BIERMANN, CHRISTINE (1992): Wie Reden stark macht und Handeln verändert. Emanzipatorische Mädchen- und Jungenarbeit an der Laborschule. In: Lütgert, W. (Hrsg.): Einsichten. Berichte aus der Bielefelder Laborschule. Impuls Bd. 21. Bielefeld: Impuls, 48-68.

WEST, CANDACE/ZIMMERMAN, DON H. (1987): Doing Gender. In: Gender and Society 1 (2), 125-151.

WILLEMS, HERBERT/HAHN, ALOIS (Hrsg.) (1999): Identität und Moderne. Frankfurt/M.: Suhrkamp.

ZINNECKER, JÜRGEN (1995): Pädagogische Ethnographie. In: Behnken, I./Jaumann, O. (Hrsg.): Kindheit und Schule. Weinheim und München: Juventa, 21-38.

GERHARD JOST

Radikaler Konstruktivismus – ein Potenzial für die Biographieforschung?

In der interpretativen Sozial- und Biographieforschung ist der Radikale Konstruktivismus[1] – wahrscheinlich als Folge seiner biologisch-kognitiven Ursprünge – noch auf wenig Resonanz gestoßen[2]. Trotzdem erscheint er interessant, weil er als Wissenstheorie ein Naheverhältnis zur Sozialphänomenologie aufweist und als Erkenntnistheorie relativ provokante konstruktivistische Perspektiven entwickelt hat. Die folgende Auseinandersetzung erfolgt mit der Intention, sein Anregungspotenzial für biographische Forschung zu untersuchen. Ausgangspunkt der Diskussion ist der sozialphänomenologisch-gestalttheoretische Ansatz in der Biographieforschung (Rosenthal 1995; Fischer-Rosenthal/Rosenthal 1997; Rosenthal/Fischer-Rosenthal 2000)[3], dem der Autor grundsätzlich zugeneigt ist. Dieser Ansatz scheint eine besondere Affinität zum Radikalen Konstruktivismus zu haben, trotzdem sind die Unterschiede im Verhältnis beider Ansätze zu diskutieren. Die Differenzen führen schließlich zu Überlegungen, inwieweit radikal-konstruktivistische Prämissen – auch mit Bezug auf andere biographietheoretische Ansätze und im Kontext berufsbiographischer Forschung – stärker berücksichtigt werden könnten.

1. Nähe und Distanz
zur sozialphänomenologisch-gestalttheoretischen Biographieforschung

1.1 Biographisches Wissen und Intentionalität

Für den Radikalen Konstruktivismus ist Wissen grundlegend, weil Wirklichkeiten von Subjekten aufgebaut und Erfahrungswelten organisiert werden müssen. Aus diesem Blickwinkel wird vor allem die „Viabilität" von Wissensbeständen hervorgehoben und der Abbildungscharakter von Wissensbeständen zurückgewiesen (vgl. Glasersfeld 1989; 1996). Bezogen auf biographische Forschungskontexte ist davon auszugehen, dass biographisches Wissen den Lebenslauf nicht abbilden kann. Auch wissenschaftliche Forschung kann sich davon nicht absetzen. Expertenperspektiven zeichnen sich zwar durch eine dichte Argumentationslogik aus, um dem Gegenstand zu entsprechen. Doch besteht nicht die Möglichkeit,

Erkenntnisse mit einer ontologischen Realität zu vergleichen. Sie können nur mit anderen Erkenntnissen verglichen werden, so dass die Stabilität von Wissen nur durch den wissenschaftlichen Diskurs herstellbar ist.

Aus sozialphänomenologischer Perspektive wird ebenfalls zentral von biographischen Wissensbeständen ausgegangen (vgl. u.a. Fischer 1978; Alheit 1990). „Biographische Artikulation" findet in der Alltagswelt, der für die Wirklichkeitskonstitution zentralen Sinnprovinz, statt (Schütz 1971: 207ff.). Nur in dieser Alltagswelt etabliert sich eine eindeutige, fraglose und selbstverständliche Auffassung von Realität (vgl. Schütz/Luckmann 1994). Als Proto- bzw. Vorzugsrealität ist sie ein geschlossener Sinnbereich, abgehoben von der Welt der Wissenschaft, der Phantasie- und Spielwelten sowie der Träume. Mit dieser Zentrierung auf die Alltagswelt ist Wissen pragmatisch motiviert. Mithilfe von Alltagswissen, und als Teil davon biographischem Wissen, finden wir uns zurecht. Greift es nicht, stehen Wandlungen und biographische Arbeit an. Dadurch lässt sich Biographie als ein alltagsweltliches Konstrukt verstehen, das sich in Prozessen sinnhaften Handelns konstituiert und bestimmte gesellschaftliche Funktionen übernimmt. Hervorgebracht durch Deutungen von Ereignissen, sorgt eine Biographie für Kontinuität über zeitliche und örtliche Veränderungen hinweg.

Die Sozialphänomenologie von Schütz zeichnet sich nun durch eine egologische Tendenz aus, da Sinn durch eine reflexive, intentionale Zuwendung des Subjekts hergestellt wird. Nach Schütz vollzieht sich Sinnproduktion zwar innerhalb von sozialen Strukturen, indem von Typisierungen und der Einbettung von Handeln in eine vorgängig geordnete und gedeutete Welt ausgegangen wird. Es wird angenommen, dass die Vorwelt und Geschichte, die Weltzeit sowie räumliche und zeitliche Strukturen Wissens- und Handlungsmuster bedingen. Trotzdem konstituieren sich, so allerdings die Kritik an Schütz, die Relevanzen – thematische Relevanz, Interpretations- und Motivationsrelevanz (vgl. Schütz 1982) – durch subjektiv gesetzten Sinn bzw. Intentionen der einzelnen Individuen. Daraus wird ein Primat der Selbstdeutung abgeleitet, das durch die „Generalthesis des alter ego" und durch das „sozio-historische Apriori" nicht auflösbar sei (Waldenfels 1979: 4)[4].

Das Konzept biographischer Strukturierung knüpft an solche Vorbehalte an und zieht als Ausgangspunkt den gestalttheoretisch inspirierten Ansatz von Gurwitsch (1975; 1977) heran. Gurwitsch hebt die sachlichen Verweisungszusammenhänge des Erlebten und Gedachten hervor. Aus seiner Perspektive stellen sich Relevanzen als die Gesamtheit des Horizonts eines Themas dar. Sie entstehen in Folge der Eigengesetzlichkeiten des noematischen Bewusstseins- und Handlungsfeldes, nicht jedoch aufgrund intentionaler Entwürfe.

Eine erste wichtige Annahme von Gurwitsch ist, dass sich die Entwicklung von Wissen auf das „Leben in …." ausrichtet. Einer Lebenswelt wohnt ein „implizites"

Wissen inne, das Regeln der Situationsbewältigung enthält. Sinnproduktion ist daher weder subjektiv gemeint, noch „von außen" determiniert. Vielmehr erfolgt sie vorgängig der intentionalen Zuwendung in der Milieuwelt selbst. Die Modi der Zuwendung und die Gestalt der (biographischen) Thematisierungen sind in der Milieuwelt bereits vorangelegt. Metraux (1977) verweist auf diese Vorrangigkeit der Lebenswelt bei Gurwitsch. Nur in der Sphäre der reflexiven Bearbeitung von Ereignissen, des „kogitativen" Verhaltens, steht man der Situation äußerlich gegenüber. Im Prinzip werden Gegenstände und Verhaltensweisen jedoch durch das Leben in der sozialen Welt vorstellig. Eine zweite wichtige Annahme ist, dass sich das Wissen in Zusammenhängen organisiert. Wissensbestände sind immer Teil eines kohärenten Sinnzusammenhangs. Sie sind in einen umfassenden Kontext eingebettet, und nur durch diesen zu verstehen. Die Bedeutung von Dingen entsteht also erst innerhalb dieser Zusammenhänge (vgl. Gurwitsch 1977: 110), die in ihrer Ganzheit zu reflektieren sind und ohne Rahmen nur unvollständig verstehbar wären.

Diese Einsichten gelten genauso für Biographien. Biographisches Wissen entsteht durch Verwendungs- und funktionale Verweisungsbezüge. Verwendet wird es in sozialen Situationen, verwiesen wird auf einen biographischen Gesamtentwurf, in dem ein Thema erst seine Bedeutung erhält. Im Horizont des Themas sind ko-präsente Themen angelegt, die zusammen das thematische Feld anzeigen. Biographische Äußerungen, die trotz ihres Erscheinens keinen sachlichen Bezug zum Thema haben, bilden den Rand der Struktur „Thema – thematisches Feld". Damit werden die Unterschiede zu Schütz deutlich. Im thematischen Feld „Ausbildung" beispielsweise kann das Thema „Mitschüler" angesprochen werden, welches auf weitere Bestände, wie z.B. soziale Herkunft, verweisen könnte. Thematische Relevanz beschränkt sich dann nicht nur – wie dies bei Schütz der Fall wäre – auf konkrete Handlungen und Erlebnisse, sondern auf weitergehende Verweisungszusammenhänge. Sie bezieht sich auf vorstellig werdende Zusammenhänge eines Feldes, die im Milieu bereits vorangelegt sind (vgl. Rosenthal 1995: 52f.). Da Gurwitsch Thema und Feld untrennbar verbindet, werden alle lebensgeschichtlichen Erfahrungen als Teil des thematischen Feldes, und nur durch die Einbettung in solche Ganzheiten, strukturiert. Das Individuum ist also nicht „der ´Stifter´ der so entdeckten Verweisungszusammenhänge" (Gurwitsch 1977: 113). Gurwitsch spricht dem Individuum auch nur eine selektierende Rolle „gegenüber dem vollen Bestand des Milieus" zu (a.a.O.: 91). Er distanziert sich von einer aktiven Organisation des Wahrnehmungsfeldes, wie dies etwa in Piagets Konzept kognitiver Schemata vorgenommen wird. Danach wäre auch die Struktur des biographischen Wissens primär von der Seite des Wissensbestands, nicht der Organisationstätigkeit, zu sehen. Die Gestalt der Biographie wird durch Themen und thematische Felder strukturiert, die durch vergangene Erfahrungen und durch Milieustrukturen bereits (vor-)organisiert sind. Intentionale

Aspekte der Organisation biographischer Bestände sind in dieser Perspektive zurückgestellt. So wird Gurwitschs Ansatz auch als „Phänomenologie der Thematik"
und noematische Analyse bezeichnet, die sich davon absetzt, die Organisation des
Bewusstseinsfeldes durch äußere Faktoren zu erklären.

Von Fischer-Rosenthal und Rosenthal wird nun die gestalttheoretische Sozialphänomenologie von Gurwitsch dazu verwendet, ein Gegengewicht zur intentionalen Aktivität des Subjekts – wie bei Schütz und Husserl – einzurichten. Einerseits wird angenommen, dass bei biographischem Erzählen ein Zusammenhang vorstellig wird, „ohne dabei eines koordinierenden Agens zu bedürfen" (Rosenthal 1995: 133). Andererseits wird der biographische Gesamtentwurf durch
die „Gestalthaftigkeit der Zuwendung in der Gegenwart des Erzählens" (a.a.O.:
132f.), einer noetischen Dimension biographischer Arbeit, begründet. Rosenthal
(1995: 218) formuliert die Absicht dieses noetisch-noematischen Ansatzes folgendermaßen:

> „Es geht zwar um die Rekonstruktion der Wissens- und Relevanzsysteme der Subjekte, um die
> Deutung ihres Lebens, ihre Einordnung von Erlebnissen und Erfahrungen in thematische Felder,
> doch nicht in der Absicht, den subjektiv gemeinten Sinn zu rekonstruieren".

Intentionen der gegenwärtigen Präsentation sind nicht gänzlich kontrollier- und
überblickbar, und beziehen sich auf noematisch abgelagerte Erfahrungen des vergangenen Lebenslaufs, so dass von einem gegenseitigen Wechselverhältnis zwischen Gegenwart und Vergangenheit auszugehen ist. Wie im Alltagsverständnis
wird dabei allerdings eine Differenz zwischen dem (heutigen) Aktualisieren und
dem (vergangenen) Erleben vorausgesetzt. Ereignisse lassen sich im gegenwärtigen und im vergangenen Horizont der Lebensgeschichte einordnen. Aus dem Vergleich der beiden Horizonte werden Erkenntnisse über Strukturen des biographischen Konstrukts gewonnen.

Der Radikale Konstruktivismus geht dagegen primär von kognitiven Strukturen und Aktivitäten des Subjekts aus, die für Wahrnehmungen und Handlungs-
entwürfe des Subjekts verantwortlich sind. Er verortet den Wissensaufbau innerhalb der Systemreferenz einer Person. Schemata erzeugen aus einer Fülle unspe-
zifischer Wahrnehmungsdaten sinnstiftende „Wirklichkeiten", die im Kontext der
Strukturen, Ziele, Wünsche und Erwartungen von Personen stehen. Somit ist wie
bei Schütz von Prozessen „subjektiver" Sinnsetzung auszugehen, die allerdings zunächst stärker beim Einzelnen angesiedelt erscheinen. Erst dadurch, dass das Individuum den Kontakt mit der Umwelt immer aufrechterhalten muss, werden subjektive Strukturen an Milieus angebunden.

1.2 Subjekt-Objekt-Verhältnis

Prinzipiell geht die Sozialphänomenologie davon aus, dass die äußere, objektive Realität durch das Subjekt interpretiert wird. Streng betrachtet gibt es keine reinen Fakten, da alle Fakten durch das aktive Subjekt von einem universellen Kontext selektiert werden (Schütz 1971: 5). Auch Gurwitsch lässt keine Zweifel daran, dass sich Wahrnehmung „auf Milieudinge in ihrer Daseinsrelativität" (Gurwitsch 1977: 89), nicht auf objektive Dinge bezieht. Insofern könnte der Schluss gezogen werden, dass auch in der biographietheoretischen Ausrichtung von Fischer-Rosenthal und Rosenthal subjektive Wahrnehmungs- und Wissensbestände fokussiert werden. So eindeutig ist dies jedoch nicht, und es bieten sich mehrere Lesarten des Subjekt-Objekt-Verhältnisses in diesem Ansatz an.

Erstens könnte gemeint sein, dass die Subjekt-Objekt-Differenz im Verhältnis zwischen der erzählten und der erlebten[5] Lebensgeschichte angelegt ist und die erlebte Lebensgeschichte die Objektseite repräsentiert. Mit dem Argument, dass sich gegenwärtige Selbstpräsentationen durch die erlebte Lebensgeschichte erklären lassen, ist eine solche These plausibel. Gegen eine solche Interpretation spricht allerdings, dass selbst die erlebte Lebensgeschichte nicht ohne ein (subjektives) biographisches Orientierungsmuster zu denken ist. Damit lässt sie sich nicht bloß als objektive Entität verstehen. In der wissenschaftlichen Rekonstruktionstätigkeit wird dann auch entsprechend nach beiden Seiten hin gefragt und analysiert, welche Ausschnitte einer sozialen Realität im Lebenslauf zugänglich waren und welche Optionen, die offen standen, wahrgenommen wurden, d.h. wie sie erlebt wurden.

Zweitens könnten die Ausführungen so gedeutet werden, dass die Differenz zwischen Subjekt und Objekt bzw. zwischen Mikro- und Makrosoziologie zurückgewiesen wird. Damit könnte der allgemeine Anspruch der Biographieforschung umgesetzt werden, weder nur auf Subjekt-, noch nur auf Objektebene zu operieren. Biographien könnten gleichzeitig als subjektive Konstrukte und objektive Realitäten verstanden werden. Eine solche Position impliziert, dass sich die Realität und die Deutung von Realität nicht mehr trennen lassen. Wenn allerdings, so die mögliche Kritik, Realität und Deutung von Realität zusammenfallen, dann hat man sich bereits für die subjektive Seite entschieden (vgl. Nassehi 2002).

Bleibt noch die Deutungsoption, dass die erlebte Lebensgeschichte subjektives Konstrukt ist. Danach ist der Gegenstand der Biographieforschung eine wissensbasierte (Lebens-)Konstruktion (vgl. auch Bude 1998) bzw. ein sich transformierendes, biographisches Orientierungsmuster. Sowohl die erzählte als auch die erlebte Lebensgeschichte erhalten den Status subjektiver Wirklichkeiten. Sie sind in einer verselbständigten „objektiven Wirklichkeit" verflochten (vgl. Berger/Luckmann 1969). Rekonstruiert werden Strukturen biographischer Konstrukte. Erzählungen verweisen auf solche vom Subjekt in der Lebensgeschichte implizit präsentierten Strukturen. Eine solche Argumentationslinie erscheint für den Ansatz am plausibelsten: Rekonstruiert werden Strukturen subjektiver Konstrukte, die durch eigentheoretische Vorstellungen des Subjekts in Auseinandersetzung bzw. Koppelung mit der sozialen Umwelt entstehen. Es werden Konstrukte „zweiter Ordnung" erstellt, und zwar sowohl auf der Ebene der erzählten als auch der erlebten Lebensgeschichte.

In Zuspitzung einer solchen Position könnte nun radikal-konstruktivistisch argumentiert werden, dass damit die Struktur der tatsächlichen Lebensgeschichte nicht mehr greifbar ist. Sozialphänomenologische Biographieforschung geht allerdings davon aus, dass die Möglichkeit einer asymptotischen Annäherung an die Wirklichkeit besteht. In den Erhebungs- und Analyseschritten des gestalttheoretischen Ansatzes findet auch eine Überprüfung der Glaubwürdigkeit biographischer Darstellungen statt[6]. Erstens wird versucht, Erzählungen in Interviews systematisch zu evozieren, um möglichst über alle Lebensphasen und bedeutende Ereignisse Informationen zu erlangen. Das narrative Interview soll es zulassen, detaillierte Informationen zu Ereignissen, Themen oder Zeitspannen zu erlangen. Rekonstruktionen beruhen aber nicht nur auf Kommunikationen, sondern genauso auf Interpretationsverfahren. Auf der Basis von Textdeutungen kann daher – zweitens – aufgezeigt werden, an welchen Stellen Ausführungen vermieden werden bzw. Widersprüche auftreten. Dadurch kann kontrastiert werden, wie etwas damals erlebt und heute gesehen wird. Um Fakten und Darstellungen nicht nur hinzunehmen, werden – drittens – auch Dokumente und historische Quellen herangezogen. Damit wird ein Bezug auf die ontologische Ebene des Lebenslaufs in der sozialphänomenologisch-gestalttheoretischen Konzeption der Biographieforschung erkennbar (vgl. dazu kritisch Nassehi 2000; 2002)[7].

Stellt sich die Frage, was der Radikale Konstruktivismus konzeptuell zur Biographieforschung beitragen kann.

2. Radikaler Konstruktivismus – Optionen für die Biographieforschung

Mit dem Radikalen Konstruktivismus kann unterstrichen werden, dass biographische Konstruktionen subjektive Wissensbestände sind. Kognitive Kompetenzen sorgen dafür, dass Erfahrungen intern geordnet und relativ dauerhaft zu einer biographischen Struktur verknüpft werden. Sie schränken – selbst unter Berücksichtigung ihrer Dynamik und Transformationsmöglichkeiten – die Wahlmöglichkeiten ein und sorgen für eine spezifische Beschränkung in der Selektion von Sinnoptionen. Auch wird damit eine Reizüberflutung verhindert und eine

Innen-Außen-Grenze eingezogen. Grundsätzlich kann daher davon ausgegangen werden, dass sich eine biographische Struktur herausbildet, die sich eigenlogisch und zirkulär aufbaut[8]. Sie bildet sich in Form einer selektiven Logik von Sinnbeständen aus, die sich in Folge z.b. kritischer Lebensereignisse auch transformieren kann. Durch biographische Arbeit lässt sie sich auch operativ festmachen. Zeitdiagnostische Ausführungen zur Spät- und Postmoderne verweisen unter dem Stichwort der „Selbstreflexivität" auf die zunehmende Bedeutung von biographischer Arbeit und auf die zurückgehende Bedeutung normativ vorgezeichneter Lebensläufe (vgl. u.a. Giddens 1991).

Wissensstrukturen konstituieren sich nun nicht unabhängig von sozialen Milieus bzw. Handlungsstrukturen. Wissen ist von Anerkennung abhängig, so dass es von Milieu-, Positions- und Situationsanforderungen mitgeformt wird (vgl. allgemein Schmidt 1994: 114ff.): Es muss zu Milieus „passen" und sich in diesen bewähren. Von einem Individuum werden daher jene Bedeutungsoptionen aktualisiert, die sowohl zum Lebenslauf als auch zur Struktur eines sozialen Systems passen. Trotzdem entwickeln sich sinnstrukturierte Gebilde, z.b. Biographien oder Familien, nach einer eigenen Logik. Sie regen sich nur gegenseitig an und stellen Optionen zur Verfügung. Diese Beziehung zwischen Biographe und sozialer Umwelt kann als strukturelle Koppelung beschrieben werden. Hat sich eine biographische Struktur herausgebildet, entwickelt sie sich eigendynamisch unter Berücksichtigung umweltbedingter „Perturbationen" weiter. Dadurch entsteht eine Geschichte wechselseitiger Strukturveränderungen zwischen Biographie und Milieus: Beide Teile stellen sich als Quellen von „Perturbationen" dar, doch wird die relative Autonomie dadurch nicht tangiert. Zu berücksichtigen ist allerdings, dass die Verträglichkeit zwischen Biographie und Milieus nur so lange anzunehmen ist, als keine destruktiven Interaktionen eintreten, die systeminterne Strukturen und Bearbeitungsformen gefährden.

Radikal-konstruktivistische Perspektiven sind in der Biographieforschung nicht neu. Bereits von den Autoren des sozialphänomenologisch-gestalttheoretischen Ansatzes wird auf autopoietische biographische Strukturen verwiesen. Es wird davon ausgegangen, dass sich Biographien zirkulär entwickeln und zur Inklusion in die Gesellschaft benötigt werden. Biographien operieren somit in beiden Sphäre: der des Individuums und der sozialer Systeme (vgl. Fischer-Rosenthal 2000).

Alheit/Dausien (2000) verweisen über das Konzept der „Biographizität" auf eine Eigenlogik der Biographie, die sich nicht aus jener von sozialen Systemen ableiten lässt. Die biographische Ordnungsstruktur folgt, so die These, einer „nach außen offenen Selbstreferentialität" (a.a.O.: 275), so dass das Prozessieren von Differenzen – als Aktualisierung von möglichen Sinnbeständen – auf die „Autopoiese einer Gesellschaft" angewiesen bleibt (a.a.O.: 277).

Schimank steht einer radikal-konstruktivistischen Perspektive nahe, indem er darauf verweist, dass Biographie als „freischwebende, sich selbst tragende Konstruktion" (1988: 65) zu verstehen sei. Komplexität kann nicht, wie bei sozialen Systemen, durch eine Ausdifferenzierung der Sachdimensionen, sondern nur in der temporalen Linie, bearbeitet werden. Daher ist von einer revidierbaren und transitorischen Logik zeitlich aneinander gereihter Bewusstseinsakte in Biographien auszugehen. Die Herausbildung dieser Logik ist nicht alleine durch gesellschaftliche Ereignisse erklärbar, auch wenn Biographien auf „Inputs" unumgänglich angewiesen sind. Selbst gezielte soziale Interventionen werden in ihrer Bedeutung durch interne Strukturen des „personalen Systems" mitbestimmt.

Alle diese Überlegungen haben den Bezug auf eine ontologische Realität nicht problematisiert. Der systemtheoretisch orientierte Ansatz von Nassehi (1994; 2002) bzw. Nassehi/Saake (2002) dagegen weist die Möglichkeit des Zugriffs auf die ontologische Realität des Lebenslaufs explizit zurück. Damit erst wird ein Bezug auf die radikal-konstruktivistische Annahme hergestellt, dass nur die Struktur subjektiver Konstrukte, im Gegensatz zur Realität des Lebenslaufs, erfasst werden kann. Nassehi verortet nicht nur in der Konzeption von Schütze (vgl. u. a. 1981), sondern gleichfalls in jener von Fischer-Rosenthal und Rosenthal einen realistischen Einschlag und bietet einen originellen Ansatz an: Infolge der mangelnden Zugriffsmöglichkeit auf den Lebenslauf soll fokussiert werden, wie die Thematisierungsebenen in biographischen Erzählungen verlaufen und welche blinden Flecke bzw. Konturen der biographische Text erzeugt. Kontexte einer lebensgeschichtlichen Reflexion werden durch die Unumgänglichkeit der eigenen Perspektive nur als Konturen sichtbar. Es soll nicht nach authentischen biographischen Strukturen, sondern nach denjenigen kommunikativen Strategien gesucht werden, „die es erlauben, die Dinge so darzustellen, wie sie dargestellt werden" (Nassehi 2002: 9). Interpretiert wird nicht mehr, wie der lebensgeschichtliche Kontext den erzählten Text generiert, sondern umgekehrt: In den Mittelpunkt rückt die Frage, wie der biographische Text lebensgeschichtliche Konturen entwirft.

Abschließend soll am Beispiel berufsbiographischer Forschung[9] gefragt werden, wie nützlich solche radikal-konstruktivistische Überlegungen für die Biographieforschung sind und welche Probleme daraus resultieren.

3. Berufsbiographische Forschung:
Bedeutung radikal-konstruktivistischer Überlegungen

Im Mittelpunkt berufsbiographischer Studien steht das Problem, wie der berufliche Verlauf in die Gesamtbiographie und in soziale Kontexte eingebettet ist. Zu berücksichtigen ist dabei, wie die Biographie durch Machtverhältnisse und ungleich verteilte Ressourcen bestimmt wird. Zum Thema wird folglich nicht nur die biographische Konstitution und Konstruktion des beruflichen Verlaufs, sondern insbesondere die Frage, welche Ressourcen und sozialen Strukturen zur Entfaltung der Biographie und des beruflichen Verlaufs, schließlich zu inter- und intragenerationeller Auf- und Abstiegsmobilität beitragen. Wichtig erscheint daher beides: Die Biographie im Kontext gesellschaftlich induzierter Optionen und entwickelter Ressourcen zu betrachten und gleichzeitig die Perspektive einer sinnhaften Konstitution der Biographie beizubehalten.

Mit einem biographietheoretischen Konzept, wie es Nassehi entwickelt hat, erscheinen diese Zielsetzungen berufsbiographischer Forschung nicht umsetzbar. Folgt man seinen Vorstellungen, ist die Frage nach der Konstitution von biographischen Erfahrungszusammenhängen wie auch jene nach Ressourcen und soziale Strukturen kaum thematisierbar. Der Ansatz rückt vielmehr gegenwärtige Kommunikationsstrategien und biographische Konturen ins Zentrum. Interessant erscheint jedoch für die Biographieforschung die Überlegung aus dem Radikalen Konstruktivismus, biographische Konstrukte gleichzeitig als Produkt eines eigendynamischen Strukturierungsprozesses und sozialer Gebilde zu sehen. Dadurch lassen sich Vorstellungen von biographischer Selbstorganisation entwickeln, die nicht in Widerspruch zur Abhängigkeit von gesellschaftlichen Optionen stehen (vgl. Jost 2003). Dieser Aspekt kann durch die Strukturierungstheorie von Giddens (1992) ausgebreitet und weiter vertieft werden[10].

Nach Giddens können Strukturen als Medium und Resultat alltäglicher Praktiken aufgefasst werden. Sie stehen in einem Reproduktionskreislauf, weil die Konsequenzen von Aktivitäten als Bedingungen für die Weiterführung fungieren. Giddens geht dabei von sozialen Systemen aus, in denen sich durch Handlungsroutinen spezifische Strukturen ausbilden. Nur nicht-intendierte Handlungsfolgen und unerkannte Handlungsbedingungen sorgen dafür, dass Strukturen nicht identisch reproduziert werden. Diese Handlungsstrukturen werden vom Wissen der Akteure getragen. Es ist ein praktisches, anwendbares Wissen, das im Kontext von sozialen Systemen entsteht. Davon ist ein diskursiv verfügbares Wissen über die Mechanismen der Strukturierung zu differenzieren.

Biographien können nun als solche, strukturierte „Handlungssysteme" aufgefasst werden, über die der Akteur ein praktisches, partielles Wissen besitzt. Welche Anschlüsse in Lebensläufen infrage kommen und überhaupt gedacht werden können, wie Sinnbestände kombiniert werden oder welche Bedeutung Ereignisse haben, wird erst durch den Bezug auf soziale Regelungen bestimmbar. Darüber kommen in Biographien auch Regeln der Sanktionierung von sozialem Handeln zum Vorschein. Damit werden Verbindungslinien zu gesamtgesellschaftlichen Normen, familialen Strukturen oder arbeitsorganisatorischen Verhaltensspielräumen deutlich.

Biographische Strukturierung wird aber auch wesentlich von Ressourcen bestimmt[11]. Giddens (1992: 316) unterscheidet zwischen allokativen und autoritativen Ressourcen. Er spricht damit einerseits materielle (Macht-)Quellen, (Re-)Produktionsmittel und Güter an. Andererseits müssen diese allokativen Ressourcen in autoritative umgewandelt werden. Letztere beziehen sich auf die Herrschaft über Personen, den Körper und die Lebenschancen.

Auch bei diesen konzeptuellen Überlegungen lässt sich vom Radikalen Konstruktivismus ausgehend die Frage aufwerfen, wie der Bezug zur Realität des Lebenslaufs gehandhabt wird. Argumentationen können dabei in zwei Richtungen verlaufen[12].

Einerseits kann argumentiert werden, dass Ressourcen, genauso wie andere Modalitäten biographischer Strukturierung[13], auf eine soziale Realität des Lebenslaufs verweisen. Damit könnte prinzipiell wieder zur sozialphänomenologisch-gestalttheoretischen Biographieforschung zurückgekehrt werden, bleiben Prämissen und Folgerungen aus dem Radikalen Konstruktivismus unberücksichtigt. Man könnte sich auf die Rekonstruktion von Strukturen in beiden Sphären beziehen, jener der Biographie als (heutiger) Wissensbestand und jener als (vergangene) Erfahrungs- und Handlungsrealität. Mit einer solchen Argumentation lassen sich die entwickelten Analyseschritte dann auch im Rahmen berufsbiographischer Forschung anwenden. Das primäre Erkenntnisinteresse würde allerdings nicht im Vergleich der erlebten zur erzählten Lebensgeschichte liegen, sondern in der Analyse der Strukturierungsmomente beider Entitäten. So stellt sich auch die Frage nach den Ressourcen der erlebten und erzählten Lebensgeschichte.

Die Frage nach der Greifbarkeit sozialer Realität im Kontext der Sozialtheorie von Giddens kann aber auch anders betrachtet werden. Man kann annehmen, dass Strukturen durch praktisches und diskursives Wissen hergestellt werden und darauf beruhen. In diesem Fall wird die biographische Konstruktion über Strukturierungsmodalitäten selbst zur sozialen Realität, an der sich das Subjekt und Andere orientieren. Damit sind soziale Konstruktion und Realität verschmolzen, und eine getrennte Rekonstruktion dessen, was man tatsächlich erfahren hat und wie es heute dargestellt wird, erscheint nicht mehr plausibel. Näher liegen dann Analyseverfahren, die latente, „hinter dem Rücken der Akteure" entstandene Strukturen eines biographischen Konstrukts bzw. eines sozialen Gebildes herausarbeiten, ohne zwischen zwei Sphären, nämlich der Konstruktion und der Erfahrungsaufschichtung der Biographie, analytisch zu trennen[14]. In diesem Sinne könnten mit Verfahrensweisen der „Objektiven Hermeneutik" (Oevermann) die latenten Merkmale, nach denen biographische Erzählungen strukturiert sind, aufgedeckt werden. Dann werden die Strukturierungsmodalitäten beruflicher Verläufe im biographischen Kontext ohne Trennung von erzählter und erlebter Lebensgeschichte rekonstruiert.

4. Fazit

Werden radikal-konstruktivistische Überlegungen in die Biographieforschung eingebracht, erscheint zunächst ein Merkmal, die Zurückweisung der Greifbarkeit einer ontologischen Realität, von besonderer Relevanz. Damit wird nicht nur die Homologie von Konstrukt und Realität, wie in der entsprechenden Debatte der Biographieforschung, zurückgewiesen[15]. Darüber hinausgehend wird postuliert, dass keine Konstrukte, auch nicht jene der Wissenschaft, eine ontologische Realität abbilden können. In diesem Punkt stellt sich der Radikale Konstruktivismus als Kontrastfolie für sozialphänomenologisch-gestalttheoretische Biographieforschung dar, die das Konstrukt Biographie vor dem Hintergrund seiner Erfahrungswelt analysiert. Er bringt eine neue Ebene neben der erzählten und erlebten Lebensgeschichte ein, die ontologische Ebene des tatsächlichen Lebenslaufs. Sie irritiert und zwingt dazu, zwischen erlebter Lebensgeschichte und tatsächlichem Handlungsablauf zu unterscheiden. Verneint man jedoch die Möglichkeit des Zugriffs auf die Realität des Lebenslaufs, dann rekonstruiert man nur die Struktur von subjektiven Konstrukten. Ein Ausweg besteht darin, in sozialkonstruktivistischem Sinn Realität und Konstrukt nicht zu trennen und latente Strukturen der Konstitution biographischer Konstrukte zu rekonstruieren. Geht man bei biographischer Strukturierung von zirkulären Konstrukten aus, dann sind heutige Muster ohnehin nicht von vorangehenden abgetrennt und konstituieren sich daraus.

Mit dem Radikalen Konstruktivismus kann noch eine andere Überlegung eingebracht werden, und zwar die Koppelung von biographischen an (andere) soziale Strukturen. Es kann darauf rekurriert werden, dass sich Strukturen eigenlogisch herausbilden und sich trotzdem an äußeren Bedingungen orientieren. In diesem Punkt zeigt sich eine Kompatibilität mit der Sozialtheorie von Giddens, die sich für eine Vertiefung dieses Aspekts allerdings besser eignet. Es kann ein theoretischer Rahmen entwickelt werden, der die Bindung biographischer Strukturierung an Ressourcen und andere Modalitäten argumentiert.

Die zahlreichen Zugänge in der Biographieforschung bestätigen im Prinzip die radikal-konstruktivistische Perspektive, dass nicht ohne (systematisch entwickelten) Standort beobachtet werden kann und dadurch Erkenntnisse nicht mit einer Realität verglichen werden können. Doch schafft diese (bescheidene) Perspektive, nur Konstruktionen zu entwerfen und nicht die Realität besser abbilden zu können, operative Probleme. Sie ist daher eher als irritierendes Potential für sozialphänomenologische bzw. sozialkonstruktivistische Ansätze interessant, als dass sie sich als Grundlage für einen eigenständigen Ansatz in der Biographieforschung positionieren könnte. So wird auf zusätzliche Theoriebestände system- und – an dieser Stelle – strukturierungstheoretischer Art zurückgegriffen, um die radikal-konstruktivistische Position mit anderen Überlegungen zu verbinden und für (berufs-) biographische Forschung anwendbar zu machen.

Anmerkungen

1. Unter dem Radikalen Konstruktivismus wird hier jene Ausrichtung gefasst, wie sie von Glasersfeld, Foerster, Maturana und Varela – durchaus mit unterschiedlichen Konnotationen – entwickelt wurde, sich auch in Arbeiten u.a. von S.J. Schmidt, Roth, Hejl und Rusch manifestiert.

2. Im Gegensatz dazu hat der systemtheoretisch-operative Konstruktivismus (Luhmann) in der Soziologie aufgrund seiner sozialtheoretischen Prämissen einen hohen Stellenwert erlangt.

3. In diesem Artikel erscheint es nicht möglich, auf alle Differenzen und Gemeinsamkeiten zwischen einzelnen Ansätzen einzugehen und sie in Relation zum Radikalen Konstruktivismus zu stellen. Allein im deutschsprachigen Raum wird ein weites Repertoire an biographischen Forschungsstrategien angewandt, die sich auch in ihren biographietheoretischen Prämissen unterscheiden (vgl. neben Fischer und Rosenthal die bedeutenden Arbeiten von Schütze/Riemann, Alheit/Dausien, Wohlrab-Sahr; auch von Bude, Ziegler/Kannonier-Finster).

4. Die Ausführungen von Grathoff/Waldenfels (1983) verweisen bereits auf die Unterschiede zur Sozialphänomenologie von Gurwitsch.

5. Im Einzelfall wird auch von der gelebten Lebensgeschichte gesprochen (Fischer-Rosenthal 1996: 156).

6. Prinzipiell besteht allerdings kein Anlass, biographischen Daten (wie z.B. Geburt, Anzahl der Geschwister), die sequentiell analysiert werden, als weniger glaubhaft einzustufen als Angaben in standardisierten Erhebungen.

7. Die Kritik richtet sich dabei besonders gegen die Konzeption von Schütze (vgl. u. a. Schütze 1981).

8. Hoerning (2000) verweist unter dem Begriff der „biographischen Sozialisation" auf diese Vorstellung, dass nicht nur (soziale) Institutionen, sondern die Biographie selbst Sozialisationsinstanz ist.

9. Der Autor hat eine Studie über Manager durchgeführt (vgl. Jost 1997) und führt gerade eine biographische Studie über Unternehmer durch.

10. Bereits Fischer-Rosenthal (2000: 114) verweist auf die Anwendbarkeit der Strukturierungstheorie von Giddens auf die Biographieforschung und auf die Nähe beider Vorstellungen von Strukturen.

11. In der Biographieforschung wird bereits auf Vorstellungen von biographischen Ressourcen aufgebaut (vgl. u.a. Hoerning 1995).

12. Die folgenden Ausführungen verstehen sich nicht als Gegenentwurf zur sozialphänomenologisch-gestalttheoretischen Konzeption. Durch den Bezug auf andere Theoriebestände wird etwas spezifiziert und teilweise adaptiert, was in diesem Ansatz angelegt ist. Während von Fischer-Rosenthal und Rosenthal der zeitliche Aspekt der Entwicklung biographischer Orientierungsmuster forciert wird, wird er in den folgenden Ausführungen – um die Verbindungslinien zu sozialen Gebilden und Ressourcen hervorzuheben – zurückgestellt.

13. Unter Modalitäten fasst Giddens Normen bzw. Regeln, Deutungsmuster und Ressourcen (vgl. Giddens 1992: 81ff.).

14. Wenn man dagegen einwendet, damit zu kurz zu greifen, könnte man auf der anderen Seite behaupten, dass realistisch orientierte Erhebungsverfahren, die durch vermehrte Interviews auf eine detaillierte Ausleuchtung der Biographie abzielen, noch besser zur Rekonstruktion biographischer Strukturen geeignet sind.

15. In diesem Diskurs distanzierte man sich davon, dass biographische Erzählungen die Realität des Lebenslaufs direkt abbilden könnten. Forciert werden hermeneutische Verfahren, um Sinnstrukturen und auch die soziale Realität des Lebenslaufs zu rekonstruieren.

Literatur

ALHEIT, PETER (1990): Alltag und Biographie. Studien zur gesellschaftlichen Konstitution biographischer Perspektiven, Bd. 4, 2. ergänzte Auflage. Universität Bremen: Forschungsreihe des Forschungsschwerpunkts „Arbeit und Bildung".

ALHEIT, PETER/DAUSIEN, BETTINA (2000): Die biographische Konstruktion der Wirklichkeit. Überlegungen zur Biographizität des Sozialen. In: Hoerning, E. M. (Hrsg.): Biographische Sozialisation. Stuttgart: Lucius & Lucius, 257-283.

BERGER, PETER L./LUCKMANN, THOMAS (1969): Die gesellschaftliche Konstruktion der Wirklichkeit. Eine Theorie der Wissenssoziologie. Frankfurt/M.: Fischer.

BUDE, HEINZ (1996): Lebenskonstruktionen als Gegenstand der Biographieforschung. In: Jüttemann, G./Thomae, H. (Hrsg.): Biographische Methoden in den Humanwissenschaften. Weinheim: Psychologie Verlags Union, 247-258.

FISCHER, WOLFRAM (1978): Struktur und Funktion erzählter Lebensgeschichten. In: Kohli, M. (Hrsg.): Soziologie des Lebenslaufs. Darmstadt/Neuwied: Luchterhand, 311-336.

FISCHER-ROSENTHAL, WOLFRAM (1996): Strukturale Analyse biographischer Texte. In: Brähler, E./ Adler, C. (Hrsg.): Quantitative Einzelfallanalysen und qualitative Verfahren. Gießen: Psychosozial-Verlag, 147-208.

FISCHER-ROSENTHAL, WOLFRAM (2000): Biographical work and biographical structuring in present-day societies. In: Bornat, J./Chamberlayne, P./Wengraf, T. (Hrsg.): The Turn to Biographical Methods in Social Science. London: Routledge, 109-125.

FISCHER-ROSENTHAL, WOLFRAM/ROSENTHAL, GABRIELE (1997): Warum Biographieanalyse und wie man sie macht. Zeitschrift für Sozialisationsforschung und Erziehungssoziologie (ZSE), Jg. 17 (2), 405-427.

FÖRSTER, HEINZ V. (1985): Sicht und Einsicht. Versuche zu einer operativen Erkenntnistheorie. Braunschweig/Wiesbaden: Vieweg.

GIDDENS, ANTHONY (1992): Die Konstitution der Gesellschaft. Grundzüge einer Theorie der Strukturierung. Frankfurt a.M./New York: Campus.

GIDDENS, ANTHONY (1991): Modernity and Self-Identity. Self and Society in the Late Modern Age. Stanford: Stanford University Press.

GLASERSFELD, ERNST V. (1987): Wissen, Sprache und Wirklichkeit. Arbeiten zum Radikalen Konstruktivismus. Braunschweig/Wiesbaden: Vieweg.

GLASERSFELD, ERNST V. (1996): Radikaler Konstruktivismus. Ideen, Ergebnisse, Probleme. Frankfurt/M.: Suhrkamp.

GRATHOFF, RICHARD/WALDENFELS, BERNHARD (1983) (Hrsg.): Sozialität und Intersubjektivität. München: Wilhelm Fink Verlag.

GURWITSCH, ARON (1975): Das Bewusstseinsfeld. Berlin, New York: de Gruyter.

GURWITSCH, ARON (1977): Die mitmenschlichen Beziehungen in der Milieuwelt. Berlin/New York: de Gruyter.

HEJL, PETER M. (1987): Konstruktion der sozialen Konstruktion. Grundlinien einer konstruktivistischen Sozialtheorie. In: Schmidt, S.J. (Hrsg.): Der Diskurs des Radikalen Konstruktivismus. Frankfurt/M.: Suhrkamp, 287-302.

HOERNING, ERIKA M. (1995): Biographische Ressourcen und sozialer Wandel. In: Berger, P.A./Sopp, P. (Hrsg.): Sozialstruktur und Lebenslauf. Opladen: Leske & Budrich, 235-252.

HOERNING, ERIKA M. (2000): Biographische Sozialisation. Lucius & Lucius: Stuttgart.

JOST, GERHARD (1997): Strukturen berufsbiographischer Entwicklungen von Managern. In: Zeitschrift für Sozialisationsforschung und Erziehungssoziologie (ZSE), Jg. 17 (3), 287-306.

JOST, GERHARD (2003): Biographische Selbstorganisation. In: Zeitschrift für Soziologie der Erziehung und Sozialisation (ZSE), Jg. 23 (1), 85-94.

KANNONIER- FINSTER, WALTRAUD/ZIEGLER, MEINRAD (1996): Frauen-Leben im Exil. Biographische Fallgeschichten. Wien/Köln/Weimar: Böhlau.

LUHMANN, NIKLAS (1990): Soziologische Aufklärung 5. Konstruktivistische Perspektiven. Opladen: Westdeutscher Verlag.

MATURANA, HUMBERTO R./VARELA, FRANCISCO J. (1987): Der Baum der Erkenntnis. Die biologischen Wurzeln menschlichen Erkennens. Wemding: Goldmann.

MÉTRAUX, ALEXANDRE (1977): Vorwort. In: Gurwitsch, A.: Die mitmenschlichen Beziehungen in der Milieuwelt. Berlin/New York: de Gruyter, VII-XXXI.

NASSEHI, ARMIN (1994): Die Form der Biographie. Theoretische Überlegungen zur Biographieforschung in methodologischer Absicht. In: BIOS (Zeitschrift für Biographieforschung und Oral History), Jg. 7 (1), 46-63.

NASSEHI, ARMIN (2002): Die Beobachtung biographischer Kommunikation und ihrer doppelten Kontingenzbewältigung. Vortrag vor der Sektion „Biographieforschung" auf dem DGS-Kongress in Leipzig, 9. 10. 2002 (http://www.lrz-muenchen.de/‾ls_nassehi/bio.pdf).

NASSEHI, ARMIN/SAAKE, IRMHILD (2002): Kontingenz: Methodisch verhindert oder beobachtet? Ein Beitrag zur Methodologie der qualitativen Sozialforschung. In: Zeitschrift für Soziologie, Jg. 31 (1), 66-86.

RIEMANN, GERHARD (1987): Das Fremdwerden der eigenen Biographie. Narrative Interviews mit psychiatrischen Patienten. München: Wilhelm Fink Verlag.

ROSENTHAL, GABRIELE (1995): Erlebte und erzählte Lebensgeschichte. Gestalt und Struktur biographischer Selbstbeschreibungen. Frankfurt a.M./New York: Campus.

ROSENTHAL, GABRIELE/FISCHER-ROSENTHAL, WOLFRAM (2000): Analyse narrativ-biographischer Interviews. In: Flick, U./Kardorff, E. v./Steinke, I. (Hrsg.): Qualitative Forschung. Ein Handbuch. Reinbek bei Hamburg: Rowohlt, 456-468.

ROTH, GERHARD (1996): Das Gehirn und seine Wirklichkeit. Kognitive Neurobiologie und seine philosophischen Konsequenzen. Frankfurt/M.: Suhrkamp.

RUSCH, GEBHARD (1994) (Hrsg.): Konstruktivismus und Sozialtheorie. Frankfurt a.M.: Suhrkamp.

SCHIMANK, UWE (1988): Biographie als Autopoiesis – Eine systemtheoretische Rekonstruktion von Individualität. In: Brose, H.-G./Hildenbrand, B. (Hrsg.): Vom Ende des Individuums zur Individualität ohne Ende. Opladen: Leske & Budrich, 55-72.

SCHMIDT, SIEGFRIED J. (1994): Kognitive Autonomie und soziale Orientierung. Frankfurt/M.: Suhrkamp.

SCHMIDT, SIEGFRIED J. (1998): Die Zähmung des Blicks. Konstruktivismus-Empirie-Wissenschaft. Frankfurt/M.: Suhrkamp.

SCHÜTZ, ALFRED (1971): Gesammelte Aufsätze. Band 1: Das Problem der sozialen Wirklichkeit. Den Haag: Nijhoff.

SCHÜTZ, ALFRED (1982): Das Problem der Relevanz. Mit einer Einleitung von Thomas Luckmann. Frankfurt/M.: Suhrkamp.

SCHÜTZ, ALFRED/LUCKMANN, THOMAS (1994): Strukturen der Lebenswelt. Band 1. Frankfurt/M.: Suhrkamp.

SCHÜTZE, FRITZ (1981): Prozessstrukturen des Lebenslaufs. In: Matthes, J./Pfeifenberger, A./Stosberg, M. (Hrsg.): Biographie in handlungswissenschaftlicher Perspektive. Nürnberg: Sozialwissenschaftliches Forschungszentrum, 67-156.

WALDENFELS, BERNHARD (1979): Verstehen und Verständigung. Zur Sozialpsychologie von Alfred Schütz. In: Sprondel, W.M./Grathoff, R. (Hrsg.): Alfred Schütz und die Idee des Alltags in den Sozialwissenschaften. Stuttgart: Enke, 1-12.

WOHLRAB-SAHR, MONIKA (1993): Biographische Unsicherheit. Opladen: Leske & Budrich.

WOHLRAB-SAHR, MONIKA (1999): Biographieforschung jenseits des Konstruktivismus? In: Soziale Welt, Jg. 50 (4), 483-494.

ZIEGLER, MEINRAD (2000): Das soziale Erbe. Eine soziologische Fallstudie über drei Generationen einer Familie. Wien/Köln/Weimar: Böhlau.

HELMA LUTZ/KATHY DAVIS

Geschlechterforschung und Biographieforschung: Intersektionalität als biographische Ressource am Beispiel einer außergewöhnlichen Frau[1]

1. Geschlechterforschung und Intersektionalität

Die Frauen- oder Geschlechterforschung hat sich in der Bundesrepublik, ähnlich wie in anderen Ländern, in den vergangenen zwanzig Jahren in rasantem Tempo entwickelt. Die ursprünglich gängige Unterdrückungs- oder Patriarchatsthese stand schnell zur Debatte, da an ihr zurecht kritisiert wurde, dass sie (1.) ontologisiert, also bestimmte Eigenschaften als männlich und weiblich festschreibt und dass sie (2.) dichotomisiert, also eine Zweigeteiltheit voraussetzt und reifiziert.

Mit der Unterscheidung zwischen Sex und Gender wurde der Versuch unternommen, Geschlecht als biologische Tatsache (Sex) von Geschlecht als symbolischer oder sozialer Konstruktion (Gender) abzugrenzen. Damit wurde zwar die Zweigeteiltheit der Geschlechter nicht infrage gestellt, jedoch danach gestrebt, den Prozess der Einübung von geschlechtsspezifischen Umgangsformen und Verhaltensweisen, etwa im Sozialisationsprozess, zum zentralen Gegenstand der Analyse zu machen und dabei auch den Bereich des symbolisch Zweigeschlechtlichen mit dem sozial Zweigeschlechtlichen zu verbinden. Bis heute gehört die Sex-Gender-Unterscheidung sicher zu den wichtigsten Erkenntnissen der feministischen Forschung, deren Aufgabe darin besteht, dieses normalisierende Differenzierungsmuster bewusst zu machen; mit den Worten von Judith Lorber (1999: 56):

> „Als Bestandteil des täglichen Lebens ist uns Gender so vertraut, daß unsere Erwartungen, wie Frauen und Männer sich verhalten sollten, gewöhnlich sehr bewußt durchbrochen werden müssen, damit wir überhaupt merken, wie Gender produziert wird. Gender-Zeichen und -signale sind so allgegenwärtig, dass wir sie gewöhnlich gar nicht bemerken – es sei denn, sie fehlen oder sind zweideutig. Dann ist es uns unbehaglich, bis es gelingt, die anderen Personen einem Gender-Status zuzuordnen; gelingt es nicht, sind wir sozial desorientiert."

Die Frage nach der fortlaufenden Produktion und Reproduktion der zweigeschlechtlichen Ordnung hat viele Forscherinnen bewegt. Laut Regine Gildemeister und Angelika Wetterer (1992: 236) „gibt es keine Möglichkeit des Identitätserwerbs jenseits eines Bezugs auf die Geschlechterkategorisierung". Nun stellt sich aber immer wieder die Frage, wie dieser Prozess der täglichen Herstellung von Geschlecht im Verlauf einer Identitätskonstruktion und im Kontext des alltäglichen Lebens empirisch nachgewiesen werden kann. Einige Forscher(innen) haben hier auf die Ethnomethodologie (Garfinkel 1967; West/Zimmermann 1987) zurückgegriffen[2]. Wir werden in diesem Artikel zeigen, dass die Abwendung vom ontologisierten Geschlecht (männlich oder weiblich *sein*) bei gleichzeitiger Hinwendung zum Geschlecht als Handlungsmaxime (männlich oder weiblich *handeln*), also das ‚Doing Gender' gerade für Biographieforscher(innen) von großem Nutzen sein kann.

‚Doing Gender' produziert und reproduziert nicht nur geschlechtliches Verhalten, sondern auch *hierarchische Ordnungen* und ist damit von Machtprozessen durchdrungen.

Während die Debatten der Geschlechterforschung Gender als wichtigste Bezugskategorie ihrer Analysen betrachten, bemüht sich die Migrations- und Minderheitenforschung um eine kritische Auseinandersetzung mit der sozialen Differenzlinie Ethnizität (zum Zusammenhang zwischen Gender- und Migrationsforschung siehe Lutz 2004). Die wichtigsten Anstöße für die Erweiterung der Genderkategorie um die Ethnizitätskategorie[3] kamen und kommen aus dem angelsächsischen Raum, wo bereits in den 1970er Jahren schwarze Feministinnen auf die Notwendigkeit hingewiesen haben, Macht- und Positionierungsdifferenzen zwischen Frauen in den Blick zu nehmen, um universalisierende Aussagen über Geschlecht zu vermeiden:

> „The major source of difficulty in our political work is that we are not just trying to fight oppression on one front or even two, but instead to address a whole range of oppressions" (Combahee River Collective 1982: 277).

Dieses Zitat spiegelt die (politische) Sprache einer Zeit, in der die kollektive Erfahrung als Ausgangspunkt von Bewusstwerdung und politischer Aufklärungsarbeit gesehen wurde. Wissenschaftlich hat sich dieser Diskurs im Englischen als ‚tripleoppression-theory' (Race, Class, Gender) und im Deutschen später als ‚Mehrfachunterdrückungsthese' etabliert. In der nachfolgenden Debatte ging es vor allem um den Hinweis darauf, dass Unterdrückungsmerkmale nicht lediglich als eine Summe additiver Aspekte betrachtet werden können, sondern dass dabei *spezifische* Momente der Unterdrückung von Migrantinnen und schwarzen Frauen fokussiert werden müssen, wie etwa das Zusammenspiel sexistischer und rassistischer Exklusion (siehe dazu auch Lutz 1992).

Im Laufe der späten 1980er Jahre geriet vor allem der Begriff der ‚Kollektiven Erfahrung' (als schwarze Frauen) in die feministische Kritik. Mit dem Hinweis darauf, dass jeder Mensch bezüglich der Unterdrückungsformen gleichzeitig verschiedene Subjektpositionen wie auch kollektive Identitäten besitzen kann, wurde die außerordentlich komplizierte Debatte über ‚Identitätspolitik' eingeleitet, die seit Anfang der 1990er Jahre die englischsprachige Diskussion der Frauen- und

Genderforschung prägt.[4] Unter dem Einfluss der poststrukturalistischen Debatten
gerieten Begriffe wie kollektive Unterdrückung und kollektive Identität, die eine
Selbstpräsentation als dominierte Gruppe oder Gemeinschaft voraussetzen (im
Sinne der politischen Nutzung einer ‚gemeinschaftlichen' Minderheitenidentität)
ins Kreuzfeuer. Der Terminus Differenz wurde erneut eingeführt in die Debatte,
sozusagen als Verdoppelung – nun jedoch nicht länger zur Betrachtung der Differenz zwischen Männlichkeit und Weiblichkeit, wie das am Anfang der Gender-De-
batte geschehen war, sondern zur Bezeichnung sozialer, sexueller, ethnischer oder
nationaler Unterschiede innerhalb derselben Genderkategorie. Von der ‚Mehrfachunterdrückungsthese' unterscheidet sich diese Debatte vor allem durch die
Diskussion zur neueren Subjekttheorie. Das Subjekt der Spätmoderne soll nicht
mehr als ein mit sich selbst identisches, sondern eher als ein dezentriertes, frag-
mentiertes, vielstimmiges Subjekt gedacht werden (siehe unter vielen anderen Hall
1994; Baumann 1997) oder sogar gänzlich verschwinden (Butler 1991; 1995).[5]

Zwischen feministischen Theoretikerinnen entstand ein Streit darüber, ob und
welche Vorteile poststrukturalistische Analysemodelle für die Genderforschung
mit sich bringen, oder ob nicht etwa mit der ‚Abschaffung des Subjektes' auch
die Grundlagen der gesamten politischen und wissenschaftlichen Auseinandersetzung um den Genderbegriff verschwinden (siehe dazu Benhabib et al. 1995).
Ein positives Resultat dieser Debatte ist sicherlich die Verflüssigung des Gender-
begriffs (Geschlecht als Prozess und Relation) und die Öffnung für die Einbeziehung anderer Kategorien wie ‚Ethnizität' oder ‚ethnische Differenz', die ebenfalls
de-naturalisiert, d.h. als soziale Konstruktionen beschrieben und erörtert werden
(so auch Gümen 1998). Die Betonung von Differenz kann jedoch auch problematisch sein, wenn sie dazu dient, statische und homogene Gruppen zu bilden,
diese hierarchisch zu ordnen und ihre soziale Unverträglichkeit festzusetzen. Eine
weitere Gefahr liegt in der Egalisierung von Differenz, die einer Ent-Problema-
tisierung gleich kommt: ‚all different, all equal' als Tendenz zur Gleichstellung
und Gleichschaltung aller (möglichen) Differenzlinien, bei der spezifische Macht-
und Gewaltverhältnisse und ihre kulturellen Repräsentationen aus der Analyse
verschwinden.

Festzuhalten bleibt, dass – unter dem Einfluss des Dekonstruktivismus – theoretische Zugänge entstanden sind, die sich gegen jegliche Form naturalisierender
Zuschreibungen (von Geschlecht, ‚Rasse', Klasse, Sexualität, Nationalität) wenden
und stattdessen für die genaue Untersuchung sozialer Positionierungen plädieren.
Damit werden Öffnungen geschaffen, die die Möglichkeit bieten, Identitäten als
flexible, kontinuierlich und wechselseitig konstruierte Differenzen innerhalb eines gesellschaftlichen Machtkontextes zu untersuchen. Schwierig bleibt in diesen
Analysen allerdings der Umgang mit dem Machtbegriff, da die poststrukturalisti-

schen Theorien Macht als ein diskursives Feld betrachten, in dem sich Herrscher und Beherrschte oder Unterdrücker und Unterdrückte nicht als unterschiedliche Machtpositionen anweisen lassen. Die Ausklammerung der Machtfrage scheint allerdings im Kontext der hier angesprochenen Politikfelder und sozialen Bewegungen nicht möglich zu sein; die Folgen für die Theorieentwicklung sind noch nicht geklärt.

Vor dem Hintergrund dieser Debatten ist im angelsächsischen Raum in jüngster Zeit die sogenannte *Intersektionalitätsanalyse* (intersectionality) entwickelt worden, die davon ausgeht, dass es notwendig und möglich ist, Gender, ,Rasse'/ Ethnizität, Klasse, Sexualität und Nationalität in ihrem Zusammenspiel und in Bezug auf die Gleichzeitigkeit ihrer Wirkung auf Identitätskonstruktionen zu untersuchen, ohne dabei eine analytische Kategorie zu bevorzugen (Smith 1998).

Der Begriff *intersectionality* ist durch die US-amerikanische Juristin Kimberlé Crenshaw (1989; 1994) eingeführt und in den 1990er Jahren durch andere weiter entwickelt worden. Ausgangspunkt dieser Argumentation ist die Feststellung, dass Menschen sozusagen im Schnittpunkt oder auf der Kreuzung (intersection) dieser Kategorien positioniert sind und ihre Identitäten, ihre Loyalitäten und Präferenzen entwickeln (Crenshaw 1993). *Intersectionality* ist sowohl Identitätstheorie als auch ein Instrument, das der Analyse der sozialen Positionierung von Menschen dient. Identitäten sind auf Kreuzungen von Differenzlinien zu lokalisieren; sie sind nicht eindimensional, sondern das Produkt von simultanen, sich kreuzenden Mustern von Verhältnissen und Merkmalen. Abhängig von der sozialen Situation der Handelnden und Sprechenden treten einige Differenzlinien in den Vordergrund, andere werden vernachlässigt. Bei der Analyse müssen offenkundige, *auf den ersten Blick sichtbare Differenzerklärungen hinterfragt werden* (siehe Lutz 2001; 2002). Potentiell handelt es sich bei der Intersektionalität also um ein theoretisches Gerüst, das die oben genannten Fallstricke der Genderforschung zu vermeiden sucht. Allerdings ist dies erst einmal nicht mehr und nicht weniger als Theorie, deren Anwendung bei der Analyse von Identitätskonstruktionen im täglichen Leben zu überprüfen bleibt.

Für die Benutzung als analytisches Instrument ist es wichtig festzustellen, dass die Kategorien nicht als statische, sondern als flüssige und sich verschiebende betrachtet werden müssen. Vergleichbar mit dem ,Doing Gender'-Ansatz können sie als Forschungswerkzeuge nur dann nützlich sein, wenn sie nicht als ontologische, sondern als *Handlungskategorien* betrachtet werden.

Bevor die hieraus abzuleitende Vorgehensweise an einem Beispiel demonstriert wird, werden wir uns im folgenden Paragraphen mit der Verbindung zwischen der Geschlechter- und der Biographieforschung beschäftigen.

2. Biographie- und Geschlechterforschung

Qualitative Forschungsmethoden, insbesondere der subjekttheoretische Ausgangspunkt der Biographieforschung, haben für die Geschlechterforschung von
Anfang an eine große Anziehungskraft besessen. Bis heute ist dies so geblieben
(siehe dazu Diezinger et al.1994).

Zurecht betonen feministische Biographieforscher(innen) immer wieder die
Attraktivität der Methode, die besonders darin gesehen wird, dass mit ihr sowohl
die subjektive Aneignung und Konstruktion von Gesellschaft wie auch die gesellschaftliche Konstitution von Subjektivität nachzuvollziehen sei (Becker-Schmidt
1994; Dausien 1994; 1996; 2000; 2001). Damit ließen sich auch empirisch die theoretischen Vorgaben der ‚structuration theory' von Anthony Giddens, der die Reproduktion von Gesellschaft als dialektisches Zusammenspiel von Struktur (structure) und Handeln (agency) betrachtet, nachvollziehen.

Biographieforschung ist für die Geschlechterforschung auch deshalb interessant, weil sie gerade *nicht* versucht, Biographien in ein lineares Zeitmuster zu pres-
sen, indem Erfahrungen und Alltagszeit addiert werden, sondern im Gegenteil die
diachrone Organisation von zeitlich weit auseinanderliegenden Handlungen und
Erfahrungen durch den Nachvollzug der Eigenlogik von individuellen Prozessstrukturen zu verstehen versucht.

Legt man nun die oben bereits angedeutete Prämisse, Geschlecht als ein interaktiv und durch biographisches Handeln Konstruiertes zu begreifen zu Grunde,
dann ergibt sich folgende Frage: Wie kann Geschlecht, oder besser das ‚Doing
Gender' – und in unserem Zusammenhang gilt dasselbe für Klasse, Ethnizität/
‚Rasse', Nationalität usw. – aus den Narrationen heraus rekonstruiert werden?

Bettina Dausien (2000: 110) gibt darauf folgende Antwort:

> „Was ‚weiblich' und ‚männlich' bedeutet wird nicht durch theoretische Vorentscheidungen (De-
> duktion) oder statistisch ermittelte Merkmalshäufungen (Induktion) definiert, die im Zweifel in
> keinem Einzelfall zutreffen."

Durch reflektierten methodologischen Umgang mit dem Wechsel zwischen subjektiver Binnenperspektive und analytischer Außenperspektive, kann, so Dausien,
„eine Reduktion sozialer Praxis auf wenige Merkmale und insbesondere auf die
binäre Geschlechterkategorie" (ebd.) vermieden werden. Mit der Feststellung,
dass empirische Lebensgeschichten viel zu widersprüchlich und komplex sind,
„als dass sie sich eindeutig einer Kategorisierung nach Geschlecht fügen würden"
(ebd.), ist die besondere Herausforderung für Biographieforscher(innen) benannt.
Denn Gender ist eben nicht nur für Forscher(innen) eine theoretische Kategorie,

sondern auch eine Kategorie der Lebenswelt. Darum müssen sich Forscher(innen) einerseits mit der jeweiligen ‚Eigenperspektive' der Biograph(inn)en auseinandersetzen und andererseits den Bezug herstellen zu einer möglicherweise entgegengesetzten ‚analytischen Außenperspektive'. So sollte etwa die Aussage einer Biographin: ‚*Für eine Frau war das sehr ungewöhnlich, was ich gemacht habe*' gerade nicht dazu führen, diese Selbstkategorisierung zu übernehmen und damit theoretisch zu reifizieren, sondern vielmehr den genauen Kontext, in dem eine solche Aussage gemacht wird, zu analysieren. Damit wird nicht die Rekonstruktion der Frage: ‚Was/bzw. wer ist diese Frau/dieser Mann?', sondern die Frage: ‚In welchem interaktionellen, kontextuellen Zusammenhang wird Geschlecht von den Biograph(inn)en eingesetzt?' zum analytischen Fokus gemacht. Mit einer solchen Vorgehensweise ist auch die Überlegung verbunden, dass Gender sowohl für die Erzähler(innen) als auch für die Forscher(innen) ein verfügbares theoretisches Konzept ist, dem jeweils Bedeutung gegeben wird oder nicht.

Diese Überlegungen wollen wir anhand einer Interviewanalyse erläutern. Uns geht es dabei in erster Linie darum aufzuzeigen, dass Biographien nicht nur *geschlechts- oder klasse-*gebundene soziale Konstruktionen sind, sondern dass der gesamte intersektionelle Kontext von Biographien berücksichtigt werden muss.

Widersprochen wird hier denjenigen, die – wie etwa Regina Becker-Schmidt (1994) in ihrem Plädoyer für eine ‚feministische Biographieforschung' – die Differenzlinie Gender zum analytischen Ausgangspunkt nehmen bzw. zum Primat erheben, ähnlich wie Garfinkel dies bereits 1967 mit der Behauptung der ‚Omnirelevanz von Geschlecht' tat. Statt dessen soll mit dem Intersektionalitätsansatz ein möglicher Weg aufgezeigt werden, wie der Vielfalt von Identität konstruierenden Differenzen Rechnung getragen werden kann. Dabei geht es sowohl um die Hinterfragung der auf den ersten Blick sichtbaren und zugänglichen Erklärungsmuster (‚Ich als Frau'), als auch um die Rekonstruktion der Eigenlogik der Erzählerin, in der die Beziehung zwischen Individuum und der Machtstruktur virulent wird. Dazu benötigt wird ein *erweiterter Gender-Begriff* und zwar einer, der ‚Doing Gender' als intersektionelle Aktivität auffasst. Wir werden in unserer Analyse zeigen, a) dass und wie die Erzählerin ‚Gender' als Teil eines flexiblen Identitätskonstruktionsprozesses narrativ einsetzt; b) dass auch wir als Forscherinnen Intersektionalität als Ressource benutzen, um ihre Identitätskonstruktion zu verstehen, indem wir den interaktiven, intersektionellen und Macht-Kontext der Narration, zurücklesen; c) dass und was Intersektionalität zur Erweiterung der Gendertheorie und zur Analyse von Identitätskonstruktionen in der Biographieforschung beiträgt.

3. Mamphela Ramphele – eine außergewöhnliche Frau

Im Folgenden geht es um die Analyse eines biographischen Interviews mit der süd-afrikanischen Anti-Apartheids-Aktivistin Mamphela Ramphele.[6] Diese Lebensge-schichte macht besonders gut deutlich, dass es sich bei Identitätskonstruktionen immer um eine intersektionelle Aktivität handelt, wobei die Erzählerin Gender im Kontext multipler und sich überschneidender Identitäten präsentiert. In der genaueren Betrachtung der Prozessstruktur der lebensgeschichtlichen Erzählung wird nicht nur sichtbar, wie verschiedene Identitätsaspekte im Prozess biographi-scher Arbeit interagieren, sondern auch wie die gegebenen Machtverhältnisse in dieser vergeschlechtlichten Selbstpräsentation eingebettet sind. Wir analysieren die Lebensgeschichte von Mamphela Ramphele als eine Identitätskonstruktion, deren geschlechtsspezifische Dimension nur im Kontext mit anderen Differenzli-nien verstanden werden kann.

Die Biographin Mamphela Ramphele wurde von uns gewählt, weil sie eine Frau mit multiplen Zugehörigkeiten ist: als schwarze Südafrikanerin, deren Eltern bei-de Lehrer waren, wuchs sie als jüngste Tochter von sieben Kindern zusammen mit fünf Brüdern in einem Township im Transvaal auf. Sie besuchte die Schule, studierte Medizin und war eine der ersten schwarzen Ärztinnen Südafrikas. Mit ihrem langjährigen Geliebten Steve Biko, dem Gründer der ,Black Conciousness'-Bewegung, dessen Ermordung während seiner Inhaftierung im Jahre 1977 eine weltweite Kampagne gegen Apartheid auslöste, initiierte sie viele gemeinsame po-litische Projekte. Sie ist Mutter zweier Söhne, die sie über viele Jahre als Alleiner-ziehende, unterstützt von ihrem Familiennetzwerk und Hausangestellten, großzog. Aufgrund ihrer politischen Aktivitäten gegen das Apartheids-Regime wurde sie inhaftiert und später auch für einige Zeit verbannt.

Sie gründete in den 1970er Jahren das erste medizinische Versorgungszentrum für die sozial schwache und verarmte schwarze Bevölkerung. Nach dem Ende ihrer Verbannung studierte sie Anthropologie, veröffentlichte eine Reihe von Büchern über Armut und Rassismus in Südafrika, wurde Universitätsdozentin und spä-ter die erste schwarze Frau, die eine südafrikanische Universität (Universität Kap-stadt) als stellvertretende Rektorin leitete. Als bekannte öffentliche Persönlichkeit tritt sie innerhalb und außerhalb Südafrikas auf; sie ist eine persönliche Freundin von Nelson Mandela, Desmond Tutu und anderen Führungspersönlichkeiten, die sie im Prozess der Entwicklung hin zu einem demokratischen Post-Apartheids-Südafrika unterstützt hat. Im Jahre 2002 verlegte sie ihren Wohnsitz nach Was-hington D.C., wo sie im Auftrag der Weltbank Modelle zur gerechten Lösung der Schuldenfrage von Entwicklungsländern erarbeitet.

Als bekennende Feministin thematisierte sie geschlechtsspezifische Ungleichheiten und initiierte den Aufbau des ersten Genderforschungsinstituts in Südafrika, das in seiner Struktur dem Bunting Institute am Radcliffe College in den USA ähnelt, an dem sie selbst ein Studienjahr verbracht hat.

Wie kann man eine solche facettenreiche Persönlichkeit adäquat beschreiben? Lässt sie sich beispielsweise am besten als Pionierin der ‚Black-Conciousness-Bewegung' präsentieren, oder als eine der ersten schwarzen Ärztinnen Südafrikas? Sollte sie besser als Akademikerin mit besonderen Verdiensten für die Universitäten des Landes vorgestellt werden? Oder als die Frau, die in Südafrika ein Institut für Geschlechterforschung gründete?

An diesem Fall läßt sich demonstrieren, wie eine Biographin ihre Identität konstruiert, welcher Identitätsaspekt von ihr in welchem Kontext fokussiert wird, an welcher Stelle sie Gender einbringt und wie wir dies analysieren.

Mamphela Ramphele präsentiert sich selbst als eine außergewöhnliche Frau, die ihr Leben lang als Feministin gegen Sexismus gekämpft hat. Um diese Geschichte zu erzählen, benutzt sie im gesamten Interview durchgängig ihre Gender-Identität. Beim ersten Lesen des Interviews waren wir darüber genauso erstaunt wie offenbar auch die Interviewerin Mary Marshall Clarke; denn im Kontext eines solchen Oral-History-Projektes wäre zu erwarten gewesen, dass Ramphele ihren *Anti-Apartheids-Aktivismus* fokussierte oder sich als *schwarze Südafrikanerin* präsentierte. Ausgehend von dieser Irritation fragten wir uns, warum sie dagegen diese Art der Identitätspräsentation gewählt hat und in welchem (Macht-)Kontext dies passierte.

4. Gender als biographische Ressource

Das Interview beginnt folgendermaßen:

Fragment I

MMC: Dr. Ramphele, thank you so much for joining us today.[7]

MR: Thank you for inviting me.

MMC: I wanted to ask you something about your early life in terms of the positive influences that led you to become an educator.

MR: I don't think I had much of a choice, being a daughter of two educators. Both my parents were teachers. In a strange way I said to my father, when he asked me what I would like to pursue as a career, that one thing I wouldn't do is teaching. But I went through roundabout routes to get to being an educator, and that comes out of a variety of influences, the first, obviously, my parents, and particularly my father, who was a great lover of the written word. I grew up on books and read very widely, even things I didn't understand at that age.

But also being a person who had an understanding that there was something wrong with our society, I didn't know what it was, but I just knew there was something wrong. And growing up in a family of five very big brothers and being the smallest of the seven children, I busied myself with matters literal rather than matters physical. But also I was very aware very early on in my life that I did have talents which I could use, particularly because I didn't have the physique to do other things, so I decided to concentrate on my brain, which was a joy, and I was encouraged very much by my father and later on by teachers.

But it also makes a difference to be a woman growing up in an environment which was very male-dominated, which was very constraining. The only way I could carve space for myself was to seek the extraordinary, because the ordinary just were not the kind of things that attracted me. I didn't want to grow up and get married and have six children and die in the rural area.

And so I guess it was inevitable that I would seek to do the non-traditional things.

In diesem Fragment wird deutlich, dass Ramphele der Interviewerin Instruktionen gibt, wie die im Folgenden erzählte Lebensgeschichte verstanden werden soll: als Geschichte einer außergewöhnlichen Frau, die weniger auf ihre körperliche Kraft als vielmehr auf ihren Geist vertrauen musste und die für einen unkonventionellen (Lebens-)Weg geradezu prädestiniert war. Sie weist auf ihren relativ privilegierten sozialen Hintergrund hin: Beide Eltern waren Lehrer; ihre intellektuellen Ambitionen wurden unterstützt. Zugleich gibt sie zu verstehen, dass diese Tatsache als Erklärung für die Richtung, die ihr Leben genommen hat, nicht ausreicht, denn sie beabsichtigte keineswegs, Lehrerin zu werden: „one thing I wouldn`t do is teaching".

Interessant ist in diesem Zusammenhang, wie die Erzählerin ihre Loyalität ihrer außergewöhnlichen Familie gegenüber unterstreicht, dabei aber gleichzeitig ihr individuelles Herausragen zum Ausdruck bringt: als Gleiche und doch Andere. Ihre narrative Distinktionsstrategie, die den Beginn des Interviews markiert, ist bemerkenswert: Sie war die kleinste Tochter mit fünf „sehr großen Brüdern". Ramphele positioniert sich also nicht über ihre Zugehörigkeit zu einer – im südafrikanischen Kontext – relativ privilegierten sozialen Klasse, oder als *schwarze* Südafrikanerin, sondern sie markiert ihre Sonderstellung in der Familie über ihre Geschlechtsidentität, als *Tochter und als Schwester*. So eröffnet sie eine feministische Biographie, die Geschichte eines Mädchens, das gegen traditionelle Erwartungen rebelliert, das Joch der geschlechtsspezifischen Unterdrückung abwirft und Feministin wird.

Gender bleibt auch im weiteren Verlauf des Interviews ein wiederkehrendes Thema. Betrachten wir beispielsweise den folgenden Ausschnitt aus der Mitte des Interviews.

Fragment II

MMC: Thank you. I wanted to ask you a harder question, also about your childhood. Thinking back, what were some of the first instances in which you really realized the tremendous race barrier set up by the system of apartheid? Because you were really growing up in a stronghold of Dutch Reformed, Afrikaner culture.

MR: Well, that was very early on in my childhood when I was probably six or seven. There was a community conflict which centered around the Dutch Reformed minister who was in charge of the village where we were, refusing to have one of the old ladies who was the mother of one of the people living there to be buried in the cemetery because he said she was a heathen, which means she was a non-believer and therefore didn't belong. The fact that her children lived in the village and had been nursing her up to the time of her death didn't bother him. So there was a huge row, and the woman eventually was forcefully buried there against the minister's wish. And of course, after that the police were called in, and the people were driven off the mission station.

And you could then see just how brutal the police were and the language that was used. And, of course, after that one observed this minister in operation. When I came back to the village after the conflict had died down, it was quite obvious to me that this man was a racist in every sense of the word, but it was difficult to actually see this in operation because he kept himself away. And where he did interface with us, it was in the context of him conducting the church services or in relation to his being the kind of overseer of the school where my father was the headmaster. But the fact that my father would not allow him to treat him as a subordinate also shielded us from seeing his racism. But when one heard about the stories of how he treated other people, you realized that you're really dealing with somebody who was dreadful. ...

But you know, he just was a very cruel, callous man. I don't think it was only racism in his case. I think it was a combination of cruelty --he was a cruel personality -- then add racism. Add male chauvinism. Then you've got quite a powerful mixture.

In diesem Fragment fordert die Interviewerin (MMC) Ramphele explizit dazu auf, die von ihr vorgegebene Erzählstruktur ('wie aus einem außergewöhnlichen Mädchen eine Feministin wurde') aufzugeben und sich zu der 'gewaltigen Rassenbarriere' zu äußern, die durch das Apartheidsystem errichtet wurde. Ramphele antwortet darauf, indem sie von einem rassistischen Vorfall in ihrer Kindheit berichtet, bei dem der niederländisch reformierte Pfarrer, der das Dorf verwaltete, einer Frau, die ihr Leben lang in diesem Dorf gelebt hatte, mit der Begründung, dass sie eine Heidin sei, das Recht verwehrte, sich dort begraben zu lassen. Während Ramphele zugesteht, dass dieser Mann „rassistisch in jedem Sinne des Wortes" gewesen sei, so fügt sie hinzu, dass sie selbst durch ihren Vater davor abgeschirmt wurde, diesen Rassismus als solchen wahrzunehmen. Erst als Siebzehnjährige, nach dem Tod ihres Vaters, wird ihr klar, dass der Mann 'ein Ungeheuer' war.

Sie deutet das Beispiel des Mannes somit nicht als Exempel für den systematisch praktizierten Rassismus des südafrikanischen Apartheidssystems, sondern betont dessen individuelle Merkmale ('eine grausame Persönlichkeit'). Mit einem Nachsatz fügt sie hinzu, dass diese Persönlichkeit in Kombination mit Rassismus und 'männlichem Chauvinismus' eine 'machtvolle Verbindung' eingegangen sei.

Insgesamt unterläuft sie damit das Anliegen der Interviewerin, den Vorfall als einen offen rassistischen Vorfall zu charakterisieren. Der Wunsch der Interviewerin, mehr darüber zu hören, inwiefern Ramphele persönlich von der „gewaltigen Rassenbarriere" betroffen war, einem wesentlichen Bestandteil des südafrikanischen Apartheidssystems, ist nachvollziehbar. Vermutlich war sie sich über ihre Position als weiße US-Akademikerin gegenüber ihrer schwarzen Gesprächspartnerin bewusst, als sie das Thema Rassismus als „die schwierigere Frage" einführte. Neben der ethnischen Barriere mag ihr die Thematisierung von ‚Rasse' und die Frage nach Rassismuserfahrungen auch angesichts der Geschichte der Sklaverei und des gegenwärtigen Rassismus in den USA als besonders schmerzhaft erscheinen. Während nun Ramphele auf die Aufforderung der Interviewerin insoweit eingeht, als sie eine Geschichte erzählt, in der das Thema Rassismus scheinbar zentral steht (ein weißer Buren-Pfarrer, der das Begräbnis einer schwarzen Frau in einem Township verhindert), unternimmt sie doch zugleich beträchtliche Anstrengungen, um das Thema Rassismus zu neutralisieren.

Erstens präsentiert sie sich selbst erneut als Ausnahme: Sie war nicht direkt betroffen. Darüber hinaus war ihr Vater, der eine respektable Position innerhalb des Dorfes innehatte, in der Lage, rassistischer Behandlung zu entgehen und seine Tochter sogar davor zu bewahren, Rassismus überhaupt wahrzunehmen.

Zweitens: Sobald Ramphele einräumt, dass dieser Vorfall rassistisch war, distanziert sie sich sogleich davon, indem sie von sich in der dritten Person Singular spricht und benennt ihn als einen Rassismus, der andere betraf, nicht aber sie selbst. Persönlich ist sie nur als engagierte Aktivistin betroffen und nicht, weil sie selbst zum Opfer (gemacht) wurde. Auf diese Art und Weise erhält Ramphele – gleiches gesteht sie dem Vater zu – ihre Position als Handelnde.

Drittens neutralisiert sie den Rassismus des Buren-Pfarrers, indem sie dessen persönlichen Charakter hervorhebt (es gibt gute und schlechte Menschen), und widersetzt sich damit vereinfachenden Kategorisierungen in weiße Rassisten und schwarze Opfer.

Viertens führt sie – scheinbar aus heiterem Himmel – 'männlichen Chauvinismus' ein.

Während der Vorfall auf den ersten Blick nichts mit Geschlechterverhältnissen zu tun hat, ergänzt Ramphele hier das Szenario um die Geschlechterdifferenzkategorie. Auf diese Art und Weise ergänzt sie das Rassismuskonzept um andere Formen von Unterdrückung und Ausschluss; mit anderen Worten, sie benutzt hier *Intersektionalität*, um damit deutlich zu machen, dass sie keine ,gewöhnliche' schwarze Frau ist, die Rassismus erleidet, sondern eine, die Situationen aus der Perspektive der Gendersensibilität analysiert und sich damit eindimensionalen Kategorisierungen entzieht.

In dem dritten Fragment setzt sich Ramphele über die Reflexion ihrer Erfahrungen als Aktivistin im schwarzen Befreiungskampf explizit mit der Gender-Frage auseinander.

Fragment III

MMC: Could you talk about that a little bit in terms -- I read somewhere that you wrote that in the seventies and eighties it was very hard in the liberation resistance struggle to bring up the issue of gender and to have it be central to the issues of discussions even of poverty.

MR: Yes, because, in a sense, the focus was on dealing with racism, and raising issues of gender was seen as being divisive. And there was also the view that feminism is an American invention and any African woman worth her salt would not be associated with being hoodwinked by American feminists who threw away their bras and so on. So the whole concern about gender equity was trivialized, and debates around it were made illegitimate. Then people also raised issues of culture. It's against our culture for women and men to be doing the same thing. Our culture is very clear and specific about the role and place of women and the role and place of men.

And in the end, really, it took those of us who had nothing to lose, in a sense, but who also felt very passionate about the need for the liberation movement to see liberation in a holistic way. You can't have divided freedom. I asked, 'How am I going to define myself as a free person if I become free as a black person and remain trapped as a woman? There is no way in which my body can be divided between the woman in me and the black person in me. And if you're going to address my freedom, it's got to be integrated.' It was very hard for men to take that, because it raised fundamental issues about their own personal lives, their own personal relationships, and, of course, men have a very cozy time in a male-dominated patriarchical society. Who's going to stop having his socks and his underpants washed and picked up from the floor? I mean, it would nuts to expect them to react in any other way.

But in the end, we forced the debate. At least I did. I was supported by a number of women who were labeled as the rampant feminists and so on, but it didn't really bother me, because I would constantly bring them back to the fact that exactly the arguments they're using about us being rampant, about being agitators, are what the apartheid system was using in terms of all of us in dealing with the race issue, that it's a contradiction for them to purport to be freedom fighters when they have this blind side to them.

Ramphele beschreibt hier die Schwierigkeiten, die Geschlechterfrage im Kontext der schwarzen Befreiungskämpfe, wo sie trivialisiert wurde, zur Sprache zu bringen:

Dieses Thema galt als potentiell gefährlich für die Einheit der Bewegung. Das feministische Beharren auf der Thematisierung von Geschlechterungleichheiten wurde als „amerikanische Erfindung", die afrikanische Frauen „auf die falsche Fährte" führe und deshalb vom Primat des Kampfes gegen Rassismus in Südafrika ablenke, abgewehrt. Dagegen plädiert Ramphele leidenschaftlich für einen holistischen Ansatz, der die „Frau in mir" ebenso wie die „schwarze Person in mir" als unterschiedliche Aspekte ihrer Identität verbindet.

Es gibt augenfällig gute (historische und politische) Gründe dafür, dass Ramphele ihre eigene Geschichte verlässt bzw. sie zum Ausgangspunkt einer breiteren politischen identitätstheoretischen Argumentation macht, um ihre intersektionelle Identität zu entfalten. Dennoch muss auch hier ihr persönliches Motiv beachtet werden.

Als Aktivistin, die ihr Leben mit dem Kampf gegen das rassistische Apartheids-Regime in Südafrika verbracht hat, könnte sie sehr leicht als Mitglied eines kollektiven Kampfes identifiziert werden. Dies würde sie jedoch zu 'einer von vielen' machen – ein Selbstbild, das der hier bereits dargestellten Betonung ihrer Außergewöhnlichkeit widersprechen würde.

Indem sie ihre Identität als Frau und als Feministin zur Sprache bringt, betont sie auch ihre Opposition zu dieser Bewegung. Sie ist beides zugleich: Mitglied *und* Dissidentin. Nun könnte zu Recht eingewandt werden, dass auch der Feminismus eine kollektive Identität geschaffen hat; als Feministin wäre sie dann dem feministischen Kollektiv verbunden. Dies trifft hier jedoch nur bedingt zu: Während Ramphele anerkennt, dass „wir" Feministinnen die Debatte über Geschlechterfragen in der Anti-Apartheidsbewegung forcieren mussten, reklamiert sie gleich im Anschluss eine herausragende Rolle in diesem Prozess, indem sie hinzufügt: „zumindest habe ich es getan" und damit suggeriert, dass sie von anderen Feministinnen nicht mehr als 'Unterstützung' bekommen habe.

Diese anderen werden zudem – zwar in ironischer Weise – als „zügellose Feministinnen" diskreditiert, womit sie für eine solche Aufgabe weniger geeignet erscheinen als Ramphele selbst („but it didn't really bother me"), die derartige Degradierungen als sexistische Unterdrückungsform entlarvt und in ihrem holistischen Ansatz berücksichtigt. Sie konstruiert sich also über ihre Sonderstellung als Dissidentin beider Bewegungen über die Differenz zu allen anderen – als (eine) außergewöhnliche Frau.

5. Gender als intersektionelle Aktivität

Zu Beginn dieses Aufsatzes haben wir betont, dass Identitäten intersektionell analysiert werden müssen, d.h., dass die verschiedenen, sich überschneidenden und sich bedingenden Differenzlinien in der Erzählung nachvollzogen werden müssen. Intersektionlität ist dabei keineswegs nur für die Analyse der Selbstpräsentation der Biographin relevant, sondern auch als Außen- bzw. Rekonstruktionsperspektive für uns als Forscherinnen. Damit entsteht eine Doppelperspektive, die sichtbar gemacht werden muss. Auf der Ebene der Biographin ist dabei die Frage wichtig, warum eine bestimmte Kategorie – Gender, ,Rasse'/Ethnizität, Klasse etc. – evoziert wird, wenn eine andere aus dem Blick ,unserer' Außenperspektive soviel näher gelegen hätte. Wir waren von der Annahme ausgegangen, dass Mamphela Ramphele zuallererst in ihrer Rolle als Anti-Apartheids-Aktivistin bekannt geworden ist (und zum zweiten als die Geliebte und Gefährtin von Steve Biko) und waren daher überrascht von dem Nachdruck, den sie auf den Gender-Aspekt ihrer Identität legte. Mit dieser ,Fremdkonstruktion' haben auch wir eine Priorisierung von Identitätsaspekten vorgenommen, die reflektiert werden muss.

Zunächst einmal könnte aus dieser Beobachtung geschlossen werden, dass Gender sich nun einmal als relevantester oder bedeutungsvollster Aspekt ihrer Identität darstellt, der stärker hervorsticht als ,Rasse'/Ethnizität oder Klasse. Diese Schlussfolgerung würde den Theorien entsprechen, die Gender als wichtigste Bezugskategorie verstehen. Wir sind jedoch der Überzeugung, dass diese Konsequenz vorschnell wäre. Unserer Meinung nach sind die Gründe dieser Schwerpunktsetzung vielmehr auf drei verschiedenen Ebenen der Identitätskonstruktion zu suchen: auf der interaktionellen Ebene, auf der intersektionellen Ebene und im Kontext von Machtverhältnissen.

a) Interaktionelle Ebene

Zunächst einmal muss betont werden, dass es sich bei dem Interview – im Gegensatz zu vielen anderen Beispielen in diesem Sammelband – nicht um eine lebensgeschichtliche Stegreiferzählung handelt, sondern um ein Oral-History-Interview, das durch Interviewfragen strukturiert wurde und deshalb vorrangig aus der Präsentation von Argumenten, Einschätzungen oder Belegerzählungen besteht und der Interviewten die Präsentation einer Selbsttheorie ermöglicht und nahe legt. Damit ist es gleichzeitig möglich, die Interaktionsebene des Kommunikationsschemas der beiden Beteiligten zu rekonstruieren. Eine solche Rekonstruktion ist jedoch auch für narrative Interviews, die primär aus der eigenstrukturierten Selbstpräsentation der Biograph(inn)en bestehen, nicht unwichtig.

In unserem Beispiel gilt zu berücksichtigen, dass Ramphele ihre Identität(en) im Kontext eines Gesprächs mit einer weißen, US-amerikanischen Akademikerin, Mary Marshall Clark, konstruiert. Während die Interviewerin sich einerseits durch ihr starkes politisches Engagement in der Rassismusbekämpfung auszeichnet, was auch Ramphele vermutlich bekannt war, ist sie durch ihre ,rassische/ethnische Identität' zugleich ,auf der anderen Seite' der Rassenbarriere verortet, eine weiße Amerikanerin im Gespräch mit einer schwarzen Südafrikanerin. Möglicherweise erwartet sie deshalb Rampheles Geschichte als Narration einer Anti-Apartheidsaktivistin und nicht die Geschichte einer Feministin. Eine Hypothese zur Erklärung der unerwarteten Selbstpräsentation im Interview wäre, dass Ramphele eine potentiell gemeinsame weibliche Identität als interaktionelle Ressource mobilisiert: Indem sie eine gemeinsame Basis mit der Interviewerin herstellt, leistet sie einen Beitrag zur Verbesserung der interaktiven Situation – ein Vorgang, den sie nicht allein der Interviewerin überlässt.

Vorausgesetzt jedoch, dass dies der Fall ist und Ramphele Gender tatsächlich einsetzt, um im Gespräch eine Beziehung zu der Interviewerin herzustellen, würde dies immer noch nicht erklären, warum sie dies auch in anderen Kontexten, so etwa in ihrer Autobiographie, mit großer Regelmäßigkeit tut.

b) Intersektionelle Ebene

Eine andere mögliche (ergänzende) Erklärung für Rampheles Betonung des Gender-Aspekts könnte in der Tatsache gesehen werden, dass andere Aspekte ihrer Identität nicht in gleichem Maße unter Druck standen und angefochten wurden. Sowohl im Interview als auch in ihrer Autobiographie werden immer wieder Konflikte mit Kameraden aus der ,Black-Consciousness'- Bewegung thematisiert. Sie wurde zum Beispiel kritisiert, weil sie eine Liebesbeziehung zu Steve Biko hatte, der gleichzeitig mit einer anderen Frau verheiratet war, (sie wurde sogar ,Bikos Hure' genannt). Später beschuldigte man sie des Verrats an der gemeinsamen Sache, als sie eine akademische Karriere begann. Ramphele präsentiert diese Vorfälle als Meilensteine auf ihrem Weg zum Feminismus: Sie bewegt sich immer außerhalb der normalen Pfade, sei es in Hinblick auf Männer, die sie liebte und zurückwies, oder sei es in Bezug auf ihren Widerstand gegen einen traditionellen Moralkodex, oder die Wahl eines selbstbestimmten Lebensweges. Ihre Lebensgeschichte enthält alle Ingredienzen einer feministischen Saga.[8] Wir gehen deshalb von der Hypothese aus, dass sie nie zu dieser ,außergewöhnlichen' Frau hätte werden können, hätte sie die Rassismuserfahrungen, ihre Rolle in der ‚Black-Conciousness'-Bewegung oder selbst ihre Liebesbeziehung zu Biko fokussiert.

Dagegen bietet ihr in der Selbstpräsentation der Gender-Aspekt die Klammer für ihre außergewöhnliche Entwicklung von einer studentischen Aktivistin hin zu einer Direktorin des ersten Gesundheitszentrums für eine schwarze Gemeinde, danach zu einer Dozentin, Wissenschaftlerin und schließlich zu einer Regierungs- bzw. Weltbankberaterin. So kann sie Diskontinuitäten vermeiden und ihren Weg als einen kontinuierlichen beschreiben. Damit wird verständlich, warum sie soviel Nachdruck auf die Präsentation der Aushandlung ihrer feministischen Identität legt, die innerhalb und außerhalb der Anti-Apartheidsbewegung legitimiert werden musste.

In ihrer Autobiographie beschreibt Ramphele ausführlich ihre Bemühungen um eine gleichberechtigte Partnerschaft mit ihrem zweiten Ehemann und die Schwierigkeiten, die bei dem Versuch entstanden, berufliche Verantwortung, Karriere und Mutterschaft zu verbinden. An keiner Stelle jedoch zieht sie in Betracht, zwischen Mutterschaft oder politisch-akademischer Karriere wählen zu müssen – sie will und tut beides.

Eine Antwort auf unsere Frage nach der Bedeutung der starken Betonung von Gender in Rampheles Erzählung könnte somit darin bestehen, dass die Identitäts- kategorie, die als erstes und am Häufigsten Erwähnung findet, nicht notwendiger- weise die wichtigste ist.

Es kann vielmehr gerade um jenen Identitätsaspekt gehen, der wiederholt an- gegriffen wird und verteidigt werden muss. Im Kontext konfligierender Zugehö- rigkeiten hebt Ramphele diejenige hervor, die ihr nicht ohne weiteres zugestanden wird. Jedoch existiert auch diese nicht in ihrer Reinform, sondern ist intersektio- nell eingebettet.

c) Die Ebene der Machtverhältnisse

Es ist gut möglich, dass Ramphele ihre Gender-Identität (auch) deshalb so stark betont, weil sie persönliche Vorteile davon hatte, eine ‚außergewöhnliche Frau' zu sein. In ihrem spezifischen Lebenslauf war es keineswegs nur nachteilig, eine schwarze Frau zu sein, sondern in materieller wie in intellektueller Hinsicht durch- aus auch profitabel. Sie genoss während ihres gesamten Lebens die Unterstützung und Beratung von verschiedenen mächtigen – sowohl schwarzen als auch weißen – Männern, die ihr zu einer einzigartigen Position in der südafrikanischen Ge- sellschaft verhalfen. Es ist durchaus möglich, dass Weiblichkeit für sie in Kombination und Interaktion mit ihren unbestreitbaren Talenten und ihren vielfältigen Kompetenzen ein wertvolles zusätzliches Kapital darstellte.

Die Bezugnahme auf Gender ist für Ramphele darüber hinaus hilfreich, um ihre ‚Außergewöhnlichkeit' hervorzuheben und zu zeigen, dass sie nicht für ein traditionelles Leben bestimmt war. Es irritiert sie, wenn sie über ihr Liebesverhältnis mit Steve Biko identifiziert und präsentiert wird. In ihrer Autobiographie schreibt sie:

> „Ich bin häufig erstaunt darüber, wie Steve Biko in alles hineingezogen wird, was über mich berichtet wird – und das siebzehn Jahre nach seinem Tod. Würde das Gleiche passieren, wenn unsere Geschlechter vertauscht würden?" (Ramphele 1995: 178)

Sie möchte als eigene Persönlichkeit gesehen, definiert und anerkannt werden und nicht als Verbindungsstück zu oder Anhang von Biko. Insgesamt gesehen benutzt Ramphele, wie bereits gesagt, die Bestandteile einer feministischen Biographie, um sich von anderen abzugrenzen – als Bedingung *und* als Ressource für die Verbesserung ihrer (gesellschaftlichen) Position. Gegen alle Versuche, sie in die Rolle eines Opfers oder der passiven Gefährtin abzudrängen, reklamiert sie für sich die Kompetenz einer selbständig handelnden Akteurin, die ihr eigenes Leben gestaltet und – implizit damit einhergehend – an der Herstellung und Gestaltung kollektiver Geschichte(n) mitwirkt.

Rampheles Selbstpräsentation ist eingebettet in den Machtkontext einer rassistischen Gesellschaft; sie macht deutlich, dass mit einer solchen Feststellung keineswegs alles gesagt ist, d.h. die Positionen hierarchisch festgelegt und unveränderbar sind, sondern dass die jeweiligen Zugehörigkeiten in Abhängigkeit vom jeweiligen Kontext, Ort oder Zeitpunkt sowohl einen Zugewinn als auch einen Verlust an Macht zur Folge haben können.

Aber auch umgekehrt ist es wichtig festzuhalten, dass jeder Versuch, Rampheles Identität mit dem Fokus auf Weiblichkeit zu rekonstruieren, völlig unzureichend wäre, weil damit die Bedeutung ihrer Hautfarbe und Herkunft, ihres Bildungshintergrunds oder ihrer Sexualität, die sie mit ihrem Gender-Status verknüpft, marginalisiert würde.

Am Anfang dieses Artikels haben wir diejenigen Gender-Konzepte kritisiert, die einseitigen Setzungen Vorschub leisten. Wir haben im Gegenzug gezeigt, dass ein intersektionell verstandenes Gender-Konzept nicht nur die theoretischen Probleme eines statischen und binären Konzepts vermeidet, sondern darüber hinaus besonders für die biographische Forschung fruchtbar gemacht werden kann. Die Erkenntnisse der feministischen Forschung sind nach wie vor für die Biographieforschung relevant, allerdings wird ein Gender-Konzept benötigt, das über das Primat und die Omnirelevanz von Geschlecht hinausgeht. Anhand unseres Beispiels wollten wir die besondere Relevanz der Intersektionalität beim Fremdverstehen verdeutlichen. Während wir als Forscherinnen zu wissen glauben, um wen es sich bei der Biographin handelt, kann die Erzählerin davon gänzlich andere Vorstellungen haben. Die damit einhergehenden jeweiligen Konstruktionen sind demnach immer *doppelt* zu untersuchen, sowohl auf der Ebene der Erzählenden als auch auf der Analysierenden. Die Exploration des interaktionellen, intersektionellen und Macht-Kontexts bietet dabei ein Instrument zur Analyse einer Identitätskonstruktion. Damit stellt Intersektionalität sowohl eine Ressource für die Präsentation von Biograph(inn)en als Selbsttheorien als auch für die Forschung dar.

Ob es nun um außergewöhnliche und oder um gewöhnliche Frauen oder Männer geht, wir meinen, dass es Aufgabe der Biographieforschung ist, der Vielfalt der Identitäten in lebensgeschichtlichen Identitätskonstruktionen gerecht zu werden, sie zu reflektieren und sichtbar zu machen.

Anmerkungen

1. Wir danken Dorothee Schwendowius und Rudolf Leiprecht für geduldiges Lesen und wichtige Anregungen zum Text.
2. Siehe auch den Aufsatz von (Dausien/Kelle) in diesem Band.
3. In der angelsächsischen Debatte wird bis heute mit dem Begriff ‚Rasse' gearbeitet wobei dieser als eine Konstruktion, die physische und kulturelle Merkmale zur Herstellung eines sozialen Platzanweisers nutzt, verstanden wird. Im deutschen Kontext wird der 'Rasse-Begriff' eher vermieden und stattdessen Ethnizität oder Kultur (siehe Adorno 1955) benutzt.
4. Zum Einfluss dieser Debatte auf die deutsche Migrantinnen-Forschung siehe Gutiérrez Rodríguez 1999.
5. Zu den daraus folgenden Anregungen für die Biographieforschung vgl. Schäfer/Völter in diesem Band.
6. Das Interview mit Mamphela Ramphele wurde am 2. August 1999 von Mary Marshall Clarke, der Direktorin des Oral History Forschungsinstituts an der Columbia Universität, New York geführt. Das Interview war Teil eines südafrikanischen Oral History-Projekts. Mary Marshall Clarke sprach mit bekannten Persönlichkeiten, die aktiv am Kampf gegen die Apartheid teilgenommen haben. Neben dem Interview benutzen wir für die Analyse ebenfalls die Autobiographie Mamphela Rampheles, die 1995 unter dem Titel „Across Boundaries" erschienen ist. Ganz offensichtlich hatte auch die Interviewerin die Autobiographie vor dem Interview gelesen.
7. "Us" erklärt sich damit, dass von dem Interview eine Videoaufnahme gemacht wurde.
8. Siehe dazu etwa Laslett/Thorne 1997; Gluck/Patai 1991.

Literatur

ADORNO, THEODOR W. (1955): Schuld und Abwehr. Frankfurt/M.: Suhrkamp.

BAUMAN, ZYGMUNT (1997): Modernity and its Discontents. Cambridge: Polity Press.

BECKER-SCHMIDT, REGINA (1994): Diskontinuität und Nachträglichkeit. Theoretische und methodische Überlegungen zur Erforschung weiblicher Lebensläufe. In Diezinger, A. et al. (Hrsg.), 155-182.

BENHABIB, SHEILA/ BUTLER, JUDTIH/CORNELL, DRUCILLA/ FRASER, NANCY (1993): Der Streit um Differenz. Feminismus und Postmoderne in der Gegenwart. Frankfurt/M.: Fischer.

BUTLER, JUDITH (1991): Das Unbehagen der Geschlechter. Frankfurt/M.: Suhrkamp.

BUTLER, JUDITH (1995): Körper von Gewicht. Die diskursiven Grenzen des Geschlechts. Berlin: Berlin Verlag.

COMBAHEE RIVER COLLECTIVE (1982): The Combahee River Colecitve Statement. In: Hull, G./Scott, P. B./ Smith, B. (Hrsg.): But some of us are Brave. Old Westbury/New York: Feminist Press, 13-22.

CRENSHAW, KIMBERLÉ (1989): Demarginalizing the Intersection of Race and Sex. A black feminist critique of antidiscrimination doctrine. In: The University of Chicago Legal Forum, 139-167.

CRENSHAW, KIMBERLÉ (1993): Whose Story is it, anyway? Feminist and antiracist Appropriation of Anita Hill. In: Morrison, T. (Hrsg.): Race-ing Justice, engendering Power: Essays on Anita Hill. Clarance Thomas and the Construction of Social Reality. London: Chatto & Windus, 410-445.

CRENSHAW, KIMBERLÉ (1994): Mapping the Margins: Intersectionality, Identity Politics and Violence against Women of Color. In: Fineman, M./ Mykitiuk, R. (Hrsg.) The public nature of private violence. New York: Routledge, 93-118.

DAUSIEN, BETTINA (1994): Biographieforschung als 'Königinnenweg'? Überlegungen zur Relevanz biographischer Ansätze in der Frauenforschung. In: Diezinger, Angelika et al. (Hrsg.), 129-154.

DAUSIEN, BETTINA (1996): Biographie und Geschlecht. Zur biographischen Konstruktion sozialer Wirklichkeit in Frauenlebensgeschichten. Bremen: Donat.

DAUSIEN, BETTINA (2000): ,Biographie' als rekonstruktiver Zugang zu ,Geschlecht' – Perspektiven der Biographieforschung. In: Lemmermöhle, D./Fischer, D./Klika, D./Schlüter, A. (Hrsg.): Lesarten des Geschlechts. Opladen: Leske & Budrich, 96-115.

DAUSIEN, BETTINA (2001): Erzähltes Leben – erzähltes Geschlecht? Aspekte der narrativen Konstruktion von Geschlecht im Kontext der Biographieforschung. In: Feministische Studien 2 (2), 57-73.

DIEZINGER, ANGELIKA/KITZER, HEDWIG/ANKER, INGRID/BINGEL, IRMA/HAAS, ERIKA/ODIERNA, SIMONE (Hrsg.) (1994): Erfahrung mit Methode. Wege wissenschaftlicher Frauenforschung. Freiburg i.Br.: Kore.

GARFINKEL, HAROLD (1967): Studies in Ethnomethodology. Englewood Cliffs (NJ): Prentice-Hall.

GILDEMEISTER, REGINA/WETTERER, ANGELIKA (1992): Wie Geschlechter gemacht werden. Die soziale Konstruktion der Zweigeschlechtlichkeit und ihre Reifizierung in der Frauenforschung. In: Knapp, G.-A./Wetterer, A. (Hrsg.): TraditionenBrüche. Entwicklung feministischer Theorie. Freiburg i.Br.: Kore, 201-254.

GLUCK, SHERNA B./PATAI, DAPHNE (Hrsg.) (1991): Women's Words. The Feminist Practice of Oral History. New York: Routledge.

GÜMEN, SEDEF (1998): Das Soziale des Geschlechts. In: Das Argument Nr. 224, 40. Jg (1-2), 187-202.

GUTIÉRREZ RODRÍGUEZ, ENCARNACIÓN (1999): Intellektuelle Migrantinnen – Subjektivitäten im Zeitalter von Globalisierung. Opladen: Leske & Budrich.

HALL, STUART (1994): Alte und neue Identitäten, alte und neue Ethnizitäten. In: ders.: Rassismus und kulturelle Identität. Ausgewählte Schriften, Bd. 2. Hamburg: Argument, 66-88.

KESSLER, SUZANNE/MCKENNA, WENDY (1978): Gender. An Ethnomethodological Approach. New York: Wiley.

LASLETT, BARBARA/THORNE, BARRIE (Hrsg.) (1997): Feminist Sociology. Life Histories of a Movement. New Brunswick: Rutgers University Press.

LORBER, JUDITH (1999): Gender Paradoxien. Opladen: Leske & Budrich.

LUTZ, HELMA (1992): Rassismus und Sexismus, Unterschiede und Gemeinsamkeiten. In: Foitzik, A./Leiprecht, R./Marvakis, A./Seid, U. (Hrsg.): Ein Herrenvolk von Untertanen. Theorien und Analysen über Rassismus, Duisburg: DISS Verlag, 1992, 57-81.

LUTZ, HELMA (2001): Differenz als Rechenaufgabe: Über die Relevanz der Kategorien Race, Class, Gender. In: Lutz, H. /Wenning, N. (Hrsg.): Unterschiedlich Verschieden. Differenz in der Erziehungswissenschaft. Opladen: Leske & Budrich, 215-230.

LUTZ, HELMA (2002): The Long Shadows of the Past. The New Europe at a Crossroad. In: Lenz, I./Lutz, H./Morokvasic, M./Schoening-Kalender, C./Schwenken, H. (Hrsg.): Crossing Borders and Shifting Boundaries. Gender, Identities and Networks. Opladen: Leske & Budrich, 57-73.

LUTZ, HELMA (2004): Migrations- und Geschlechterforschung: Zur Genese einer komplizierten Beziehung. In: Becker, R./Kortendiek, B. (Hrsg.): Handbuch Frauen- und Geschlechterforschung. Opladen: Leske & Budrich, 480-488.

RAMPHELE, MAMPHELA (1995): Across Boundaries. The Journey of a South African Woman Leader. New York: The Feminist Press.

SMITH, VALERIE (1998): Not just Race, not just Gender. Black Feminist Readings. New York/London: Routledge.

WEST, CANDACE/ZIMMERMANN, DON H. (1987): Doing Gender. In: Gender + Society 1 (2), 125-151.

Gerhard Riemann

Zur Bedeutung ethnographischer und erzählanalytischer Arbeitsweisen für die (Selbst-)Reflexion professioneller Arbeit. Ein Erfahrungsbericht[1]

1. Einleitung

Die Biographieforschung, die Interaktionsanalyse und andere interpretative Ansätze sind der allgemeinen Erwartung ausgesetzt (und viele hier tätige Sozialwissenschaftler erwarten es auch von sich selbst), zur Reflexion und Selbstaufklärung professionellen Handelns und – wie auch immer – zur Gestaltung und Weiterentwicklung professioneller Interventionsformen beizutragen.[2] Die Hoffnungen richten sich u. a. darauf, sowohl feinere Analyseinstrumentarien für die Erkundung der Bedeutung und der Folgen professionellen Handelns für die Lebensgeschichten und Lebenszusammenhänge von Patienten, Klienten, Mandanten usw. zu erhalten als auch solche Verfahren als Ressourcen in der professionellen Arbeit selbst zu nutzen. Es erscheint mir sinnvoll, in einer Bestandsaufnahme über „Biographieforschung im Diskurs" auch über solche praktischen Anwendungs- und Aneignungskontexte nachzudenken.

Die anhaltende Beschäftigung damit, welchen Nutzen die neuere sozialwissenschaftliche Biographieforschung und andere interpretative Strömungen für professionalistische Ausbildungszusammenhänge, für die Reflexion der (eigenen und fremden) Praxis und für die Weiterentwicklung von Praxisformen haben, ist inzwischen in einer großen Anzahl von deutschsprachigen und internationalen Publikationen deutlich geworden.[3] Die Affinitäten zwischen sozialwissenschaftlichen und praktisch-professionellen Fallanalysen wurden herausgearbeitet. Vor allem in der Sozialen Arbeit, aber auch in der Lehrerbildung, der Unterrichts- und Schulbegleitforschung (Breidenstein et al. (Hrsg.) 2002) und in der Selbstreflexion und Selbstvergewisserung von Psychotherapeuten (Frommer/Rennie (Hrsg.) 2001) spielen Ansätze der interpretativen Sozialforschung eine zunehmend wichtige Rolle.

Ich verzichte an dieser Stelle darauf, einen Überblick über diese Entwicklung zu geben, sondern möchte unter Rückgriff auf meine eigenen Erfahrungen in sozialpädagogischen Ausbildungszusammenhängen[4] darüber nachdenken, wie Bedingungen dafür geschaffen werden können, dass angehende Professionelle gewissermaßen zu interpretativen Sozialforschern in eigener Sache werden und damit Analysekompetenzen erwerben, die für praktische und unter hohem Handlungs- und Entscheidungsdruck stattfindende Fallanalysen in der Arbeit mit Klienten grundlegend sind. Dabei gehe ich auf einige Arbeitsformen ein, die sich in meiner eigenen Forschungslehre bewährt haben. In Abwandlung des Titels eines Buches, das von Stefan Hirschauer und Klaus Amann (1997) herausgegeben wurde, habe ich dafür den Begriff der „Befremdung der eigenen Praxis" gewählt (Riemann 2004).

2. Eine Episode[5]

Als ich noch am Fachbereich Sozialwesen der Universität Kassel tätig war, suchte mich eine Studentin auf, die einen Betreuer für eine ihrer beiden obligatorischen Studienarbeiten im Hauptstudium brauchte. Sie habe, sagte sie, schon bei einer Reihe von Dozenten die Klinke geputzt, um sie zu fragen, ob sie sich eine Betreuung ihrer Arbeit vorstellen könnten, aber jeder der von ihr Angesprochenen habe sich als nicht zuständig erklärt für das Thema, das sie ins Auge gefasst habe: nämlich „Ursachen des Alkoholismus". Ich sagte ihr, dass ich mich auch nicht gerade als Experten in diesem Bereich ansehen würde, aber fragte sie, wie sich denn überhaupt ihr Interesse an diesem Thema entwickelt habe. Daraufhin erzählte sie mir, dass sie vor ihrem Studium längere Zeit in einem Indianer-Reservat im Südwesten der USA gelebt habe und dass einige ihrer damaligen indianischen Freunde unter großen Alkoholproblemen gelitten hätten; dabei habe sie sich sehr hilflos gefühlt. Ich weiß noch, dass ich ziemlich überrascht und auch fasziniert war, und regte an, ob sie nicht die Erinnerungen an ihr Leben im Reservat – an ihre Annäherung an eine fremde Kultur und Lebensweise: ihre Versuche, Fremdes zu verstehen, und die Grenzen, auf die sie dabei gestoßen sei – zum Thema ihrer Studienarbeit machen wolle; vor diesem Hintergrund könne auch zur Sprache kommen, wie sie die problematische Geschichte und Situation ihrer Freunde erlebt und zu begreifen versucht habe. Ich könne mir vorstellen, eine solche Arbeit zu betreuen, auch wenn ich kein Fachmann auf dem Gebiet der „Native American Studies" sei. Ich könne ihr anbieten, sie bei der Rekonstruktion ihrer Erinnerungen und Beobachtungen und bei der Entwicklung von Fragestellungen zu unterstützen – so wie ich das auch sonst machen würde, wenn Studierende über Erfahrungen verfügten, die mir erst einmal fremd seien und von denen ich noch nicht viel verstünde.

Die Studentin war überrascht, dass sich jemand in der Universität für ihre Erfahrungen in dem Reservat interessierte, aber sie war auch verunsichert, weil sie sich die spontane Dokumentation und Reflexion persönlicher Erfahrungen im Rahmen einer – „wissenschaftlichen" Kriterien genügenden – Studienarbeit nicht so recht vorstellen konnte. Wir verblieben so, dass sie sich die Sache noch einmal überlegen sollte und jederzeit wieder mit mir Kontakt aufnehmen könnte. Wir sind uns noch ein paar Mal über den Weg gelaufen und haben ein paar freundliche Worte gewechselt. Die von mir angeregte Studienarbeit ist nicht entstanden – zumindest nicht bei mir.

Das finde ich jetzt nicht so schlimm – es hätte mir fern gelegen, sie zu drängen, bei mir ihre Arbeit zu schreiben – , aber diese Episode verweist unabhängig davon auf etwas, was m. E. problematisch ist, wenn man sich den Suchprozess der Studentin und ihre ursprüngliche Themenpräsentation anschaut. Der Studiengang, um den es hier ging, hielt und hält in unterschiedlichen Studienabschnitten durchaus institutionalisierte Angebote für die Reflexion persönlicher Erfahrungen bereit (auf jeden Fall mehr, als dies in meinem Bamberger Fachbereich der Fall ist): Selbsterfahrungsgruppen im Grundstudium, Begleit- und Auswertungsseminare zu den berufspraktischen Semestern und sogar Supervision. Aber gleichzeitig habe ich den Eindruck, dass sozialpädagogische Ausbildungsmilieus generell – und ich vermute, dabei spielt keine Rolle, ob es sich um Ausbildungen an Universitäten oder Fachhochschulen handelt – dazu tendieren, die biographischen Erfahrungen von Studentinnen und Studenten nicht ausreichend als Ressourcen für – wenn man so will – eine Sozialforschung in eigener Sache zu registrieren und ernst zu nehmen. Es existieren zu wenige Lehr- und Lernarrangements, in denen Studierende angeregt und dabei begleitet werden könnten, ihre Fragestellungen, die in früheren Erfahrungszusammenhängen und in Zusammenhängen außerhalb der Hochschule entstanden sind, zu entdecken, weiterzuverfolgen, in diesem Prozess Forschungsfragen herauszufiltern und dabei auch noch etwas Neues über sich zu lernen. Damit plädiere ich gerade nicht für ein Verschwimmen von Selbsterfahrung und Forschung, das wäre ein Missverständnis.

Man könnte jetzt einwenden, dass doch gerade die Frage der Studentin nach den „Ursachen des Alkoholismus" eine solche Frage gewesen sei, die sie aus ihrer Zeit im indianischen Reservat mit sich herumgetragen habe. Wenn sie an einen Dozenten geraten wäre, der Alkohol/Drogenabhängigkeit/Sucht – wie es so schön heißt – „abgedeckt" hätte, wäre doch alles in Ordnung gewesen. Aber gerade darin scheint mir das Problem zu liegen: dass die Studentin in einem falschen Verständnis von Wissenschaftlichkeit und in der Unterstellung, was ihre Dozenten wohl interessieren könnte, ihr Interesse so entidexikalisiert[6] und abstrakt formuliert hat, dass der Bezug zu den für sie relevanten Erfahrungszusammenhängen für ihre Gesprächspartner erst einmal nicht mehr erkennbar war. Für Studierende der Sozialarbeit/Sozialpädagogik ist es durchaus sinnvoll und hilfreich, sich mit Theorien zur Suchtentstehung auseinander zu setzen, aber in dieser Situation hätte die bloße „Absegnung" eines solchen Themas seitens eines Dozenten oder einer Dozentin m. E. bedeutet, dass die Studentin mit Hilfe subsumptionslogisch angewandter Theoriebestände in eine Haltung verstärkter Fremdheit gegenüber den sozialen und kulturellen Zusammenhängen geraten wäre, in denen ihre Rätsel – „wie kann ich verstehen, was mit meinen Freunden los ist?" – entstanden waren. Es geht also zunächst einmal um Freunde in schwierigen Lebenssituationen, Angehörige einer indigenen Minorität in den USA, deren Geschichte durch kollektive Ausgrenzungs- und Demoralisierungserfahrungen geprägt ist, und nicht in erster Linie um Mitglieder der weltumspannenden Kategorie „Alkoholiker".

Dass Studierende das, was sie eigentlich beschäftigt – was für sie wertvoll ist, aber vielleicht auch besonders beschwerlich und bedrückend – , vor sich selbst und anderen durch vermeintlich wissenschaftlich klingende Formulierungen zudecken und damit fremd machen, habe ich häufig erlebt, auch noch in der Gegenwart. Damit sind für alle Beteiligten problematische Folgen verbunden: nicht nur für die Studierenden, die lernen, dass sie mit ihren eigentlichen Fragen „hier" doch nicht landen können, sondern auch für die Ausbildungsstätten insgesamt, die auf die Entdeckung neuer Forschungsfragestellungen verzichten. Mein Eindruck ist, dass solche Tendenzen unter den gegenwärtigen hochschulpolitischen Rahmenbedingungen – der Einführung von Prüfungsstakkatos im Rahmen modularisierter Studiengänge und einer vermeintlichen Effektivierung und Beschleunigung – eher begünstigt werden.

Ich habe den Eindruck gewonnen, dass gerade im Zur-Sprache-Bringen von studentischen Erfahrungen – biographischen Erfahrungen aus der Zeit vor dem Studium (wie in dem erwähnten Fall), aber auch aus Praktika – besondere Chancen für sozialpädagogische Forschungsprozesse entstehen: d.h. Prozesse, in denen die Studierenden selbst als Forscher in eigener Sache tätig werden und entdecken, dass die Aneignung von Forschungskompetenzen der rekonstruktiven Sozialforschung in ihrem eigenen Interesse liegt, um ihren professionellen Ansprüchen gemäß arbeiten zu können. Dass sehr persönliche Erfahrungen einer sozialwissenschaftlichen Analyse zugänglich sind, wird so am eigenen Leib erfahrbar. Solche Chancen werden im herkömmlichen Studienbetrieb aber häufig nicht systematisch genutzt, u. a. deshalb weil – so etwa in den Erziehungswissenschaften –

„... das Praktikum im Studienverlauf mehrheitlich (von denen, die die Ausbildung durchlaufen oder durchlaufen haben, G.R.) als ein isolierter Ausbildungsbestandteil bewertet wird." (Schulze-Krüdener/Homfeldt 2002: 135)[7]

3. Formen der Annäherung an die eigene Praxis und zu ihrer Befremdung

In meiner Forschungslehre haben sich einige Ausbildungssettings bewährt, in denen Studierende – in Anknüpfung an eigene Praxiserfahrungen – in Forschungsprozesse hineingezogen werden: die Begleitung empirischer Studienarbeiten, pri-

mär im Grundstudium (Riemann 1999)[8]; ethnographische Praxisanalyseseminare
im Rahmen der Begleitung von Praktika, d. h., Seminare zur „Befremdung der
eigenen Praxis" und zur Entdeckung von Arbeitsabläufen und Kernproblemen
professionellen Handelns in bestimmten Handlungsfeldern (Riemann 2004); und
Forschungswerkstätten, in denen Studierende bei der Durchführung empirischer
Qualifikationsarbeiten begleitet werden (Riemann/Schütze 1987; Reim/Riemann
1997; Riemann 2003b).

Ich möchte mich auf zwei Arbeitsformen konzentrieren, die sich im Rahmen
selbstreflexiver ethnographischer Praxisanalyseseminare bewährt haben und sich
durchaus ergänzen: die Anfertigung von und die Auseinandersetzung mit ethnographischen Feldprotokollen, die im Verlauf von Praktika entstehen, und die sozialwissenschaftliche Erzählanalyse, wie sie sich auf der Grundlage von narrativen
Interviews (Schütze 1987) entwickelt hat. Die Entwicklung des im Folgenden skizzierten Arbeitsstils ist vor allem geprägt von meiner Zusammenarbeit mit Fritz
Schütze am Fachbereich Sozialwesen der Universität Gesamthochschule Kassel[9]
und den Arbeitsuntersuchungen von Anselm Strauss und seinen Mitarbeiterinnen, in denen auch die Reflexion eigener Arbeits- und Krankheitserfahrungen zum
Ausdruck kommt (vgl. Strauss et al. 1985: 294f.; Corbin/Strauss 1988) – in seiner
Sprache „experiential data" (Strauss 1987: 10-13). Wenn man die Entstehungs-
geschichte und die Besonderheiten seiner Monographien zur medizinischen Arbeit und zum Umgang mit Sterben und chronischer Krankheit betrachtet, so fällt
auf, dass die diskursive Erkenntnisbildung der Autoren und Forschungsmitarbei-
ter gerade dadurch angeregt wurde, dass ein kontinuierlicher Dialog stattfand: ein
Wechselspiel zwischen der Artikulation von Praxis- und Felderfahrungen einerseits und Verfahren der Abstraktion und Verfremdung (generierende Fragen, offene Kodierungen, konstrastive Vergleiche) andererseits (Strauss 1987: 130-142).
Besonders eindrucksvoll kommt das in einer Fallstudie zur Arbeit mit einer sterbenden Frau – „Anguish" (Strauss/Glaser 1970) – zum Ausdruck, die vor allem
auf einem ausführlichen Interview mit einer Praktikantin und Studentin in der
Krankenschwesternausbildung, Strauss' späterer Mitautorin Shizuko Fagerhaugh,
basiert. Es ist bezeichnend, dass Strauss' wichtigste Forschungsmitarbeiterinnen
in seinen letzten Lebensjahrzehnten berufserfahrene und soziologisch ausgebilde-
te Krankenschwestern waren.[10]

3.1 Die Arbeit mit ethnographischen Feldprotokollen

Ich habe mit der Begleitung von Studentinnen und Studenten bei der Anfertigung
und gemeinsamen Auswertung von Feldprotokollen vor allem im Rahmen von

Begleitveranstaltungen zu den beiden berufspraktischen Studiensemestern (i.d.R. während des vierten und fünften Semesters) Erfahrungen gesammelt, außerdem im Kontext des von mir gemeinsam mit einem Sozialmediziner[11] koordinierten Studienschwerpunkts „Soziale Arbeit mit psychisch kranken und suchtkranken Menschen" (im Hauptstudium). Hier absolvieren die Studierenden noch einmal – also im Anschluss an die beiden berufspraktischen Semester – ein studienbegleitendes Praktikum, z. B. während der Semesterferien oder über einen längeren Zeitraum für ein paar Stunden während der Woche.

Zur Illustration der ethnographischen Arbeit mit den Studierenden greife ich auf ein Beispiel aus einer Begleitveranstaltung zu den beiden berufspraktischen Studiensemestern zurück, in der ich im Prinzip sehr ähnlich arbeite wie in unserem Studienschwerpunkt. Diese Begleitseminare sind aber heterogen zusammengesetzt – die Studierenden sammeln in ganz unterschiedlichen Praxisfeldern Erfahrungen, nicht nur im Bereich der Psychiatrie und der Arbeit mit Alkoholikern und Drogenabhängigen.

Es geht um das Gedächtnisprotokoll eines Berufspraktikanten zu einem sogenannten „Erstgespräch" in einer Familienberatungsstelle eines kirchlichen Wohlfahrtsverbandes, in dem er zwei Semester lang tätig war. Auf der Grundlage des recht genauen sequenziellen Protokolls des Studenten, in dem die Phasen und zentralen Aktivitäten des Handlungsablaufs klar erkennbar werden, konnten die studentischen Teilnehmer gemeinsam mit mir herausarbeiten – was dem Protokollanten zum Zeitpunkt der schriftlichen Fixierung seiner Beobachtungen selbst noch gar nicht klar war – , wie der Professionelle, ein Psychologe, dabei scheitert, eine ausreichende Vertrauensgrundlage im Verhältnis zu den Ratsuchenden aufzubauen – einem aus Polen stammenden Ehepaar, dem das Sorgerecht über seine Tochter Kaja entzogen worden war. Insbesondere wird das daran deutlich, dass er dazu tendiert, sich sehr früh – noch in der Phase der ersten Problempräsentation durch den Ehemann – die Sichtweise von Jugendamt und Gericht zu eigen zu machen und Zweifel an der Version des ratsuchenden Familienvaters zu äußern, d. h. die etablierte „Hierarchie der Glaubwürdigkeit", wie Howard Becker (1967) das nennt, wird von ihm als gegeben hingenommen und bekräftigt. An einer bestimmten Stelle des Protokolls hält der Student fest:

> „Herr Olschewski will seine „gestohlene" Tochter zurück und fragt, wer überhaupt Frau Seiffert (die zuständige Familienrichterin) sei, die Kaja überhaupt nicht kennen würde, ihm aber die Tochter wegnehmen könne."

Anschließend fügt der Student sofort einen retrospektiven Kommentar ein – also einen Kommentar aus dem Jetzt-Zeitpunkt der Verschriftlichung – , mit dem er Bezug nimmt auf das von einer Richterin geleitete Gerichtsverfahren, von dem er und der Professionelle einen Eindruck gewonnen hatten, da der Ehemann ihnen den Gerichtsbeschluss gezeigt hatte.

> „Ich denke mir, dass die Konstellation mit ausschließlich weiblichen Amtspersonen für einen Osteuropäer schwierig ist, wenn es um die Frage der Anerkennung der Autorität geht. Das Verhalten von Herrn Olschewski vor Gericht (wenig kooperativ und aggressiv) wird dadurch verständlicher."

Ich erinnere mich noch sehr gut an die Seminardiskussion, in der einvernehmlich – und auch von dem Protokollanten selbst, ohne dass ihm abverlangt wurde, zuviel Asche auf sein Haupt zu streuen – das Stereotypenhafte seines Kommentars über einen Fremden fokussiert wurde (an der Stelle hätte auch eine ganz andere Kategorie von Unbekannten oder Fremden auftauchen können) – ganz abgesehen davon, dass er natürlich nicht selbst bei der Gerichtsverhandlung dabei war und nur feststellen konnte, wie das Verhalten des Vaters von anderen bewertet worden war: nämlich als „wenig kooperativ und aggressiv". Damit dient ein solches Protokoll u. a. zur Reflexion und Infragestellung eigener eingespielter Typisierungen und ethnischer Kategorisierungen. Gleichzeitig erwies sich der Text – gerade dadurch, dass Bruchstellen im Ablauf sichtbar wurden – als ergiebig, um sowohl allgemeine Einblicke in die Ordnung eines Beratungshandlungsschemas und in Bedingungen seines Scheiterns zu gewinnen als auch ansatzweise in einen Diskurs über Fehler im professionellen Handeln einzusteigen. In dem Stil der gemeinsamen Erkenntnisbildung im Seminar verbinden sich werkstattförmiges Forschungshandeln und professioneller Fehlerdiskurs, die Kritik an der Praxis und die Suche nach denkbaren Handlungsalternativen werden zum Bestandteil der Analyse. Den Praktikanten/Feldforschern wird gerade nicht abverlangt, ausgereifte und abgeklärte Protokolle abzuliefern oder, falls das nicht gelingen sollte, sich auf ein Scherbengericht einzustellen.

Wenn Studierende der Sozialen Arbeit der Erwartung ausgesetzt sind, ihre eigenen Praxiserfahrungen zu Papier zu bringen, reagieren sie häufig skeptisch und irritiert – z. B. mit Vorbehalten gegenüber der vermeintlichen „Unwissenschaftlichkeit" persönlich gehaltener Feldnotizen. Es kommt vor, dass sie zu diesem Zeitpunkt bereits die Vorstellung entwickelt haben, dass Wissenschaft etwas Abstraktes, Respekteinflößendes und von den eigenen Erfahrungen Abgespaltenes ist, das im eigentlichen Sinne nichts mit einem selbst, dem zukünftigen Praktiker, zu tun hat, und dass es lediglich für alle praktischen Zwecke auf die „versatzstückhafte" Rezeption und Speicherung von Forschungsergebnissen ankommt, nicht auf die tiefergehende Einsozialisation in Forschungsverfahren, die schließlich zur egalitären Beteiligung an einem wissenschaftlichen Diskurs – und zwar mit eigenen Beiträgen – führen könnte. Ausdruck einer solchen Fremdheitshaltung ist auch die Überzeugung, dass die Verwendung des Personalpronomens in der

1. Person Singular, wie sie notwendigerweise Bestandteil von persönlichen Feldnotizen ist, nichts in wissenschaftlichen Texten zu suchen hat. Die Überwindung
solcher Zweifel und Widerstände – „das ist doch bloß subjektiv" – kann sehr müh-
selig sein und lange Zeit beanspruchen. Auch kann die Aufforderung, mit einem
fremden Blick auf den zu erkundenden Weltausschnitt zu schauen, immer wieder
als Überforderung erlebt werden – geht es in diesem Zusammenhang doch gerade darum, Kompetenzen in der angestrebten Profession zu erwerben und sich die
Sprache des spezifischen Praxisfeldes anzueignen. Es fällt nicht leicht, die Selbstverständlichkeiten, Typisierungen und Praxistheorien des Feldes, in dem man sich
als angehender professioneller Praktiker erprobt, als Phänomene zu registrieren,
sie zu beschreiben und auch immer wieder im Hinblick auf ihre selbstverständliche Gültigkeit „einzuklammern".

Die studentischen Ethnographen erwerben eine Sicherheit letztlich erst dann,
wenn sie sich auf den Prozess des Beobachtens und Schreibens einlassen – ein Fall
von „learning by doing" –, ihre Schreibversuche anderen (einschließlich dem Dozenten) zugänglich machen und persönliche Rückmeldungen zu dem bekommen,
was in den Augen der Leser an ihren Texten besonders interessant oder noch unklar ist. Aber trotzdem erscheint es mir sinnvoll, ihnen vorab einige Elemente des
Schreibens zu nennen, die sich bei der Anfertigung ethnographischer Feldnotizen
in diesem Zusammenhang bewährt haben.[12] Dazu gehören die folgenden :

- das Schreiben für eine fremde Leserschaft, der man nicht unterstellt, mit den
  Abläufen und sozialen Rahmens des hier relevanten Praxisfelds vertraut zu sein,
  und die Präsentation der Beobachtungen in einer Form, welche die Analyse des
  Textes durch einen fremden Leser ermöglicht;
- die systematische Einübung einer Haltung des Sich-Wunderns und des Nichts-
  als-selbstverständlich-Hinnehmens;
- die Einnahme einer sequenzierenden Haltung, um die Ordnung – und Unordnung – sozialer Prozesse herauszuarbeiten, wobei die Unordnung etwa in der
  Verletzung von Interaktionsreziprozität und in Brüchen und Irritationen von
  Handlungs- und Kommunikationsabläufen zum Ausdruck kommen kann;
- die Erkennbarkeit und Unterscheidbarkeit der eigenen inneren Zustände und
  Perspektiven zu unterschiedlichen Zeitpunkten (als Akteur/in in der damaligen
  Situation, und später bei der Verschriftlichung und Reflexion);
- die Differenzierung der Perspektiven unterschiedlicher Akteure und der Ver-
  zicht auf die Privilegierung bestimmter – etwa offizieller und mit hohem Prestige ausgestatteter – Perspektiven;
- die Kennzeichnung der Sprache des Feldes und ihre Unterscheidbarkeit von der
  eigenen Beobachtungssprache.

Es hat sich ein Stil der Kommunikation in Praxisanalyseseminaren herausgebildet, auf den ich an dieser Stelle kurz eingehen möchte (vgl. Riemann 2004: 203ff.). In diesen Praxisanalyseseminaren werden reihum ausgewählte Beobachtungsprotokolle der einzelnen Teilnehmer besprochen und analysiert – Protokolle, die sich jeweils auf ein klar benennbares Geschehen beziehen: etwa die Einstiegssituation im Praxisfeld; professionelle Handlungsschemata wie Beratungen, Therapien, Aufnahmegespräche, Visiten und Teambesprechungen; die Geschichte der Beziehung zu einem Klienten; wiederkehrende alltägliche Abläufe in einer Einrichtung usw.. Die (zuvor maskierten) Protokolle werden von den Seminarteilnehmern intensiv zu Hause und im Seminar bearbeitet, d. h. segmentiert und schriftlich und mündlich kommentiert. Die Diskussion des jeweiligen Textes in seiner Gesamtheit und von bestimmten Sequenzen erstreckt sich sowohl auf stilistische und sprachliche Besonderheiten des präsentierten Datenmaterials als auch auf soziale Prozesse, Rahmenbedingungen, Kernprobleme professionellen Handelns oder professionelle Paradoxien (Schütze 1992; 1996) und problematische Tendenzen bei ihrer Bearbeitung, die in dem Datenmaterial sichtbar werden.

Die mikroskopische gemeinsame Bearbeitung bestimmter Sequenzen lässt sich zu einem großen Teil als „offenes Kodieren" verstehen, wie es von Anselm Strauss (1987: 28) beschrieben worden ist. Dabei geht es hier darum, (a) die Abfolgestruktur der sozialen Prozesse, die Perspektiven unterschiedlicher Interaktionsteilnehmer und Kernprobleme professionellen Handelns und die Formen ihrer Bearbeitung zu entdecken; (b) Eindrücke zu den Erfahrungen und Interpretationen der Kommilitonin, die ihr Material eingebracht hat, festzuhalten, die sich sowohl auf den protokollierten Zeitraum als auch auf den Zeitpunkt der nachträglichen Verschriftlichung beziehen; und (c) – wie es eben schon anklang, als ich die Diskussion eines bestimmten studentischen Protokolls erwähnte – Ansätze zu einer nichtnormativen Kritik (Riemann 2002) an der beobachteten Praxis zu formulieren, sei es jetzt die Praxis des Protokollanten oder die anderer Interaktionsteilnehmer, die im Protokoll auftauchen, und mögliche Handlungsalternativen in Betracht zu ziehen.

Die Kritik ist – im Unterschied zu einer traditionellen ethnographischen Haltung oder auch zum Konzept der „ethnomethodologischen Indifferenz" (Garfinkel/Sacks 1970)[13] – Bestandteil der Analyse. Dabei ist es immer wichtig, sie spezifisch-fallbezogen und unter Berücksichtigung der jeweiligen Handlungsproblematik vorzutragen und jeden Ansatz von pauschalen Abwertungen und von vorschnellen Zuschreibungen genereller Fähigkeitsniveaus, „Professionalitätsdefizite" oder anderer „essentieller" negativer Merkmale zu vermeiden. Ansatzpunkte von Kritik entwickeln sich im Zusammenhang mit der empirischen Entdeckung von Verwerfungen: von Verletzungen der Reziprozitäts- und Kooperativitätsgrundlagen und von Irritationen der sequenziellen Ordnung der beobachteten Interaktions-, Kommunikations-, Handlungs- und Arbeitsprozesse.[14] Die Kritik sollte so formuliert sein, dass sie von den Adressaten der Kritik als Gesprächsangebot verstanden werden könnte – unabhängig davon, ob sie tatsächlich damit konfrontiert werden.

Die Studentin, die ihr Material eingebracht hat, fertigt aufgrund der – vor allem mündlichen – Rückmeldungen der anderen Seminarteilnehmer eine schriftliche Ergebnissicherung an, die sie für ihre weitere Bearbeitung ihrer Beobachtungsprotokolle nutzen kann. Im Lauf der Zusammenarbeit im Praxisanalyseseminar geben sich die Teilnehmer untereinander Hilfestellungen bei der allmählichen Anfertigung ihrer ethnographischen Abschlussberichte, d.h. Gliederungen und Berichtsauszüge werden vor allem unter dem Gesichtspunkt diskutiert, ob die Architektonik des jeweils entstehenden Berichts den Spezifika der Erfahrungen des jeweiligen studentischen Ethnographen gerecht wird und das, was am Datenmaterial besonders interessant ist, ausreichend ausgeschöpft wird.

Ethnographische Arbeitsformen haben sich in den letzten beiden Jahrzehnten stark verbreitet und ausdifferenziert (Atkinson et al. (Hrsg.) 2001). Auch wenn sich viele ethnographische Untersuchungen dadurch auszeichnen, dass ganz unterschiedliche Datenmaterialien erhoben und neue technische Aufzeichnungsverfahren (unter Einsatz von Video und Filmen) genutzt werden, so spielt die Anfertigung ethnographischer Beobachtungsprotokolle – „field notes" – weiterhin eine wichtige Rolle. Zugleich kritisieren manche Sozialwissenschaftler die Verwendung solcher Datenmaterialien, auf die ich eben Bezug genommen habe, als nicht mehr zeitgemäß und verweisen auf unaufhebbare Auswertungsprobleme. Ulrich Oevermann spricht etwa vom methodischen Defizit „der zirkulären Verschlingung von Datenerhebung und –auswertung" (2001: 85).

Natürlich kann man solche selektiven Gedächtnisprotokolle nicht mit Transkriptionen gleichsetzen, die sich für trennscharfe und intersubjektiv kontrollierbare Textanalysen (Interaktionsanalysen, Erzählanalysen usw.) anbieten, aber es sind wiederum Einsichten möglich, die man auf der Grundlage von Transkriptionen nicht gewinnen kann: beispielsweise Einblicke in die damaligen und späteren inneren Zustände eines Protokollanten/Praktikanten und die Veränderungen seiner Identität und Weltsicht (wenn man Protokolle hintereinander legt und sie nach und nach liest). Wichtig ist, dass sich in der Analyse einzelner mündlicher oder schriftlicher Texte die unterschiedlichen Kommunikationsschemata der Sachverhaltsdarstellung (Kallmeyer/Schütze 1977) – Erzählung, Beschreibung und Argumentation – auseinanderhalten lassen und keine undurchdringliche Vermischung entsteht, durch die die Analyse erschwert oder gar verunmöglicht wird. Fritz Schütze (1987: 256) spricht in diesem Zusammenhang von „Schema-

salat". Die schriftlich fixierten Feldbeobachtungen werden in unseren Praxisanalyseseminaren nie naiv „at face value" genommen, sondern kritisch hinterfragt:
sowohl auf Stellen mangelnder Plausbilität in der Darstellung von Ereignisabläu-
fen als auch auf Beobachtungsfoki und –kategorien, Deutungen, Wertungen und
Blindstellen des Protokollanten selbst. Es ist entscheidend, dass dies zugleich in
einer Weise geschieht, die nicht entlarvend und hämisch ist. Gerade weil solche
Texte soviel über den Protokollanten als angehenden Professionellen preisgeben,
sind sie eine wichtige Grundlage, um einen Zugang zu beruflichen Sozialisationsprozessen zu gewinnen und sie zu reflektieren.

3.2 Ein Blick zurück – das Erzählen über die eigene Praxis

Ich habe mich gerade mit einer Form der sehr disziplinierten und zugleich persönlichen Annäherung an ein Praxisfeld und die eigene Praxis befasst, die darin
besteht, dass man in einem geringen zeitlichen Abstand zu dem Geschehen, das
man beobachtet und an dem man teilgenommen hat, Feldnotizen anfertigt und
später Auszüge aus diesem Material anderen studentischen Praxisethnographen
zur Verfügung stellt, mit denen man gemeinsam versucht, analytische Distanz
herzustellen, um noch mehr über den beobachteten Realitätsausschnitt – und
auch sich selbst – zu erfahren. Protokollanten stehen, wenn es gut geht, zum Zeitpunkt der Verschriftlichung noch unter dem unmittelbaren Eindruck dessen, was
sie kurz zuvor erlebt haben. Vielleicht hatten sie noch schnell zwischendurch im
Handlungsfeld Stichworte, z. B. aufgeschnappte Zitate, hinkritzeln können, von
denen sie annehmen konnten, dass mit ihrer Hilfe abends am Schreibtisch Erinnerungen an bestimmte Ereignisabläufe wachgerufen würden. Emerson et al. (1995:
31-35) sprechen in diesem Zusammenhang im Anschluss an Clifford (1990: 51)
von stichwortartigen Notizen („jottings") als „mnemonic devices". Auf diese Weise können dichte Beobachtungstexte entstehen – mit vielen Details zu einmaligen
und wiederkehrenden Gesprächsabläufen, Szenen und Situationen einschließlich
parasprachlicher und nonverbaler Komponenten. Wichtig ist dabei die Einnahme
einer sequenzierenden Haltung – wie ist eigentlich eins zum anderen gekommen? –
was dazu führen kann, dass man davon überrascht ist, mit welcher Genauigkeit
sich die Entwicklung von Ereignissen rekonstruieren lässt. Im Prozess der schriftlichen Fixierung entstehen zugleich neue Einsichten und Sichtweisen.

   Es gibt noch eine ganz andere Form, in der man sich die eigene Praxis vor Augen führt und sie anschließend „befremdet" – indem man über sie einfach im
Stegreif erzählt. Das bietet sich vor allem dann an, wenn man das Praktikum abgeschlossen hat und zurückblicken kann. Ich bin auf jeden Fall in der letzten Zeit

dazu übergegangen, den Studierenden, wenn ich mich mit ihnen zum Praxisanalyseseminar treffe, anfangs zu empfehlen, sich die Geschichte ihres Praktikums im Kontext ihres Studiums – wie es eigentlich zustande gekommen ist, wie sie es nach und nach erlebt und schließlich beendet haben und jetzt darauf zurückblicken – wechselseitig zu erzählen. Zu diesem Zeitpunkt haben die meisten von ihnen ihr studienbegleitendes Praktikum absolviert, in anderen Fällen haben sie zumindest ausgedehnte Erfahrungen gesammelt.[15]

Die Anregung läuft also darauf hinaus, untereinander interaktionsgeschichtlich narrative Interviews durchzuführen, wie sie in den letzten Jahren in professionsanalytischen Studien eingesetzt wurden (Riemann 2000: 40-43; Reim 1995) – diesmal allerdings nicht primär zur Geschichte, die man mit einer Klientin oder einer Klientenfamilie teilt[16], sondern zur persönlichen Geschichte eines Praktikums in seiner Gesamtheit. Dabei kann die Beziehung zu einzelnen Klienten natürlich eine zentrale Rolle spielen. Wenn es sich herausstellt, dass es Teilbereiche einer Praktikumserfahrung gibt, die man besonders gerne „loswerden" möchte – und dazu kann gerade auch, wie gleich noch deutlich wird, die Geschichte mit einem Klienten gehören – , dann sollte dies auch im Zentrum der Erzählung stehen.

In der Vergangenheit habe ich – z.B. in meiner Forschungswerkstatt – eine Reihe von studentischen Studien angeregt und begleitet, in denen interaktionsgeschichtlich-narrative Interviews im Zentrum standen, auf deren Grundlage Arbeitsabläufe und Kernprobleme professionellen Handelns und die Formen ihrer z.T. problematischen Bearbeitung erfasst und diskutiert werden konnten. Im Unterschied zu diesen Studien geht es mir im Zusammenhang mit der Befremdung der *eigenen* Praxis darum, dass die Studierenden und angehenden Professionellen *selbst* ihre Geschichte erzählen und mithilfe ihrer Kom tonen, die ihnen zuhören, versuchen, analytische Distanz zu den in ihrer Erzählung zum Ausdruck kommenden Erfahrungen herzustellen. Im Stegreiferzählen selbst entstehen bereits auf vielfältige Weise neue Einsichten (Schütze 1987), wenn man an die unterschiedlichen argumentativen Aktivitäten denkt, die in die narrative Darstellung integriert sind.

Aufmerksamen Zuhörern kann es darüber hinaus gelingen, im Nachfrageteil schwierige Erlebnisse anzusprechen, die möglicherweise vom Erzähler nur angedeutet wurden oder allenfalls symptomatisch zum Ausdruck kamen, und gemeinsam mit dem Erzähler zu klären, was es mit diesen Erlebnissen auf sich hat. Und falls das Interview transkribiert worden ist, kann, wie gleich noch deutlich wird, die diskursive Analysearbeit in einem Werkstatt-Setting unter Beteiligung des Erzählers ggf. weitergetrieben werden; dies setzt allerdings ein besonderes Analyseinteresse auf Seiten des ehemaligen Praktikanten voraus, außerdem ein studentisches Forschungsmilieu, in dem die Teilnehmer/innen bereits eine gewisse Ver-

trautheit mit den Verfahren und Möglichkeiten sozialwissenschaftlicher Erzählanalysen entwickelt haben. Im Kontext der Praxisanalyseseminare habe ich noch
nicht eine solche weitergehende und methodisch kontrollierte erzählanalytische
Auseinandersetzung mit Transkriptionen im Blick. Es geht mir einfach darum,
dass die Studentinnen und Studenten im mündlichen Stegreiferzählen einen besonderen Zugang zu ihrer Praxis herstellen – zu der Phasenstruktur und Gestalt
der Praktikumserfahrung insgesamt – und dabei auf Problemzusammenhänge
stoßen, deren Artikulation bislang noch Mühe bereitet hat und möglicherweise
auch in den Feldnotizen nicht explizit formuliert werden konnte. Die Arbeit an
den Feldnotizen und das „Sich-selbst-Zuhören" können sich ergänzen, um das
auszuschöpfen, was an dem Praktikum und dem zu erkundenden Realitätsausschnitt von besonderem analytischem Interesse war.

Ich möchte abschließend anhand eines Transkriptionsausschnitts einen Eindruck von einer studentischen Stegreiferzählung vermitteln, in der es um schwierige Erlebnisse während eines Praktikums geht, deren Versprachlichung dem Erzähler auch noch zum Zeitpunkt des Interviews schwer fällt. Der Kontext, in dem
diese Erzählung zustande kam, ist ein etwas anderer als der der bis jetzt erwähnten
Praxisanalyseseminare, aber das ist hier nicht von Belang, da es mir um Besonderheiten des Datenmaterials geht.

Es begann damit, dass ein Student bei mir seine Diplomarbeit schreiben wollte,
der während seines zweisemestrigen (und von mir nicht begleiteten) Berufsprak-
tikums und auch noch im Anschluss daran (während seiner Semesterferien) sehr
schwierige Erfahrungen in der Betreuung eines als „manisch-depressiv" diagnostizierten Jugendlichen im Rahmen einer Jugendwohngruppe gemacht hatte, mit
denen er sich noch immer intensiv auseinandersetzte und die ihn belasteten. Ich
regte an, dass er über die Geschichte mit diesem Jugendlichen einer Kommilitonin, die an der Forschungswerkstatt teilnahm, erzählen könnte, was er dann auch
tat. Wir beschäftigten uns unter seiner Mitwirkung in der Forschungswerkstatt
eingehend mit seiner Transkription dieser Erzählung (über seine Geschichte mit
dem Jugendlichen Vincent), die die zentrale Datengrundlage für seine Diplomarbeit über Soziale Arbeit mit als „manisch-depressiv" diagnostizierten Jugendlichen bildete. Dabei spielten auch formale Textphänomene eine wichtige Rolle,
die einen besonderen Zugang zu tieferen und schmerzhaften Erlebnissen des Erzählers bzw. Autors und zugleich zu Kernproblemen professionellen Handelns in
diesem Praxisfeld generell eröffneten.

Dieses *Zugleich* ist von Interesse: Die Beschäftigung mit den sehr persönlichen
Erlebnissen führte zur Entdeckung und vertieften Diskussion von allgemeinen
und feldspezifischen Kernproblemen professionellen Handelns. Dadurch, dass
wir diesen Zusammenhang im Blick hatten, konnte ein Rahmen dafür geschaffen

werden, dass sich der studentische Forscher in der intensiven Auseinandersetzung mit seinen eigenen Erfahrungen nicht in Prozessen einer chaotischen Selbsterfahrung, Selbstabsorption und auch Selbstbezichtigung verstrickte.

Ein paar Anmerkungen zum Darstellungskontext des eben erwähnten Transkriptionsausschnitts, den ich gleich präsentieren werde: Nachdem die Interviewerin eine erzählgenerierende Frage formuliert hatte („*Ja, ähm dann erzähl mir doch ma die Gschichte mit dem Vincent*"), folgt eine lebendige, detaillierte, facettenreiche und immer wieder von liebevollem Spott geprägte Erzählung des Studenten und ehemaligen Praktikanten über die Entwicklung seiner Beziehung zu dem Jugendlichen, zu dem er während seines Praktikums eine große Zuneigung entwickelt hatte. Er bekommt einen tieferen Zugang zum Jugendlichen und setzt sich kritisch damit auseinander, wie ein anderer Mitarbeiter seines Erachtens durch nicht ausreichend fundierte Prognosen, verdinglichende Zuschreibungen und unsensible Interventionen riskiert, auf dem Wege einer sich selbst erfüllenden Prophezeiung zur Entstabilisierung des Jugendlichen beizutragen.

An einer bestimmten Stelle bringt der Erzähler die Sprache auf einen entscheidende Wende im Ereignisablauf, als es um die Umstände einer psychiatrischen Hospitalisierung von Vincent geht, – und um seine eigene Verstrickung in das Geschehen. Er berichtet davon, wie er es nachts, als er Nachtbereitschaftsdienst gehabt habe und das Team bereits zur Überzeugung gelangt sei, dass der Jugendliche in eine „manische" Phase rutschte, nicht geschafft habe, Vincent ins Bett zu schicken. Stattdessen sei der Jugendliche wachgeblieben und sei „*halt in der Küche am Rumwerkeln*" gewesen. Der Erzähler will dazu übergehen darzustellen, wie er den Mitarbeitern am nächsten Morgen davon berichtet und das Team dann den Entschluss gefasst habe, Vincents Hospitalisierung zu arrangieren, er unterbricht und korrigiert sich aber an dieser Stelle, als er merkt, dass er etwas nachschieben muss, um diese Zusammenhänge hinreichend zu plausibilisieren, d.h., er fügt eine ausführliche und komplexe Hintergrundskonstruktion[17] ein.

In der Hintergrundskonstruktion kommt ein zentrales moralisches Dilemma des Teams und in besonderer Weise auch des sensiblen Praktikanten/Erzählers zum Ausdruck, das sich so formulieren lässt: Man ist hilflos dem quasi als Naturereignis erlebten, wiederkehrenden Auf und Ab der „manischen" und „depressiven" Phasen des Jugendlichen ausgesetzt und weiß nicht, wie man damit umgehen soll, ohne sich schuldhaft zu verstricken. Der vom Praktikanten zwischendurch gemachte Vorschlag, die „manische" Phase einfach gemeinsam mit dem Jugendlichen in der Jugendwohngruppe „*auszusitzen*" und damit eine Psychiatrieeinweisung zu vermeiden, wird deshalb verworfen, weil man der Überzeugung ist, dass der stark übergewichtige Jugendliche damit zu großen gesundheitlichen Risiken ausgesetzt würde („*Nee, könn´ mer net machen, des geht zu weit, der klappt zam, der stirbt.*").

Gleichzeitig wissen die Mitarbeiter, welch große Angst Vincent vor einem Aufenthalt in der psychiatrischen Klinik hat, und man hat starke Zweifel, ob die hohe Dosierung und die „Neueinstellungen" der Medikation nicht ebenfalls mit unkalkulierbaren Risiken verbunden sind. Der Praktikant hatte z. B. mitbekommen, dass ein Arzt angesichts der hohen Dosierung des Jugendlichen die Einschätzung formuliert hatte, er würde unter diesen Bedingungen nicht älter als vierzig Jahre werden.

Nach der Beendigung der Hintergrundskonstruktion greift der Erzähler wieder den Hauptpfad seiner Erzählung auf *(vgl. „Ja, auf jeden Fall …")* und leitet mit der nachfolgenden Sequenz das vorläufige Ende seiner Erzählung ein. (Die Zuhörerin bringt ihn dann aber am Schluss mit ihrer Frage „*Wie is denn weiter gangn?*" dazu, die Erzählung bis zum Jetztzeitpunkt fortzusetzen.)

E: Ja, auf jeden Fall war halt, wie ich vorhin erzählt hab, die Aktion, äh, da von wegen mit dem Töpfe Klappern in der Küche.

       Na ja, und dann war´s schon klar, dann hat´s, war´s dann so: Wir hatten dann am nächsten Tag Teamsitzung, da hab ich des halt alles erzählt. Und da wurd´ dann halt wieder beschlossen: „Ja, geht so net weiter." Da war auch eben dann der Chef, und auf jeden Fall is es dann halt drauf hinausgelaufen: „Vincent muss in die Psychiatrie."

       Un wurd´ halt dann auch an dem Mittach in die Psychiatrie gefahrn.

       Irgendwie war des ne ganz komische Situation. Der Typ hat mir, also er kam dann heim, hat´s erfahrn, dass er irgendwie in die Psychiatrie muss, hat voll des Weinen angfangen, war total fertich, hat sich von jedem verabschiedet, ja wollt halt, hat sich von jedem verabschiedet, richtich mit Umarmung, is er zu jedem hin, hat se noch ma umarmt. Und zu mir, also ich bin dann halt hin, er kam net auf mich zu, ich bin dann halt hin, war halt so eiskaltes Händeschütteln irgendwie.

I: hm

E: Und dann is er weg. Aber hat mich irgendwie indirekt für verantwortlich gemacht irgendwie, dass er in die Psychiatrie muss.

I: hm

E: War schwierig, war schwierig mit umzugehn.

I: hm

E: Also, hat mir auch lang nachghangen. Klar, also ich mein´, ich weiß selber genau, dass ich jetzt net der Grund war und, mein Gott, wenn en anderer Betreuer in der Nacht Dienst ghabt hätt´, des wär´ net anders gelaufen und dann wär´ wahrscheinlich der Betreuer der Depp gewesen oder so.

I: hm

E: Aber, na ja, es hat halt kein andern getroffen, ich war´s halt und da hatt´ ich echt schwer zu kaun dran, also des is mir, hat mir bestimmt noch ne Woche nachghangen. Irgendwie dann kam immer so der Gedanke: Vincent irgendwie, was denkt der jetzt über mich? Keine Ahnung, ja (   ). Ich hab´s halt echt net auf die Reihe gekriegt, der war dann en Monat in der Psychiatrie und ich hab´s nicht auf die Reihe gekriegt, ihn einmal zu besuchen, nicht einmal, echt.

I: hm

E: So total bescheuert, ich bin dann sogar mit meiner Freundin ma nach C-Stadt zum Einkaufen gfahrn und da wär´s ja echt kein Thema gewesen, dass ich halt ma für ne Stunde abhau´ und ihn da besuch´ oder irgendwas. Aber dann hab´ ich halt wieder so innerlich selber gemerkt / so wenn ich jetzt, so wenn ich so im nachhinein drüber nachdenk´ irgendwie, so die Ausrede: „Ja, ich kann se dann ja net ne Stunde allein lassn." Und irgendwie blöd Ausreden gsucht, dass ich da net in die Psychiatrie muss.

I: hm

E: Und ich weiß a net wirklich, was der Grund war. Vielleicht zum Teil des da, wegen dem Streit, andererseits hatt ich ach einfach Schiss, in die Psychiatrie zu gehen. Hab´ halt echt so die Storys gehört, ja die andern ham ihn schon besucht und so, manche, a net alle, und mein Anleiter, zum 5000sten Mal, sein Bezugsbetreuer,

(beide lachen)

E: äh, ja, also, ich hatt´ n saugutes Verhältnis mit dem und der hat mir halt zich viel erzählt und hat mir halt dann ach erzählt: „So Vincent, woah, total heftich, kam halt dann auf Wachstation, wurde am Bett fixiert und so", und lauter so Sachen, weiß net, ich hatt´ totalen Schiss davor, ihn so zu sehn.

I: hm

E: Totalen Schiss. Und ich glaub ach wirklich, dass des der Hauptgrund war, wieso ich net rein gegangen bin, totalen Schiss. Bescheuert, is echt bescheuert, weil der Vincent, der hätt´ sich, also ich glaub echt, mein Gott ey, der hätt´ sich, glaub´ ich, wirklich drüber gfreut, wenn ich nei gangen wär´, hundertprozentich, der hätt´ sich über jeden Besuch gfreut. Und ich hab´s halt echt net auf die Reihe gekriegt, aber wie gsacht, ich hat da voll Schiss vor, ey.

((5 Sek.))

War schwierig, echt schwer.

((5 Sek.))

Also wenn ich immer noch so dran denk, des hängt mir scho noch nach.

Ähm, was kann ich noch erzählen?

I: Wie is denn weiter gangn?

Nur ein paar abschließende Bemerkungen zu dieser Sequenz: Das vorläufige Ende
der Erzählung des ehemaligen Praktikanten ist im Anschluss an die Darstellung,
wie der Jugendliche ihn – so erlebt er es zumindest – nonverbal der Illoyalität
oder gar des Verrats beschuldigt, was ihn damals und auch noch in der Gegenwart
schwer trifft, von einer quälenden argumentativen Auseinandersetzung mit dem
– wie er es sieht – eigenen moralischen Versagen geprägt. Er wirft sich vor – und
das ist zum Zeitpunkt der Erzählung für ihn noch hochaktuell, obwohl es um Ereignisse geht, die schon lange zurückliegen – , es nicht geschafft zu haben, den Jugendlichen in der Psychiatrie zu besuchen, er verspürt noch immer eine gewisse
Ratlosigkeit über sich selbst (*„Und ich weiß a net wirklich, was der Grund war.“*)
und setzt sich schonungslos mit den eigenen damaligen Ausflüchten auseinander.

Es handelt sich um eine selbstkritische und noch nicht abgeschlossene Bilanzie-
rung, deren besondere Brisanz auch darin zum Ausdruck kommt, dass sie in der
Vorkoda-Position der Erzählung auftaucht (Schütze 1987: 183). Aus der vergleichenden Betrachtung vieler autobiographischer Stegreiferzählungen ist bekannt,
dass sich in solchen Vorkoda-Kommentaren, die häufig von widerstreitenden Pro-
positionen geprägt sind, oft die besonderen Schwierigkeiten einer moralischen Bi-
lanzierung und globalen Bewertung des eigenen Handelns und der eigenen Person zeigen.

Diese Schwierigkeiten werden in diesem Fall auch dadurch unterstrichen, dass
die Erzählung vorläufig endet (*„Ähm, was kann ich noch erzählen?“*), ohne dass die
„Geschichte mit Vincent“ schon abgeschlossen ist. Die anschließende durch die
Nachfrage der Kommilitonin initiierte narrative Darstellung zur Entwicklung des
Jugendlichen bis zur Gegenwart ist dann keineswegs mehr von dieser Tendenz zur
Selbstbezichtigung geprägt.

In der gemeinsamen werkstattförmigen Arbeit am Text wurde diese selbstquä-
lerische Haltung des ehemaligen Praktikanten nicht verstärkt. Es gelang stattdessen, zum einen den allgemeinen Charakter der professionellen Kernprobleme in
diesem Arbeitsfeld herauszuarbeiten (vgl. das oben so bezeichnete „moralische
Dilemma“) und Handlungsalternativen und –spielräume anzudenken, die den
Mitarbeitern im Umgang mit dem Jugendlichen noch nicht präsent gewesen waren, und zum anderen Respekt vor der besonderen Sensibilität des Autors und
seinem Leiden an der – von ihm so erlebten – „Drecksarbeit“ (Hughes 1984) zu
vermitteln.

4. Schlussbemerkung

In meinem Beitrag ging es mir darum zu zeigen, wie angehende Professionelle dazu angeregt und dabei begleitet werden können, die Aneignung von rekonstruktiven Forschungskompetenzen zu ihrer eigenen Sache zu machen. Dabei spielt eine entscheidende Rolle, *eigene* Praxiserfahrungen frei zu artikulieren, dies einzuüben und zugleich die Bereitschaft zur Entwicklung eines fremden Blicks auf sich selbst zu bewahren. Wenn sich angehende Professionelle im Rahmen von Praxisanalyseseminaren und Forschungswerkstätten auf solche Prozesse einlassen, können folgende Entwicklungen befördert werden:

1. Die Studierenden können auf diese Weise – im Zuhören, im Analysieren und in der Ausbildung einer bestimmten Form von Schriftlichkeit – *sozialwissenschaftlich-fallanalytische Kompetenzen* erwerben, die für ihre spätere berufliche Tätigkeit im Umgang mit Klienten und darüber hinaus für eine selbstbewusste, perspektivenreiche und differenzierte *schriftliche Darstellung ihrer Tätigkeit* – und ihrer Komplexität – grundlegend sind. Gerade die autonome Entwicklung solcher Darstellungsformen scheint mir angesichts der vorherrschenden und oft defätistisch hingenommenen Formen der „Qualitätssicherung", der damit verbundenen Rhetorik und ihrer einschneidenden Konsequenzen für die Zu- bzw. Aberkennung von professioneller Wertschätzung von großer Bedeutung zu sein.

2. Es entstehen unprätentiöse studentische Beiträge zur empirischen Erkundung professioneller Handlungsfelder im Stil einer *Grounded Theory* (Glaser/Strauss 1967). Ich orientiere mich dabei an der Vorstellung von einer Sozialforschung von unten und in eigener Sache, wie sie in ganz unterschiedlichen professionellen Ausbildungs- und Handlungsfeldern – nicht nur in der Sozialen Arbeit, sondern auch in der Lehrerbildung usw. – betrieben werden kann.

3. Es können sich selbstkritische professionelle Diskurse über die eigene Praxis entwickeln – über ihre Kernprobleme, die Formen ihrer Bearbeitung und das, was daran problematisch sein kann. Die Einstimmung in solche Formen der Selbstreflexion kann auch Konsequenzen haben – das erhoffe ich mir zumindest – für die *Entwicklung selbstkritischer professioneller Fehlerdiskurse*, die aufgrund des Wechselspiels einer bestimmten Form von Schriftlichkeit und der darauf bezogenen mündlichen Verständigung eine andere Form haben als Gruppen- oder Teamsupervisionen (ohne damit in ein Konkurrenzverhältnis zu diesen Verfahren zu treten). Wenn professionelle Praktiker Ethnographen in eigener

Sache werden, entstehen neue Zwischenformen von professioneller Selbstvergewisserung und –kritik einerseits und Forschung andererseits. Aber so etwas
bedarf natürlich der Einübung und Begleitung, wenn es Bestand haben soll. In
diesem Zusammenhang sind schon bestehende Formen professioneller Fortbildung von Interesse (vgl. Nittel 1997), die auf der Grundlage von Erfahrungen
mit studentischen Forschungsprozessen im Rahmen der interpretativen Sozialforschung – vor allem im Kontext von Forschungswerkstätten – entstanden
sind.

Auch wenn ich primär Erfahrungen in sozialpädagogischen Ausbildungszusammenhängen gewonnen habe: Es geht nicht nur um ein im engeren Sinne sozi-
alpädagogisches Projekt. Die diskursive Erkenntnisbildung wird gerade dadurch
befördert, dass man nicht im eigenen Saft schmort, sondern gemeinsam mit Studierenden aus anderen Disziplinen und Professionen und natürlich auch mit be-
rufserfahrenen Praktikern in Forschungswerkstätten und selbstreflexiven Praxisanalyseseminaren an qualitativen Datenmaterialien arbeitet und sich darüber aus-
tauscht. Dabei können, wie in diesem Beitrag deutlich wurde, Materialien, in denen etwas von der eigenen professionellen Praxis und den eigenen biographischen
Erfahrungen der Teilnehmer zum Ausdruck kommt, eine wichtige Rolle spielen.

Anmerkungen

1. Ich danke Bettina Dausien und Bettina Völter für hilfreiche Anmerkungen zu einer früheren
   Fassung dieses Artikels.
2. Dies kam zum Beispiel in dem großen Interesse an der Jahrestagung der Sektion Biographieforschung in der Deutschen Gesellschaft für Soziologie im Jahr 2002 zum Ausdruck, die unter dem
   Thema „Analyse, (Selbst-)Reflexion und Gestaltung professioneller Arbeit. Der Beitrag der sozialwissenschaftlichen Biographieforschung und anderer interpretativer Forschungsansätze" am
   Fachbereich Soziale Arbeit der Universität Bamberg stattfand.
3. Um nur einige zu nennen: Chamberlayne/Bornat/Apitzsch (Hrsg.) 2004; Fischer 2004; Hanses
   (Hrsg.) 2004; Riemann 2002; 2003a; 2003c; 2004; Schütze 1994; Jakob/von Wensierski (Hrsg.)
   1997.
4. Ich war von 1983 bis 1997 am Fachbereich Sozialwesen der Universität Gesamthochschule Kassel
   tätig. Der Artikel entstand im Kontext meiner Arbeit am Fachbereich Soziale Arbeit der Universität Bamberg, an dem ich von 1997 bis 2007 eine Professur inne hatte.
5. Auf die folgende Episode bin ich bereits in einer früheren Publikation (Riemann 1999) eingegangen.
6. Vgl. Garfinkel 1967 zum Konzept der Indexikalität.
7. Es ist wichtig, im Auge zu behalten, dass neuere Entwicklungen in der Biographie- und Professionsforschung gerade auch durch studentische Forschungsbeiträge angeregt worden sind, vgl. etwa
   Schützes Arbeiten zu Paradoxien professionellen Handelns (Schütze 1992; 1996; 2000).

8. Dabei spielt es anfangs eine wichtige Rolle, die Studierenden dazu zu bringen, ausführlich über Erfahrungszusammenhänge aus der Zeit vor ihrem Studium zu erzählen, um auf diese Weise potentielle Forschungsfragestellungen zu entwickeln. Solche Arbeiten werden in Kleingruppen geschrieben, d. h. die Studierenden müssen untereinander und gemeinsam mit dem Dozenten entdecken, welche Fragestellung besonders reizvoll ist und gleichzeitig im Rahmen ihrer Möglichkeiten bearbeitet werden kann. Es geht in diesem Kontext nicht um verteilungstheoretische, sondern um prozessanalytische und mit Mitteln der interpretativen Sozialforschung zu bearbeitende Fragestellungen.

9. Schütze hat bereits vor einem Jahrzehnt auf der Grundlage seiner Begleitung berufspraktischer Studien von Studierenden der Sozialen Arbeit Überlegungen angestellt, die in eine ähnliche Richtung gehen (Schütze 1994).

10. Außerdem gibt es Berührungspunkte mit den von Harold Garfinkel angeregten „studies of work" (Sharrock/Anderson 1986: 80-98; Pollner/Emerson 2001), auch wenn ich mir die Forderung von Garfinkel, dass die Forscher die von ihnen untersuchte Arbeitspraxis selbst voll beherrschen sollten – er verwendet den Begriff „unique adequacy requirement" – nicht zu eigen mache. Wie im Folgenden noch deutlich wird, halte ich gerade die Grenzsituation des Praxisnovizen oder Praktikanten, der zwar ernsthaft darum bemüht ist, professionelle Kompetenzen in einem bestimmten Arbeitsfeld zu erwerben, sie aber nicht voll beherrscht und noch nicht betriebsblind geworden ist, für heuristisch besonders fruchtbar, um Neues entdecken zu können. Pollner und Emerson (2001: 123) schreiben zum Kontext der „unique adequacy requirement" innerhalb der Ethnomethodologie (EM): „From early on in its development one current within EM has emphasized active participation and the acquisition of indigenous skills and knowledge as means of capturing the lived order (......). Such practices have taken on even more prominence as EM has refocused from studying the diffuse competencies and practices implicated in `everyday´ interaction to examining technical or otherwise esoteric settings. Instead of `making the familiar strange´ by developing `amnesia for common sense´ (Garfinkel 1967), then, the ethnomethodologist is exhorted to acquire familiarity with opaque background knowledge and practices. For EM views these specialized settings as self-organizing ensembles of local practices whose ways and workings are only accessible through a competent practitioner´s in-depth experience and familiarity. Thus, identification of the distinctive features of shamanism or mathematics requires the capacity for competent performance and actual participation in the form of life under consideration."

11. Es handelt sich um meinen Kollegen Professor Dr. Jörg Wolstein.

12. Die Details, Konventionen und Traditionen, die für die Anfertigung von ethnographischen Feldnotizen kennzeichnend sind, sind erst in den letzten fünfzehn Jahren verstärkt zu einem Thema in der Kulturanthropologie geworden (Sanjek (Hrsg.) 1990). In der soziologischen Literatur zur Feldforschung enthält vor allem die Arbeit von Emerson et al. (1995) nützliche Hinweise zur Anfertigung von Feldnotizen.

13. Das Konzept der „ethnomethodlogischen Indifferenz" wird von Pollner und Emerson (2001: 120) so erläutert:: „In general, EM indifference bids the researcher to refrain from assessing correctness, appropriateness or adequacy in articulating the practices and organization of the endogenous order. Whatever faults (or virtues) they may display when assessed by extrinsic criteria, these practices and their products constitute the social reality of everyday activities – in the home, office, clinic and scientific laboratory (....). Thus, ethnomethodological indifference precludes characterizations of members as deficient, pathological or irrational (or superior, normal or rational). Of course, such characterizations are of interest as phenomena when they occur in the setting under consideration: critique and fault-finding are ubiquitous features of social life and thus comprise activities whose organization, use and consequences are to be explicated."

14. Ich danke Fritz Schütze, dass er mich auf die impliziten Kriterien aufmerksam gemacht hat, die meiner kritischen Analyse professioneller Arbeitsabläufe zugrunde liegen.

15. Gegenwärtig absolvieren die meisten Studierenden in dem von meinem Kollegen und mir organi-
sierten Studienschwerpunkt „Soziale Arbeit mit psychisch kranken und suchtkranken Menschen"
ein Blockpraktikum in den Semesterferien, in einigen Fällen handelt es sich auch um ausgedehnte
Praktika über die Dauer von zwei Semestern, in denen sie einige Stunden in der Woche in einer
Praxiseinrichtung verbringen. Das Praxisanalyseseminar beginnt erst im zweiten Semester des auf
drei Semester angelegten Studienschwerpunkts.
16. Diese Frage ist eine andere als die Frage nach einem „Fall", was ich in meiner Studie zur sozialpädagogischen Familienberatung (Riemann 2000: 41f.) folgendermaßen andeutete: „Wenn ich in
diesen oder ähnlichen Worten die Bitte äußerte: ‚Erzähle mir einfach Deine Geschichte mit Frau
X. Wie so alles gekommen ist.', dann zielte diese Interviewervorgabe darauf ab, dass eine ganz persönliche Erzählung in Gang kam, in der die damaligen und heutigen inneren Zustände des Erzählers und die Irrungen und Wirrungen der Fallarbeit ungeschönt zum Ausdruck kamen. M.a.w.:
Ich entmutigte damit eine glatte, entsubjektivierte expertenhafte Selbst- und ‚Fallpräsentation', die
vermutlich provoziert worden wäre, wenn ich die Bitte geäußert hätte: ‚Erzähle mir einmal den
Fall von Frau X.'"
17. Die eingehende und vergleichende Auseinandersetzung mit Stegreiferzählungen hat immer wieder deutlich werden lassen, dass solche Hintergrundskonstruktionen (Schütze 1987: 207-235; Riemann 2000: 57f. und 230f., Fußnote 5) häufig auf ganz schwierige – turbulente, undurchschaute,
traumatische oder mit Scham- bzw. Schuldverstrickungen verbundene – Erfahrungen verweisen,
deren narrative Rekapitulation erst einmal schwierig ist; in der Erinnerung sträubt sich etwas dagegen, und dann kommen solche Erfahrungen aufgrund der Zugzwänge des Erzählens doch noch
zur Sprache.

Literatur

ATKINSON, PAUL/COFFEY, AMANDA/DELAMONT, SARA/ LOFLAND, JOHN/ LOFLAND, LYN (Hrsg.)
(2001): Handbook of Ethnography. London, Thousand Oaks, New Delhi: Sage.
BECKER, HOWARD S. (1967): Whose Side are we on? In: Social Problems, Vol. 14 (Winter), 239-247.
BOHNSACK, RALF/MAROTZKI, WINFRIED/MEUSER, MICHAEL (Hrsg.) (2003): Hauptbegriffe Qualita-
tiver Sozialforschung. Opladen: Leske & Budrich.
BREIDENSTEIN, GEORG/COMBE, ARNO/HELSPER, WERNER/STELMASZYK, BERNHARD (Hrsg.) (2002):
Forum Qualitative Schulforschung 2. Interpretative Unterrichts- und Schulbegleitforschung. Op-
laden: Leske & Budrich.
CHAMBERLAYNE, PRUE/BORNAT, JOANNA/APITZSCH, URSULA (Hrsg.) (2004): Biographical Methods
and Professional Practice. Bristol: The Policy Press.
CLIFFORD, JAMES (1990): Notes on (Field)notes. In: Sanjek, R. (Hrsg.): Fieldnotes. The Makings of
Anthropology. Ithaca und London: Cornell University Press, 47-70.
CORBIN, JULIET/STRAUSS, ANSELM (1988): Unending work and care: Managing chronic illness at
home. San Francisco: Jossey-Bass.
EMERSON, ROBERT M./FRETZ, RACHEL I./SHAW, LINDA L. (1995): Writing Ethnographic Fieldnotes.
Chicago und London: The University of Chicago Press.
FISCHER, WOLFRAM (2004): Fallrekonstruktion im professionellen Kontext: Biographische Diagnos-
tik, Interaktionsanalyse und Intervention. In: Hanses, A. (Hrsg.), 62-86.
FROMMER, JÖRG/RENNIE, DAVID L. (Hrsg.) (2001): Qualitative Psychotherapy Research. Methods
and Methodology. Lengerich . Berlin/Riga/Rom/Wien/Zagreb: Pabst Science Publishers.
GARFINKEL, HAROLD (1967): Studies in Ethnomethodology. Englewood Cliffs, N.J.: Prentice Hall.
GARFINKEL, HAROLD/SACKS, HARVEY (1970): On formal structures of practical action. In: McKin-
ney, J.C./Tiryakian, E.A. (Hrsg.): Theoretical Sociology: Perspectives and Developments. New
York: Appleton-Century-Croft, 337-366.
GLASER, BARNEY/STRAUSS, ANSELM (1967): Discovery of Grounded Theory. Chicago:Aldine.

GLASER, BARNEY/STRAUSS, ANSELM (1965): Awareness of Dying. Chicago: Aldine (auf Deutsch: Interaktion mit Sterbenden. Göttingen 1974).

HANSES, ANDREAS (Hrsg.) (2004): Biographie und Soziale Arbeit. Institutionelle und biographische Konstruktionen von Wirklichkeit. Baltmannsweiler: Schneider Verlag Hohengehren.

HIRSCHAUER, STEFAN/AMANN, KLAUS (Hrsg.) (1997): Die Befremdung der eigenen Kultur. Zur ethnographischen Herausforderung soziologischer Empirie. Frankfurt/M.: Suhrkamp.

HUGHES, EVERETT C. (1984): Work and Self. In: ders.: The Sociological Eye. Selected Papers. Chicago: Aldine, 338-347.

JAKOB, GISELA/VON WENSIERSKI, HANS-JÜRGEN (Hrsg.) (1997): Rekonstruktive Sozialpädagogik. Konzepte und Methoden sozialpädagogischen Verstehens in Forschung und Praxis. Weinheim und München: Juventa.

KALLMEYER, WERNER/SCHÜTZE, FRITZ (1977): Zur Konstitution von Kommunikationsschemata der Sachverhaltsdarstellung. In: Wegner, D. (Hrsg.): Gesprächsanalysen. IKP-Forschungsberichte, Reihe I, Band 65. Hamburg: Buske, 159-274.

NITTEL, DIETER (1997): Die Interpretationswerkstatt. Über die Einsatzmöglichkeiten qualitativer Verfahren der Sozialforschung in der Fortbildung von Erwachsenenbildnern/-innen. In: Der pädagogische Blick, Jg. 5 (3), 141-151.

OEVERMANN, ULRICH (2001): Das Verstehen des Fremden als Scheideweg hermeneutischer Methoden in den Erfahrungswissenschaften. In: Zeitschrift für qualitative Bildungs-, Beratungs- und Sozialforschung 1, 67-92.

POLLNER, MELVIN/EMERSON, ROBERT M. (2001): Ethnomethodology and Ethnography. In: Atkinson, P. et al. (Hrsg.), 118-135.

REIM, THOMAS (1995): Die Weiterbildung zum Sozialtherapeutenberuf. Bedeutsamkeit und Folgen für Biographie, professionelle Identität und Berufspraxis. Eine empirische Untersuchung von Professionalisierungstendenzen auf der Basis narrativ-autobiographischer Interviews. Dissertation (Dr. rer. pol.) am Fachbereich Sozialwesen der Universität Gesamthochschule Kassel.

REIM, THOMAS/RIEMANN, GERHARD (1997): Die Forschungswerkstatt. In: Jakob, G./von Wensierski, H.-J. (Hrsg.), 223-238.

RIEMANN, GERHARD (1999): Ein Blick von innen – ein Blick von außen. Überlegungen zum Studium der Sozialarbeit / Sozialpädagogik. In: Kirsch, R./Tennstedt, F. (Hrsg.): Engagement und Einmischung. Festschrift für Ingeborg Pressel zum Abschied vom Fachbereich Sozialwesen der Universität Gesamthochschule Kassel. Kassel: Gesamthochschul-Bibliothek, 71-85.

RIEMANN, GERHARD (2000): Die Arbeit in der sozialpädagogischen Familienberatung. Interaktionsprozesse in einem Handlungsfeld der sozialen Arbeit. Weinheim und München: Juventa.

RIEMANN, GERHARD (2002): Biographien verstehen und missverstehen – Die Komponente der Kritik in sozialwissenschaftlichen Fallanalysen des professionellen Handelns. In: Kraul, M./Marotzki, W./Schweppe, C. (Hrsg.): Biographie und Profession. Bad Heilbrunn: Julius Klinkhardt, 165-196.

RIEMANN, GERHARD (2003a): Fallanalyse in der sozialen Arbeit. In: Bohnsack, R./Marotzki, W./Meuser, M. (Hrsg.), 59.

RIEMANN, GERHARD (2003b): Forschungswerkstatt. In: Bohnsack, R./Marotzki, W./Meuser, M. (Hrsg.), 68f..

RIEMANN, GERHARD (2003c): Erkenntnisbildung und Erkenntnisprobleme in professionellen Fallbesprechungen am Beispiel der Sozialarbeit. In: Zeitschrift für qualitative Bildungs-, Beratungs- und Sozialforschung, (2), 241-260.

RIEMANN, GERHARD (2004): Die Befremdung der eigenen Praxis. In: Hanses, A. (Hrsg.), S. 190-208.

RIEMANN, GERHARD/SCHÜTZE, FRITZ (1987): Some Notes on a Student Research Workshop on Biography Analysis, Interaction Analysis, and Analysis of Social Worlds. In: Newsletter No. 8 (Biography and Society) of the International Sociological Association Research Committee 38, hrsg. von Hoerning, E.M./Fischer, W., Juli, 54-70.

SCHÜTZE, FRITZ (1987): Das narrative Interview in Interaktionsfeldstudien I. Studienbrief der Fernuniversität Hagen, Fachbereich Erziehungs- und Sozialwissenschaften.

SCHÜTZE, FRITZ (1992): Sozialarbeit als „bescheidene" Profession. In: Dewe, B./Ferchhoff, W./Radt-
ke, F.-O. (Hrsg.): Erziehen als Profession. Zur Logik professionellen Handelns in pädagogischen
Feldern. Opladen: Leske & Budrich, 132-170.

SCHÜTZE, FRITZ (1994): Ethnographie und sozialwissenschaftliche Methoden der Feldforschung.
Eine mögliche methodische Orientierung in der Ausbildung und Praxis der Sozialen Arbeit? In:
Groddeck, N./Schumann, M. (Hrsg.): Modernisierung Sozialer Arbeit durch Methodenentwick-
lung und -reflexion. Freiburg: Lambertus, 189-297.

SCHÜTZE, FRITZ (1996): Organisationszwänge und hoheitsstaatliche Rahmenbedingungen im Sozialwesen: Ihre Auswirkungen auf die Paradoxien des professionellen Handelns. In: Combe, A./Hel-
sper, W. (Hrsg.): Pädagogische Professionalität. Untersuchungen zum Typus pädagogischen Handelns. Frankfurt/M.: Suhrkamp, 183-275.

SCHÜTZE, FRITZ (2000): Schwierigkeiten bei der Arbeit und Paradoxien professionellen Handelns.
Ein grundlagentheoretischer Aufriss. In: Zeitschrift für qualitative Bildungs-, Beratungs- und Sozialforschung, (1), 49-96.

SCHULZE-KRÜDENER, JÖRGEN/HOMFELDT, HANS GÜNTHER (2002): Praktikum im Diplomstudien-
gang Erziehungswissenschaft. In: Otto, H.-U./Rauschenbach, T./Vogel, P. (Hrsg.): Erziehungswissenschaft: Lehre und Studium. Opladen: Leske & Budrich, 127-142.

SHARROCK, WES/ANDERSON, BOB (1986): The Ethnomethodologists. Chichester/London: Ellis Horwood und Tavistock Publications.

STRAUSS, ANSELM (1987): Qualitative Analysis for Social Scientists. Cambridge u. a. O.: Cambridge
University Press.

STRAUSS, ANSELM/GLASER, BARNEY (1970): Anguish. The Case History of a Dying Trajectory. Mill
Valley, CA: The Sociology Press.

STRAUSS, ANSELM/FAGERHAUGH, SHIZUKO/ SUCZEK, BARBARA/ WIENER, CAROLYN (1985):
Social Organization of Medical Work. Chicago/London: The University of Chicago Press.

AutorInnen

PETER ALHEIT
Jg. 1946, arbeitet seit 1978 mit Theorien und Methoden der Biographieforschung. Studien der Theologie, Philosophie, Soziologie und Erziehungswissenschaft in Bielefeld, Göttingen und Marburg. Promotionen in Religionsphilosophie (*Wissenschaftstheorie und Ethik bei Max Weber*, 1971) und Soziologie (*Alltagswissen und Klassenbewusstsein*, 1976). Aktuell: Lehrstuhl für Allgemeine Pädagogik an der Georg-August-Universität Göttingen. Forschungsschwerpunkte: International vergleichende Bildungsforschung, Mentalitätsforschung, historische Biographieforschung.

JAN K. COETZEE
Jg. 1947, arbeitet seit Anfang der 1990er im Feld der Biographieforschung. Promovierte 1974 zum Dr. phil. an der University of Pretoria (Südafrika) und war ab 1979 Professor für Soziologie an der University of the Free State. Seit 1987 Professor an der Rhodes Universität, Grahamstown. Veröffentlichungen der letzten Jahre: *Reconstruction, development and people*, 1996 (with Johann Graaff); *Plain tales from Robben Island*, 2000; *Development: theory, policy and practice*, 2001 (with Johann Graaff, Fred Hendricks and Geoffrey Wood); *Life on the margin. Listening to the squatters*, 2003; *Fallen walls. Prisoners of conscience in South Africa and Czechoslovakia*, 2004.

BETTINA DAUSIEN
Jg. 1957, arbeitet seit Anfang der 1980er Jahre mit Theorien und Methoden der Biographieforschung. Studien der Psychologie Sozialwissenschaft und Erwachsenenbildung an den Universitäten Göttingen und Bremen; Promotion (Bremen 1995) mit einer empirischen Arbeit zum Verhältnis von *Biographie und Geschlecht*; Habilitation 2003 an der Fakultät für Pädagogik der Universität Bielefeld mit einer theoretisch-methodologisch angelegten Schrift zum Zusammenhang der *Diskurse über Biographie, Sozialisation und Konstruktion von Geschlecht*; 2005 bis 2007 Vertretung der Professur für Theorie der Sozialisation und Erziehung an der Fakultät für Pädagogik der Universität der Bundeswehr München; seit 2007 Professorin für Erziehungswissenschaft mit dem Schwerpunkt Empirische Bildungsforschung an der Universität Flensburg. Schwerpunkte in Forschung und Lehre: Bildung und Lernen im Lebenslauf, qualitative Sozialisations- und Bildungsforschung, Geschlechterforschung, Methodologien und Methoden interpretativer Forschung, bes. Konzepte der Biographieforschung, rekonstruktive Praxisforschung, reflexive Professionalisierung pädagogischen Handelns.

KATHY DAVIS
Jg. 1949, geb. in den USA, ist Associate Professor für Frauen- und Geschlechterforschung an der Fakultät für Humanwissenschaften der Universität Utrecht, Niederlande. In Lehre und Forschung beschäftigt sie sich mit folgenden Themen: Frauen und Gesundheit, kritische Methodenlehre, Körperpolitik und Cultural Studies. Zu ihren Veröffentlichungen gehören: *Power under the Microscope*, 1988; *Reshaping the Female Body*, 1995; *Dubious Equalities and Embodied Differences*, 2003; *The Making of Our Bodies, Ourselves*. 2007. Aktuelle Arbeitsschwerpunkte: Die transnationale Geschichte feministischer Körperpolitik mithilfe der kritischen Rezeption feministischer Klassiker über Frauen und Gesundheit.

HELGA KELLE
Jg. 1961, Studium der Diplompädagogik und Promotion an der Universität Bielefeld, Habilitation an der Universität Potsdam. Seit 2004 Professorin für Erziehungswissenschaft mit dem Schwerpunkt schulische und außerschulische Bildungsprozesse bei Kindern im Grundschulalter an der Goethe-Universität Frankfurt. Arbeitsschwerpunkte: Kindheits-, Geschlechter- und Schulforschung, ethnographische Methoden und Methodologie.

MICHAELA KÖTTIG
Jg. 1965, arbeitet seit Anfang der 1990er Jahre mit Methoden der Biographieforschung. Sozialwesenstudium an der Gesamthochschule Kassel, mit dem Schwerpunkt Frauenforschung und qualitative Sozialforschung. Abschluss als Dipl. Soz.-Päd. Dissertation 2004: *Lebensgeschichten rechtsextrem orientierter Mädchen und junger Frauen – Biographische Verläufe im Kontext der Familien- und Gruppendynamik* (Psychosozial-Verlag). Zur Zeit wissenschaftliche Mitarbeiterin an der Georg-August-Universität Göttingen, Sozialwissenschaftliche Fakultät/Methodenzentrum, Forschungsinteressen: Biographieforschung, Teilnehmende Beobachtung und Interaktionsanalysen, Rechtsextremismusforschung und Genderfragen.

GERHARD JOST
Jg. 1959, arbeitet seit 1992 mit Theorien und Methoden der Biographieforschung, Studium der Soziologie in Wien, Promotion zum Thema des sozialen Wandels einer Gemeinde durch den Tourismus, 1987. Ao. Professor am Institut für Allgemeine Soziologie und Wirtschaftssoziologie an der Wirtschaftsuniversität Wien. Aktuelle Arbeitsschwerpunkte und Forschungsinteresse: Berufsbiographien, biographietheoretische Grundlagen, Methoden interpretativer Sozialforschung.

HELMA LUTZ
Jg. 1953, arbeitet seit Mitte der 1980er Jahre mit biographischen Methoden; Studium der Sozialpädagogik (Kassel); Soziologie, Politikwissenschaft und Erziehungswissenschaft (FU Berlin). Promotion (PhD) in Soziologie (Universität von Amsterdam 1990): *Welten Verbinden. Türkische Sozialarbeiterinnen in den Niederlanden und der Bundesrepublik Deutschland.* Habilitation in Erziehungswissenschaft (Münster 1999) und Soziologie (Münster 2005). Seit 1999 Oberrätin am Fachbereich für Erziehungswissenschaft und Sozialwissenschaften, Universität Münster. Aktuelle Arbeitsschwerpunkte und Forschungsinteressen: Gender und Migrationsforschung, interkulturelle Studien, Rassismus- und Ethnizitätsforschung.

INGRID MIETHE
Jg. 1962, Studium der Erziehungswissenschaft, Soziologie, Politikwissenschaft an der TU Berlin. Abschluss zur Dipl.-Päd.. Promotion am Institut für Politikwissenschaft der FU Berlin mit einer biographischen Studie zu Frauen in der DDR-Opposition. Professorin für Allgemeine Erziehungswissenschaft an der Evangelischen Fachhochschule Darmstadt. Aktuelle Arbeitsschwerpunkte und Forschungsinteressen: Leitung des DFG-Projekts *Die Arbeiter-und-Bauern-Fakultät Greifswald. Eine biografische Institutionenanalyse.* Historische Bildungsforschung, Frauen- und Geschlechterforschung, Bildung und soziale Ungleichheit.

GERHARD RIEMANN
Jg. 1951, arbeitet seit fast drei Jahrzehnten im Bereich der Biographieforschung. Studium der Soziologie an der Universität Bielefeld (mit Abschluss als Diplom-Soziologe), einjähriger vom DAAD geförderter Forschungsaufenthalt an der Universität von Kalifornien (San Francisco). Promotion über Biographien psychiatrischer Patienten (1983) und Habilitation über Problemstellungen und Arbeitsabläufe in der sozialpädagogischen Familienberatung. Seit 2007 Professor an der Fakultät Sozialwissenschaften der Georg-Simon-Ohm-Hochschule für angewandte Wissenschaften in Nürnberg. Aktuelle Arbeitsschwerpunkte und Forschungsinteressen: Ethnographie, Professionsforschung, Erzählanalysen und Biographieforschung.

BRIAN ROBERTS
Jg. 1950, arbeitet seit 1972 mit Interesse für biographische Methoden. Studium der Sozialwissenschaften 1971, B.A (Polytechnic Manchester), und MA Kriminologie 1973 (Sheffield University). Promovierte 1983 in Soziologie mit *Evolution and Social Process* (University of Birmingham), war Gründungsmitglied und Mitarbeiter des Centre for Contemporary Cultural Studies, Birmingham. Momentan ist er Principal Lecturer in Sociology, an der University of Huddersfield, UK. Arbeitsschwerpunkte: Biographische Methoden; Zeit und Biographie, Kommunaler Wandel, ethnische und kommunale Identitäten.

GABRIELE ROSENTHAL
Jg. 1954, arbeitet seit 1979 mit Theorien und Methoden der Biographieforschung. Studium der Soziologie und Psychologie, M.A. Promotion 1986 zum Thema: *Krise und Wandlungsprozesse. Biographische Thematisierung der nationalsozialistischen Vergangenheit von ehemaligen Mitgliedern der Hitlerjugend.* Zur Zeit: Professorin für Qualitiative Methoden am Methodenzentrum Sozialwissenschaften, Sozialwissenschaftliche Fakultät der Georg-August-Universtiät Göttingen. Aktuelle Arbeitsschwerpunkte: Interpretative Methoden, Migrationsforschung, Generationenforschung.

SILKE ROTH
Jg. 1962, studierte Soziologie an der FU Berlin und an der University of Conneticut (PhD., 1997). Derzeit ist sie Senior Lecturer in Soziologie an der University of Southampton (Grossbritannien). Sie ist Autorin von *Building Movement Bridges. The Coalition of Labour Union Women*, (Greenwood 2003), sowie Mit-Herausgeberin von *Transnationale Karrieren. Biografien, Lebensführung und Mobilität* (mit Florian Kreutzer, VS Verlag 2006). Sie untersucht die Auswirkungen der Erweiterung der Europäischen Union auf Geschlechterpolitiken und Frauenbewegungen und ist die Herausgeberin von *Gender-Politics in the Expanding European Union. Mobilization, Inclusion, Exclusion*, 2008. Weiterhin forscht sie zu Biographien und Karrieren von MitarbeiterInnen humanitärer Hilfsorganisationen.

THOMAS SCHÄFER
Jg. 1955, arbeitet als Lehrbeauftragter und Dozent für Philosophie und Sozialwissenschaften an den Universitäten Potsdam, Leipzig, HU Berlin und Alice Salomon Hochschule Berlin, sowie in der Weiterbildung von Ethik-LehrerInnen in Berlin. Studium der Philosophie, Mathematik, Erziehungswissenschaft und Musik an der Universität Bielefeld. Promotion 1991 in Philosophie mit einer Arbeit über *Normativität und Kritik bei Michel Foucault* (überarbeitete Veröffentlichung: *Reflektierte Vernunft. Michel Foucaults Projekt einer antitotalitären Macht- und Wahrheitskritik*, 1995 bei Suhrkamp). Weitere Veröffentlichung: *Hinter den Spiegeln. Beiträge zur Philosophie Richard Rortys mit Erwiderungen von Richard Rorty*, (hgg. mit Udo Tietz und Rüdiger Zill, 2001 bei Suhrkamp). Aktuelle Arbeitsgebiete: Philosophische Ethik, Ethik als Schulfach, Ethik in der Sozialen Arbeit.

BETTINA VÖLTER
Jg. 1964, arbeitet seit 1992 mit Methoden der Biographieforschung. Studium der Politikwissenschaft,
Geschichte, Soziologie und Theaterwissenschaften in Erlangen, Paris und Berlin, Diplom-Politologin,
Soziologin, Systemische Therapeutin und Beraterin (SG). Promotion 2001 an der TU Berlin, im Fach
Soziologie, zum Thema: *Judentum und Kommunismus*. Deutsche Familiengeschichten in drei Generationen (2003 bei Leske & Budrich). Seit 2007 Professorin für Theorie und Methoden Sozialer Arbeit an
der Alice Salomon Hochschule Berlin. Schwerpunkte: Biographie- und Mehrgenerationenforschung,
Rekonstruktive Soziale Arbeit, Gemeinwesenarbeit. Aktuelle Interessen: Handlungsforschung zum Thema: Transkulturelle Gemeinwesenarbeit in Hellersdorf, Berlin, und Serra Negra, Brasilien (Minas Ge-
rais), u.a. mit Methoden des Theaters, der Ethnographie und der Lebenswelt- und Biographiearbeit
sowie Biographie- und Professionsforschung: Medienabhängigkeit. Biographien, Familiengeschichten
und Beratung. Weiteres Interesse: Die Praxis der Achtsamkeit in der Sozialen Arbeit.

MONIKA WOHLRAB-SAHR
Jg. 1957, Studium der Soziologie und der Ev. Theologie in Erlangen und Marburg. 1991 Promotion zum
Thema *Biographische Unsicherheit. Lebenskonstruktionen und Lebensarrangements von Zeitarbeiterin-
nen* an der Philipps-Universität Marburg. 1998 Habilitation an der FU Berlin im Fach Soziologie zum
Thema *Symbolische Transformation krisenhafter Erfahrung*. 1996 als Visiting Scholar am Department
of Sociology der University of California, Berkeley. Von 1999 bis 2006 Professorin für Religions- und
Kirchensoziologie an der Universität Leipzig. Seit 2006 Professorin für Kultursoziologie an der Universität Leipzig. Im Wintersemester 2007/2008 Fernand-Braudel-Fellow am Europäischen Hochschulin-
stitut in Florenz. Arbeitsschwerpunkte: Religions- und Kultursoziologie, Qualitative Methoden. Aktuelle Forschung: Religiöser und weltanschaulicher Wandel in Ostdeutschland.

GEOFFREY WOOD
Jg. 1965, arbeitet seit Anfang der 1990er Jahre im Feld der industriellen Beziehungen. Er ist Professor
in der School of Management, University of Sheffield. Zu seinen Veröffentlichungen gehören sieben
Bücher und mehr als einhundert Artikel in akademischen Journals. Er war als bevollmächtigter Forscher für die südafrikanische Wahrheits- und Versöhnungskommission tätig. Aktuelle Forschungsinteressen: Gewerkschaftserneuerung, korporative soziale Verantwortlichkeit in der petrochemischen In-
dustrie und Humanressourcenentwicklung in der Schiffsindustrie.